教養の中国史

津田資久／井ノ口哲也
［編著］

ミネルヴァ書房

はじめに

著者たちが大学生・大学院生であった一九九〇年代の中国は、改革開放政策が進展していたものの、依然現地に関する詳細な情報は圧倒的に少なく、海外に開かれ始めた〈未知の大陸〉であった。それゆえ日本では中国に対する「四千年（或いは三千年、五千年など）の歴史」、「神秘の大国」、「悠久の大地」といった憧れ先行型のフレーズが溢れており、見知らぬ大地へのロマンを掻き立てられ、学生たちはバックパックを背負って貧乏旅行に誘われたものである。日本とは国情が異なる旅は悪戦苦闘の連続で、常になにがしかのトラブルを伴ったが、初めて目にした人々の生活風景は新鮮で、華北を疾走する長距離列車の車窓の外にどこまでも続くトウモロコシ畑の景観に些かうんざりしながら、日本とは異なる風土をまるごと一種の〈冒険〉として体験し、眼前の社会・文化そのものの歴史に思いを馳せていた。

あれから二〇年。経済発展を遂げた中国は、日本を追い抜いて世界第二位の経済大国となり、かつての不便な交通機関も大幅に改善されて日本とあまり変わりない状態となり、フロントで「没有《メイヨウ》（無いの意）」と断られ続けたホテルもインターネット上から簡単に予約ができる、非常に中国旅行が容易な時代となった。日本と中国の経済的な結びつきも依然として密接なままである。しかしながら、「爆買い」で日本を訪れた中国人観光客とは対照的に、中国を訪れる日本人観光客は激減し、あれだけ熱に浮かされたような日本社会の中国への眼差しは冷え切っているように見える。確かに日々報道を賑わす現代中国の話題は紹介されるが、それらの大半が即物的かつネガティブな側面のみをクローズアップしたものに終始して、一歩下がったところからやや長めに歴史的経緯を俯瞰した「教養」部分がすっぽりと抜け落ちているように思われる。古代日本以来、我々が〈魅せられてきた〉中国という地域は、ある種の一面的な評価をも呑み込んで押し流し、さらに多様な裾野を広げる、もっと豊かな歴史の大河を有しているのではなかろうか。

このような問題意識を出発点とし、大学での初学者はもちろん誰にでも〈知的に楽しめる〉中国史をめざして、本書では中国文明の始まりから、現代史としての評価が馴染んできた感のある一九八〇年代までの時間軸を扱い、現在、中堅研究者として活躍されておられる一九七〇年前後生まれの執筆担当者に、従来の議論を踏まえつつ、新しい切り口から専門領域の各時代史を叙述してもらった。構成上の特色となっているのは、南北軸を意識して従来一括して扱われがちな南北分裂時代における遊牧世界を含む北方と、華北から江南に亡命した政権を別々の章に仕立てたこと、それに文学とメディア文化の側面から一九八〇年代以降の現代中国事情を補完したこと、それに類書ではあまり見られないジャンルを含むコラムを適宜配したことである。本来は出土資料に関する章を設けて、それが各時代史の研究にどのようなインパクトを与えているのかを概観する予定であったが、諸般の事情でそれが叶わなくなった。いずれ改訂の機会を期して増補したい。

なお、本書における編者の分担を記しておくと、津田は中国史全般を、井ノ口は中国思想・文化全般を、それぞれ担った上で、いくたびも会合を重ねて全体を検討した。各章における文体や記載内容は、それぞれの執筆担当者の見解を尊重し、とくに統一を加えていないが、全体的な文責は編者二名が負うものである。各執筆者は早くに原稿を提出してくれたものの、編者の不手際で出版が遅れたことをお詫び申し上げ、ミネルヴァ書房の編集担当・堀川健太郎氏の細やかなサポートに心から感謝を申し上げたい。

二〇一七年一一月

津田資久・井ノ口哲也

教養の中国史　目次

コラム

序章　中国史を学ぶということ

津田資久・井ノ口哲也

中国史を学ぶことの意義

ギリシア・ローマの古典文化が、現在の当該地域の固有のものとして自己完結せずに、ヨーロッパ全体の源流にあたるものと認識・共有されているのと同様、中国の歴史・思想・文化は、近代以前の東アジア世界に数千年にわたって多大な影響を与えており、「日本の伝統文化」の形成にも色濃く影を落としている。たとえば、漢字文化の枠である中国古典文献の言葉や故事が我々の「教養」の一部となっていることは言うに及ばず、日常生活とも密接な関係にある年中行事の多くが中国由来のものであることなどは、「独自」に「固有」の日本文化を形成してきたと思い込みがちな現代に生きる我々に、改めて中国との密接な交流を問いかけるものであろう。

そもそも、そのような両国関係を考える上で注目されるのが、六〇七年に倭国から派遣された遣隋使（小野妹子）の発言とその持参した国書の内容である。倭国の使者は隋の皇帝を「海西の菩薩天子」と称し、その持参した国書に「日《ひ》出《い》ずる処《ところ》の天子（倭王を指す）、書を日没《ひぼつ》する処の天子（隋の皇帝を指す）に致す、恙無《つつがな》きや、云云《うんぬん》。」（『隋書』倭国伝）と書かれていたという。これは日本と中国は海を挟んだ東西に存在する対の関係にあり、共にそれぞれの「天子」を擁して、太陽のもと同じ一つの「天下」を構成するという世界観を示している。隋側から言えば「天下」に正統な中華の「天子」一人だけであるから、東西の「天子」という言い回しそのものが受け入れ難いものであるが、少なくとも倭国側の主張では「天下」世界はどちらかを抜きにしては語れない、片方がもう片方を補完する存在であった。この意味からも正統王朝しか認められない中国では決して用いられない、「本朝」（日本）に対する「異朝」（中国）という表現がなされる和語の感覚も考えるべきであろう。このような「天下」観念に仏教的な世界観が加わり、天竺（インド）を入れて「三国」ともいわれるが、ともあれ日本と中国を対比して「天下」を語る認識が前近代には広く行われていた。それゆえに日本では中国の歴史も積極的に「教養」として学ばれていたのであり、中国の歴史は何も独り中国の歩みであるばかりではなく、日本の歴史を補完し、その伝統を形作ってきた一部でもあった。現代日本をより深く知ろうとすれば、中国の歴史が無関係ではあり得ないゆえんである。

ただ、その面ばかりではなく、近年、さまざまな面で国際社会にその存在感を増し、経済的な側面をはじめとする民間交流も依然盛んで、日本とは異なる特質をもそなえる隣国としての中国の歴史的な歩みを知ることも無論重要である。交流が進めば進むほど、相手国の国情とそのルーツを多面的に把握しておくことは必須であり、その需要がなくなることはないし、その視点を持つことで我々が自明と思い込みやすい日本社会そのものを相対化し、より冷静な「教養」に裏打ちされた国際的観点に立つことも可能になろう。

右のような問題意識により、「はじめに」でも述べたように、南北軸と近現代の充実という構成を基調として、安易に「古代」、「中世」、「近世」などといった近代ヨーロッパ歴史学由来の概念規定を当てはめることなく、通説的歴史事実の理解を批判的に継承するとともに、従来の史料読解の見直しや最新の研究成果を踏まえて、以下のような内容上の特色を持つ各章によって、新たな「教養」としての中国通史の提供を試みた。

各章の要約

渡邉英幸氏執筆の第1章は、「王権」や「中華」をキーワードとして、秦に先立つ中国史を長江流域の農耕社会の誕生や黄河流域の仰韶・龍山文化から始め、夏代に相当する遺跡や殷墟について説明した後、とくに西周期に中華意識の原型が形成され、春秋時代に華夷観念が出現し、戦国時代に「天下」観念が成立したことを指摘し、最後に、睡虎地秦簡を用いて戦国後期の秦中心の国際関係から秦の統一直前を叙述する。

水間大輔氏執筆の第2章は、秦の始皇帝の六国統一によって中国全土に展開された秦の諸制度が楚漢戦争を制した漢に国家再建の礎としてほぼ受け継がれたことや、秦も漢も外征と奢侈により国内財政が悪化したという共通の事情を抱えたことを軸に、前漢武帝期までの皇帝支配による専制国家体制の変遷を叙述する。

井ノ口哲也執筆の第3章は、まず、政治思想としての儒家思想が前漢後半期から後漢時代にかけて浸透していく様子を経学における古文学派の活躍を軸に描き、ついで、後漢時代が学術・文化・思想・宗教等において中国史上の一大画期と捉えられ得ることを例示し、最後に、とくに後漢の和帝期以降の中央政権をめぐる外戚・宦官の争いを叙述する。

津田資久執筆の第4章は、秦漢統一帝国成立後、初めて訪れた「中華」正統の分裂という未曾有の事態に対し、それぞれの政権がどのように王朝の正統性を主張し、従来の「天下」観を読み替え、並存する他の政権と自らを差別化させ、向き合っていったのかという三～六世紀の政治史的軌跡を中心に、六朝〈貴族〉社会を形成した三国から江南における南朝までを叙述する。

前章と南北で対になる、松下憲一氏執筆の第5章は、これまでの中国史の概説ではあまり系統だった叙述が行われてこなかった、北方遊牧部族の独自の社会的特徴を踏まえた視座から、前三～六世紀の長期間にわたる、匈奴の盛衰とその南遷、西晋崩壊のなかで華北に林立した異民族「五胡」政権の興亡、そして北朝が紆余曲折を経ながら、部族的性格を残しつつも次第に中華的な論理を採用し、胡漢の新たな融合王朝を形成していったことを叙述する。

森田美樹氏執筆の第6章は、中国仏教美術による中国史へのアプローチを試みた章であり、インド由来の外来の仏教文化が中国でどのように受容され定着し独自の展開を遂げていったのか、その中国的「美」の営みを辿る具体的な作業として、三国時代から清代中期までの壺・壁画・石窟・釈迦塔など代表的な一四の作例によって、中国仏教美術の多様性と歴史的展開を叙述する。

江川式部氏執筆の第7章は、南北朝で独自の展開を辿った諸要素を集大成し、また新たな東アジア秩序を形成した六〜一〇世紀の隋・唐時代について、従来の「律令国家」という枠組みからではなく、律令を包括する「礼教国家」という切り口から、その礼制秩序や制度的な特徴の完成と崩壊、そして「安史の乱」の勃発を境に出現する藩鎮体制の展開を叙述し、最後にこの時代に隆盛した思想・文化的特色を紹介する。

宮崎聖明氏執筆の第8章は、一〇世紀の唐宋変革といわれる、質的に大きく変化すると見られてきた両王朝交替期の再評価を念頭におきながら、東部ユーラシアでの動向に目配せしつつ、中国内地の宋代国家・社会の出現を唐後半期に遡って説き起こすものであり、門閥貴族に代わって登場してきた科挙出身の文人官僚「士大夫」および「財政」という二つのキーワードから、北方で勃興した非漢族政権に圧迫し続けられた〈財政国家〉北宋・南宋の新たな国家政策の実施とその興亡を読み解き、また国家の基層をなす地方の「科挙社会」の在り方や南宋期に政府公認となる朱子学の特徴を掘り下げる。

第4章・第5章と同様、前章と南北で対になる、渡辺健哉氏執筆の第9章は、現在に至るまでの長い期間、中国の「首都」として機能し続けている現在の北京（燕京）の歴史的役割に重点をおきながら、その遊牧世界と農耕世界の共に辺境でありながら接点でもある地理的特徴を明らかにしつつ、南の宋代中国と対峙した契丹（遼）・金・元それぞれの歴史的展開と部族社会の特徴および文化・宗教に焦点を当て、従来の類書とは一線を画す新たな視点からの叙述を行う。

小川快之氏執筆の第10章は、ユーラシア的規模で展開した元をモンゴル高原に後退させて成立した漢族の明、激動の明清交替期、現代中国の版図の基礎を形成した満洲族の清という、東アジア国際情勢と密接な関わりをもって展開される、濃密な内容を有するこの時代を、漢族伝統社会の完成という視点を通じて、簡潔かつ要点を押さえた筆致で総合的に叙述する。

小野寺史郎氏執筆の第11章は、清末から中華人民共和国に至る中国近現代史であり、清末については二度のアヘン戦争・太平天国の乱・日清戦争・義和団戦争と幾度もの戦乱を経て日本をモデルとして近代化を図ったことを述べ、中華民国期については辛亥革命・第一次世界大戦・ロシア革命と続く激動の一九一〇年代の展開の後、孫文や蔣介石の活躍に代表される国民党の動向に言及し、一九三〇年代・四〇年代の満洲事変・日中戦争・国共内戦を経た新中国の成立までの展開を説明し、中華人民共和国についてはソ連をモデルとした一九五〇年代の社会主義化の促進や一九六〇年代・七〇年代の中国を取り巻いた国際情勢を述べた後、改革・開放政策下の一九八九年の民主化運動頓挫までを叙述する。

小笠原淳氏執筆の第12章は、文学からの中国近現代史へのアプローチを試みた章であり、一九一七年の文学革命から新中国建国まで、新中国成立から文革期まで、改革開放政策実施以降の三つの時期に分けて概説する中国文学と、日本統治期から今日までの台湾文学とについて、代表的な作家と文学作品を紹介し、さらには映画にも言及して、この百年の文学の歩みを叙述する。

本書の掉尾を飾る森平崇文氏執筆の第13章は、一人っ子政策をめぐる家庭の諸問題、孔子の復活に代表される古典ブーム、テレビのオーディション番組や抗日ドラマの視聴者への影響をうかがいながら、改革開放政策実施以降における中国の大衆意識の動向を叙述する。

このうち、中国仏教美術の観点から叙述した第6章・近現代文学の観点から叙述した第12章・現代中国の大衆意識を浮かび上がらせた第13章の三章は、他の類書には見られない、本書独自の試みである。また、第11章・第12章・第13章と近現代中国史に厚みがあることも本書の特徴である。さらに、以上の全一三章のほかに、中国や中国史を理解するための基礎知識を提供するものとして九つのコラムを設けているほか、本書で扱う中国史のできごとを世界史でのできごとと対比させる形で中国史の略年表を付載した。

中国史研究環境の現状と課題

序章の最後に、現在、日本が古来より長い時間をかけて培い、深化させてきた中国学そのものが「冬の時代」を迎えていることに少し触れておきたい。中国の暗部を強調したマスコミ報道に端を発する政治的・社会的な中国離れや、少子化に対応した大学のスリム化とも緊密な関係にあろうが、全国的にみて大学で中国史を専門的に学べる場が確実に減ってきている。中国に関心を持つ学生諸氏が、本場の中国の研究成果にも引けを取らず、高い水準で脈々と受け継がれてきた、我が国の文化遺産である中国学を安心して学べる環境を維持できること、これが喫緊の課題となっている。「冬の時代」がさらなる広がりを見せ、学問的状況がより厳しくならないことを祈るばかりである。

紙面の都合上、各章では「主要参考文献」しか挙げられなかったので、それらを読んでも各章の叙述・説明とは異なっているということがあるかもしれないが、概説書という性質上、より詳細かつ専門性の高い文献のリストを割愛したことにはご了解願いたい。なお、本書で興味関心を持たれ、さらに深く中国史を研究したいと思われた方は、各時代・テーマ別の研究状況や研究論文を紹介する、より詳しい研究案内として、まずは以下の書籍を参照いただきたい。

山根幸夫編『中国史研究入門』上・下（山川出版社、一九八三年。のち増補改訂版として一九九一年に上巻が、一九九五年に下巻が刊行されている）

※上巻は先秦～元、下巻は明～現代を扱う。

島田虔次ほか編『アジア歴史研究入門』1～3（同朋舎、一九八三年）

※第1巻は中国史Ⅰ、第2巻は中国史Ⅱ、第3巻は中国史Ⅲ。

礪波護ほか編『中国歴史研究入門』（名古屋大学出版会、二〇〇六年）

本書が、中国学「冬の時代」を越える、良き春の訪れを告げる新たな中国史の手引きとならんことを切に願うばかりである。

第1章　中華意識の形成——先秦史

渡邉英幸

この章で学ぶこと

中国の人々は古代以来、自分たちの属する文明・国家・地域・民族を〈中華〉——「中国」・「夏」・「華」などと称してきた。その原形は統一秦以前、すなわち先秦時代に形作られたものである。中国文明の成立過程は次の三つに分けて把握することができる。

① 原初期　農耕の開始から紀元前三千年紀まで。定住から環濠集落を経て城壁集落が生まれた時代。

② 形成期　前二千年紀初めから春秋時代まで。中原王朝と邑制国家（都市国家）の時代。

③ 成立期　戦国時代から秦漢時代の統一まで。領域国家から統一に向かう時代。

本章では、第1節で原初期、第2〜4節で形成期、第5〜6節で成立期の統一以前までを扱い、〈中華〉の成り立ちをその展開のなかに位置づけて見ることにしたい。

1　中国文明の多元的な起源

農耕社会のはじまり

農耕社会の誕生は、華北平原では遅くとも紀元前六千年紀に遡る。最終氷期の終了後、断続的に温暖化する気候のもと人々は定住し、やがてアワ・キビ類を主とする雑穀を栽培し、ブタやニワトリを家畜化して飼育する農耕社会が誕生した。陝西地区の老官台《ろうかんだい》文化、河南の裴里崗《はいりこう》文化、河北の磁山《じざん》文化、山東の北辛《ほくしん》文化などが代表的な文化である。深腹《しんぷく》罐《かん》や鼎《てい》などの土器の使用が始まり、磨製石器の石棒や石皿などが各地の遺跡から出土している。

一方、長江流域ではより早くから農耕社会が誕生していた可能性がある。長江下流域の河姆渡《かぼと》文化では今から約七〇〇〇年前の水田跡が発見されている。長江中流の彭頭山《ほうとうざん》文化では、約九〇〇〇年前の土器から炭化したイネが出土し、おそらく栽培種であると推定されている。さらに江西省の吊桶環《ちょうとうかん》遺跡では約一万年前のイネ、湖南省の玉蟾岩《ぎょくせんがん》遺跡では約一万三〇〇〇年前といわれるイネの痕跡が発見された。これらが栽培種かどうかは不明だが、長江流域では相当早くから稲作に基盤を置いた社会が誕生していたと思われる。

仰韶文化の時代——最温暖期の諸文化

前五千年紀以降の最温暖期には、黄河上流から中流域にかけて、仰韶《ぎょうしょう》文化が繁栄した。仰韶文化は彩陶（赤褐色の文様を描いた土器）で著名であり、直径一五〇から二五〇メートル程度の環濠集落が各地で営まれた。陝西省半坡《はんぱ》遺跡、同姜寨《きょうさい》遺跡がその代表例であり、集落当たりの人口は、姜寨遺跡で最大五〇戸・二〇〇人程度であったと推定されている。この時代の住居や墓地には規模の違いがあまり見られず、血縁集団の構成員を二次埋葬した集団墓地も確認されており、階層分化が進んでいない、比較的フラットな社会であったと考えられる。

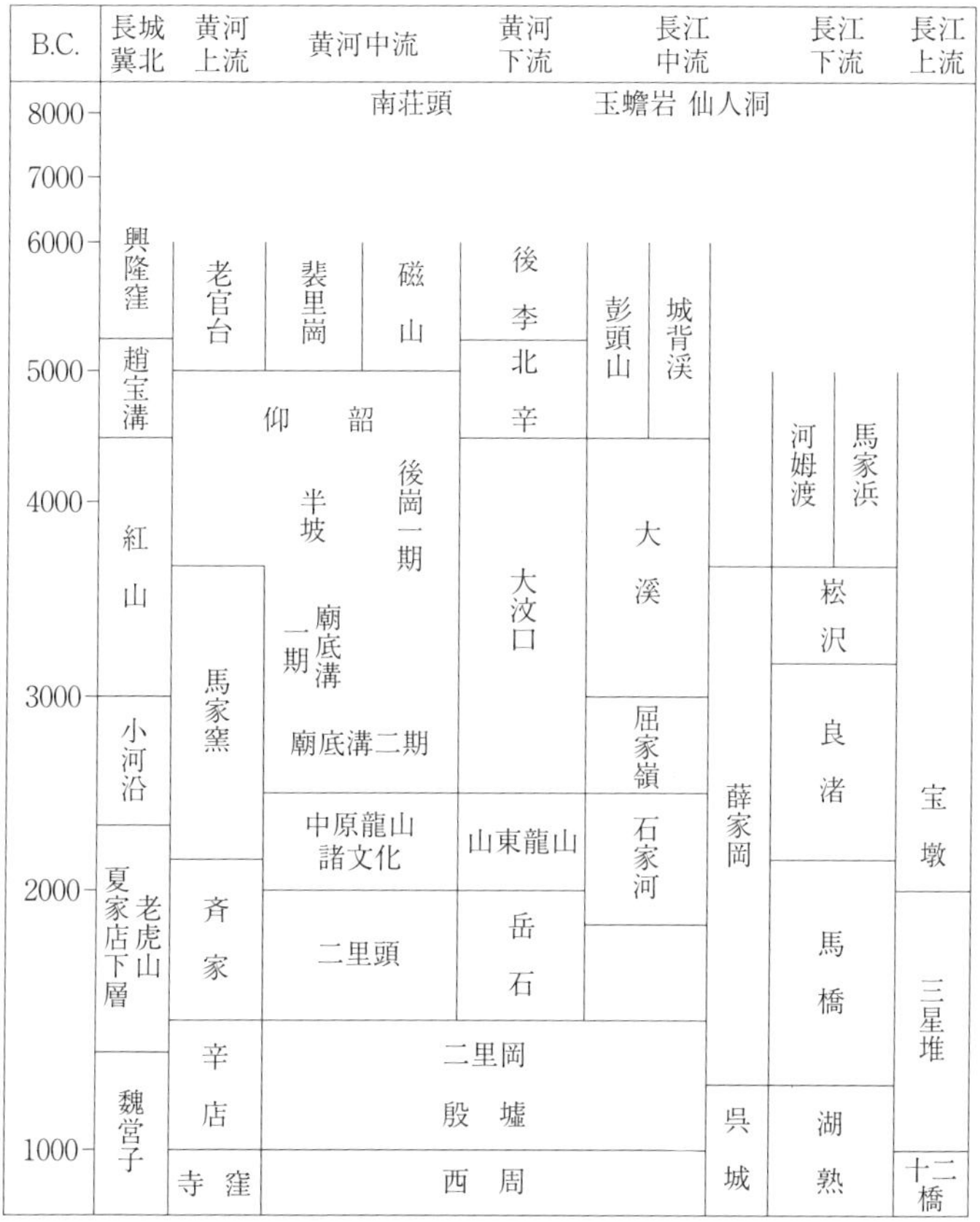

図1－1　中国新石器時代〜夏殷周代の諸文化

出典：小澤正人・西江清高・谷豊信『中国の考古学』同成社，1999年，図6をもとに作成

中国の新石器文化といえば、かつてはこの仰韶文化と、後に続く龍山《りゅうざん》文化が知られるのみであり、中国文明が黄河中流域に発生し、周囲に拡散したとする「一元論」的な黄河文明論が主流であった。しかしその後、各地に特色を持った文化が存在していたことが明らかとなる。仰韶文化とほぼ同じ時期、華北では山東地区に大汶口《だいぶんこう》文化、遼河流域に紅山《こうざん》文化が繁栄していた。長江下流域では、前五千年紀以降に河姆渡文化が出現し、前四千年紀から前三千年紀には精巧な玉器で知られる良渚《りょうしょ》文化が繁栄した。長江中流域でも、前四千年紀に大渓《だいけい》文化が出現し、その後をうけて前三千年紀に屈《くっ》家嶺《かれい》文化が生まれた。

こうした発見により、一九八〇年代には黄河流域のみに文明の起源を求める「一元論」が見直されはじめた。現在では中国大陸各地に生まれた諸文化が、相互に影響を与え合いながら文明を形作っていったとする「多元論」が中国文明起源論の主流となっている。

龍山文化の時代——前三千年紀の社会変動

前二五〇〇年頃、黄河流域では龍山文化期の諸文化が誕生した。龍山文化は山東半島の城子崖《じょうしがい》遺跡で発見され、山東龍山文化とも呼ばれる。ロクロを使用して胎土を薄く成形し、高温で焼成された「黒陶」が著名である。同時期の黄河中流域には、河南中西部の王湾《おうわん》三期文化、河南東部の王油坊《おうゆぼう》類型、河南北部の下七垣《かしちえん》類型、山西西南の陶寺《とうじ》文化、そして陝西の客家荘《かっかそう》文化などが分布し、「中原龍山期諸文化」（河南龍山文化）と総称される。

仰韶文化時代の最温暖期は前三千年紀に終了した。増大した人口と耕作地の不足は、次第に進む寒冷化の中で集落間の緊張・抗争を激化させたと見え、龍山文化期になると石鏃《せきぞく》が大型化し、殺戮されたり供犠《くぎ》にされたりした遺骸が多数確認されるようになる。また各集落では労働の集約化が進み、各地に強い力を持った首長が生まれた。龍山時代は、こうした首長層と、一般の農民たちとのあいだで階層差が明確になった時期である。

集落間の緊張の高まりと労働力の集約化は、版築《はんちく》（土を突き固める建築方法）の城壁で囲われた城壁集落（城郭集落・囲壁集落）を生み出した。黄河流域では、河南省西山遺跡で仰韶時代後期（前三三〇〇〜前二八〇〇年頃）の城壁が発見されているが、龍山時代になると城壁集落が黄河中・下流域の各地に林立するようになり、河南の王城崗《おうじょうこう》遺跡など、一辺数百メートル以上にも達する集落も出現した。なかでも山西省の陶寺遺跡は、面積約二八〇万平方メートルという巨大な規模を持ち、集落内での階層の分化がかなり進んでいたことが確認されている。さらに近年、陝西省の石峁《せきぼう》遺跡で、四二〇万平方メートルという規模の石積み城壁が確認された。こうした巨大な集落は付近の農村集落を束ねる中心的な集落として機能していたと考えられ、中国ではこれらを原初的な「城市（都市）」と見る認識が一般的である。

また長江流域でも、屈家嶺文化の彭頭山遺跡や石家河遺跡、良渚文化の莫角山《ばくかくざん》遺跡など、前三千年紀初めから半ばに築かれた大規模な城壁集落が発見されている。これらのなかには、時期的に龍山文化よりも先行するものも多く、長江流域ではより早くから城壁集落が発達していたことがわかる。

龍山文化期には銅器の使用も始まった。銅鉱石は黄河・長江流域にも比較的広く分布する鉱物であり、鉄鉱石よりも融点が低く、世界各地の古代文明で最初に実用化された金属器である。王城崗遺跡をはじめ、各地から銅器や精錬滓が出土しており、たとえば陶寺遺跡では純度九四％以上の銅鈴も発見されている。銅器のほかにも、玉器やタカラガイなどの「威信財《いしんざい》」（所有・分配する者の威信を示す特別な器物）も広く認められ、首長を結節点として地域間の交換や地域内での再分配が進んでいたことをうかがわせる。

都市・金属器とともに文明社会の指標とされるのが文字である。現在、最古の漢字として確認されているのは殷代の甲骨文字だが、その源流ではないかと推定される記号が新石器時代の遺跡から発見されている。龍山時代の事例では、山東省の丁公《ていこう》遺跡から発見された陶板に五行一一個の文字らしき記号が見え（丁公陶文）、また陶寺遺跡でも、「文」や「堯《ぎょう》」と釈読可能な記号を朱書した土器が出土している。今後、同様の事例が増加すれば、中国文明の文字の起源がより遡る可能性は十分にあるだろう。

2　中原王朝の出現

「夏王朝」の探索

一九五九年、古代伝説の研究者であった徐旭生《じょきょくせい》は、夏の伝説が残る黄河中流域を踏査し、河南省偃師二里頭《えんしにりとう》の地で殷墟以前の土器を採取した。これをうけて二里頭遺跡の発掘調査が行われ、一号宮殿址・二号宮殿址や文化層の厚い堆積が確認された。二里頭文化の発見である。二里頭文化は一期から四期に区分され、宮殿区画は第三期に築かれていた。

発掘当初、多くの研究者は宮殿を含む二里頭三期以降が殷代前期に相当すると考えたが、その後考古学者の鄒衡《すうこう》が二里頭文化全体を「夏」の文化とする説を提唱し、二里頭文化と夏・殷王朝との関係をめぐって論争が繰り広げられた。

論争に大きな画期をもたらしたのは、一九八三年の偃師商城《えんししょうじょう》の発見である。偃師商城は二里頭遺跡の東約六キロメートルの尸郷溝《しきょうこう》にあり、二里頭文化とは別系統で、時期的に降る二里岡《にりこう》文化に属する城郭都市である。内部の小城（東西約七四〇×南北約一一〇〇メートル）はほぼ二里頭四期に相当する時期、そして大城（東西約一二四〇×南北約一七〇〇メートル）は二里頭遺跡が廃絶した時期に築かれていた。漢代の史書『漢書』地理志には、夏を倒した殷の湯王が偃師の「尸郷」に都を置いたとの記事があり、偃師商城はこれに合致している。おそらく殷の人々が、先行する二里頭を制

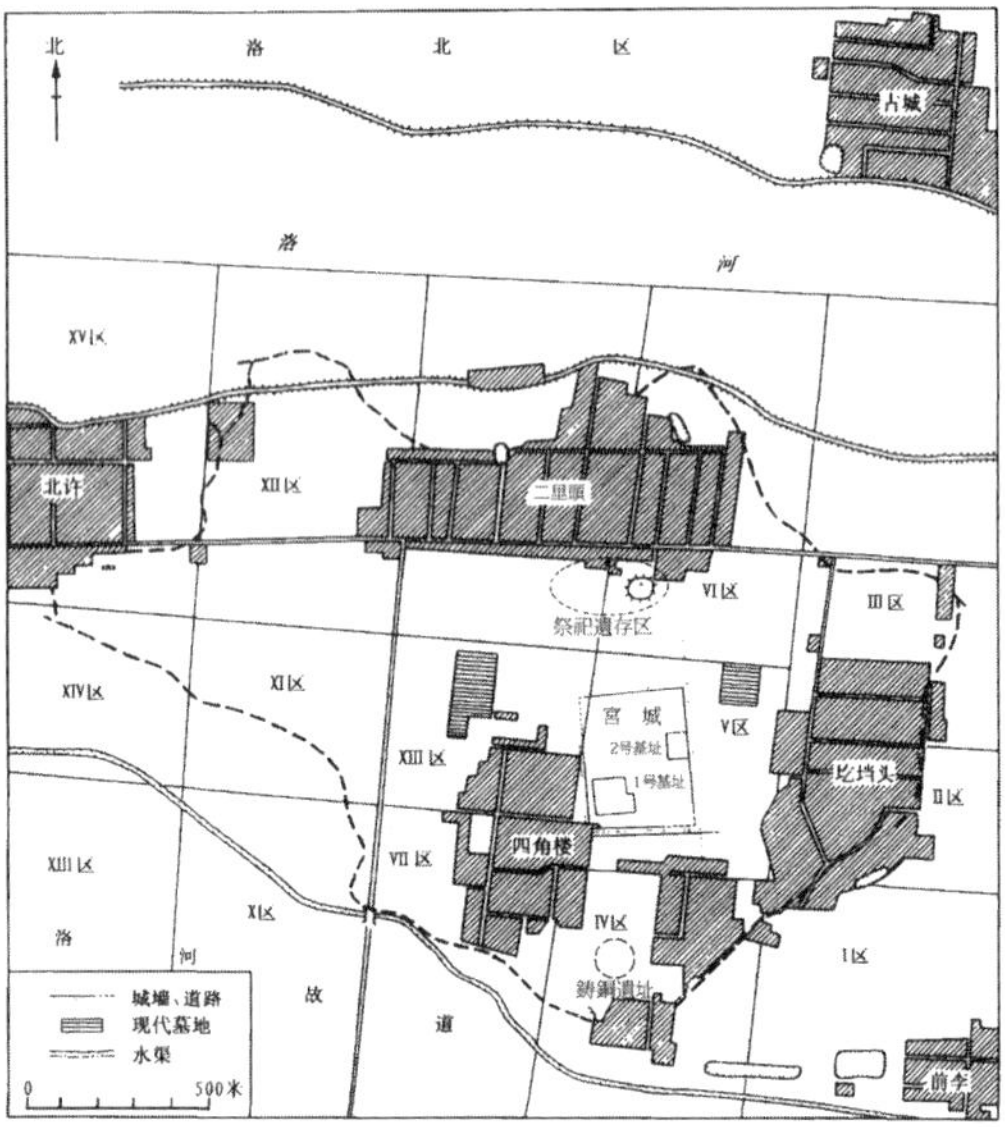

図１－２　二里頭遺跡

出典：『考古』2004年第11期

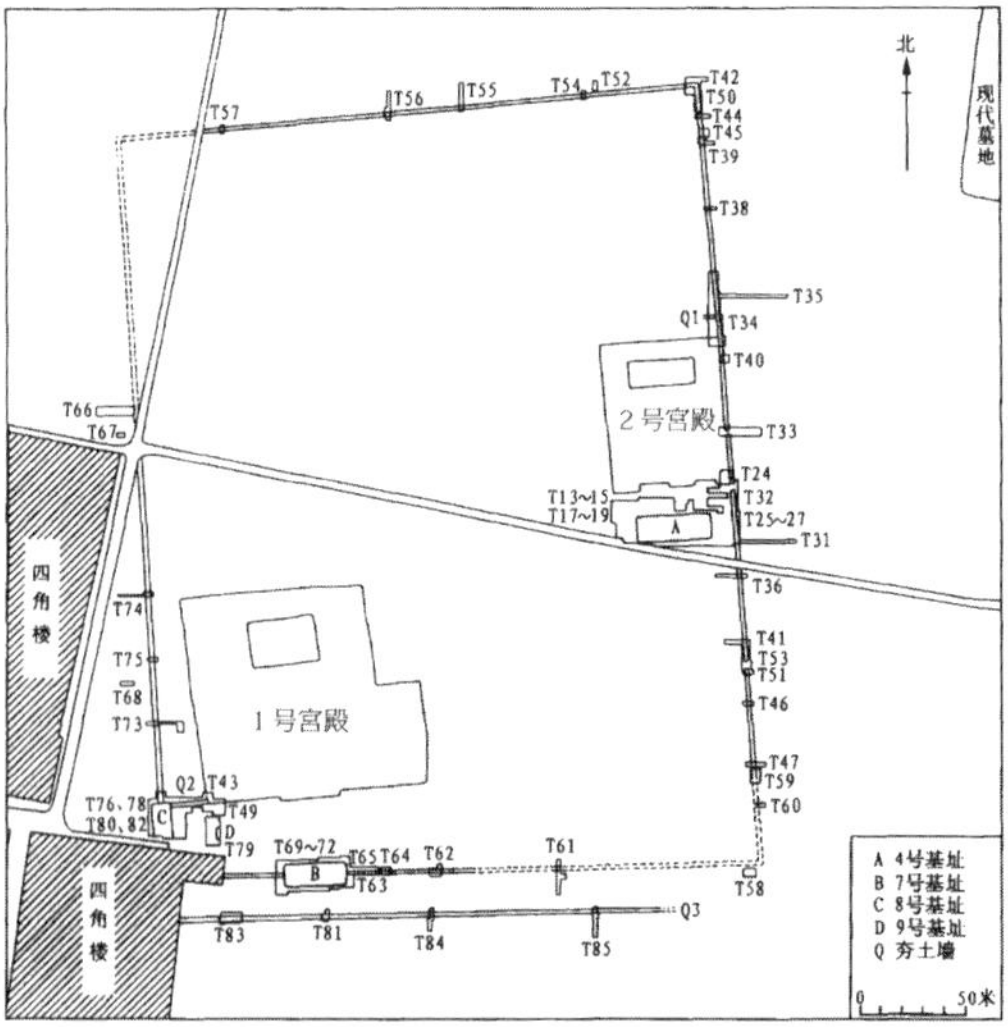

図１－３　二里頭宮殿区

出典：『考古』2004年第11期

圧・支配するために建設した拠点都市であったのだろう。

　偃師商城遺跡の存在は、隣接する二里頭遺跡が殷代前期の都城ではなく、殷に先行する別の政権の中心地であったことを物語る。二里頭には、王権の成立を物語る宮殿空間と都市が出現し、本格的な青銅器文化も始まっている。さらに、二里頭の玉器や陶器が中国大陸各地から出土しており、すでに広域的な政治・文化の中心地として機能していたことがうかがえる。これに合致する存在を史書から探すとすれば、それは「夏」以外にありえない。二里頭文化の絶対年代は前一八五〇年から前一五五〇年前後と考えられている。これによれば「夏」は前二千年紀前半に生まれ、前一六世紀半ばに王朝交代が生じたことになるが、中国では「夏」の始まりを龍山文化期まで遡らせる見解も有力である。

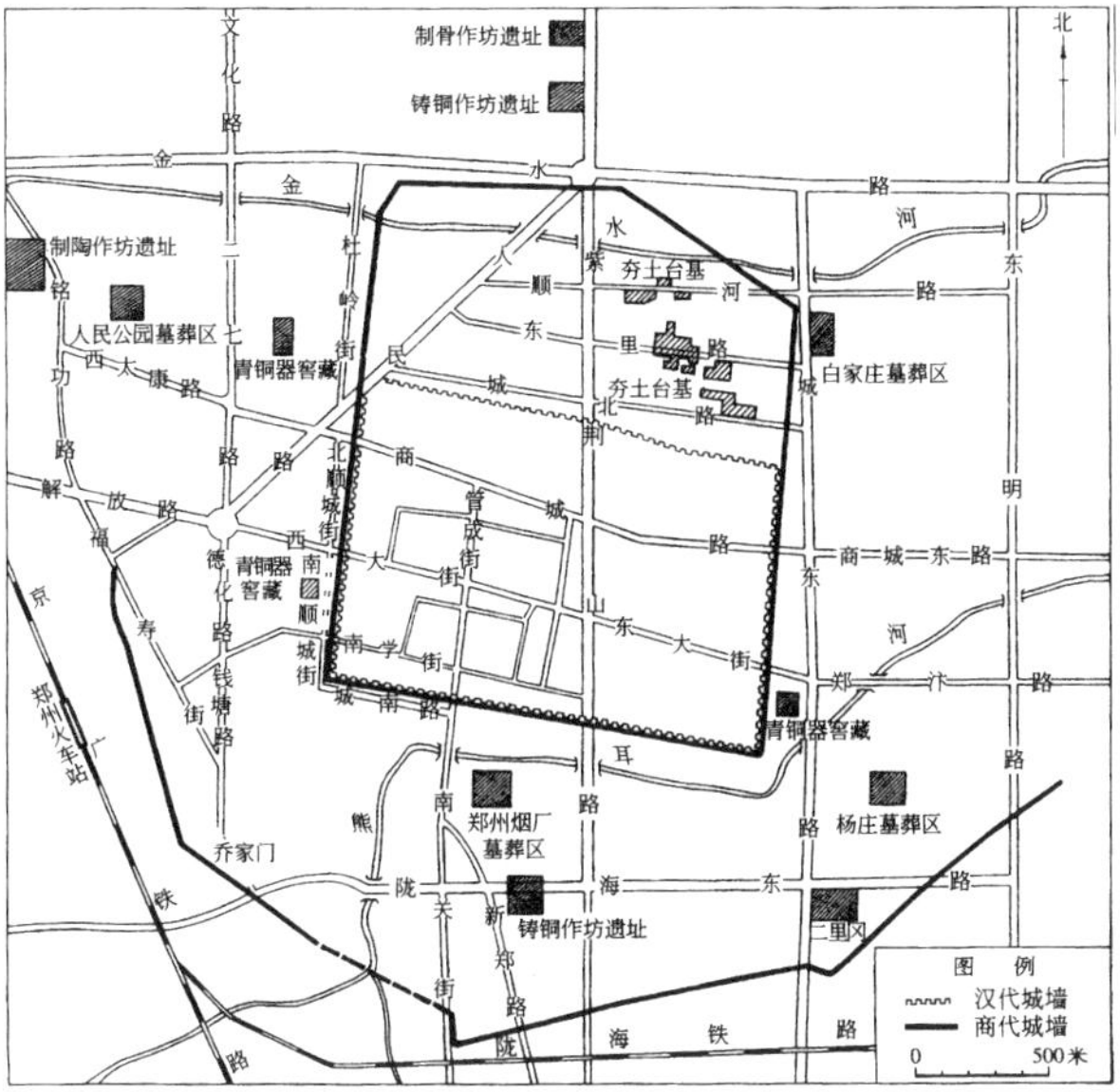

図1-4　鄭州商城遺跡（河南省鄭州市）
出典：『中国考古学　夏商巻』中国社会科学出版社，2003年

　ただ注意すべきは、二里頭文化の文字資料は出土しておらず、現存する殷の甲骨文にも、「夏」なる王朝名は確認できない点である。まして「禹《う》」やその子「啓」をはじめとする歴代夏王の実在が証明されたわけでは全くない。「夏王朝」とは、あくまでも現代の研究者が、考古学資料と文献資料を組み合わせて構築したものである。二里頭の王権は、現時点では〝後世の文献にいう「夏」に相当する王朝〟と見ておくのが妥当であろう。

二里岡文化の時代

殷（商）は、文字資料と実物資料の双方からその実在が確められた最古の王朝である。鄭州二里岡（崗）の地で発見された二里岡文化が殷代前期に相当し、河南省安陽市で発見された殷墟文化が後期に当たる。なお殷の別名「商」とは、後期の王都の呼称である。

殷代前期の都城「亳《はく》」に比定される鄭州《ていしゅう》商城は、鄭州市内に今も巨大な城壁が残存しているが、一九五五年の発掘調査により、二里岡文化のものであることが確かめられた。二重の城壁を持つ城郭都市であり、内城は東西約一七〇〇×南北約一八七〇メートル、さらに外側に残長約五〇〇〇メートルの外郭が認められた。内城の北東部分の一角に宮殿区があり、また城内外の各所に倉庫や、青銅器・骨器などの工房が分布していた。

二里岡時代は、二里頭時代に比べ青銅器文化が発達した時期であり、礼器を中心に器種が増加し、文様も複雑化しており、技術的な進歩が認められる。また注目すべきは、都城で鋳造された青銅器が、湖北省黄坡盤龍城《こうはばんりゅうじょう》など、地方都市でも出土している事実である。こうした地方都市は、黄河中流域から長江中流域までいくつか発見されているが、宮殿を取り囲む城郭も王都と同じような構造を持ち、規模は王都の二〇分の一から三〇分の一程度であった。これらは殷王朝の中央から移住した殷人集団が建設した植民都市であったと見られる。こうした二里岡時代に認められる殷文化の直接的な拡大は「二里岡インパクト」とよばれている。

殷墟の時代

『史記』殷本紀は、殷代中期に混乱が生じ、第一〇代の中丁《ちゅうてい》より第一九代の盤庚《ばんこう》に至るまで、およそ五度都を遷したと伝える。また戦国魏の年代記の古本『竹書紀年《ちくしょきねん》』は、盤庚の時に河を渡って殷墟の地に遷り、以後殷は二七〇年にわたり都を遷さなかったという。河南省安陽市で発掘された殷墟および周辺遺跡は、この盤庚から第三〇代帝辛《ていしん》（紂王《ちゅうおう》）に至る、殷代後期の都「大邑商《だいゆうしょう》」に相当すると考えられている。

殷墟は、安陽郊外の洹河《えんが》沿い約四キロメートル四方に広がる都市遺跡である。洹河屈曲部南岸の小屯村には、堀切りで囲まれた区画に数多くの宮殿や祭祀施設が集中しており、王が居住する都の中枢を形成していた。その周辺には貴族の邸宅や倉庫・工房が集まり、洹河を渡った西北崗には、巨大な王墓をはじめ、膨大な数の中型・小型墓や祭祀坑が分布していた。青銅器に鋳込まれたエンブレムなどから、都には多種多様な出自の貴族・工人・武人集団が集住していたことが読み取れる。殷は、肥大化した宮殿区を中心とする爛熟した都市社会を形成していたのである。

建造物以外に殷墟を特徴づけるのは、大量の甲骨文と膨大な数の犠牲である。甲骨文によれば、殷王は日々、祖先神や自然神たちに対するルーティン化された大規模な祭祀を行い、また神々に対して吉凶を問いかける卜占を繰り返していたことがうかがえる。出土する甲骨の多くは、こうした卜占の的中を記した事後予言的な記録である。

儀礼では、膨大な量の酒や穀物、ウシ・ヒツジ等の動物犠牲が捧げられ、また「羌《きょう》」などの異文化集団から捕獲したヒトも犠牲として大量に殺戮された。貴重な動物・奴隷を惜しみなく消費する儀礼は、それを執り行う殷王の権威と求心力を高める効果を持った。殷王朝は、祭祀儀礼を軸とした飲食物の供給と消費、そして威信財の貢納と再分配のシステムを構築していたと考えられ、こうした王権の性格は「祭儀《さいぎ》国家」とよばれている。

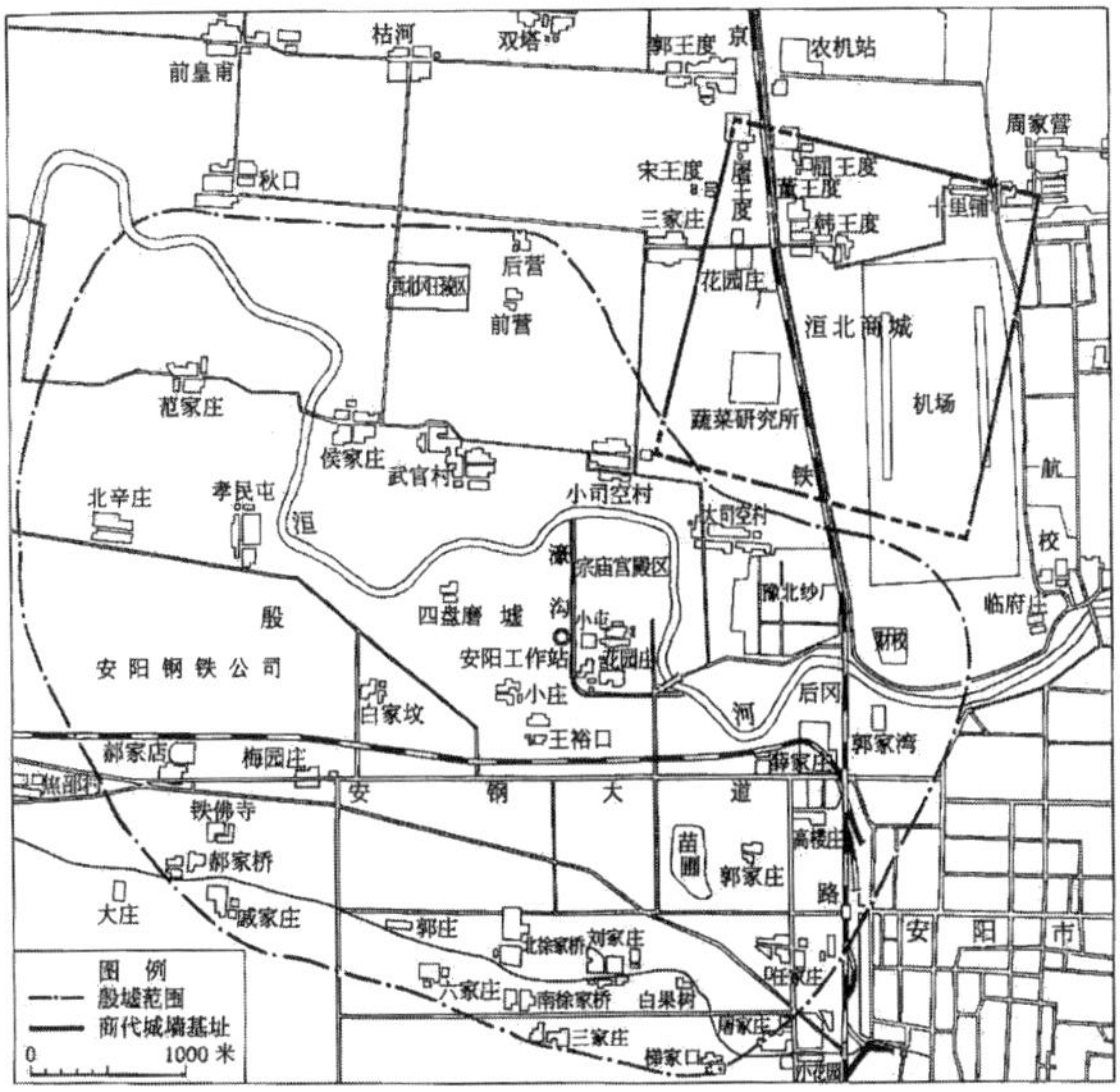

図１－５　洹北商城と殷墟遺跡（河南省安陽市）

出典：『中国考古学　夏商巻』，高煒「跨世紀十年的夏商都邑考古」杜金鵬・許宏主編『二里頭遺址与二里頭文化研究』科学出版社，2006年

一九九九年、小屯から北東に洹河を渡った地点で、殷墟に隣接する約二二〇〇メートル四方の規模を持つ城郭都市の遺跡が発見された。洹北《えんほく》商城遺跡である。内部には宮殿区が設けられており、王都クラスの都市であったことは疑いない。殷墟に先立つ殷代中期から後期の時期に相当し、一部は未完成のままで棄ておかれていた。殷墟では第二二代の武丁より前の甲骨文や遺物が発見されないことから、当初盤庚が遷った都城が洹北商城であり、その後移転した都城が殷墟であったと考える説もある。

殷周時代の国家構造

殷王朝の基本構造は「邑《ゆう》」（集落の総称）が累層的に結びついた「邑制国家」とよばれる構造である。王朝の中心地には、数キロメートル四方にも及ぶ巨大な王都＝「大邑」が存在し、その周囲には複数の小規模な農村集落「属邑」が従属していた。さらに遠隔地には、前述したように王都から移住した殷人集団が建設した地方都市や、服属した勢力の都市が存在し、やはり周囲の「属邑」を束ねていた。こうした地方都市を「族邑」とよぶ。殷の国家は、大邑－族邑－属邑と連なる「邑」によって構成されていた。大邑や族邑は、それぞれが都城を中心とした一個の「都市国家」とも言いうる性格を有していた。大邑や族邑が実効支配する領域は、半径約二〇キロメートル程度に限られ、その外側には殷に服属しない邑や集団が分布していた。この構造は、殷を打ち倒した周王朝でも、基本的に同じであったと考えられている。

殷の人々は、服属する地方領主を「侯」とよび、自国以外の邑制国家や異文化集団を「方《ほう》」と称していた。甲骨文には、「𢀛《く(?)》方《ほう》」などの方国が殷側の諸邑に侵攻したり、殷が「羌方」や「人方」に侵攻していたことが記録されている。ただし甲骨文には、のちの中華意識に相当する語句は確認できず、華夷観念は未発達であったと考えられる。

3　西周時代の王権と中華意識の起源

西周王朝の成立と封建

周は、殷代後期に周原《しゅうげん》（陝西省岐山《きざん》・扶風《ふふう》県）に興起した。殷の甲骨文では「周方」と表記され、もとは殷の方国であったが、文王が陝西地方を掌握して豊邑《ほうゆう》（西安市南の灃河《ほうが》西岸）を建設し、さらに子の武王の時に鎬京《こうけい》（灃河東岸）を建設して、東に進軍して殷王朝を征服した。鎬京と豊邑を合わせて宗周《そうしゅう》という。武王は殷を滅ぼした後ほどなく死去したが、子の成王が周公の輔佐を受けて成周《せいしゅう》（現在の河南省洛陽市の付近）を建設して「封建」を実施した。

西周時代、周原・宗周も都として機能しており、周王はこれら複数の都を経巡り、さまざまな儀礼を執り行っていた。こうした王都附近の邑田は、金文（青銅器に鋳込まれた文字資料）や文献で「京師《けいし》」とよばれている。周王朝の領域は、京師を中心とする領域（内服）と、その外に広がる領域（外服）に大別することができる。内服には王室の家産や貴族の所領が分布し、外服には王命を受けた「諸侯」が各要地に封建された。

「封建」とは、王が遠隔地に「諸侯」を任命し、新たな国家（邦）を建てさせる行為である。宗室・貴族を派遣する一種の武装植民を行う場合や、在地勢力の地位を承認する場合もあった。王から諸侯には「某地に侯たれ」という「王命」とともに、⑴土地や人間、⑵祭祀権の象徴の玉器や青銅器、⑶軍事権の象徴の武具や車馬具などが分与された（宜《ぎ》侯矢簋《こうそくき》）。「命」を受けた諸侯は、氏族集団を率いて封地に入植し、都市を建設して諸邑を支配し、周辺の蛮夷を鎮撫した。「國の大事は祀と戎とに在り」（『春秋左氏伝』成公一三年）というように、諸侯国は祭祀権と軍事権を持つ都市国家である。周王が諸侯に祭祀権と軍事権を賦与する代わりに、諸侯は王室に対して貢納や従軍が求められた。両者のあいだには、周王の命令と、諸侯による貢献とが循環する回路が形成され、祖先崇拝や擬制的な血縁意識により統属関係が世代を越えて維持されていた。また諸侯や貴族も、各地に分節化した本族と分族のあいだで血縁的な結びつきを形成し

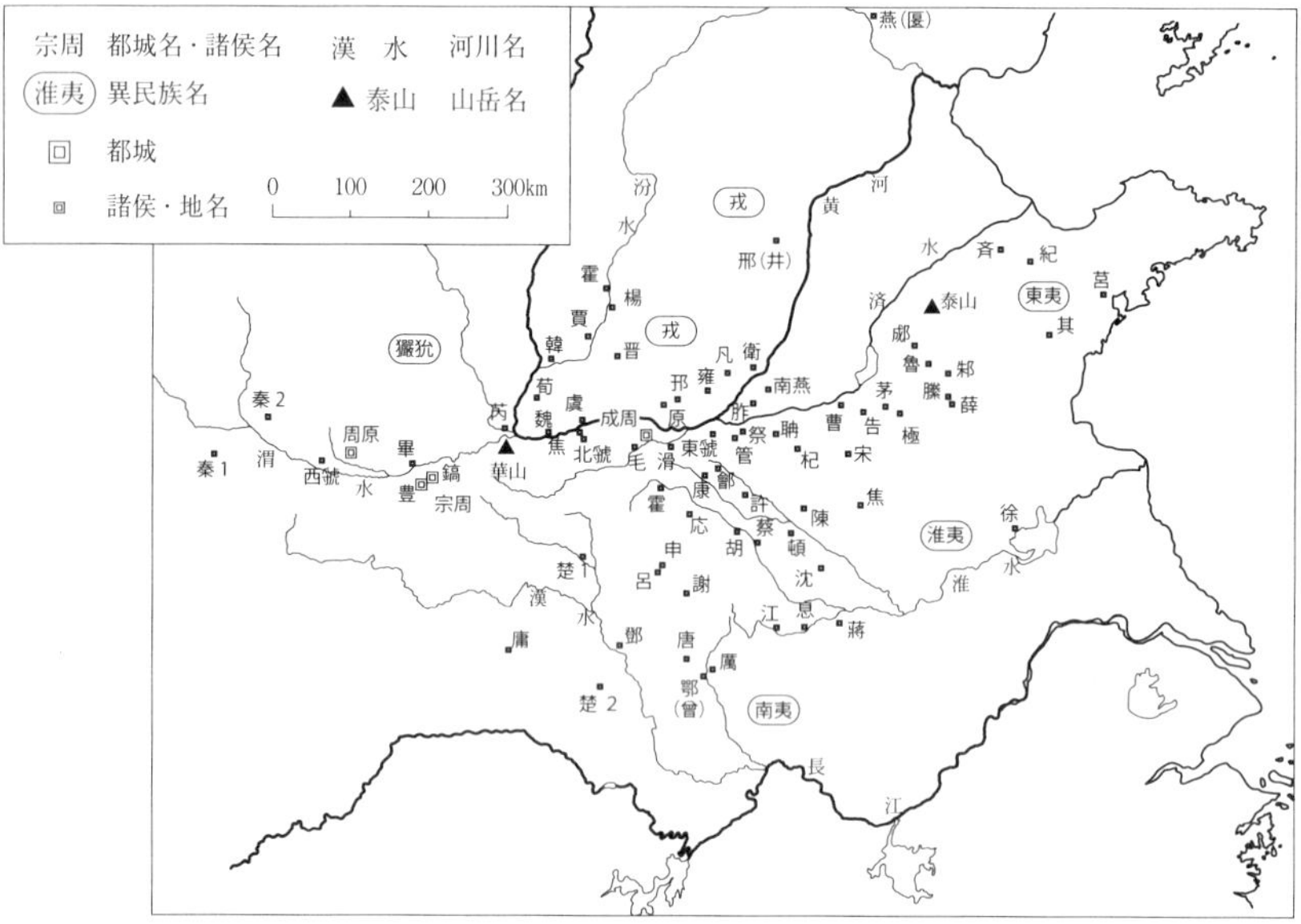

図1－6　西周時代

注：海岸線は現代のもの。

出典：伊藤道治「姫姓諸侯封建の歴史地理的意義」『中国古代王朝の形成』創文社，1975年所収の付図，および譚其驤主編『中国歴史地図集』第一冊，地図出版社，1982年をもとに作成

ていた。周代の「封建制」は、このように並存する複数の紐帯により、中央と地方の統属関係を維持していたのである。

周代の〝異民族〟

周の領域の周辺部には、多くの異文化集団が住み、諸侯国と隣接していた。周人たちは山東半島から淮《わい》河《が》・長江流域の人々を「尸《い》（夷）」と総称し、また西北方から侵入して来る集団を「厰允《けんいん》（玁狁）」と呼称していた。「夷」も王朝側の諸邑と同じく邑を形成していたが、王朝側からは文化習俗の異なる人々と見なされていた（師寰簋《しえんき》）。王朝は「夷」の諸邑から穀物や貢納物、とくに銅鉱や貝貨などを収奪し、隷属民も貢納させて使役している（兮甲盤《けいこうばん》）。王朝に臣属した後も、「夷」は王朝側の「諸侯」や「百姓」とは明確に区別されており、まさに〝異民族〟と見なされていたことがうかがわれる。ただし、「夷」に対する王朝や諸侯全体を指し示した民族的な自称は確認することができない。

一方の「玁狁《けんいん》」とよばれる人々は、車馬を駆って王朝領域に侵入し、京師の諸邑から人間や財物を略奪したり、王朝の軍団と機動戦を演じたりすることもあった（多友鼎《たゆうてい》）。玁狁は青銅製の武器やウマなどの家畜を所持しているが、邑に定住していた形跡は認められない。おそらく馬車などで移動生活を送る北アジア系の牧畜民だったのであろう。

西周時代の王権の位相

周は、統治対象である「四方《しほう》」の諸侯国や異民族を「万邦《ばんぽう》」と呼称した。周王は「周邦」一国の統治者であると同時に、「天命」を受けて「万邦」を束ねる「天子」でもあった。こうした周王の君主権は、二つの位相に分けて捉えることができる。その一つは、周の文王を祖型とする「天命の膺受者《てんめいのようじゅしゃ》」である。周の人々は、皇天上帝を絶対神と見なした天帝信仰を有していたが、文王は天帝から「命」を受け、下界（下國）の統治を委任された「受命者」と見なされた。歴代の周王はこの性格を引き継ぎ、「天命」に淵源を持つ「王命」を下す存在という自己意識を有していた。

もう一つは、武王を祖型とする「四方の匍有者《しほうのほゆうしゃ》」である。「匍有」はあまねく領有するという意味であり、殷を打ち倒した武王は「四方」世界を武力で制圧し、諸国間の紛争を鎮定する権力と見なされた。成王以後の周王たちも、王朝の軍事力を背景に、「四方」の諸国・諸民族間で発生する紛争を鎮圧し、「万邦」の実効支配の維持を試みていた。

周王は本来、この宗教的権威と軍事的権力の二つを併せ持つ存在であった。「受命」の事実が殷への反攻と「四方」の支配を正当化し、「四方」の支配という実績が「天命」の授受を証明するという循環的構造である。ところが西周後期になると、周による「四方」の統治は安定性を失い、強権的な性格を強めていく。金文資料によれば厲王や宣王の時期、王朝は東方や南方の「夷」の諸邦にくり返し遠征を試み、辺境支配を強化していたことがうかがえるが、それは「夷」の反乱や「玁狁」の反攻が繰り返された時期でもあった。やがて周は幽王の時、諸侯の反乱と「玁狁」の侵攻を受けて王が敗死し、王室は周原・宗周の地を放棄して、東の成周・王城へと遷ることになった。前七七一年のことである。この東遷以後、周王は「四方の匍有者」としての権力を喪失し、「天命の膺受者」（天子）の権威のみを保持する存在として存続することになった。

中華意識の起源

「中国」という語句の最古の事例は、今から約三〇〇〇年前に遡る。西周時代の初め、成王の五年という紀年を持つ「何尊《かそん》（㱦尊）」という青銅製の酒器の銘文に、成王が新都成周に行幸し、周の王族の子弟たちを前にして語った言葉が記録されている。銘文で成王は、父親である武王が成周の建設予定地で述べた、

余《よ》は其《そ》れ、茲《こ》の中或《ちゅうごく》に宅《お》りて、此《ここ》より民《たみ》を乂《おさ》めん。

という言葉を引用している。これは新都成周が武王の遺志に基づき建設されたことを説明する言説であり、「中或」は、成周を含む洛陽盆地一帯を指すものとなる。「中或」は「中國」の古い表記である。「或」にはクニガマエがないが、西周・春秋時代にはすでに同字を「國」に作る事例があり、また「中或」は後世の文献でほぼ例外なく「中國」と表記されている。「或」が「國」の古い字形であることに疑問の余地はない。ただその意味は現在でいう「国家」ではなく、むしろ「地域」に近いものであり、地上全域（下國）から都市国家の領域まで、さまざまな広さの土地を指す言葉であった。

「中國」とよばれた成周の地（河南省洛陽市郊外瀍《てん》河《が》流域）は、二里頭・偃師のやや西にあり、二里頭・殷代以来の要地であった。金文によれば、西周時代には宗周に「西六師」、成周に「殷八師」という王室の直属軍団が置かれており、旧殷系の諸邑から編成した軍団が、東方支配の中核を担っていたことがうかがえる。また成周には、殷から引き継がれ

図1－7　何尊の器影（右）と銘文中の「中或（中国）」の拡大図（左）

出典：李建偉・牛瑞紅編『中国青銅器図録』中国商業出版社，2000年

た青銅器鋳造の技術者など、多様な工人集団（百工）が居住しており、さらに各地から貢献物が集積され（兮甲盤《けいこうばん》）、各地から集められた「夷」の人々が集住する場所でもあった（詢簋《じゅんき》など）。周王はこの地でさまざまな祭祀や儀礼を執り行っていた。

上述のように周王朝の統治階層の人々は、黄河・長江流域を「四方《しほう》」や「四國《しこく》」とよんでいた。「中或（國）」は、この「四方」の中心地である。『詩経』にも西周後期の詩に「中國」という語が見えるが、「四方」と対置され、「京師」（首都圏）の同義語として使われている（大雅・民労）。また『書経』には、成周の建設地を指した「土中」という語が見える（周書・召誥）。「中国」の原義は、無数の国や民族から成る地上世界の「中心地」であり、特定の国家や領域、あるいはよく言われるような城郭都市の内部という意味ではなかったのである。さらに『書経』や『詩経』には、宗周の地や周の文明を指す「夏《か》」という言葉も残されている。中華意識の原型は、西周時代に生まれたものと考えられる。

4　春秋時代の国際秩序と華夷観念

春秋時代の「会盟」と覇者体制

周の平王は鄭《てい》・晋《しん》といった諸侯の支援で東に遷り、春秋時代が始まる。周王の実効支配の喪失は、諸国間の紛争を鎮定する中央権力の空白を意味する。黄河流域の諸侯国は相互に抗争と兼併を繰り返し、東遷から春秋前期までに多くの諸侯が滅ぼされた。長江中流では楚が台頭し、周囲の諸侯を従え、北進の構えを見せはじめる。また山林地帯に住む「戎《じゅう》」や「狄《てき》」とよばれる異民族が、黄河流域各地で行動を活発化した。

こうした状況下、諸侯は秩序の構築・維持のため、盛んに「会盟《かいめい》」を結んだ。会盟とは当時広く行われていた盟誓《めいせい》の一種で、諸国の代表同士が期日を設定して会合し、紛争の調停や課題解決に向けた合意を形成し、その遵守を神格に誓った行為である。当初は二国間の会盟が主流であったが、後に複数の国が参列する同盟体制が築かれた。同盟の盟主

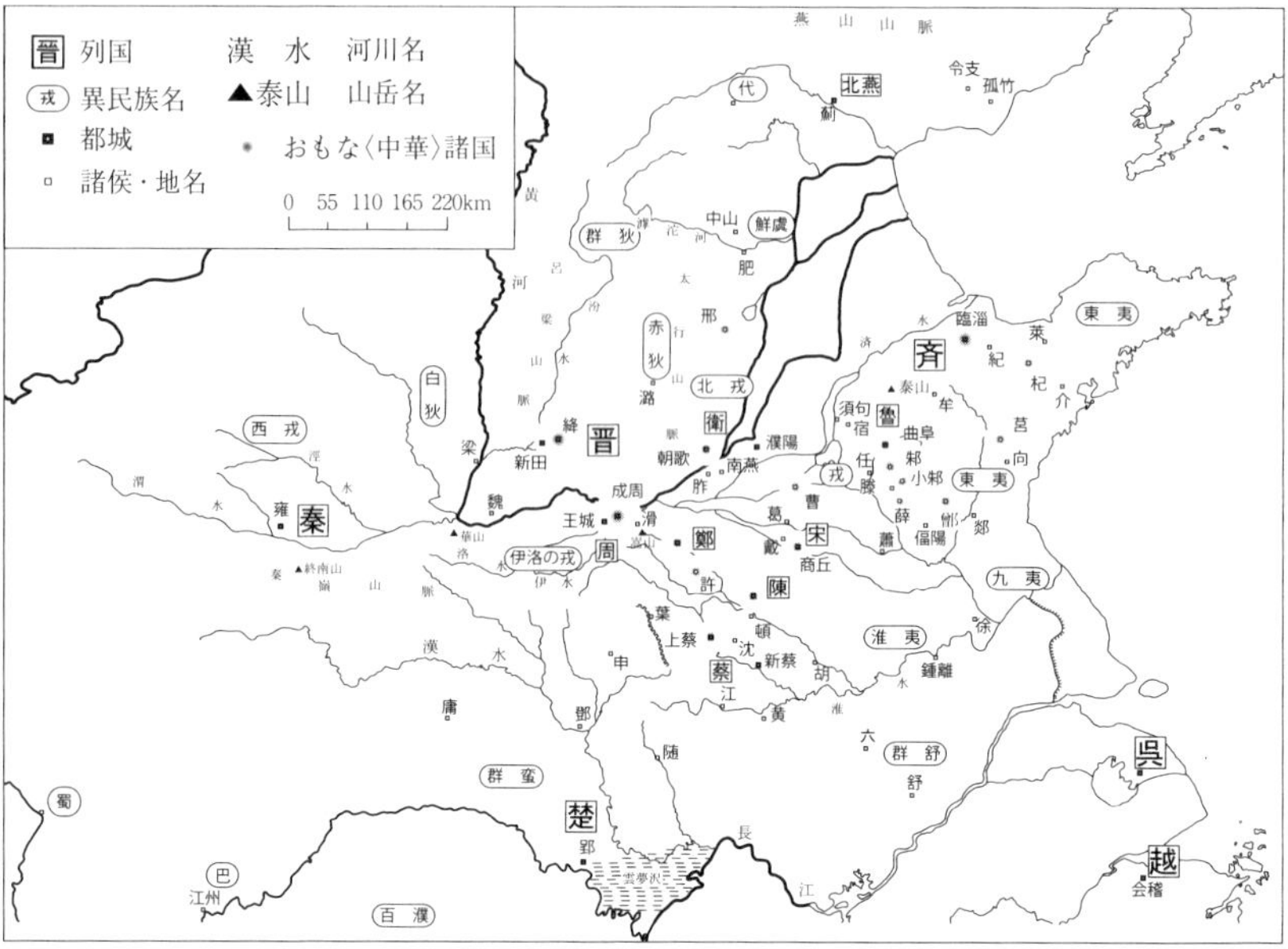

図1－8　春秋時代

を「霸者《はしゃ》」（侯伯）という。春秋前期に斉《せい》の桓公《かんこう》が現れ、前六八一～前六四四年にわたり霸者体制を構築し、前六五六年には召陵《しょうりょう》の会で楚を屈服させている。同盟は中原東部の諸侯、とくに魯・衛・鄭・宋・陳などの「兄弟《けいてい》甥舅《せいきゅう》」（周王室と同姓・姻戚の国）が中核であった。同盟内では諸侯同士の侵略が禁止され、王室の推戴や、楚や狄に対抗する協力関係が取り決められた。

　桓公の死後、同盟体制は瓦解したが、ややあって中原地域の霸権を確立したのは、山西の晋《しん》であった。晋の文《ぶん》公重耳《こうちょうじ》は長い亡命生活の後に秦の援助を得て帰国を果たし、諸侯を統率して楚《そ》を城濮《じょうぼく》に破り、周王を招いて践土《せんど》の盟を挙行し、霸権を確立した（前六三二年）。晋の霸権は文公の死後も継続し、前五世紀初め頃まで、晋が黄河流域の諸侯を統率する国際関係は約一五〇年間にわたり維持された。

　晋の同盟体制とほぼ一貫して対立していたのが南方の大国楚であり、両陣営のあいだでは何度か大規模な会戦が発生した。また西方の秦《しん》は、穆公《ぼくこう》の時に東方に進出したが、鄭の支配をめぐり晋と対立し、殽山《こうざん》の戦い（前六二七年）に敗れて以後は陝西に逼塞《ひっそく》することになった。

長江下流の辺境地帯では、のちに呉《ご》・越《えつ》が台頭し、春秋後期に一時、中原東部の覇権を握ることもあった。春秋の「五覇」という概念はすでに戦国中期の『孟子』に見えるが、五人の覇者が順に交代したわけではない。北方の晋と南方の楚という二大陣営の対立を軸に、東に斉・宋、西に秦、東南に呉・越という強国が、中原地域の諸国を取り巻いていたのである。

華夷観念の出現

華夷観念とは、世界を〈中華〉と〈夷狄〉の二項対立的な図式で捉える東アジアの伝統的観念である。〈中華〉は「中国《ちゅうごく》」「上国《じょうこく》」「夏《か》」「華《か》」といった語句で表される一連の呼称であり、漢代以降、中原地域（黄河・長江流域の中心部）やそこに住む漢族、それを統治する王朝国家を指し、文明や秩序の中心と見なす意識が込められていた。〈夷狄〉とは、異民族や周縁地域を指す「夷《い》」「戎《じゅう》」「狄《てき》」「蛮《ばん》」などの一連の呼称であり、対象を野蛮・非礼・無恥・不道徳な存在と見なす差別意識が込められている。

周王朝の中心を指す〈中華〉と、諸侯・百姓《ひゃくせい》以外の異文化集団を指す〈夷狄〉は、もともとは対立する観念ではなかった。両者を対置する見方が出現するのは春秋時代である。『春秋左氏伝《しゅんじゅうさしでん》』（『左伝』）や『春秋公羊伝《しゅんじゅうくようでん》』（『公羊伝』）といった春秋時代を対象とする文献には、斉や晋を中心とする同盟秩序を「夏盟《かめい》」「諸夏《しょか》」「諸華《しょか》」「中国」とよぶ言説が散見しており、〈中華〉は複数の諸侯国を包含する枠組みへと拡大している。その背景に同盟下の諸国間における言語・礼制・利害関係の共有があったことは想像に難くない。

またこれらの文献では「諸夏」「中国」と「戎狄」「蛮夷」を対比し、後者を排斥した言説が顕在化する。これは春秋時代の実態から乖離した観念ではなく、「戎」や「狄」は実際に一貫して国際秩序から排除されていた。また同盟と対立する楚や秦も、「蛮夷」や「夷狄」と蔑視されるに至る。その一方で「夷」に出自を持つ国であっても、〈中華〉に加わることが可能であった。山東の小国の莒《きょ》や邾《ちゅ》は「蛮夷」の国であったが、覇者体制に参加し「諸華」の一員に数えられている。さらに呉も「文身断髪《ぶんしんだんぱつ》」の「蛮夷」だが、諸侯との交流により「諸華」に比肩する存在と見なされた。春秋時代の多国間会盟は、内部においては出自を超えた統合を生み出す一方、外部に対しては新たな境界と排除を創り出す機能を果たしたのである。こうした統合と排除が華夷観念を生み出す契機となったと考えられる。

同時代史料からも、春秋中期までに〈中華〉と〈夷狄〉を対置する観念が出現していたことが確認できる。春秋中期後半、秦景公《けいこう》（在位前五七六〜前五三七年）が制作した青銅器銘文には、歴代秦公が「蛮夏《ばんか》」を使役してきた歴史が回顧されている。「蛮」は秦の近隣の異民族、「夏」はおもに東方の諸侯国を指す名称と考えられる。これは中央の「諸夏」と周辺の「蛮夷」とを対置した上、その双方に秦が君臨するという自己意識である。中原地域の外縁に位置する秦国でも、すでに華夷観が共有され定着していたことを物語る記述である。

そしてこの観念の上に、〈中華〉と〈夷狄〉との差異や、あるべき関係を論ずる多様な思想が形作られた。華夷思想（中華思想）である。伝統的な華夷思想は、「同化」（夷狄を中華の文明によって教化・融合する）・「棄絶」（夷狄を打ち払い、統治対象とせずに放置する）・「羈縻《きび》」（夷狄を懐柔し中華の秩序に従わせる）・「転位」（徳義や天命の有無により夷狄と中華が相互に入れ替わる）の四つの論理に分けることができる。こうした論理は『左伝』や『論語』、『孟子』に見えており、基本的な枠組みが戦国中期までには形作られていたと考えられる。

5　春秋・戦国時代の変革

都市国家から領域国家へ

春秋時代以前の黄河・長江流域には、小国も含めると百カ国以上の諸国が存在したが、戦国時代には秦・楚・斉・燕・韓・魏・趙の「七雄」のほか、宋・魯・衛・鄒・中山などの小国が残るのみとなり、国の数は大幅に減少している。これは都市国家が分立する時代から領域国家の時代へと推移したことを示している。

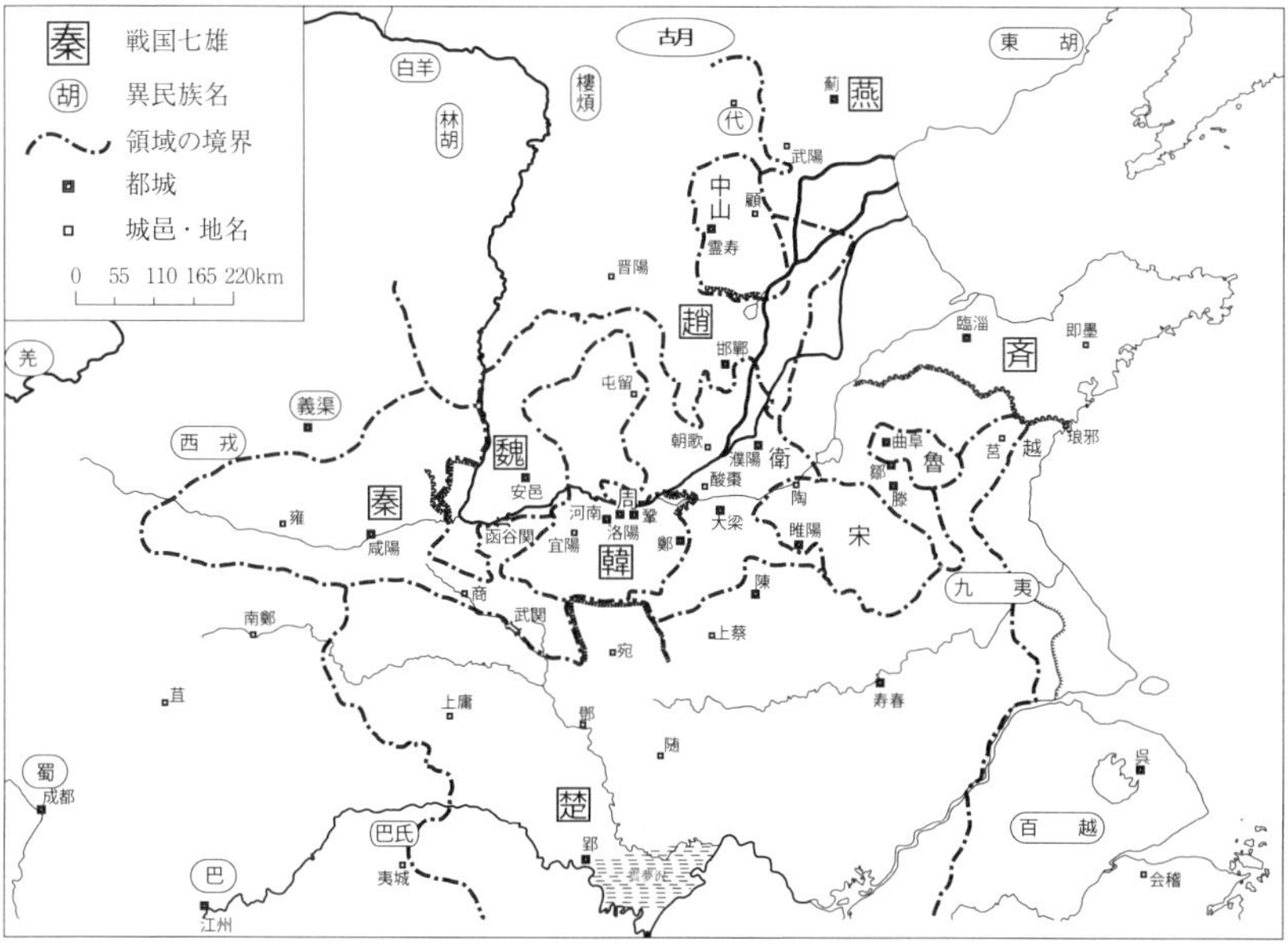

図１－９　戦国時代（前350年頃）

領域の拡大は、⑴他の諸侯を滅ぼし、その国邑を自国に編入する。⑵他国が保有する邑を奪取する。⑶異民族を服従させたり駆逐したりして、山林藪沢《さんりんそうたく》（辺境の未開墾地）に新たな邑を建設する、などの方法で行われた。こうして新たに獲得した邑を中央権力に従属させた領域を「県」という。とくに晋や楚などの大国は、領域拡大を進め、複数の「県」邑を保有することになった。だが春秋時代には、「県」を直轄統治する広域的な行政機構が未整備であり、県邑の統治は世襲的な地位を持つ有力貴族（世族という）の宰領に委ねられた。そのため世族は次第に国君を凌ぐ力を持つことになり、国君と世族、世族と世族、あるいは世族内の分族同士でも抗争が頻発した。

　こうした限界を克服するには、国君の手足となる官僚の養成と、彼らを通じた安定的な地方行政制度の整備が必要であった。春秋時代の卿・大夫・士は世襲的な封地や俸禄を食《は》む貴族階層であったが、春秋中期頃から、固定的な身分に関わりなく、有力多能の士で君主の側近に取り立てられる者が増え始める。春秋後期になると、知識・技芸を身につけた下級貴族や庶人の出身者も「士」

とよばれるようになり、国君や世族に登用され、邑を管理した。彼らに学問を授けたのが、儒家や墨家など諸子百家の学団である。

ただ、こうした官吏の登用は、当初は君主との個人的な信任や縁故関係に依拠する部分が多く、安定的な組織運用は難しかった。そこで各国では、個人的関係を捨象した官僚の登用や統制を志向するようになった。たとえば秦では、後述するように戦国中期から県制の整備が始まり、戦国後期までには、中央政府が郡や県の長官を任命した上で、各地で識字階層を書記官に採用し、法律と文書行政によって統御するシステムが成立していた。同様の郡県制の整備は、韓・魏などの中原地域でも、秦にやや先んじて進展していたと考えられる。

春秋・戦国間の社会変革

郡県制に限らず、春秋時代から戦国時代にかけての時期は中国史上でも屈指の変革期であった。春秋後期から本格的に鋳造された鉄製の農耕具は、牛耕の普及と合わせて、耕地面積を拡大し、生産力を飛躍的に高めることになった。『孟子』には自給自足生活を主張する農家の許行なる人物が登場するが（滕文公《とうぶんこう》上）、彼もまた市場での交換により入手した鉄製農具を使って耕作しており、すでに鉄器が広く流通・普及し、社会的分業が進んでいたことがうかがえる。生産力の向上は小規模な農業経営を可能にし、「五口の家」という自営農民を大量に生み出し、国家の課税対象として「戸」ごとに把握されることになった。

生産の向上はまた交換の拡大を生み出し、各国では青銅貨幣が鋳造された。戦国期の銅銭には、韓・魏・趙などで用いられた布銭、斉・燕・趙・中山などで用いられた刀銭、魏や秦の円銭、楚の蟻鼻《ぎび》銭などがあり、布や金とともに交換や徴税に使用された。流通と分業の進展は社会の流動性を高め、直接生産に従事しない人々を生み出し、その多くが都市部へと流入した。そのため戦国時代には、各地で大規模な都市が「市」を中心に発達した。

農村から都市に流入した人々には、商業や手工業に従事したり、学問や技芸を身につけ、つてを得て官吏として登用される者もあったが、正業に就かず徒党を組み、游侠の私属となる「少年」も多かった。また王族や権臣が競って有能な「士」を食客として雇い入れ、なかでも斉の孟嘗君・趙の平原君・楚の春申君・魏の信陵君は食客数千人と称された。このように戦国時代には、権勢家・豪族・諸子百家の学団・游侠集団などを結節点として、主客結合（パトロン・クライアント関係）が横行した。戦国末の韓非《かんぴ》は、こうした関係により跋扈する人々を、公正な中央集権を阻害する「五蠹《ごと》」（五種の害虫）と批判している。

戦国期には青銅製や鉄製の武器も各国で鋳造された。同一規格の兵器の大量生産と集中管理は、大規模な農民の動員を可能にする。春秋時代までの戦争は、貴族（卿・大夫・士）が駆る戦車が主役であり、数百乗から数千乗が布陣し、多くは一日の会戦で勝敗が決した。戦国時代には、農民から徴発された数十万人の歩兵が主力となり、対陣は数カ月に及び、住民すべてを巻き込んだ攻城戦も頻発するようになる。結果、貴族層の地位は相対的に下落し、戸籍を通じた「百姓」の網羅的な把握と、身分秩序の再編が志向されるようになった。

商鞅の変法

こうした流れのなかで戦国中期以降、君主が官僚組織を通じて郡・県を直轄統治し、自営農民を戸籍により把握して、客観的な法律により統治を行う専制国家体制が整備された。こうした国制変革の代表例が、秦孝公《こうこう》（在位前三六一～前三三八年）の時に商鞅《しょうおう》が実施した「商君変法」である。『史記』や『商君書』などの文献によれば、商鞅による改革は、成文化した法令・刑罰に基づく信賞必罰の徹底という基本路線に加え、次の諸点に要約できる。

第一次変法（前三五九年）

什伍《じゅうご》の制（五人組・十人組の連帯責任と相互監視）

分異《ぶんい》の法（同一戸内に成人男子が複数いる場合、分家を強制）

軍功爵制《ぐんこうしゃくせい》（軍功により爵を与え、庶人から貴族までを序列化）
宗室・貴族などの既得権益の抑制
民に本業（農業・紡織）を奨励する
第二次変法（前三五〇年）
咸陽《かんよう》への遷都と宮殿の建設
県制の整備（領域内の小集落を統廃合し、三一県を設置）
阡陌《せんぱく》制度（農地を区画する道路を整備し、賦税を均等化）

これらは秦の国家と社会を戦時体制下に置き、民の意欲を耕織と戦闘という特定の目的に集中させ、強力な軍国体制を整備した改革である。現在では、このすべてが商鞅により実施されたわけではなく、実際には戦国中期から後期に実施された諸改革が、商鞅一人の事績として説話化されたものとする説もある。だがこれら諸点が、秦の専制国家体制の論理を集約的に示し、統一に向かう歴史的な原動力を物語っていることは事実なのである。

諸子百家の時代

「諸子百家」とは学者の諸流派を意味する。なかでも早くから活動を開始したのは、魯の孔丘（孔子）を始祖とする儒家であった。孔子は春秋後期、周室の衰退と乱世を憂え、礼楽の復興による秩序回復と、「仁」や「孝」を尊重した人格的修養の完成を目指し、学団から多くの弟子を輩出した。一五〇年ほどのち孟軻《もうか》（孟子）が現れ、前三二〇〜前三一〇年頃、魏・斉・滕《とう》などを遊説して活動した。彼は性善説に基づいて為政者に仁義や王道を説き、仁政を行うことで天下が帰服することを説いた。また戦国後期には荀卿《じゅんけい》（荀子）が出て斉や楚で登用され、性善説を批判して性悪説を唱え、礼教を重視して教化の徹底を説いた。弟子から法家の李斯《りし》・韓非を輩出している。

孔子よりやや遅れて、魯国で学団を組織したのが墨翟《ぼくてき》（墨子）を祖とする墨家である。彼らは兼愛や非攻を唱え、奢侈な礼楽を否定し、倹約と勤勉による生産性向上と、賢者の選抜による効率的統治を説いた。また墨家集団は「鉅子《きょし》」という指導者の下に組織化され、独自の論理学や工学的知識、そして都市を防衛する高度な戦闘技術も有していた。

道家は『老子《ろうし》』や『荘子《そうじ》』を代表的な文献とする思想の潮流である。『老子』は、宇宙の始原であり、万物をつかさどる運動法則「道」にのっとり、人為的な文明・制度を否定し、無為・自然による安寧の実現を主張する。その作者とされる老聃《ろうたん》は具体的な事績が不明であり、伝説の人物とする見方が強い。また『荘子』は、是非・善悪・尊卑などの人為的な価値観を相対化し、世界のあるがままに身を委ねて精神を解き放つことを説いた。

法家は、君主個人の人格的な能力や仁義道徳に期待せず、絶対的な「法」に基づく統治を通じ、自動的な秩序の実現を目指す思想の系譜である。明文化された法律による賞罰の徹底、そして君主権力の強化が志向された。その論理は春秋時代、軍団構成員を刑罰で統率した戦時の軍律に起源を持ち、戦国前期・中期の申不害《しんふがい》・慎到《しんとう》・商鞅らがこれを平時にも適用して法術思想による政治改革を実践し、戦国末の韓非が集大成したとされる。法家は人為を排して超越的な法則に依拠する点で、道家とも通ずる一面を持つ。

他にも、軍事法則を体系化した兵家、詭弁的な論理学を説いた名家、個人の快楽追求を是認して安寧の実現を説く楊《よう》朱《しゅ》、陰陽・五行の法則から宇宙全体を推論した陰陽家《いんようか》、外交請負人として諸国を遊説した縦横家《しょうおうか》など、多くの思想学派が活動していた。各国の君主も競って著名な学者を招き寄せ、とくに斉の臨淄《りんし》に置かれた「稷下《しょっか》の学」は、前四世紀後半から諸学者が集う学園として活況を呈し、孟子や荀子もここで思想活動を行った。統治者の庇護の下での学派同士の接触は相互の影響や批判を活性化させ、さらに諸説を集成する雑家とよばれる傾向を生み出した。斉の稷下学派で原型が生まれた『管子《かんし》』、戦国末の秦の呂不韋《りょふい》が食客たちに編纂させた『呂氏春秋《りょししゅんじゅう》』がその代表的文献である。

諸子百家の思想活動は結晶化して大量の文献を生み出したが、統一秦の焚書により多くが亡佚し、ほかの同時代史料の不足もあって、先秦時代の思想史にはこれまで不明な点が多かった。だが近年、出土文字資料が増加し、研究上の画期を迎えている。思想史の重要な資料としては、一九九三年に湖北省荊門《けいもん》市郭店《かくてん》一号楚墓から出土した郭店楚簡や、翌年に上海博物館が盗掘品を買い戻した上博楚簡が挙げられる。とくに郭店楚簡は、前三〇〇年前後の墓の副葬品であり、戦国時代の思想活動を伝える貴重な資料である。中国ではその後も大部の簡牘資料の発掘や購入が続いており、今後も出土資料による研究の進展が見込まれる。

「天下」観念の成立と地域的分界

「天下《てんか》」観念とは、黄河・長江流域を中心とした地域を一個の完結した世界として認識する、中国文明の世界観のことである。西周・春秋時代にも、「下國《かこく》」「下土《かど》」「天下《てんか》」という形で地上世界を認識する意識は存在したが、その範囲は明確でなく、認識の及ぶ世界の地平を意味していたに過ぎない。戦国時代になると「天下」は周囲を「四海」に囲まれた世界と観念され、「方三千里」（三千里四方。一里は約四一四メートル）など、具体的な規模を持つ記述が現れる（『孟子』など）。「天下」の規模は、戦国後期の言説では「方五千里」「方七千里」「方万里」にまで拡大するが、もちろんこれらは概数であり、実際には戦国諸国の領域を合わせた地域が「天下」と認識されていた。

この世界観の背景には、前二千年紀以来、中原王朝と諸国のあいだで繰り広げられてきた相互の物流・交流と、漢語を使ったコミュニケーションの積み重ねがあった。『呂氏春秋』慎勢篇には「およそ同じ文明世界に属し、水上・陸上交通で相互に交流し合い、通訳を交えずに意志の疎通が可能な範囲は三千里四方である」という。「方三千里」は華北平原と長江以北を合わせた地域に相当し、戦国中期に「天下」とよばれた地域である。それが戦国末には言語や礼制を共有して相互に交通する文明圏として認識されるまでになっていたのである。実際、青銅器や儀礼の面でも、戦国時代の中原地域には共通する文化圏が成立していたことが明らかとなっている。

中原地域の文明圏の広がりの中で、「中国」は辺境の秦や楚などを除いた中原諸国をおおう地域的概念となり、周辺地域との生態的差異が論じられるようになる。趙の武霊王（在位前三二五～前二九九年）が騎馬遊牧民の服装「胡服」を

採用しようとした際、反対した臣下の言説に、

臣之を聞く、中国は聡明叡知の居る所なり、万物財用の聚《あつま》る所なり、賢聖の教うる所なり、仁義の施《し》かるる所なり、詩書礼楽の用いらるる所なり、異敏技芸の試みらるる所なり、遠方の観て赴く所なり、蛮夷の義として行う所なりと。今王、此を釈《す》てて遠方の服を襲《おそ》い、古の教を変え、古の道を易《か》え、人の心に逆《そむ》き、学者に畔《そむ》き、中国を離れんとす。臣願わくは大王之を図れ。

（『戦国策』趙策二）

とある。ここには趙を「中国」の一員と見なし、長城地帯の「胡」と対比した観念が認められ、「中国」は中原諸国から成る文明圏を指す一円的概念となっている。

なおここに見られる北方民族の遊牧社会と中原地域の農耕社会とのあいだの分界は、春秋後期から戦国中期にかけて成立したものである。春秋時代までの「戎」や「狄」は、完全な遊牧民ではなく、多くは山林地帯で狩猟や半農半牧の生活を送る移動民であり、華北平原から長江以北にまで広く分布していた。しかし諸侯国の領域拡大により、戦国時代にはこのような中原地域内の「戎」や「狄」は姿を消し、もっぱら周辺地域に分布する牧畜・遊牧民の「戎」や「胡」が中原地域を取り囲む状況が生まれた。考古学的にも「北方系」青銅器文化の分布帯が、春秋後期から戦国時代の長城地帯に成立する。「北方系」の墓葬には、ウマ・ウシ・ヒツジ・ヤギ・イヌ等を解体して殉葬した習俗が認められ、顕著な遊牧・牧畜文化が認められる。武霊王の故事は、こうした情況下で優秀な長城地帯の遊牧騎兵を掌握するため、彼らの習俗に接近しようとする姿勢を体現したものである。

6　統一への道

戦国秦の拡大と統一

やがて「天下」の統一は、「中国」の外縁にあった秦国によって成し遂げられた。秦は孝公の時に前述した国制変革を行い、魏を破って強国化の第一歩を踏み出した。周王室が孝公を覇者に任命した記録が残されており、秦の勃興が確認できる。孝公の死後、商鞅を誅殺した恵文君（在位前三三七～前三一一年）は勢力拡大に乗り出し、前三二八年に魏の上郡を獲得、前三二五年に他国とともに「王」を名乗り、翌年改元した。さらに前三一六年には、南方の巴・蜀を征服している。これ以降、秦の郡県が拡大する一方で、列侯を封じたり、他の諸侯を服属させる記事も増加していく。

昭襄王（在位前三〇六～前二五一年）は穰侯《じょうこう》魏冄《ぎぜん》、武安君白起《はっき》、応侯范雎《はんしょ》らを用いて勢力を拡大し、在位時代に「天下」における秦の絶対的優位が確定した。またこの時期、諸侯が連合して対抗する動きも本格化した。いわゆる合従《がっしょう》連衡《れんこう》の時代である。六国《りっこく》合従を主導した蘇秦《そしん》と、それを切り崩した連衡策の張儀《ちょうぎ》の話が著名だが、張儀が恵文王期に活躍した政治家だったのに対し、実在の蘇秦はやや遅れて前三〇〇～前二八〇年頃に斉・燕で活動した外交官であった。両者のライバル関係にまつわる説話は、のちに創作されたものである。

東方六国の合従に対し、秦は范雎の遠交近攻策で対抗し、白起を起用して軍事的な攻勢を強めた。白起は前二九三年に韓・魏連合軍を破り斬首二四万の戦果を挙げ、前二七八年には楚の都郢《えい》を攻略して南郡を設置し、長江中流域を制圧した。さらに韓の上党郡の帰属をめぐり趙と長平に戦い、趙軍を包囲した白起は、趙将趙括を射殺して四〇万人を降し、そのほぼすべてを坑殺《こうさつ》した（前二六〇年）。昭襄王時代、秦の郡県領域は現在の陝西から山西南部・河南・湖北・湖南の一部・四川・重慶にまで及んだ。

またこの時代、周王の権威は完全に失墜し、秦が諸王の上に立つ形で国際秩序の再編が進展する。前二八八年には秦

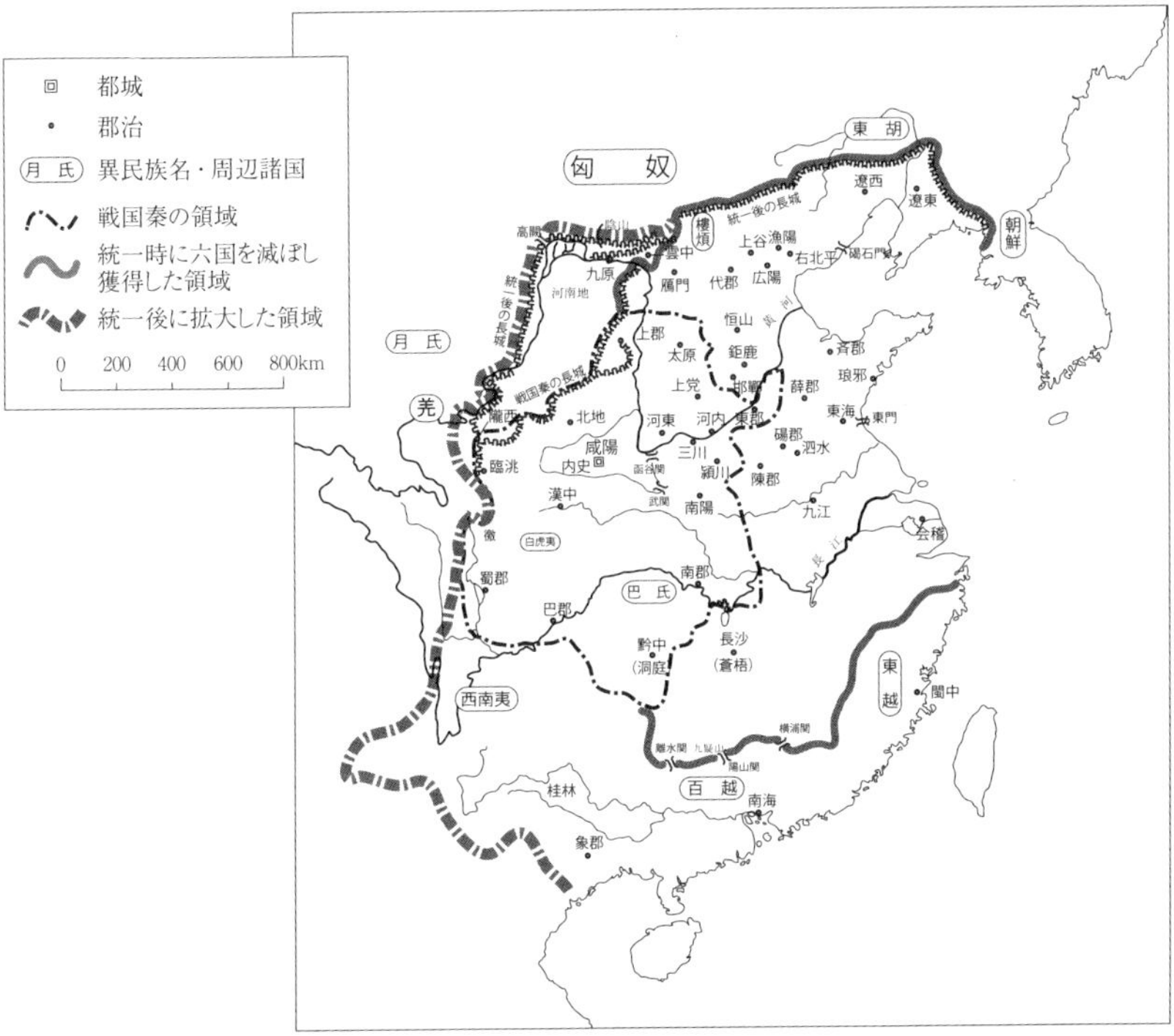

図1－10　秦代郡治図

と斉が一時互いに「西帝・東帝」を名乗る事態が発生した。これは王の上位者の「帝」となることを試みたものだが、まもなく撤回される。前二五六年には分裂していた周王室が諸侯と結んで秦に反抗を試みたが、秦による報復を招き、東周君・西周君が相継いで廃絶され、周王朝は名実共に滅亡した。

だが秦の国際秩序は安定しなかった。昭襄王死後、孝文王（在位前二五〇年）・荘襄王（在位前二五〇～前二四七年）と短命な王が続き、前二四七年には魏の信陵君が率いる連合軍の反攻を招いた。また荘襄王の後を継いだ秦王政（在位前二四七～前二一〇年、のちの始皇帝）が弱年だったため、太后と通ずる文信侯呂不韋《りょふい》や長信侯嫪《ろう》毐《あい》が専権を握る。両者は広大な封地を有する国君でもあった。

嫪毐の乱（前二三八年）を鎮圧して親政を開始した秦王政は、秦が諸国に君臨する路線を放棄し、敵対勢力を一掃する征服戦争に舵を切った。前二三〇年、すでに臣属していた韓を滅ぼしたのを皮切りに次々と諸国を征服し、前二二一年に斉を滅ぼし、一〇年足らずで統一を達成した。これより一〇〇年ほど前、孟子は「天下」の帰趨について尋ねられ、「人を殺すことを好まない者が統一できるだろう」と語っていた。結果的にこの予想は全く外れ、「天下」は膨大な犠牲を厭わず征服戦争を完遂した秦王政の下に帰一したのである。

睡虎地秦簡の時代

一九七五年一二月、湖北省雲夢《うんぼう》県睡虎地の第一一号秦墓から、被葬者の遺骸とともに約一一〇〇枚余りの竹簡が発見された。雲夢睡虎地秦簡である。竹簡は一〇種に分類され、『編年記《へんねんき》』と名づけられた年表の記事から、墓主が「喜」という名であり、戦国末の秦の南郡で県の書記官として活動していたことが確かめられた。喜の生年は前二六二年、没年は『編年記』の最終年から前二一七年前後と推定される。

睡虎地秦簡には、秦律条文を抜き出してまとめた『效律《こうりつ》』『秦律十八種《しんりつ》』『秦律雑抄《しんりつざつしょう》』、問答形式で秦律を解説した『法律答問《ほうりつとうもん》』、公文書の例文集『封診式《ふうしんしき》』、南郡太守から隷下の県・道に下された訓令の『語書《ごしょ》』、官吏の心得書『為吏之道《りたるのみち》』、そして占いマニュアル集である『日書《にっしょ》』甲種・乙種が含まれる。法律・司法関係の資料が多いのは、生前の喜が、官吏としての業務に関わる律文を抜き出したためであろう。

喜が没したのは始皇帝の統一直後だが、睡虎地秦簡の内容は、統一前後の改変を反映しておらず、戦国後期以前の秦の法制や社会を伝える史料である。そこには官吏の責任を追及する文書行政、明文化された刑罰体系と司法制度、住民同士の相互監視と連坐制度、「爵」による恩典、そして各所の労役刑徒の存在など、秦の専制体制の実態を伝える記述が随所に認められる。また『日書』は秦人の習俗を伝える貴重な社会史資料である。

ここで注目しておきたいのは、睡虎地秦簡に戦国秦の統治構造と特異な〈中華〉観念を伝える情報が保存されていたことである。『法律答問』の第一七六簡に、

臣邦人不安其主長、而欲去夏者、勿許。●可〔何〕謂夏。欲去秦屬是謂【去】夏。
「臣邦の人、其の主長に安んぜず、「夏」を去らんと欲すれば、許す勿れ。」●何をか「夏」と謂う。秦属を去らんと欲す、是を「【去】夏」と謂う。

とあり、「夏」とは「秦属」のことであると定義されている。「秦属」とは秦の統属下という意味であり、秦と「臣邦」の君主との間を結ぶ君臣関係を指す。「臣邦」とは、秦に服属した異民族や列侯・諸侯の国である。すなわち秦は法律上で、自国のみならず、臣属国をも含めた間接的統治の枠組みを〈中華〉と規定していたのである。

また別の条文には、秦から「臣邦」に嫁いだ女性が生んだ子を「夏子」と定義している（『法律答問』第一七七〜一七八簡）。「夏子」とは「臣邦」の人間でありながら、「秦」人の母親の血統を受け継ぐ人物、すなわち「準秦人」を意味する。もともと秦は、周王室の本拠地である陝西の地、すなわち西周時代の「夏」の地を受け継ぐ国であった。戦国秦は、これをもとに自国を中心とした統属関係や血縁的紐帯を〈中華〉と規定し、複数の「邦」を束ねる統合体を形作っていたことになる。〈中華〉は、特定の国や地域に限定されるものではなく、周代以来の文明観を原型としつつも、主体によってさまざまな像を結ぶ複合的な観念だったのである。

だが、前二二一年以降、こうした秦中心の国際的な統属関係の枠組みは大きく後退する。統一時、占領地の統治方法が議論された時、臣下の間では秦の公子を王に封ずる「封建」の意見が大勢を占めた。だが始皇帝は、秦以外の国家の存立を認めず、全域を「郡県」により直轄統治する方法を選択した。「封建」は、後世の「冊封」に見られるように、多様な国や民族を結びつける柔軟性を持つ。これを放棄した統一秦は、領域外の諸国と安定的な関係を築くための論理を欠いており、硬直化した戦時体制のまま、旧六国の一律的な統治と、周辺地域へのさらなる出兵に突き進むことになった。その崩壊は、必然であったともいえよう。

主要参考文献

松丸道雄・永田英正（一九八五）『中国文明の成立』ビジュアル版世界の歴史5、講談社。

熊本崇（編）（一九九八）『中国史概説』白帝社。

松井嘉徳（二〇〇二）『周代国制の研究』汲古書院。

渡辺信一郎（二〇〇三）『中国古代の王権と天下秩序――日中比較史の視点から』校倉書房。

浅野裕一（二〇〇四）『諸子百家』講談社学術文庫。

宮本一夫（二〇〇五）『中国の歴史01　神話から歴史へ　神話時代・夏王朝』講談社。

吉本道雅（二〇〇五）『中国先秦史の研究』京都大学学術出版会。

岡村秀典（二〇〇七）『夏王朝――中国文明の原像』講談社学術文庫、初刊は二〇〇三年。

――（二〇〇八）『中国文明――農業と礼制の考古学』京都大学学術出版会。

渡邉英幸（二〇一〇）『古代〈中華〉観念の形成』岩波書店。

落合淳思（二〇一五）『殷――中国史最古の王朝』中公新書。

豊田久（二〇一五）『周代史の研究――東アジア世界における多様性の統合』汲古書院。

第2章　専制国家体制の確立と拡大――秦代～前漢武帝期

水間大輔

この章で学ぶこと

始皇帝の六国《りっこく》統一により、秦《しん》の制度が中国全土へ拡大され、郡県制・官僚制度・律令《りつれい》など、あらゆる制度が原則として全国一律に運用されるようになった。こうして皇帝が官吏を手足として中国全土の民を統治するという、中央集権的な専制国家体制が確立された。秦は六国統一後わずか一五年で滅亡したものの、中国を再統一した漢は秦の制度を基本的に受け継ぎ、専制国家体制を再建し、さらに発展させていった。以後、このような専制国家体制は程度・性質の差こそあれ、清末に至るまでおよそ二〇〇〇年間にわたって続く。かくも長期間にわたって専制国家体制を維持した地域はほかになく、「中国史の特殊性」として注目されているが、その基本形態はまさにこの秦漢期に確立されたといえる。

秦は六国統一後、漢は武帝期に異民族地域へ遠征を行い、新たに占領した地域には郡・県を置いて統治した。これにより、秦・漢の専制国家体制が及ぶ地域はさらに拡大することとなった。

1　始皇帝期の政治

各種制度の統一

戦国時代までは国ごとに制度が異なっていた。しかし、秦は他国の領土を占領すると、自国の制度を占領地にも導入したため、六国統一によって自ずと全国一律の制度へ統一された。

秦は占領地に郡・県を設置し、六国統一時には全部で三六郡が置かれるに至る。つまり、六国統一によって郡県制は中国全土へ拡大された。その後も領土の拡大や郡の分割により、郡の数は増え続け、四〇を超えるまでになった（図2-1）。

戦国時代までは、「度量衡」の単位は国によってまちまちであった。「度」は長さ、「量」は容積、「衡」は重さのことである。六国統一によって、度量衡も秦のものに統一された。秦の木製のものさし、銅製・陶製のます、銅製・鉄製・陶製のおもりが実際に出土している。それらによると、秦の一尺は今日でいう約二三・一センチ、一升は約二〇〇ミリリットル、一斤は約二五〇グラムであった。

戦国時代では各国でそれぞれ貨幣が発行され、大きさ・重量・形状もまちまちであったが、六国統一により秦の貨幣である「半両銭」に統一された。半両銭は青銅製の「方孔銭」（円形の硬貨で、中央に正方形の穴が開いている）で、後世この形状の硬貨は中国のみならず、ベトナム・日本などでも鋳造・発行された。半両銭は「半両」（約七・八グラム。「両」は斤の一六分の一）の重さがあり、これ一枚が「一銭」として流通していた。

以上の他にも、法律・文字および車輪の幅なども秦のものへ統一された。

公式な文書で使われる用語の統一も行われた。王を超える新たな君主号として制定された皇帝の命令を「制」あるいは「詔《しょう》」、民を「黔首《けんしゅ》」とよび、皇帝は自分のことを「朕《ちん》」とよび、皇帝の印を「璽《じ》」と称することとした。それまで

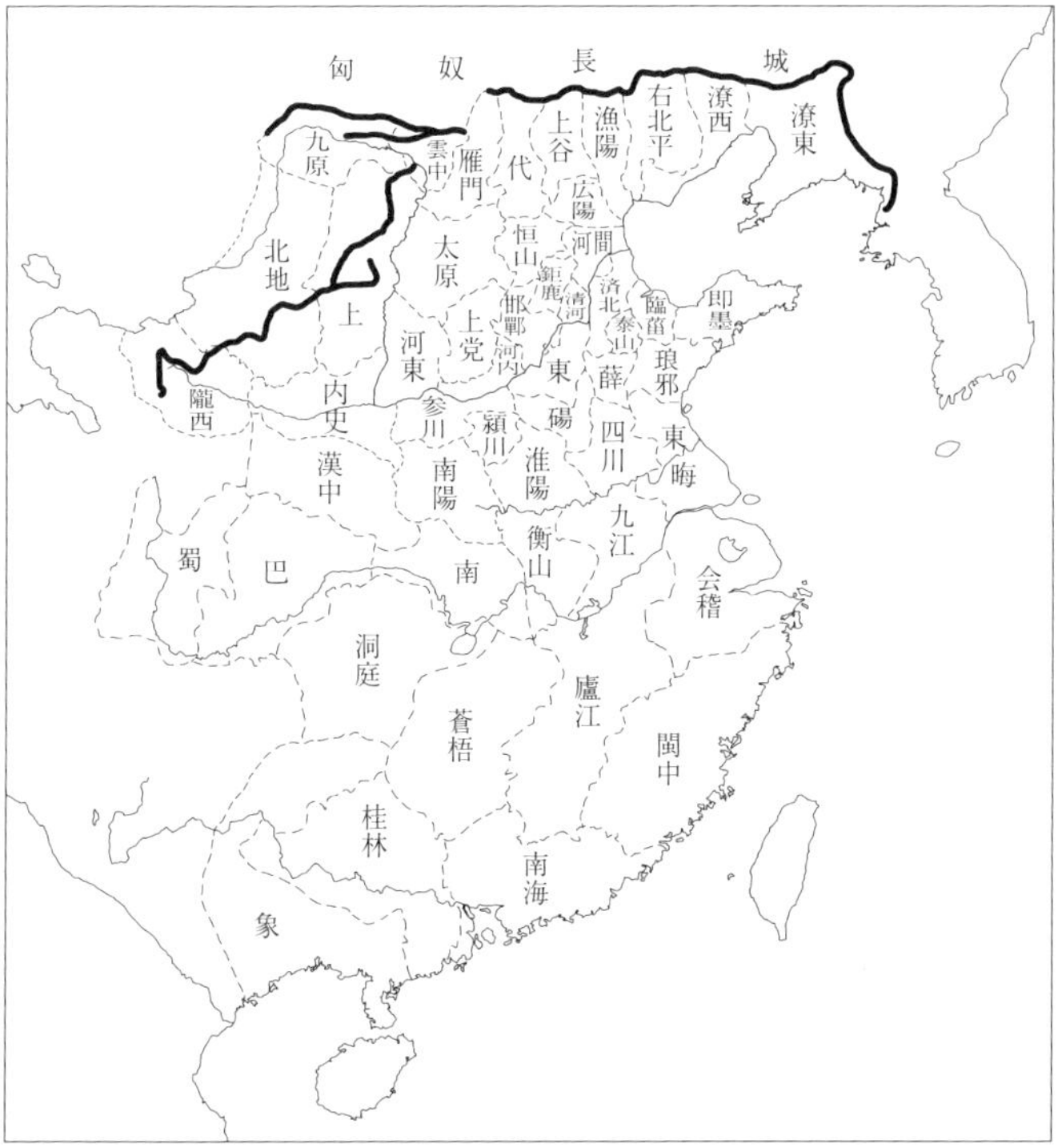

図２−１　秦の郡

は皇帝以外も「朕」と称し、印章一般を「璽」と称していた。このような用語の統一・変更に関して、里耶《りや》古城址では興味深い史料が出土している。すなわち、一二・五×二七・四センチの木板に、

「王の馬」は「乗輿《じょうよ》の馬」と曰《い》う。
「王の令を以《もっ》てす」は「皇帝の詔を以てす」と曰う。
「命を承《う》く」は「制を承く」と曰う。
「王室」は「県官」と曰う。
「公室」は「県官」と曰う。
「命を授く」は「制す」と曰う。

などの文が記されている。これはそれまで使われてきた「王の馬」などの語・表現を、今後は「乗輿の馬」などと言い換えるべきことを示したものである。「制」・「詔」・「朕」・「璽」といった用語は漢代にも受け継がれ、清末まで用いられた。

律令

秦ではとくに商鞅《しょうおう》変法以降、専制国家体制を構築するにあたり、さまざまな法律が制定・整備された。秦では法律のことを「律」あるいは「令」とよび、この呼称は後世まで受け継がれていく。西晋の時に制定された泰始律令以降、刑罰法規は律、非刑罰法規（行政法規）は令へと分類されるようになるが、それ以前の律令ではこのような区別がなく、律令ともに刑罰法規・非刑罰法規が含まれていた。当時の律は今日でいういわゆる法律の条文であるのに対し、令は皇帝の詔という違いがあった。とはいうものの、いずれも法規範としての効力を有することに違いはなかった。

巡幸と封禅

六国統一後、始皇帝（在位前二四七～前二一〇年）は自らの威信を示すため、五度にわたり秦の領域内を巡幸している。巡幸中に立ち寄った嶧山《えきざん》（現在の山東省鄒城市《すうじょうし》）・泰山（山東省泰安市）・琅邪台《ろうやだい》（山東省青島市黄島区《チンタオ》）・之罘山《しふ》（山東省威海市文登区）・東観（同上）・碣石門《けっせき》（河北省楽亭県）・会稽山《かいけい》（浙江省《せっこう》紹興市）には、始皇帝の偉業を讃える石碑が建てられた。前二一九年、始皇帝は泰山に立ち寄った時、「封禅《ほうぜん》」とよばれる儀式をとり行った。封禅とは天と地を祀る儀式で、天より命を受けた帝王がとり行うべき儀式とされていた。始皇帝は封禅を行うことによって、天の権威を借り、中国全土を統治することを正当化したかったのであろう。以後、前漢の武帝や後漢の光武帝なども、同じく泰山で封禅を行っている。

対外遠征

六国統一時、北方のモンゴル高原では「匈奴《きょうど》」とよばれる民族が部族連合を形成し、その支配地域の南端はオルドス地方（北・西・東の三方を黄河屈曲部に囲まれた地域）にまで及んでいた。前二一五年、秦の将軍蒙恬《もうてん》は始皇帝の命により、これを討伐してオルドスから駆逐し、翌年さらに黄河を渡って北へ進出した。一方、南方では「百越」と総称される諸民族が勢力を持っていたが、前二一四年、秦はこれらの地へ進出し、桂林《けいりん》郡（現在の広西壮族自治区桂平市一帯）・象《しょう》郡（広西壮族自治区崇左市一帯）・南海郡（広東省中部・東部）・閩中《びんちゅう》郡（福建省福州市一帯）を設置した。

秦は北方・南方へ進出すると、郡・県を設置し、内地から民や罪人を移住させ、防衛・開拓にあたらせ、その地をいわば植民地とした。このような徙民《しみん》政策は、とくに秦では戦国時代から行われてきたが、統一後の徙民政策は単に秦の支配領域を拡大するのみならず、結果として中国の文明・文化を周辺地域へ押し広めていくこととなった。

図２－２　秦の長城（内蒙古自治区固陽県）

出典：著者撮影

大規模建築

六国統一後、始皇帝は大規模な建設事業をいくつも実施した。

秦は戦国時代に蜀《しょく》を征服する際、「金牛道」とよばれる道路を建設したが、統一後も「直道」・「五尺道《ごせきどう》」・「馳道《ちどう》」などを建設し、全国に道路網を張り巡らせた。直道は首都咸陽《かんよう》から北方の九原郡（現在の内蒙古自治区包頭《パオトウ》市・巴彦《バヤン》淖爾《ノール》盟・伊克昭《イクチャオ》盟北部）までを結び、五尺道は西南地域（現在でいう四川省・雲南省）に建設された。馳道は咸陽を中心として設けられた皇帝専用道路で、東は燕《えん》・斉《せい》、南は呉・楚《そ》まで繋がっていた。道路は文書の伝達、物資・労働力・兵力の輸送に必要であり、中央集権体制を支える重要な要素の一つであった。

北方への進出に伴って長城を建設し、匈奴との境を明確にした。戦国時代でも秦の他、趙《ちょう》・燕《えん》が北辺に長城を建設していたが、始皇帝はこれを修復・連結させた（図２－２）。

始皇帝は大規模な宮殿をいくつも建設させた。それらのうち最も代表的なものが「阿房宮《あぼうきゅう》」である。阿房宮は咸陽の南方、渭《い》水の南岸に建てられた。『史記』によると、その前殿は東西五〇〇歩（約六九三メートル）、南北五〇丈（約一一五・五メートル）の広さがあり、一万人が座ることができたという。現在、阿房宮遺址（陝西《せんせい》省西安市未央《びおう》区）には東西一二七〇メートル、南北四二六メートル、高さ十数メートルの土台が残っている。

また、始皇帝は生前より自らの陵墓「驪山陵《りざんりょう》」を造営させた。現在も東西三四五メートル、南北三五〇メートル、高さ四三メートルの四角錐状の墳墓が残っている。『史記』によると、驪山陵のなかには宮殿・楼閣および百官の座席が設けられ、さまざまな宝物が納められた。墓内に侵入した者を自動的に射る弩《ど》も設けられた。水銀で川や海を造り、人魚の油で明かりを灯したという。近年の調査によると、実際に驪山陵からは水銀が検出されている。

一九七四年、驪山陵の東約一・五キロで、いわゆる「兵馬俑《へいばよう》」が発見された。兵馬俑は兵士・軍馬などのほぼ等身大の陶俑である。細部にわたるまで精巧に造られており、髪型・顔・服装に至るまで、一体一体異なっている。数千体もの兵士の陶俑が整列した状態で、地下に埋められていた。死後の始皇帝を守るために造られたものと見られる。

これら大規模建築のため、多数の刑徒や民が動員された。たとえば、阿房宮と驪山陵の建設には七〇万人もの刑徒が動員されたといわれる。阿房宮・驪山陵は始皇帝の死後も完成せず、建設が続けられた。

焚書・坑儒

前二一三年、丞相《じょうしょう》李斯《りし》の意見により、始皇帝は「焚書令《ふんしょれい》」を下した。その主な内容は、『詩』・『書』および諸子百家の書を焼き捨てさせ、また『詩』・『書』について議論する者、およびいにしえを根拠として今を非難する者を死刑に処するというものであった。李斯はその理由として、諸子百家が各自の学説を根拠として、国家が下した命令を批評・議論し、現在の政治を批判していることを挙げている。『詩』・『書』の内容自体はもちろん秦の政治を批判しているわけではないが、諸子百家やそれに影響を受けた者が『詩』・『書』の記述を引用し、それを根拠として現在の政治を批判することもあったのであろう。

さらに翌年、始皇帝はいわゆる「坑儒《こうじゅ》」を行った。坑儒とは儒者を生き埋めにすることであるが、この時生き埋めにされたのは儒者だけではない。始皇帝は長寿の仙薬を求めるため、方士を招いて厚遇したり、多額の費用を投じて方士徐福を蓬莱《ほうらい》・方丈・瀛洲《えいしゅう》（以上、海中にあり、仙人が住むとされる三神山）へ派遣したりした。しかし、仙薬は得られず、方士侯生・盧生は逃亡し、徐福は秦へ戻らなかった。始皇帝はこのことに怒り、方士や儒者が「妖言」をなして民を惑わしたとして、彼らのうち咸陽にいる者四六〇人を生き埋めにした（図2-3）。妖言とは災異・鬼神を説き、吉凶を予言することを指す。方士のみならず、儒者も対象とされたのは、儒者の言説が国家を批判し、民を惑わすものと見なされたからであろう。

焚書・坑儒は思想を弾圧し、言論を統制するものであったといえる。専制国家体制を維持するには、現在の体制を批判する言説が出されるのは好ましいことではないと、始皇帝や李斯らは考えたのであろう。もっとも、中国では後世においてもしばしば同様のことが行われており、決して始皇帝に特有の政策ではなかった。

図2-3　焚書・坑儒

出典：明・張居正・呂調陽『帝鑑図説』

2　秦の滅亡と楚漢の抗争

始皇帝の死と二世皇帝期の政治

前二一〇年、始皇帝は五回目の巡幸の途中、沙丘《さきゅう》（現在の河北省広宗県）というところで病死した。始皇帝は死の間際、長男の扶蘇《ふそ》に対し、咸陽へ戻って葬儀をとり行うよう遺言を残した。これは始皇帝が扶蘇を後継者として指名したことを意味する。扶蘇は以前坑儒を非難し、始皇帝を諫めたことにより、蒙恬が駐留する上郡（現在の陝西省《せんせいしょう》楡林市《ゆりんし》）へ追いやられていた。始皇帝の遺言は書簡としてしたためられ、扶蘇のもとへ送られることとなった。しかし、李斯と宦官《かんがん》の趙高《ちょうこう》は、扶蘇が即位すれば蒙恬が丞相に任命されること、および趙高が始皇帝の末子胡亥《こがい》の信任を得ていることから、始皇帝の遺言を破棄し、胡亥を後継者とし、扶蘇・蒙恬には自殺を命じるという遺言を偽造した。

こうして胡亥はわずか二一歳にして皇帝となった（二世皇帝、在位前二一〇〜前二〇七年）。趙高は二世皇帝に対し、次のように進言した。すなわち、諸公子や大臣は始皇帝の遺言の内容に疑念を持っており、また諸公子はすべて二世皇帝の兄、大臣は始皇帝によって任命された者ばかりなので、二世皇帝には心服していない。よって、法律を苛酷にし、諸公子や大臣を罪に陥れて粛清すべきである、と。二世皇帝はこの提案に従い、諸公子や大臣を次々と粛清していった。やがては丞相の李斯も謀反の嫌疑により親族もろとも処刑され、趙高がこれに代わって丞相となり、秦の実権を握った。二世皇帝は阿房宮や直道・馳道を建設するため、民を頻繁に徴発し、重税を課した。

陳勝・呉広の乱

二世皇帝が即位した翌年の前二〇九年、いわゆる「陳勝・呉広の乱」が発生した。陳勝は潁川《えいせん》郡陽城県（現在の河南《かなん》省登封《とうほう》市）の人である。彼は若い時、人に雇われて田畑を耕していたこともあった。おそらく、自らは田畑を持たないか、あるいは持っていたとしても、自分の田畑の収穫だけでは生活できないほどの面積しか持っていなかったと思われる。

陳勝は前二〇九年、戍卒《じゅそつ》（辺境を防衛する兵卒）として徴発され、漁陽《ぎょよう》（現在の北京市密雲区）の守りに就かされることになった。漁陽へ向かう途中、他の九〇〇人とともに大沢郷《だいたくきょう》（現在の安徽《あんき》省宿州市埇橋《ようきょう》区）まできたところ、大雨に遭い、道が通れなくなった。このまま漁陽へ向かうとなると、定められた期日に間に合わなくなる。当時の法律では、定められた期日までに到着しなければ、斬に処される。そこで、陳勝は同じく戍卒として徴発された呉広らとともに反乱を起こし、周辺の町を占領した。陳勝は陳郡（現在の河南省淮陽県《わいようけん》）を占領すると、王位に就き、国号を「張楚」とした。陳勝は配下の者に各地を攻略させた。なかでも、周文は関中へ侵攻した。関中とは函谷関《かんこくかん》（現在の河南省霊宝市）以西の地域で、戦国時代以前より秦本来の領土であり、首都の咸陽もここに位置する。秦は周文の軍勢を撃退する兵力が不足していたので、驪山陵の造営に従事している者を兵士とし、少府の章邯《しょうかん》に彼らを率いて討伐にあたらせた。周文は大敗して自決した。

一方、陳勝の配下武臣は趙の故地を攻略すると、勝手に趙王を名乗った。さらに、趙はあえて秦との直接対決を避け、自己の勢力を拡大するため、韓広という者に燕の故地を攻略させた。ところが、その韓広も勝手に燕王を名乗り、趙から独立してしまった。このように、彼らは必ずしも一丸となって秦に立ち向かったわけではなく、足並みは揃っていなかった。やがて張楚の軍は章邯らによって、各地で次々と打ち破られていった。陳勝はその御者によって殺害され、張楚の勢力は建国後わずか六カ月で瓦解した。とはいうものの、陳勝・呉広の乱がこれだけ大規模な反乱に発展したのは、やはり始皇帝以来の圧政に原因があったと思われる。

項梁・項羽・劉邦の挙兵と秦の滅亡

陳勝・呉広の乱は各地へ波及し、秦の統治に苦しんでいた民は、郡・県の長吏を殺して反乱に呼応した。旧六国の王族や貴族のなかには反乱勢力に加わる者もいた。陳勝の死により、張楚の勢力は瓦解したものの、さまざまな反乱勢力が各地で割拠し、王を名乗って諸侯となる者もおり、秦はかなりの支配地域を失うこととなった。こうした反乱勢力のなかに、項梁・項羽と劉邦の集団があった。

項氏は代々楚の貴族で、項梁は楚の将軍項燕の子、項羽は項梁の甥にあたる。陳勝・呉広の乱が起こると、項梁らは会稽郡《かいけいぐん》（現在の江蘇省南部、浙江省《せっこう》北部・中部、安徽省東部）守を殺害し、郡内の兵士を接収し、項梁は自ら会稽郡守を名

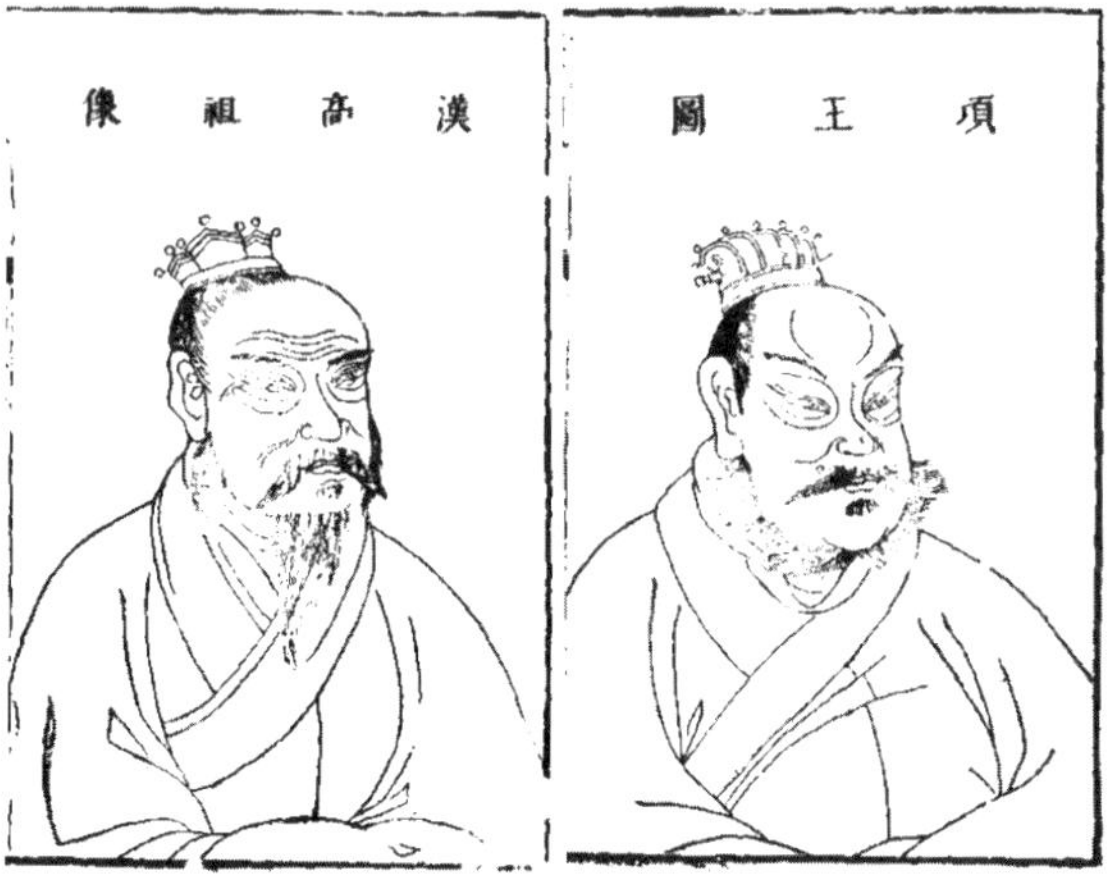

図2－4　項羽と劉邦
出典：明・王圻『三才図会』

乗った。

一方、劉邦（死後「高祖」とよばれる）は泗水《しすい》郡沛《はい》県豊邑《ほうゆう》（現在の江蘇省豊県）の人である（図2－4）。家は農業を営んでいたが、劉邦は「亭長」という下級官吏を務めていた。劉邦はある時公務を放棄して逃亡し、身を隠した。陳勝・呉広の乱が起こると、沛県の民は県令を殺害し、劉邦を迎え入れた。劉邦は「沛公」と名乗り、周辺の町を攻め、徐々に勢力を拡大した。

項梁らは会稽郡を掌握すると、長江を渡って西進した。劉邦もこの時項梁らの勢力と合流した。項梁らは戦国時代の楚の懐王（在位前三二九～前二九九年）の孫心を、楚の「懐王」として即位させた（在位前二〇八～前二〇六年）。その後、項梁は章邯率いる秦軍に大敗して戦死した。章邯は、楚はもはや恐れるに足らずと考え、今度は趙を攻めた。陳勝・呉広の乱の時、陳勝の配下武臣は趙王となったが、武臣の配下李良によって殺害されたので、趙は戦国趙の王族趙歇《ちょうけつ》を王とした。楚は宋義を上将軍、項羽を次将に任命し、趙の救援に向かわせる一方、劉邦に関中を攻略するよう命じた。懐王は、最初に関中へ入ってこれを平定した者を関中の王とするという盟約を諸将ととり交わした。項羽は道中宋義を斬り、これに代わって上将軍となり、楚以外の諸侯の軍勢をもまとめ上げ、章邯率いる秦軍を破った。

劉邦はその間関中へ向けて進攻した。劉邦の軍が関中へ迫ると、趙高は二世皇帝を自害させ、二世皇帝の兄の子子嬰《しえい》を秦王に即位させようとした。六国統一以来、秦の君主は皇帝と称してきたが、統一までは王と称しており、しかも反乱によって領土が狭くなったとして、趙高は子嬰を皇帝ではなく王として即位させようとしたという。さらに趙高は劉邦へ使者を送り、秦を滅ぼしてともに関中を分け合い、王になろうと提案した。しかし、子嬰は趙高の策謀に気づき、これを殺害し、秦王となった（在位前二〇七〜前二〇六年）。秦王となって四六日後、劉邦は関中南境の武関を突破し、関中へ侵入した。子嬰は劉邦へ降伏し、秦は滅亡した。ときに前二〇六年、始皇帝が六国を統一してからわずか一五年後のことであった。

楚漢の抗争

項羽は章邯を破り、函谷関まで進軍すると、劉邦がすでに関中を占領したと聞いて怒り、劉邦の軍勢が守る函谷関を攻め落とし、関中へ入った。劉邦は項羽との対決を避け、いわゆる「鴻門之会《こうもんのかい》」で和睦した。

項羽は子嬰ともども秦の王族を皆殺しにし、宮殿を焼き払い、驪山陵を暴き、秦の財宝を没収して諸将へ分配した。さらに、楚の懐王を「義帝」とし、功績を立てた将軍や諸侯など一八人を各地に封《ほう》じて諸侯王とした（図２－５）。劉邦は関中へ一番乗りをし、義帝も約束通り劉邦を関中王とするよう命じたが、項羽はこれを無視し、劉邦を漢中王とした。漢中は現在の陝西《せんせい》省南部で、関中の南に位置する。当時としては僻地であり、他地への交通も比較的不便であった。劉邦を漢中王としたのは、項羽が劉邦の野心を恐れ、漢中の地に封じ込める意図もあったと考えられる。そして、項羽は「西楚の覇王」と称して九つもの郡を領有し、楚の実権を握るとともに、天下に君臨しようとした。義帝はほどなくして項羽によって殺害された。

このような項羽の論功行賞には不満を持つ者もおり、項羽と諸侯王のあいだ、および諸侯王間で戦争が起こった。たとえば、項羽は斉《せい》王田市《でんふつ》を膠東《こうとう》王とし、田都を斉王とした。しかし、田市の父の従兄田栄は膠東への転封に反対し、田都の入国を撃退した。田市は項羽の権勢を恐れて膠東へ行こうとしたが、田栄がこれを殺害して自ら斉王となり、さらに項羽によって封建された済北《せいほく》王田安を攻め滅ぼした。後に田栄は項羽の攻撃を受けて敗走し、民によって殺害された。

漢中へ追いやられた劉邦も再び関中を占領し、以後楚の項羽とのあいだで熾烈な戦いを繰り広げた。漢は何度も楚に

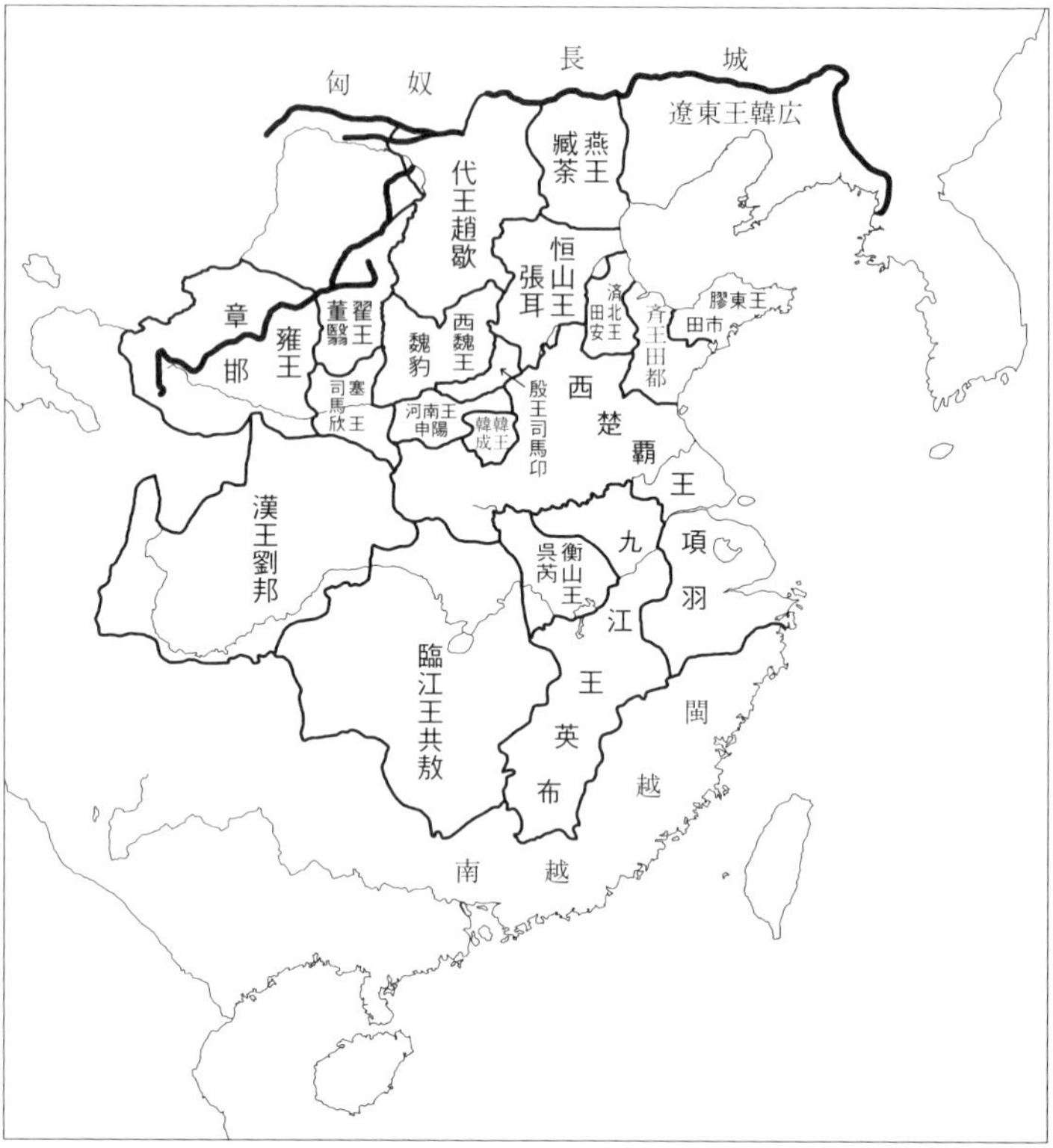

図2－5　十八諸侯勢力図（明朝体で記した諸侯王は，封地へ赴けなかった者）

大敗したものの、関中から兵糧・物資を補給したり、ほかの諸侯と同盟を結んだりして、最終的には優位に立った。前二〇二年、項羽は垓下《がいか》（現在の安徽省霊璧《れいへき》県）で漢に敗れ、烏江《うこう》のほとりで自決した。

同年、劉邦は皇帝に即位し（在位前二〇二～前一九五年）、洛陽（現在の河南省洛陽市）を首都とした。さらに同年、首都を関中へ移し、長安（現在の陝西省西安市）を建設した。

3　漢の国家体制の確立

秦制の継承

『史記』や『漢書』など漢代の文献によると、劉邦は秦の関中を占領した後、関中の民が長らく秦の苛酷な法律に苦しめられてきたとして、秦の法律を非難している。そして、秦の法律をすべて廃止し、「法三章」あるいは「三章之法」とよばれる極めて簡潔な法律を布告した。すなわち、「殺人は死刑に処し、傷害・盗みはそれぞれ処罰する」というものである。しかし、やはりわずか三章の法だけでは犯罪を取り締まれなかったので、漢の相国《しょうこく》（丞相は当時相国と改称されていた）蕭何《しょうか》が秦の法律を基礎として漢の法律を制定したという（図２-６）。つまり、劉邦は秦の法律を一度苛法として非難し、これを廃止したものの、結局秦の法律を採用したことになる。そもそも劉邦が本当に秦の法律を全廃したか否かは明らかでないが、いずれにせよ漢の建国後は秦の律令や郡県制・官僚機構など、ありとあらゆる制度を継承している。これらは中央集権的専制国家体制を支えるうえで必要不可欠であった。漢はこれらを秦から継承し、より完成度の高いものへと洗練させていった。

図２-６　蕭何
出典：明・王圻『三才図会』

秦の律令が漢に受け継がれたことは、近年出土した竹簡により、いっそう明らかとなった。一九八三〜一九八四年、湖北省荊州《けいしゅう》市荊州区で前漢初期の墓から竹簡（一般に「張家山漢簡」とよばれる）が出土し、そのなかには「二年律令」という文書が含まれている。これには前一八六（呂后《りょこう》二）年当時の律令の条文が記されている。つまり、漢が秦の法律を受け継いで間もない頃の律令である。これらの条文を秦と比較すると、なかにはほとんど同じ条

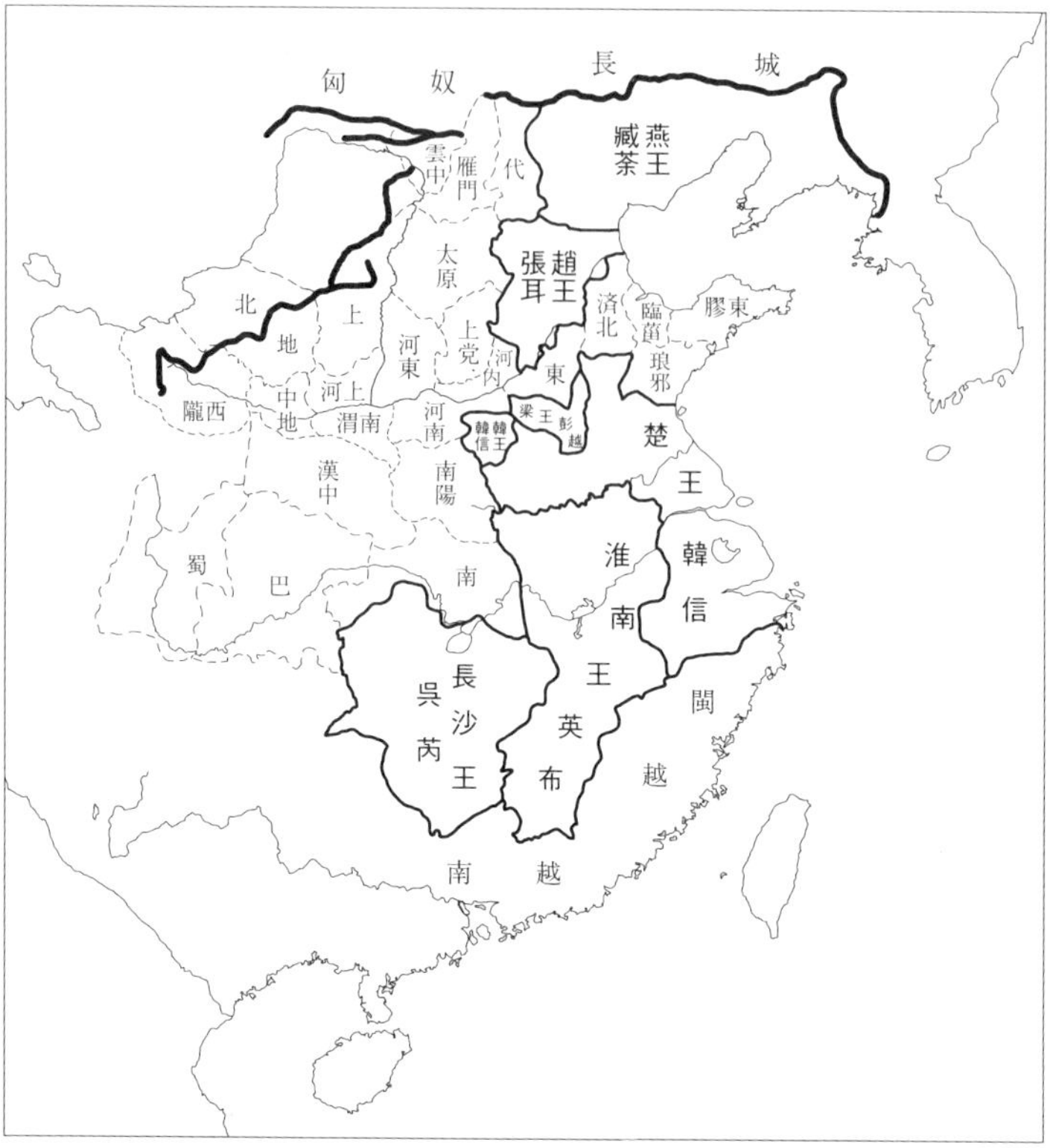

図2-7　前202年の郡と諸侯国

文も見える。たとえば、秦律には「田地の幅一歩、長さ八則を畛《しん》とする。畝《ほ》ごとに二畛とし、一本の陌道《はくどう》を設ける」という条文が見えるが、「二年律令」では「田地の幅一歩、長さ二四〇歩を畛とする。畝ごとに二畛とし、一本の陌道を設ける」とあり、わずか傍点の部分が異なるのみである。

郡国制の展開

前二〇二年、劉邦は皇帝に即位した。とはいうものの、漢は項羽との戦いを通して、諸侯国のなかで最大の勢力となったというだけであって、対項羽戦時の同盟者であった諸侯国は依然として存在した（図2-7）。諸侯国は一郡あるいは数郡の広さの地を領有し、国内では漢の朝廷と同様の官僚機構を備えていた。漢に対して形式上臣従していたものの、事実上独立国であった。

劉邦は諸侯王に謀反の嫌疑をかけて処刑したり、あるいは反乱を起こした諸侯王を討伐したりした。そして、彼らに代えて劉邦の子や兄弟・甥を諸侯王とした。劉邦は晩年、「劉氏に非《あら》ずして王たるは、天下共に之《これ》を撃て」という盟約（「白馬之盟」とよばれる）を臣下と結び、皇族（劉氏）以外の者が諸侯王となることを原則として禁止した。

景帝（在位前一五七～前一四一年）期になると、御史大夫の鼂錯《ちょうそ》は諸侯王の些細な罪過を口実として、その領地を削減した。これが諸侯王の反発を招き、前一五四年には呉・楚など七つの諸侯国が挙兵し、漢を攻めた。いわゆる「呉楚七国の乱」である。漢はこれを鎮圧し、前一四五年には以後朝廷が諸侯国内の重要な官吏を任命・派遣するものとし、諸侯王に自ら国を治めさせないようにした。さらに前一二七年、武帝（在位前一四一～前八七年）は「推恩之令」を下し、諸侯王がその子弟に領地を分け与え、「列侯」（後述）とすることを認めた。これは諸侯国を細分化し、その勢力を弱めることに目的があった。以上の各政策を通して、諸侯国の独立性は徐々に失われていった。

一方、漢は自らが直接支配する地域に対し、秦と同じく郡と県を設置した。結果として郡県制と、諸侯王が一つの国を領有するという封建制とが併存する形となった。それゆえ、このような漢代の地方統治体制を通常「郡国制」とよぶ。

以上の他、漢は皇族・外戚・功臣などを「徹侯」とし、一県程度の地を領地として与えた。徹侯は後に武帝の諱《いみな》を避け、「列侯」と称された。さらに前一〇六年、全国を一三の「州」にわけ、州ごとに「刺史」を置いた。刺史の職務は、当初は管轄下の郡・県を監察することであったが、後に州全体の行政を職務とするようになった。

官僚制度

戦国時代の各国は専制国家体制を構築するため、君主を頂点とする官僚機構を徐々に整備していった。漢は秦の官僚制度をほぼそのまま受け継いだ。官職名は秦漢期のなかでも時代によって変遷があるが、漢初のものを示すとおおむね以下の通りになる。

まず、中央には主に「三公九卿《きゅうけい》」とよばれる大臣・高官が置かれていた。「三公」とは「丞相《じょうしょう》」・「太尉」・「御史大《ぎょしたい》夫《ふ》」のことで、丞相は皇帝を補佐してあらゆる政務を処理し、太尉は軍事を司る。御史大夫は副丞相ともいうべきもので、丞相とともにさまざまな政務を処理する。また、御史大夫のもとには「御史中丞」が置かれ、官吏の監察や弾劾を司った。

一方、「九卿」は「奉常」・「郎中令」・「衛尉」・「太僕」・「廷尉」・「典客《てんかく》」・「宗正《そうせい》」・「治粟内史《ちぞくないし》」・「少府」を指す。奉常は宗廟《そうびょう》の祭儀、郎中令は宮殿の脇門、衛尉は宮殿内の守衛、太僕は馬と車、廷尉は刑事裁判、典客は漢に帰順した異民族、宗正は皇族、治粟内史は財政、少府は山海池沢の税をそれぞれ管轄する。

地方の郡には「守」・「丞」・「尉」、県には「令」・「長」・「丞」・「尉」が置かれていた。郡守は郡、県令・県長は県の統治を司る。郡守は前一四八年に「太守」と改称された。県令は一万戸以上の県、県長はそれ未満の県に置かれる。郡丞は郡守、県丞は県令・長の政務を補佐する。郡尉・県尉はそれぞれ郡・県の軍事・警察を司る。郡尉は前一四八年に「都尉」と改称された。郡守・丞・尉、県令・長・丞・尉は「長吏」とも総称される。いずれも中央から派遣され、原則として任地以外の郡の出身者が任命された。任地の民との癒着を防ぐためと考えられる。この原則は清代まで受け継がれた。

一方、長吏のもとには「属吏」・「少吏」・「小吏」などと総称される吏が置かれていた。彼らは長吏によって、原則として現地の民から任用された。彼らは一般に現地の事情に精通し、長吏も彼らの協力なくしては統治できなかった。中央の官吏のもとにも属吏が置かれ、さまざまな職務に従事していた。

呂氏《りょし》一族と外戚

前一九五年、劉邦が死去すると、太子盈《えい》が皇帝に即位した（恵帝《けいてい》、在位前一九五〜前一八八年）。劉邦と側室戚姫《せきき》のあいだには如意《じょい》という子がおり、劉邦の生前、戚姫は劉邦に対し、如意を太子とするよう懇願していた。それゆえ、恵帝の母呂太后《りょたいこう》は戚姫と如意を怨み、劉邦の死後彼らを殺害した。

前一八八年、恵帝は若くして死去し、その庶子恭が皇帝に即位したが（少帝恭、在位前一八八～前一八四年）、政治の実権は呂太后が握った。呂太后は呂氏一族を何人も徹侯とするとともに、中央の要職に就けた。さらに、白馬の盟を破って呂氏一族を諸侯王とし、劉氏の諸侯王を次々と粛清した。粛清された諸侯王は、いずれも劉邦と側室の間に生まれた子であった。

「二年律令」には呂氏の特権について定めた条文も見える。それによると、呂宣王（呂太后の父）の孫・玄孫・耳孫（玄孫の子）には刑罰減刑の特権が与えられていた。律にこのような規定が設けられるほど、呂氏一族の専権はすさまじいものであった。

前一八〇年、呂太后が死去すると、朱虚侯劉章（劉邦の孫）、太尉周勃、丞相陳平らがクーデタを起こし、呂氏一族を滅ぼした。彼らは劉邦の子である代王恒を迎えて皇帝とした（文帝、在位前一八〇～前一五七年）。以後、外戚が列侯となったり、中央の重要な官職に就くこともあったが、呂氏一族専権の教訓があってか、彼らが政権を掌握するという事態は、武帝の死までは起こらなかった。

4　武帝期における外征と内政

対外遠征

前一四一年、景帝が死去し、子の徹が皇帝に即位した（武帝）。武帝は積極的に対外遠征を行い、漢の領土を大幅に拡張した。

統一秦の時、匈奴は蒙恬《もうてん》に攻められ、オルドス地方より一時撤退したが、秦末の混乱に乗じて再びオルドスに進出し、漢の北辺にたびたび攻め入った。前二〇〇年、劉邦はこれを迎え撃とうとして自ら出陣したが、匈奴の軍勢に包囲され、和睦せざるを得なくなった。以後も匈奴はたびたび漢の北辺に侵入してきたが、景帝期に至るまでは、漢はそのつど和睦を結び、貢物を差し出したり、皇族の娘を匈奴の単于《ぜんう》へ嫁がせたりした。

しかし、武帝は国内が安定し、財政が豊かになったことを背景として、積極的に匈奴の討伐を行った。前一二九年以降、武帝は将軍の衛青・霍《かく》去病《きょへい》らを派遣して匈奴を討伐させ、オルドスを奪回するとともに、西方にも進出し、いわゆる河西《かせい》四郡（武威・酒泉・張掖《ちょうえき》・敦煌）を設置した（いずれも現在の甘粛省）。

当時、匈奴の西には大月氏・烏孫《うそん》という国があった。武帝は張騫《ちょうけん》を使者として派遣し、大月氏・烏孫と手を結び、匈奴を挟撃しようと試みた。大月氏・烏孫はいずれもこれに同意しなかったものの、漢は張騫を介して西方の情報を収集することができた。

武帝は西方の楼蘭・車師・大宛《たいえん》を攻めて服属させた。大宛は「汗血馬」とよばれる良馬を産出する。武帝は汗血馬を得ようと思い、使者を派遣したが、大宛が使者を殺害したため、軍勢を派遣してこれを服属させた。

図2－8　南越国宮署遺址（広東省広州市）

出典：著者撮影

一方、武帝は南方にも進出し、南越・閩越《びんえつ》を滅ぼした。南越は秦末の動乱の際、南海郡下の竜川県令趙佗《ちょうた》が桂林郡・象郡・南海郡を支配下に収めて建国した国で（図2－8）、その後ベトナム北部にも進出した。漢が天下を統一した後、南越は漢から南越王に封《ほう》じられたが、事実上独立国で、漢に対しては「王」、国内では「皇帝」と称していた。前一一一年、武帝は南越を滅ぼし、南海（現在の広東省中部・東部）・蒼梧《そうご》（広西壮族自治区東部、広東省西部、湖南省南部）・鬱林《うつりん》（広西壮族自治区西北部）・合浦《ごうほ》（広西壮族自治区東南部、広東省西部）・交趾《こうし》（ベトナム北部紅《ホン》河流域）・九真（ベトナム国清化《タインホア》省および義安《ゲアン》省の一部）・日南（ベトナム中部）・珠崖《しゅがい》（海南島東北部）・儋耳《たんじ》（海南島西部）の九郡を設置した。閩越は越人の騶無諸《すうむしょ》が閩中（現在でいう福建省）に建国した国で、漢初に漢より閩越王に封じられた。前一一〇年、武帝は閩越を滅ぼし、その民を長江・淮河《わいが》間の地へ移住させた。

また、武帝は夜郎《やろう》を服属させ、夜郎侯多同の子を県令に任命し、犍為郡《けんい》（現在の四川省東南部、雲南省東部、広西壮族自治区北部、および貴州省の大部分）を置いた。南越滅亡後、夜郎侯は漢に入朝し、夜郎王に封じられた。且蘭《しょらん》・邛都《きょうと》・筰都《さくと》などの南夷は漢へ反抗したので、漢はその君長を殺した。冉駹《ぜんぼう》は漢のこのような措置を恐れて服属した。漢は且蘭に牂牁郡《そうか》（現在の貴州省の大部分、および雲南省東部、広西壮族自治区西北部）、邛都に越巂郡《えっすい》（四川省南部、雲南省北部）、筰都に沈黎郡《ちんり》（四川省峨辺彝族《がへんいぞく》自治県以西・康定県以東の大渡河流域）、冉駹に汶山郡《びんざん》（四川省茂《も》県一帯）、白馬氐《てい》に武都郡（甘粛省南部、陝西省西南部）を置いた。さらに、漢は滇《てん》を攻めてこれを服属させ、益州郡（雲南省西南部）としたが、同時に滇王には王の印を授け、その地を統治させた。

　武帝は朝鮮半島にも進出した。漢初に燕王盧綰《ろわん》が謀反の嫌疑をかけられ、匈奴へ逃亡した時、その部下衛満は朝鮮半島北部へ逃れ、いわゆる衛氏朝鮮を建国した。前一一〇年、武帝は衛氏朝鮮を滅ぼし、楽浪《らくろう》（北朝鮮南部）・玄菟《げんと》（遼寧省東部、北朝鮮北部）・臨屯（北朝鮮江原道）・真番（北朝鮮黄海北道の大部分、および黄海南道、韓国京畿道北部）の四郡を設置した（図2-9）。

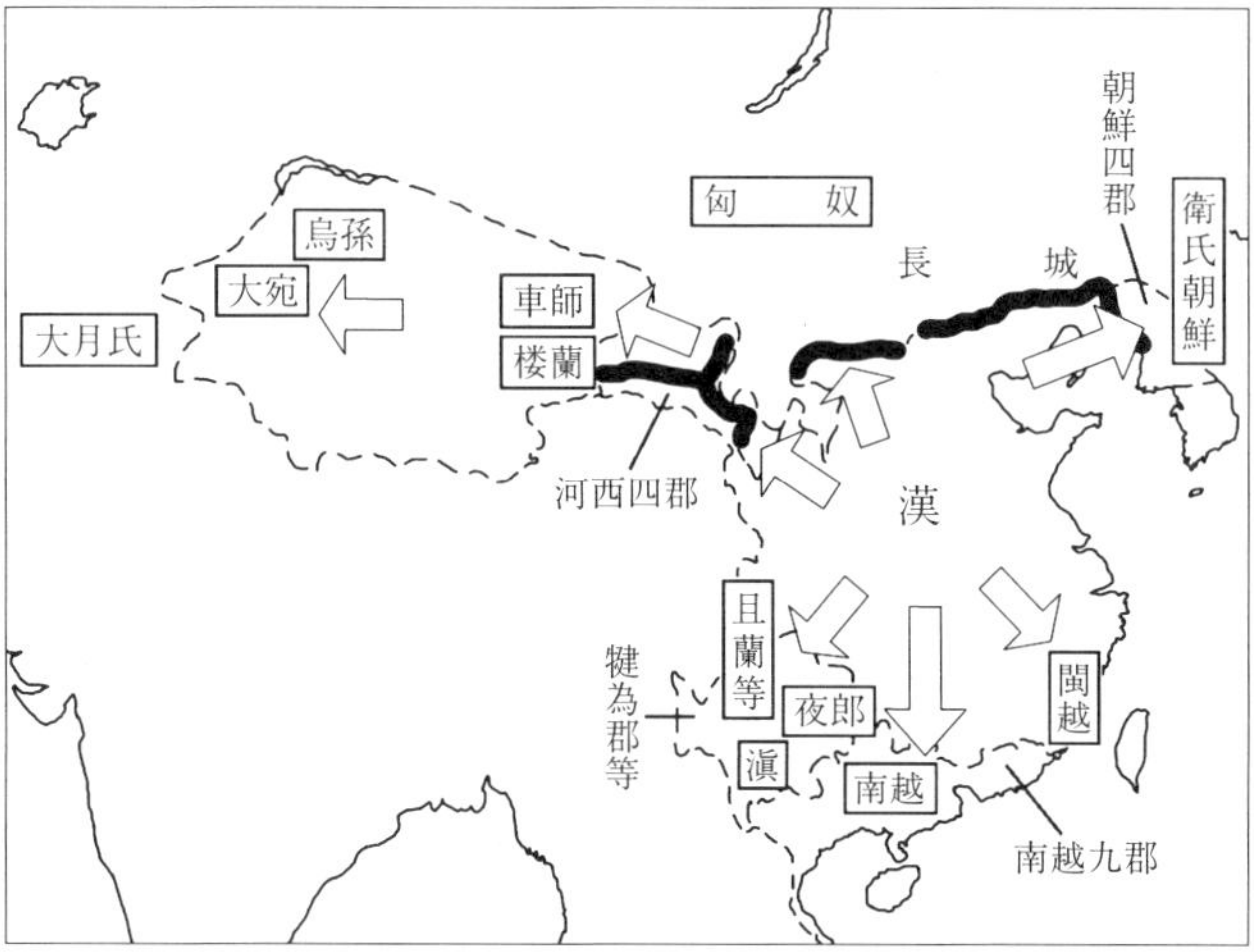

図2-9　武帝期の対外遠征

財政の悪化と再建

劉邦が匈奴に敗れたこともあり、恵帝期以降、漢は外征を控えるようになった。また、文帝は質素倹約に努め、大規模建築を縮小・停止している。これらの政策によって漢の財政は徐々に安定し、民も豊かになってきた。しかし、武帝は外征や奢侈により、それまでの蓄えを使い果すどころか、財政を悪化させてしまった。そこで財政再建のため、武帝期にはさまざまな改革が行われた。

まず、塩と鉄の専売制を実施した。戦国時代以降、塩と鉄の生産者・販売業者は巨額の利益を得ていたが、これを専売化することによって、国家の利益になるようにした。塩・鉄の生産を管理するため、それらの生産地に「塩官」・「鉄官」とよばれる機関が設置された〔第3章65頁を参照〕。

「均輸」・「平準」とよばれる制度も実施された。均輸とはその土地で豊富に産出するものを民に納入させ、国家がそれらを他所で売ることである。平準とは国家が物資を貯蔵し、価格が高くなればこれを売り、安くなれば買うことである。いずれも物価を調整し、物資の安定供給を図るとともに、国家が利益をえることを目的とするものであった。

また、「算緡《さんびん》」・「算車船」とよばれる税制が設けられた。算緡は、商人ならば資産二〇〇〇銭当たり一算（一二〇銭）、手工業者ならば四〇〇〇銭当たり一算を税として毎年納入するという制度である。一般人ならば一万銭当たり一算なので、商人と手工業者には重税が課されたことになる。算車船は「軺車《ようしゃ》」（一頭あるいは二頭立ての馬車）と船に課税する制度である。一般人の軺車には一台当たり一算、商人には二算を課し、五丈（約一一・五メートル）以上の船には一隻当たり一算を課した。

算緡・算車船はいずれもとくに商人から多額の税を徴収することを目的とするものであった。算緡・算車船は申告した資産に基づいて課税される。正直に申告することを強制するため、正確に申告しなければ処罰の上、財産を没収するという法規も設けられた。さらに、後には「告緡令」が制定され、資産を隠匿した者を告発すれば、没収財産の半分を与えると定められ、告発が奨励された。

武帝期後半の政治と巫蠱の禍

武帝の対外政策と奢侈により、民は頻繁に徴発され、重い税負担をかけられた。また、商人はそれまで塩・鉄およびその他物資の販売で利益を得ていたが、塩鉄の専売制や均輸・平準が実施されたことにより、国家にその利益を奪われた。さらに、算緡・算車船・告緡令などにより、商人は多額の資産を奪われた。これらの政策により、中産以上の商人が没落した。困窮した民の中には犯罪に走る者も多かった。武帝はこれに対処するため、厳しい法律を設けるとともに、「酷吏」と称される吏を重用し、犯罪を厳しく取り締まらせた。

また、前九一年以降、武帝に対して「巫蠱《ふこ》」を行ったという嫌疑をかけられ、皇族・外戚・列侯・大臣・将軍や民が数多く（数万人ともいわれる）処刑された。巫蠱とは木製の人形《ひとがた》を地面に埋め、人に対して呪いをかけることである。皇帝に対する巫蠱は反逆行為であるため、巫蠱を行った本人のみならず、その親族なども処刑された。巫蠱事件の多くは冤罪で、政敵を陥れるのに用いられた。

なかでも最も大規模な巫蠱事件は、前九一年の事件である。すなわち、武帝の寵臣江充は太子拠《きょ》（戻《れい》太子）を排除するため、太子が巫蠱により武帝に呪いをかけていると誣告《ぶこく》した。武帝は江充を太子のもとへ派遣して捜査を行わせた。太子は江充を斬り捨てて反乱を起こしたが、敗れて自害した。この事件により、太子の妻子・側室、子の妻子・側室、母衛皇后（衛青の姉）の親族など、数多くの親族や関係者が処刑され、衛皇后も自害させられた。その他の関係者の取調べも、その後何年にもわたって行われた。後に冤罪であったことが発覚し、江充の親族は皆殺しにされた。

武帝の政治には始皇帝との共通点が多く見られる。対外遠征、奢侈、民に重い負担をかけたこと、法律を厳しくしたことなどのほか、国土を巡幸したこと、封禅を行ったこと、不死の薬を得ようとしたことなどである。それゆえ、武帝は良くも悪くも、始皇帝と後世並び称されることとなった。

図2－10　司馬遷
出典：明・王圻『三才図会』

『史記』と紀伝体

前漢の武帝期、太史令（天文・暦などを司る史）の司馬遷は『史記』を編纂した（図2－10）。同書は五帝から前漢の武帝期に至るまでの歴史を記したもので、「本紀《ほんぎ》」・「表」・「書」・「世家《せいか》」・「列伝」からなる。本紀は主に帝王の事蹟、およびその在位中に起こった出来事、表は各種の年表、書は天文・暦・地理・経済など、世家は諸侯などの事蹟・出来事、列伝は主に個人の伝記を内容とする。このように、本紀と列伝を中心として歴史を記述する著述形態を「紀伝体」とよぶ。それに対して、歴史上の出来事を年代順に記述する著述形態を「編年体」とよぶ。中国の歴史書は紀伝体あるいは編年体で記されているが、後世「正史」として位置づけられた史書はすべて紀伝体の形式を採っている。そういう意味で、『史記』は紀伝体の祖ともいえる。後漢の班固も『史記』にならい、紀伝体で『漢書』を編纂している。

主要参考文献

西嶋定生ほか（一九七〇）『岩波講座　世界歴史4　東アジア世界の形成Ⅰ』岩波書店。

西嶋定生（一九九七）『秦漢帝国』講談社。

鶴間和幸ほか（一九九八）『岩波講座　世界歴史3　中華の形成と東方世界』岩波書店。

松丸道雄ほか（編）（二〇〇三）『世界歴史大系　中国史1　先史～後漢』山川出版社。

鶴間和幸（二〇〇四）『中国の歴史03　ファーストエンペラーの遺産　秦漢帝国』講談社。

藤田勝久（二〇〇六）『項羽と劉邦の時代　秦漢帝国興亡史』講談社。

コラム 1

「正史」と王朝の正統性

津田資久

中国史を学ぶ際に、よく勘違いされるのが「正史《せいし》」という言葉である。これは決して「事実関係を正確に記録した歴史書」という意味ではない。魏晋南北朝以来の宮中所蔵書目録の「四部《しぶ》分類」という漢籍区分を継承する『隋書』経籍志《けいせきし》の史部《しぶ》（「史」とは記録の意）によれば、前漢の司馬談・司馬遷父子の『史記』と後漢の班彪・班固父子の『漢書』に擬えた歴史記録が「正史」なのである。すなわち「国史」編纂にあたって正統な叙述スタイルとされた、主に帝王の年代記である「本紀《ほんぎ》」と、個人の伝記や外国の記録である「列伝《れつでん》」から構成される〈紀伝体《きでんたい》〉で叙述される歴史書が「正史」であった（唐・劉知幾『史通』では〈編年体〉の歴史書も「正史」に含められるが、この分類は一般化しなかった）。そして歴代王朝から「正統」と認められなかった政権の記録は「正史」には入れられず、「覇史《はし》」（後の目録では「偽国史」などとされる）に分類されていることからも、「正史」とは「歴代王朝によって正統と認められた王朝に関する〈紀伝体〉の記録」を指すものであることが知られる。また『唐六典《とうりくてん》』秘書郎条によれば「正史」を「〔本〕紀・〔列〕伝・表・志を紀《しる》す」ものとされるように各種の年表である「表《ひょう》」や王朝に関わりの深い諸制度史などを記した「志《し》」（『史記』では「書《しょ》」と称した）を伴うことが多かった。このような「正史」が『史記』から『明史』まで二四部あることから「二十四史《にじゅうしし》」ともいわれ、これに中華民国期に成った『新元史』を入れて「二十五史」、さらに『清史稿《しんしこう》』を加えて「二十六史」と称することもある。

それでは「正史」とは、どのような性質を持った歴史書なのであろうか。司馬遷は『史記』太史公自序で、『春秋』（魯国の年代記）を撰述したとされる孔子の言葉を引き合いに、歴史叙述を通じて政治の毀誉褒貶を明らかにする立場を表明している。すなわち第一義的に歴史叙述が撰述者の政治意識の表現を目的としていることが知られるのであるが、この立場が後続「正史」でも踏襲されている。これに加えて「正史」は前王朝の「国史」をもとにその次の王朝によって編纂されることが多く、前王朝の「正史」を編纂することが次の王朝の正統性を示すことにもつながった（少し特殊であるが『元史』は、元がまだ滅んでいない時期に、その正統性を継承したことにしたい明によって編纂されている）。そのため、「正史」の撰述を行う者は、自分が仕える王朝の立場にも配慮が求められ、「正史」の編纂を命じた王朝の成立に関わる不都合な事柄は、往々にして隠蔽《いんぺい》ないし改竄《かいざん》がなされた（逆に前王朝の旧悪を暴くように、明の公式記録では封殺された建文帝の存在が清で作られた『明史』で本紀に立てられ、史実の是正が行われることもあった）。またこうした正統性に関わって個人的な動機で私《ひそか》に「正史」を撰述することは、王朝側からは歓迎されず、後に出来栄えが評価されて正式に編纂の命が下るのであるが、当初、父・班彪を継いで『漢書』を撰述していた班固は「私に国史を改作」したと密告されて投獄されている。このような「正史」の書き手は、王朝の所蔵の文書などの諸資料を扱うため、基本的に官僚であった。『史記』から南北朝までは、皇帝の命で特定個人の官僚に編纂が任せられることが多かったが（私撰的官修書。『漢書』や『宋書』など）、唐以降は複数の官僚に命が下され共同編纂されることが常態化し（共同編纂的官修書いわゆる官撰書。『晋書』や新旧『唐書』など）、純粋な意味での私撰は、劉宋・范曄《はんよう》の『後漢書』や北宋・欧陽脩の『新五代史（五代史記）』などと少ないのが特徴である。

「正史」編纂でとくに腐心するのが、分裂時代のどの王朝を正統とするかであり、魏晋南北朝の「正史」では正統とする一方の記載に対立政権を附すという叙述がなされることが多かったが、宋学が盛んになって以降、正統の在り方を議論する「正閏論」が活発になった。分裂を終わらせた王朝の立場で書かれる際には、西晋での陳寿『三国志』や、元での脱脱《トクト》ら『宋史』・『遼史』・『金史』の同時編纂のように、分裂時代であったことを認めることにより、逆説的に統一の偉業と確固たる正統性を示すことにもなった。

主要参考文献　内藤湖南『支那史学史』（全二冊。平凡社東洋文庫、一九九二年。初出は一九四九年）、神田信夫・山根幸夫『中国史籍解題辞典』（燎原書店、一九八九年）、興膳宏・川合康三『隋書経籍志詳攷』（汲古書院、一九九五年）、伊藤徳男『『史記』と司馬遷』（山川出版社、一九九六年）、竹内康浩『「正史」はいかに書かれてきたか』（大修館書店あじあブックス、二〇〇二年）、曽貽芬・崔文印（山口謡司ほか訳）『編訳　中国歴史文献学史述要』（游学社、二〇一四年）。

第3章　儒家思想の浸透と外戚・宦官の専横——前漢中期～後漢

井ノ口哲也

この章で学ぶこと

本章は、「儒家思想の浸透」「後漢という画期」「外戚・宦官の専横」の三節から構成されている。

第1節では、漢代の儒家思想の展開について、黄老思想から儒家思想への変遷、儒家思想以外の諸学派の淘汰、秦の焚書の影響を受けた学問の在り方の相異、「経学極盛時代」と称される後漢時代の経学、を大きな柱として論じており、儒家思想のしたたかさを学んでほしい。

第2節では、後漢時代を中国史の一つの画期として捉えるための有力なメルクマールとなり得るものを挙げている。具体的には、紙の普及による学風の変化や後漢時代に発達した生成論、初期道教や伝来したばかりの仏教等である。この後の中国史の理解のための基礎的な事がらばかりである。

そして、第3節では、後漢の和帝期以降の度重なる幼帝擁立による外戚と宦官の権力闘争について述べているが、光武帝・明帝・章帝までの平穏な時代との差異を理解することをめざしたい。

1　儒家思想の浸透

黄老思想

漢初には、秦の苛政や秦漢交替期の戦乱による庶民の疲弊をいやして社会秩序や経済活動をどのように回復させるのか、また、中央集権体制に不満を持つ地方の諸侯王や臣下をどのように統率していくか、といった諸問題があった。これらの諸問題と向き合った当時の支配者層の人たちは、王朝の国力を備蓄するべく、他者に対して余計なはたらきかけをしないという道家の「無為」の思想と、臣下が立てた目標（名）に対して統治者が臣下の実績（刑・形）を追求するという法家の「刑名」思想とを結合した考え方を支持し、その考え方を拠り所とする政策を進めた。このような政治思想を黄老思想という。

黄老思想の「黄老」とは、黄帝と老子を指す。黄帝と老子がなぜ並び称され、どのように関係するのか、そのことは、実は明確には分かっていない。ただ、出土資料の発掘によって、このことを解明するヒントが与えられた。一九七三年に湖南省長沙市の馬王堆漢墓《ばおうたいかんぼ》から出土した『老子』と同一の帛《はく》（絹）に、それまで全く知られていなかった『経法《けいほう》』『十六経《じゅうろくけい》』『称《しょう》』『道原《どうげん》』の四篇が記されており、この四篇は『漢書《かんじょ》』芸文志《げいもんし》に著録される『黄帝四経《こうていしけい》』ではないか、という意見が提出されたのである。すなわち、同一の帛の上に「黄」と「老」が並んで存在している、という見方である（ただし、この見方には慎重な意見もある）。事実、『経法』には「道」と「法」の結合を示す文言があり、『経法』等四篇全体にも法家の「法」や「刑」「名」の一致を説く主張が展開されている。出土した『経法』等四篇は、この時期に成立したと考えられている『管子《かんし》』や『鶡冠子《かつかんし》』とともに、漢初の黄老思想をうかがう打って付けの資料である。

ここで、この時期に活躍した陸賈《りくか》と賈誼《かぎ》という二人の知識人に着目したい。陸賈の思想が記される『新語《しんご》』には、道家思想と儒家思想を折衷した思想が見える。また、秦の始皇帝の丞相をつとめたことで有名な李斯《りし》の孫弟子にあたる賈誼は、その思想は法家の色彩が濃厚であるものの、荀況《じゅんきょう》の流れをくむためか（荀況は李斯の師）、礼と法の間隙《かんげき》に位置しており、さらには賈誼の思想を反映した『新書《しんじょ》』は、儒家的側面と道家的側面をあわせもつ。賈誼の思想には、儒家・道家・法家の要素が融合しているのである。陸賈と賈誼に共通するのは、儒家思想が道家思想または法家思想と融合した思想をもっていた、という点である。これは、儒家思想の立場からすると、道家思想と法家思想の結合した黄老思想が盛んな時期に、儒家思想はそれらと折り合いをつけなければ自説を開陳し得ない環境にあったことを意味している。裏を返せば、儒家思想は、時の有力な思想と結びついてでも命脈を保とうとするしたたかな思想なのである。

文帝は刑名思想や道家思想を好み、その妻の竇太后《とうたいごう》は黄老思想を積極的に支持して、次の景帝やその皇太子だった武帝にまでそれを強いるほどの力を有し、重臣たちも「黄老の言」（『史記』外戚世家）を好んでいた。しかし、前一三五年の竇太后の崩御を契機として黄老思想の支持勢力が一気に衰退し、さらに儒者が官界に進出するようになると、武帝期の初期に黄老思想は政界の表舞台から消えていった。

董仲舒

武帝の時代になって、儒家思想は、黄老思想と入れ替わるようにして、漢王朝の屋台骨を支える支配イデオロギーとなっていった。このことの立役者とされるのが、董仲舒《とうちゅうじょ》である。『漢書』董仲舒伝に記される武帝への「対策」（天子の策問《さくもん》への対《こた》え）で、董仲舒は、儒学以外の学問はその道を絶つべきことを進言している。これは、儒家以外の諸学派を淘汰しようという考えである。また、『漢書』武帝紀・百官公卿《ひゃっかんこうけい》表《ひょう》上によると、前一三六年には、五経博士が設置された。そして、その翌年の竇太后の崩御により、儒家思想の台頭が決定的となった、とされている。

しかし、ここには注意しなければならないことがある。董仲舒は、『史記』と『漢書』の双方に伝記があるが、『史記』では儒林列伝《じゅりんれつでん》のなかに短い董仲舒の伝記があるのに対し、『漢書』には単独の専伝として董仲舒伝が立てられており、『史記』・『漢書』間で董仲舒の扱われ方が大きく異なっている。加えて、『漢書』に見える三つの「対策」や五経博士設置の記事は、『史記』には載っていない。文字数で単純に比較しても、『史記』儒林列伝の董仲舒伝が三一八字であるのに対し、『漢書』董仲舒伝はその二三倍を超える七三八四字である。『史記』・『漢書』間に共通して記された個人の伝記のなかで、質量両面でこれほど極端に変貌を遂げているものは、董仲舒の伝記以外に類例を見ない。すなわち、『史記』から『漢書』に至るまでのあいだに、董仲舒という人物が「儒学の官学化」の立役者として過大評価され、それが『漢書』に反映されたのである。『漢書』に見える董仲舒の活躍をそのまま鵜呑みにして儒家思想の台頭をこの時期にもとめることには、慎重であらねばならない。

ちなみに、董仲舒は、天人相関論で知られる。天人相関論とは、天は人（＝地上の統治者）の政治・倫理の善悪によって祥瑞《しょうずい》や災異《さいい》を下す有意志の存在であるとし、天は善政の時には地上に祥瑞を下し、悪政の時には統治者を戒めるために地上に災異を下す、とする思想である。統治者が悪政に対する天からの警告を最後まで無視して悔い改めなければ、天はその君主を見限って、ニューリーダーに天命を革《あらた》める。これが「革命」（王朝交替）にほかならない。

『淮南子《えなんじ》』と『塩鉄論』

さて、儒家思想で統治を行う方針の中央政府に対し、劉安《りゅうあん》が治めた淮南《わいなん》地域では、「道」と「事」（統一の理法と多様な個物）という捉え方で統一の立場をとなえる道家思想が花開いていた。劉安たちの道家思想は、『淮南子』という書物に結実している。

劉安は高祖劉邦の孫にあたるが、中央と血縁関係にあるとはいえ、多くのブレインを抱え中央と異なる思想によって一地方で勢力を増すことは、儒家思想による統一的な支配を目指す中央にとってきわめて不都合である。『史記』では、劉安サイドに謀《む》反《ほん》の事実があったことを説明しているが、謀反自体は起こらなかった。それにもかかわらず、『春秋《しゅんじゅう》公羊伝《くようでん》』荘公《そうこう》三二年の「君主と親に対しては殺そうと思うこと自体あり得ないのであり、思っただけで誅殺《ちゅうさつ》される」

という考え方を根拠にされて、劉安は中央の誅殺の対象となった。中央からその伝達の使者が送られたが、使者が到着する前に、劉安は自ら命を絶った。結局、これは、儒家思想以外の思想が事実上つぶされた一例にほかならない。

一方、武帝期は、国家予算の多くを度重なる遠征や匈奴との戦いに費やして財政が窮乏したため、塩・鉄・酒などを専売制にしたり、均輸法・平準法によって政府が直接市場に介入して物価を調整して安定させるという政策がとられ、莫大な利益を得て、国家財政の健全化が実現された。しかし、このような経済政策では、国家の財源は確保されても、民間の農・商・工業者たちの利益を圧迫して生活が立ち行かなくなるとの大きな不満が噴出し、武帝崩御後の、昭帝（在位前八七～前七四年）の前八一年に塩鉄会議が開かれた。民間の代表として儒家の学問を修めた賢良・文学とよばれる知識人が参加し、これらの経済政策を推進した御史大夫の桑弘羊《そうこうよう》らに痛烈な批判を浴びせた。桑弘羊らも反論して賢良・文学らと激論をたたかわせたが、その議論の記録をまとめたものが『塩鉄論』である。

『塩鉄論』では、賢良・文学側は『孟子』を多用している。これは、塩・鉄・酒の専売政策によって自らの生活基盤を失っていた地方の豪族層を代表する賢良・文学にとって、儒家思想のテキストのなかで仁義や井田《せいでん》制を説く『孟子』が唯一の拠り所だったのである。塩鉄会議での議論を契機として、その後、『孟子』に基づく儒者の発言が増えていった［第2章の56頁も参照］。

このように、武帝期から昭帝期を通じて、儒家思想は、したたかに、その存在意義を強くアピールしたのである。

今文・古文

文化破壊行為ともいうべき秦代の焚書がもたらした影響は、漢代以降、顕著になってくる。前一九一年、挟書律《きょうしょのりつ》（民間人の蔵書を禁止する命令）が解除された。すると、壁の中に塗《ぬ》り込《こ》められていた書籍（当時の書籍の一般的な形態は木簡・竹簡）が出現しだしたのである。すなわち、焚書で焼かれたくない書籍が隠されていたのであり、挟書律が解かれたことで、隠されていた書籍が再び姿を現したのである。

図3－1　講学図（下部）
出典：信立祥『中国漢代画像石の研究』同成社，1996年，215頁

『尚書《しょうしょ》』（書経）の学を伝えた伏生《ふくせい》も焚書の影響を受けた一人であった。伏生は秦の統一以前から漢初まで生きて、焚書の苦難を乗り越え、漢初に鼂錯《ちょうそ》へ『尚書』を伝授した人物である。

当時の学問の一般的な学習形態は、師による「口授」と弟子の「誦《しょう》」が基本であった。「口授」とは口頭伝授のこと、「誦」とは師から口頭で教わったテキストの文言を記憶して自らのものにしてしまうべく実際に声に出してとなえること、である。弟子は、師の句読《くとう》・節回《ふしまわ》し（押韻《おういん》したリズムや間《ま》）とともに「誦」によってテキストを修得した（図3－1）。伏生によって伝えられた『尚書』も、師から「口授」され、弟子は暗「誦」したのである。したがって、仮に書籍はなくとも、あるテキストをマスターした学習者がいれば、その人は「歩く書籍」とでもいうべき存在だったのである。

焚書の影響が現れたのは、武帝の治世末期のことであった。魯の共王が宮殿を拡張しようとして孔子の旧宅を壊したところ、古文の『尚書』を始めとする「古字」（秦代以前の文字）で記された書籍が多く見つかった、というのである。「古字」で記された『尚書』が『古文尚書』とよばれるのに対し、口頭伝授で伝えられた『尚書』は、漢代通行の文字（今文《きんぶん》）で記されたので『今文尚書』とよばれる。この孔壁《こうへき》『古文尚書』の話は、古文テキストの由来を確かなものにするために古文を支持する後学によって捏造された話だとする意見もある。しかし、古文のテキストの存在は焚書が起こったことによるのは間違いないのであり、中国史における焚書の影響はまことに深刻である。本章に関わる範囲で、その理由の一つを挙げれば、王莽《おうもう》の台頭を招き、それが古文学派の勢いを高めることになったからである。

劉歆と王莽

儒家思想による統治を進める中央政府の要職は、口頭伝授による今文テキストの一つを専門とする博士たちで占められていた。この状況に風穴を開けたのが、前漢末の劉歆《りゅうきん》である。父の劉向《りゅうきょう》は、二十数年ものあいだ、宮中の図書の校讎《こうしゅう》（同一書の複数のテキストを突き合わせ木竹簡の配列を確定する作業）に従事した篤実な学者であった。劉歆は、父の死後にその業務を引き継いだ。

ある時、劉歆は、図書の整理中に、古文の『春秋左氏伝』を見つけ、それを好んだ。そして、哀帝（在位前七〜前一年）に、『左氏春秋《さししゅんじゅう》』『毛詩《もうし》』『逸礼《いつれい》』『古文尚書《こぶんしょうしょ》』というい ずれも古文テキストを国家公認の学問としたい、と訴えた。結局、この訴えは認められず、彼は失脚した。しかし、哀帝が崩御すると、かつて劉歆と同僚だった王莽が外戚として政権を掌握し、劉歆を復活させた。前漢末の平帝期（在位前一〜後五年）から新にかけての王莽政権下では、劉歆は王莽のブレインとして活躍し、彼の望み通り、特定の古文テキストに博士が置かれたようである。王莽自身も、古文の『周礼《しゅらい》』に基づいて周代の政治を復古させるべく、土地制度の改革や商工業の統制、貨幣制度の改革といった経済政策を実施した。

秦の焚書で難を免れて再び世に出てきたとされる古文のテキストの正統性を主張した劉歆の意図は、いったい何だったのか。政権の中枢を占める博士の座を得ようとする場合、従来の一経専門の今文テキストの修得だけでは、所詮、二番煎じでしかない。劉歆は、今文テキストの博士たちに太刀打ちできるのは、新機軸の古文しかない、と考えたのである。

劉歆は、三統暦を編むなど自身の能力を存分に発揮したが、新への反乱軍の攻勢が激しさを増す情勢のなかで、後二三年、自らの息子を王莽に殺害された怨みから新朝への謀反を図るが失敗し、自殺した。

緯　書

経書の経とは、本来、縦糸を意味する。これに対して横糸を意味する語は、緯である。すなわち、緯書とは、経書に対する呼称であり、讖緯《しんい》・図讖《としん》ともいう政治上の予言である（讖《しん》とは未来記のこと）。緯書が登場した由来は不明だが、政権奪取の根拠とされた。王莽はこれを深く信じ、後漢最初の皇帝・光武帝《こうぶてい》（劉秀《りゅうしゅう》、在位二五～五七年）も熱心に信奉した。王莽・光武帝の両者は、これを利用して政権を握った。後漢第二代皇帝の明帝（在位五七～七五年）・第三代皇帝の章帝（在位七五～八八年）も緯書を信奉したため、立身出世したい儒者の緯書学習熱が高まり、経学ならぬ〝緯学〟は一学問分野となった。経書に欠く内容が儒者の手で経書に付託されて緯書としてまとめられていき、緯書は経書解釈にも不可欠となった。

しかし、緯書は、所詮、経書ではない。桓譚《かんたん》は緯書が経書でないことを主張して光武帝の機嫌を損ね、危うく死罪になるところであった。一方、賈逵《かき》は、古文の『春秋左氏伝』の有用性を緯書と結び付けて主張し、緯書を信じ古文を好んだ章帝に重用された。章帝期を過ぎると、緯書は次第に用いられなくなっていき、後漢中期の張衡《ちょうこう》は、讖緯の非合理性（将来予測の無根拠性）を批判した。後漢後期に現れた大儒者・鄭玄《じょうげん》は、緯書を経書解釈のための有用な資料と捉え、今文・古文・緯書を集成して経書に注釈し、そのうち『周礼』・『儀礼《ぎらい》』・『礼記《らいき》』への注である「三礼注《さんらいちゅう》」によって、『周礼』を経学の核とする体系を築きあげた。

経学極盛時代

劉向・劉歆の努力によって整理された宮中の書籍は、『七略《しちりゃく》』という目録に排列・分類され、班固《はんご》によってそのエッセンスが踏襲されて『漢書』芸文志として『漢書』に編入された。『七略』は唐末辺りに滅んだため、現存最古の漢籍目録として『漢書』芸文志《げいもんし》は非常に貴重な資料であるが、そこでは、経書を排列する六芸《りくげい》略（略とは部門の意）が他の部門を統べ、六芸略の中身は『易』が筆頭として他の経書を統《す》べる、というシステムになっている（図3－2）。すなわち、前漢末期には、経学至上主義がすでに確立していることが分かる。この時期を生きた揚雄《ようゆう》は、『易』を模倣した『太玄《たいげん》』を、そして『論語』を模倣した『法言《ほうげん》』を著し、自らを聖人に擬《なぞら》えた。

前漢末期から後漢初期にかけて、「楽」を経書として数え得なくなり、経書の総称が「六経」「六芸」から「五経」へと変わるという顕著な現象が起こった［コラム6「四書五経」を参照］。この時期に勢力を増した古文学派の人々のなかには五経すべてを修める学者も現れ、『説文解字《せつもんかいじ》』の著者として名高い後漢前期の人・許慎《きょしん》は「五経無双《ごきょうむそう》」といわれた。そして、経書を含む複数のテキストを修めた人々は「通儒」「通人」などとよばれた。また、古文学派の人には、師の学説を堅守し継承する伝統的な学習方法（師法《しほう》または家法《かほう》とよばれる）が軽視され、師の章句（注釈の一種）を守らない学習者が多かった。

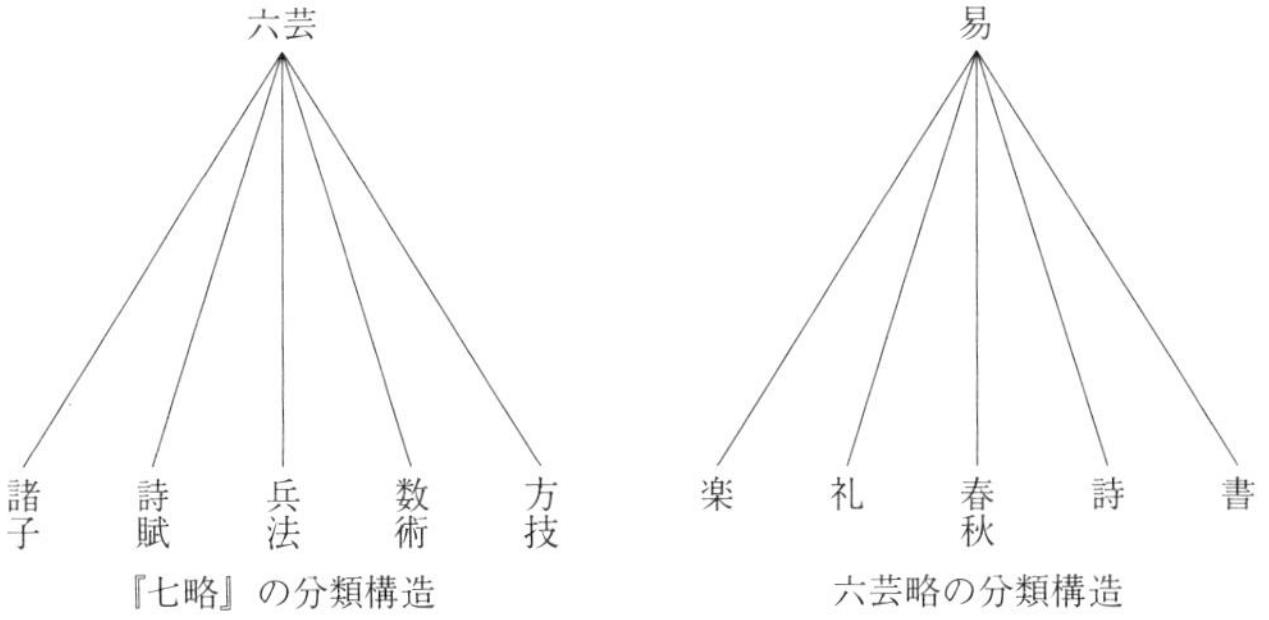

図3-2　六分法による学術分類

出典：川原秀城『中国の科学思想――両漢天学考』，創文社，1996年，76頁

後漢時代は、一五～二〇歳で、地方から都の洛陽への遊学（地元を離れて他地域で学問を修めること）が盛んとなり、その数は三万人余りに達したと伝えられる（『後漢書』儒林列伝序）。このことは、国が平和的に安定し、富裕層が一定程度増えたことの現れであろう。

なお、敦煌懸泉《とんこうけんせん》置《ち》遺址《いし》から出土した前漢末期の『四時月令《しいじがつりょう》詔條《しょうじょう》』には劉向・劉歆の思想が反映されているとの指摘があり、武夷《ぶい》から出土した漢簡《かんかん》『儀《ぎ》礼《らい》』の簡長が後漢初期の王充《おうじゅう》の『論衡《ろんこう》』謝短《しゃたん》篇に記される経書の簡長二尺四寸に相当するなど、中央から離れた遠方の地域にまでも当時の経学的世界観が確実に拡がっていたことを出土資料によっても認めることができる。清末の皮錫瑞《ひしゃくずい》が書いた『経学歴史《けいがくれきし》』は、後漢時代を「経学極盛時代」とよんだが、皮錫瑞が知らなかった出土資料によっても、前漢末期辺りから経学の顕著な影響をうかがうことができるのである。

七九年、当時の第一線の儒者たちが白虎観という宮殿に集められ、彼らは五経の文言や経義の異同について議論をたたかわせた。これを白虎観会議という。この会議は、前漢時代の前五一年に開かれた石渠閣会議（石渠閣は王朝図書館の名称）を模倣した会議であり、数カ月にして議論が終息したという。この会議の議論の記録『白《びゃっ》虎通義《こつうぎ》』が班固によって編纂されて今日に伝わっており、当時の経学を知るうえでの重要な一次資料となっている。

また、第一二代皇帝の霊帝（在位一六八～一八九年）の命により、一七五（熹平四）年から刊刻され八年後の一八三年に完成した古文・篆書《てんしょ》・隷書《れいしょ》の三種の書体による経書の石碑が太学（当時の最高学府）の門外に建てられ経書の手本とされた。この熹平年間（一七二～一七八年）に刊刻が始められた石経を熹平石経という（図３－３）。経書を石に刻んだ理由は、石という文字を容易に改変できない材質に刻むことで、経書の決定版を天下に示すことができたからである。『後漢書』等の記事によると、こうした経義・経文の調整作業は、後漢時代を通じて間断なく行われているが、その一次資料として今日に伝わるのは、『白虎通義』と熹平石経くらいである。

図３－３　熹平石経の残石の拓本

出典：永田英正編『漢代石刻集成　圖版・釋文篇』同朋舎出版，1994年，219頁

本節では、前漢後半期から後漢時代にかけての儒家思想の浸透について述べてきたが、以上の経緯からは、儒家思想の台頭のメルクマールは、前漢末期から後漢初期の古文学派の活躍にもとめることができる、といってよいであろう。

2　後漢という画期

時代区分論争のあとで

戦後の中国史研究は、一九五〇年代を中心に時代区分論争に一時期を費やし、「古代」と「中世」の分水嶺をめぐって、有力な二つの学説が、わが国の当時の学界を席巻した。

一つは内藤湖南に端を発するおおむね後漢末までを「古代」と考える説、もう一つは前田直典の提唱を嚆矢とする唐末までを「古代」と捉える説である。この両説は、どちらに軍配があがることもなく、今日では問題視する者もほとんどいない状況で温存されている。

本節では、「古代」と「中世」の分水嶺がどこか、という議論に立ち入らないまでも、後漢時代が、学術・文化・思想・宗教等において、中国史上の一大エポック－メイキングとして捉えられ得ることを確認しておく。たとえば、上述したように、経書の総称一つを考えても、前漢時代まで用いられた「六経」「六芸」から後漢時代に「五経」へとかわっていったという現象は、中国の経学にとって、明らかに一つの時代の曲がり角を示す現象である、といえる。

科学技術の飛躍的向上

後漢時代は、蔡倫による紙の改良に代表される製紙技術をはじめ、製鉄技術・紡織機械・造船技術・土木建設技術等の諸生産技術が高水準に到達し、天文学（三統暦《さんとうれき》の完成、渾天儀《こんてんぎ》による観測法）・数学（『九章算術《きゅうしょうさんじゅつ》』）・医学薬学（『黄帝内《こうていだい》経《けい》』・『傷寒雑病論《しょうかんざつびょうろん》』・『神農本草《しんのうほんぞう》』）・農学（『氾勝之書《はんしょうししょ》』『四民月令《しみんがつりょう》』）・地理学（『漢書《かんじょ》』地理志《ちりし》）が基本体系を確立した時期であった。

雷を自然現象と捉え蓋天説《がいてんせつ》を支持した王充の見解や、張衡の渾天説など、こうした科学技術・自然科学の知識が、当時の知識人の主張に反映された。

書写材料から考える学風の変化

後漢時代、製紙技術の向上と関係のある紙の普及が、政治・社会・日常生活のみならず学問の在り方にも、とてつもなく大きな変化をもたらした。

紙の出土資料は前漢時代のものが見つかっているが、それはものをくるむ包み紙の役割を果たしたのではないか、と考えられている。後漢時代は、書写材料としての簡牘と紙の併用期であるが、紙の普及がもたらした学習生活の変化は甚大だったようである。後漢時代には生産費の安い軽量の紙の書籍が出現して書籍の流通量が盛んとなり、それによって、前漢時代の一つのテキストに通じていればよかった学問の在り方とは異なり、複数のテキストに精通することが一般化したようである。言いかえれば、紙の普及によって、「通」の普遍化という現象が起こったのである。これは、後漢時代に入る前に、経書は六経すべてをマスターして総合的に理解しなければ意味がないと言っていた劉歆の主張（『漢書』楚元王伝の「移書譲太常博士」と『漢書』芸文志・六芸略「大序」）が、紙の普及によって、実現を見たことを意味している。

そして、後漢の後期には、それまで別々に行われていた経文と注釈とが併せて記されるようになったのである。これは、読者の手間を省く大きな便宜をもたらしたが、社会全体の富裕化と廉価の紙の普及による学習人口の増加で、テキストを簡便なものにする必要が生じたものと思われる。中央でなく地方にいた後漢の大儒者・鄭玄が数多くのテキストを見ることができ、今文・古文・緯書を集成して経書に注釈を施し、総合的な経書解釈を成し遂げられたのは、経とその注釈が一つのテキスト上に合併された紙の書籍をかなり利用したからではなかろうか。

出土資料の激減

近年、間断なく発掘される出土資料は、前漢時代までのものが圧倒的に多く、後漢時代以降のものはそれに比して極端に少ない、という事実がある。実は、このことについて、その理由をうまく説明することができない。たとえば、後漢時代には、簡牘の書籍は激減して紙の書籍が流通しており、それが副葬品として身分のある人の墓に埋葬されたとしても、長い年月のあいだに紙が朽ちてしまって跡形もなくなり、今の時代に出土することはないのだ、と考えることは間違っているであろうか。すなわち、簡牘の書籍と紙の書籍が入れ替わる時期が後漢時代であり、出土資料の多寡がそれを物語っているのではないか。しかし逆に、この前漢時代までの出土資料が圧倒的に多いという偏りこそ、前漢時代までに基本的な古典が概ね出そろった、ということを暗に示している、といえるのかもしれない。後漢時代以降は、前漢時代までに登場した古典を解釈していく時期になっていったのである。

童謡による社会諷刺

為政者に対し、自ら名乗って、堂々とその政治や社会の在り方を批判するのは、実はとても勇気の要ることである。為政者に顔と名前を憶えられてしまうからであり、何らかの手段で報復される危険性も大いにある。しかし、その批判を歌にして世の子どもたちに歌わせてしまえば、作者不詳で広まっていき、為政者を批判したい意識も、歌を媒介として広範囲の人々に拡がっていく、という効果がある。「童謡」が、社会批判・体制批判の武器として定着したのも、前漢末から後漢にかけての時期である、という指摘がある。

「童謡」は、わらべうたではあるが、地元の社会で生きている民衆の思いが込められており、君主権を抑制する暗黙の規制力をもっていた、といえる。

生成論――「一」以前の次元についての思索

われわれをはじめとする万物は、どのようにして生まれたのであろうか。

『老子』や『易』は、それを「一」から増えていく生成構造だと理解して、『老子』は、「道は一を生み出し、一は二を生み出し、二は三を生み出し、三は万物を生み出す。」（第四二章）と、道→一→二→三→万物という生成論を説き、『易』は、「『易』には太極《たいきょく》があり、太極は両儀《りょうぎ》を生み出し、両儀は四象《ししょう》を生み出し、四象は八卦《はっか》を生み出す。八卦は（その組み合わせによって）吉か凶かを決定し、吉か凶かを決定することで、大きな事業を生み出すことになる。」（繋辞《けいじ》上伝《じょうでん》）と、太極→両儀→四象→八卦→六十四卦という生成論を説いた。こうした考え方は、戦国時代から前漢時代にかけて形成されていったと思われる。

ところが、前漢末期から後漢時代にかけて、「一」より前の段階のレヴェルで、物が生まれるしくみに関する思索が行われた。『孝経緯鈎命決《こうきょういこうめいけつ》』という緯書には、「太易」「太初」「太始」「太素」「太極」という「一」以前の段階で生成論が展開されている（五運《ごうん》）。同時期の緯書である『易緯乾鑿度《えきいけんさくど》』巻上には、「太極」をのぞく「太易」「太初」「太始」「太素」について記されている（四始《しし》）。これに後漢の大儒者・鄭玄が「がらんとして無物の状態を太易と呼ぶ。どうやってこの太初を生み出すのか。太初は、突然出し抜けに独力で生まれるのだ。」と注している。このほか、後漢時代の『白虎通義《びゃっこつうぎ》』天地篇にも、「太初」「太始」「太素」について記されている（三気《さんき》）。

こうした三気・四始・五運による生成論が展開された一方で、王充は「気」の自己展開エネルギーを理論化し、「天と地が気を合わせると、万物は独力で誕生する。」（『論衡』自然篇）と述べるように、物は他者の力をかりないでそれに内在する力によって独力で誕生する、との主張を繰りひろげた。前述の鄭玄の「突然出し抜けに独力で生まれる」も物が独力で生じることを言ったものである。こうした物が独力で生じることについての見方が、やがて「無」から「有」が生じるとの思索に転化され、鄭玄や同時期の高誘《こうゆう》『淮南鴻烈解《わいなんこうれつかい》』に顕著であり、魏晋期の貴無論《きむろん》と崇有論《すうゆうろん》につながっていく。

『老子』思想の展開――初期道教と玄学と

前漢時代に政治思想として流行した黄老思想は支配イデオロギーとしての役割を終えたものの、それによって消滅したわけではなかった。「経学極盛時代」と称される後漢時代でも、黄老思想は、多くの知識人に学ばれた思想であった。特に、後漢時代の一次資料に見える「黄老」の例が、王充の著書『論衡《ろんこう》』にある。この時期の「黄老」の実質的意味は「老」すなわち老子・『老子』と考えてよく、「黄」の意味はすでに形骸化していた。

また、前漢末の劉向や後漢の馬融《ばゆう》による『老子』注が著されており、儒者にも『老子』が重視されていたことが理解できる。事実、後漢時代の知識人の中には、『老子』を『易』と併修する者が多かった。これは、『易』と『老子』とが、謙虚を説くことや損益の循環論を媒介として通底していたことによる。『易』は儒家の経書の中で筆頭に位置して他の経書を統《す》べる役割を果たしていたことから、従来からの道家―儒家の対抗意識も相俟って、儒家側における『易』の台頭によって、道家側における『老子』も相対的に権威を増していった、と思われる。これが、『老子』の学問化・経典化を促し、さらには後の初期道教につながる老子の神格化にも影響を与えたようである。

楚王の劉英《りゅうえい》と桓帝《かんてい》（在位一四六～一六七年）は、後漢時代に伝来した仏教の「浮屠《ふと》（浮図《ふと》）」（ブッダ）を「黄老」とともに祀ったと伝えられる。しかし、後漢時代の文献資料に仏教用語が用いられている形跡をうかがうことができないことからは、仏教は指導者層にのみ受け入れられ、知識人層にはまだ普及しなかったものと思われる。

後漢後期には、老子が神格化して、太平道《たいへいどう》や五斗米道《ごとべいどう》の初期道教が起こり、張角《ちょうかく》率いる太平道は、一八四年に黄巾《こうきん》の乱《らん》を起こして漢王朝転覆を図り、漢王朝の権威を失墜させた。また、五斗米道は、信者に『老子』を学習させた。神格化を経由しなかった『老子』思想が、後の玄学へとつながっていく。

仏教の中国伝来

仏教は、後漢時代に明帝がインドから僧を招聘して、後六七年に中国に初めて伝えられ、翌六八年、都の洛陽に中国初の仏寺である白馬寺《はくばじ》が建立された、とされている（『魏書《ぎしょ》』釈老志《しゃくろうし》・『理惑論《りわくろん》』）。しかし、フランスのアンリ・マスペロは、この仏教の中国初伝の話が、二世紀頃の洛陽の仏教集団による虚構の伝説であることを初めてあばいた。のちに、中国の湯用彤《とうようとう》も同様のことを主張している。

『後漢書』には、後漢王朝の支配者層に仏教が受け入れられた記事が見える。明帝の異母弟である楚王英や桓帝がいずれも「黄老」とともに「浮屠（浮図）」（仏陀）を祀ったようである（光武十王列伝の楚王英伝・襄楷《じょうかい》伝）。仏教は外来宗教であるにもかかわらず、仏陀がすでに「黄老」と同格に扱われたのであろうか。しかし、後漢時代の一次文献資料に仏教の用語を用いた形跡が見当たらず、後漢時代に仏教が伝来していたとしても、知識人層に仏教が受け入れられたとは考えにくい。いずれにせよ、仏教が中国社会に爆発的に流布し浸透するのは、東晋時代以降のことである。

以上の諸例は、いずれも、後漢時代を中国史の一つの画期として捉えるための有力なメルクマールとなり得るものである。「漢代」を一つの時代の流れとして捉えるのではなく、実は、前漢と後漢のあいだに線を引いてみる、ということが、むしろ自然なことであり、中国史理解には欠かせない作業なのである。

3　外戚・宦官の専横

光武帝による漢の再興

後一八年の赤眉《せきび》軍の蜂起（王莽軍と区別するために眉を漢の火徳〈五行思想に基づく〉の赤色にした）を発端とする全国各地の農民反乱の果てに、二三年、王莽が殺害されて、新は滅亡した。赤眉軍は劉盆子（在位二五～二七年）を皇帝として擁立し、王朝をうち立てようとしたが、漢軍に大敗して失敗に終わった。また、二二年、緑林軍《りょくりんぐん》（反王莽の民間武装集団）による反乱が起きると、前漢の宗室である劉玄は皇帝に擁立され、更始帝《こうしてい》（在位二三～二五年）と称した。しかし、更始帝は赤眉軍によって殺害されてしまった。

こうした混乱を経て、二五年、劉秀すなわち光武帝は帝位に即いて漢を再興した（図３－４）。光武帝は、前漢・新の国都であった長安を見限り、洛陽に遷都した。これは、人心の一新を図ることはもちろんのこと、前漢を簒奪した王莽の新の国都であった長安を引き続き国都とするわけにはいかなかった。また、光武帝の出身地である南陽に近いという事情もあった。洛陽遷都については、光武帝期を生きた班固は「両都賦」（「西都賦」と「東都賦」から成る）を作って、長安と比べて洛陽の国都としての優位性をうたった。後漢中期の張衡は、班固の「両都賦」を模倣して「二京賦」（「西京賦」と「東京賦」から成る）を作り、班固以上に詳細に洛陽の優位性をうたった（ちなみに、張衡は班固の他の著作も徹底的に模倣している）。このほか、班固と同時代人の王充も著書『論衡』において頌漢論を展開して彼が生きた治世を高く評価し、後漢後期の鄭玄も洛陽が『周礼』の描く周公旦の置いた洛邑を継承する直系の都である（国都の洛陽が『周礼』の世界そのものであった）と考えていたようである。鄭玄が『周礼』を経学の核とする体系を築いたゆえんは、ここに求められよう。

図３－４　光武帝

出典：安居香山『緯書と中国の神秘思想』平河出版社，1988年，193頁

光武帝の仕事は、両漢交替期の混乱によって疲弊した社会秩序や国家経済を回復させること、そして何よりも中国全土の統一を成し遂げることであった。隴西《ろうせい》（中国の北西部）には隗囂《かいごう》が、蜀には公孫述《こうそんじゅつ》が、いずれも光武帝の前に立ちはだかった。光武帝がこれらの勢力を抑えて中国全土の統一を成し遂げたのは、三六年であった。国内に向けては、官僚機構や郡県制の改革、内地の軍事力の縮小と辺衛の強化、財政制度の改革、教育施設の整備（二九年の太学設置など）、といった諸改革を断行したほか、五六年には秦の始皇帝・前漢

の武帝に倣って泰山で封禅の儀礼を行い、年号を建武から中元に改め、洛陽の北郊に地を祀るための方壇を建築し、洛陽の南郊に霊台・明堂・辟雍《へきよう》を建設した。

第1節で述べたとおり、光武帝・明帝・章帝は、儒家思想をベースとしながらも緯書を信奉し、そのなかでもとりわけ光武帝は、熱心に緯書を信奉した。光武帝は、五六年に「図讖を天下に宣布」（『後漢書』光武帝紀）した。これは、緯書の決定版を正式に公開したことを意味し、学ぶべき標準とされる国家公認の緯書のテキストができた、ということである。この「宣布」は、儒者の緯書学習熱にさらに拍車をかけたものと思われる。

五七年正月、倭奴《わのな》の国王の使者が光武帝に謁見した。「光武賜うに印綬を以てす」（『後漢書』東夷列伝・倭人）とあるとおり、光武帝は使者に印綬を下賜した。これが、江戸時代に福岡県の志賀島《しかのしま》の畑の中から出土した「漢委奴国王《かんのわのなのこくおう》」の五文字が彫られてある金印である。光武帝は、その翌月、崩御した。光武帝は帝位に在った三三年間を費やして、後漢王朝の基盤を作り上げたのである。

第二代の明帝・第三代の章帝の治世は、国家を揺るがす大きな出来事も起こらず、比較的安定し、儒家思想が浸透していった時代であった。光武帝・明帝・章帝の三代は、外戚と宦官の政治への介入がなかった平穏な時代であった。

幼帝擁立の弊害

八八年、章帝が崩御すると、第四代皇帝の和帝（在位八八～一〇五年）は一〇歳で即位した。そのため、その政治を輔佐する後見人として章帝の妻・竇《とう》皇后の一族が政権を掌握した。竇氏一族は、中央や地方の要職を独占し、豪華な邸宅を築くなど奢侈の限りを尽くした末に、竇太后の兄・竇憲《とうけん》は和帝を殺害して皇位を簒奪することを計画した。和帝は成長するにつれて、竇氏から政権を取り戻したいと思うようになっていたが、竇憲の皇位簒奪計画を未然に知ると、宦官の最高位である中常侍《ちゅうじょうじ》の地位にあった鄭衆《ていしゅう》らの力を借りて竇氏一族を誅殺した。宦官が政治に深く関与して、その権力を拡大させていったのは、このことを契機とする。

和帝が崩御すると、妻の鄧《とう》皇后は、宦官の力を借りて、生後百日余りの殤帝《しょうてい》（在位一〇六年）を第五代皇帝として即位させ、政権を掌握して鄧氏一族が要職を占めた。同時に、鄭衆や蔡倫《さいりん》ら宦官たちも、側近として権力をほしいままにした。蔡倫は中常侍まで進み、尚方令（天子の御物を製作する部署の長官）を兼任して、当時すでに高水準に達していた製紙技術を駆使し、紙を実用的なものに改良して世にいう「蔡侯紙《さいこうし》」を作り、一〇五年、和帝に献上した。

殤帝は、わずか一年で崩御した（ちなみに、殤帝は、中国史上、最年少の皇帝である）。鄧氏は、一三歳の安帝（在位一〇六～一二五年）を第六代皇帝として即位させた。鄧氏一族は引き続き外戚として政権を牛耳り、宦官を重用したが、安帝は成長すると鄧氏に反発するようになり、政権を自らの手で奪還したいと思うようになった。一二一年、安帝は、宦官の力を借りて、鄧氏一族を誅殺した。そして、安帝は親政を行ったが、一二五年、巡狩中に崩御してしまった。妻の閻《えん》皇后は、第七代皇帝に少帝（年齢未詳だが未成年であろう、在位一二五年）を擁立するが、少帝はわずか二〇〇日余りで病気のため崩御した。外戚である閻氏一族は宦官によって政界から追放されたり誅殺され、宦官によって迎え入れられた一一歳の順帝（在位一二五～一四四年）が第八代皇帝として即位した。

しかし、宦官の政治勢力は、やがて梁《りょう》皇后の一族にとって代わられた。なかでも皇后の兄の梁冀《りょうき》は、父の没後にその大将軍の地位を受け継いで就任すると権勢をふるい、抵抗勢力を抑え込み、外戚としての地位を揺るぎないものにしていった。一三三年、学者の李固《りこ》は順帝への「対策」として、外戚・宦官の専横や官僚の腐敗を述べる上奏文を奉った。李固は宦官から怨まれたものの、順帝は李固の主張を認めて重用し、外戚である梁冀の勢いを牽制しようとしたが、うまくいかなかった。順帝が崩御すると、一四四年、順帝の子の沖帝《ちゅうてい》（在位一四四～一四五年）がわずか二歳で第九代皇帝に即位したが、沖帝が在位わずか六カ月で翌年に崩御すると、梁冀は反対する李固の意見を聞かないで八歳の質帝《しってい》（在位一四五～一四六年）を第一〇代皇帝として擁立した。しかし、質帝は、李固を頼りにし、梁冀を「跋扈《ばっこ》将軍」と揶揄したため、梁冀によって鴆殺《ちんさつ》（毒鳥の羽を浸した酒を服用させて殺すことだが、一般に毒殺のこと）されてしまった。梁冀と梁太后は、皇位の後継者をめぐって李固と対立したが、一五歳の桓帝を第一一代皇帝として即位させ、李固は殺害された。そして、梁太后より年下の妹を桓帝の皇后に据えて、梁氏一族は要職を独占して思うままに政治を動かし、梁氏の最盛期を誇った。この情況に桓帝は大いに不満を抱き、一五九年、梁皇后の薨去《こうきょ》を好機と捉え、宦官の力を借りて、梁冀を自害に追い込み、梁氏一族をほぼ全員、誅殺した。桓帝は、政界から梁氏一族の影響力を一掃することに成功したものの、それによって、政治勢力を伸ばしてきたのは、その功績をたたえられた宦官たちであった。この宦官たちの専横による政治腐敗が、党錮の禁という知識人弾圧事件を招くことになる。

和帝即位から七十数年の間、竇氏・鄧氏・閻氏・梁氏と、外戚勢力が幼帝を擁立することによって、政権を手中に収めて思うままに権勢をふるった、こと梁冀に至っては順帝・沖帝・質帝・桓帝と四代にもわたって皇帝の廃立をほしいままにした、という政治上のいびつな構造が展開され続けたが、それを手助けしたのも宦官であり、それを破滅に追い込んだのもまた宦官であった。和帝期以降の後漢時代史は、宦官を抜きにしては語ることができないのである。『後漢書』に、宦官の専伝が正史で初めて「宦者列伝」として立てられたゆえんである［コラム2「宦官」を参照］。

こうしたなか、宦官に媚びることをせずに官途に就けない者もいた。鄭玄の師・馬融や張衡らと親交があった後漢中期の人・王符は、その賤しい出自と世俗に泥《なず》まない性格により、生涯、官途に就く機会がなかった。当時の政治状況や社会情勢を見据え、不満と憤りをもってその得失を論じた『潜夫論《せんぷろん》』を著した。『潜夫論』という書名は、外戚と宦官の権力闘争が繰り広げられている時代に、その姿を世に現したくないという王符のおもいに由来している。王符も、幼帝擁立の弊害を被った一人ということができよう。

党錮の禁

前述のとおり、桓帝は、宦官の力を借りて、梁冀一族の誅殺に成功した。詳細にいえば、梁氏に怨恨を抱いていた単《ぜん》超《ちょう》・左悺《さかん》・徐璜《じょこう》・具瑗《ぐえん》・唐衡《とうこう》の五人の宦官たちと入念に計画して梁氏を一網打尽にし、梁氏の影響力を政界から一掃させたのである。五人は功績が評価されて、単超は新豊侯に、左悺は上蔡侯に、徐璜は武原侯に、具瑗は東部陽侯に、唐衡は汝陽侯に、それぞれ補された。五人は「五侯」とよばれ、このうち単超は一六〇年に他界したが、残りの四人は邸宅を豪華にしたり、宦官でありながら多くの美女を娶ったり、一族の者たちを高位高官に就かせるなど、自らの利権の追求と拡大に余念がなかった。

こうした宦官の専横に代表される腐敗しきった政治を目の当たりにして、儒家の学問を積んできた李膺《りよう》ら知識人は、朝廷における宦官勢力の横暴ぶりを批判した。李膺は、これに先立つこと、河南尹《いん》（洛陽を含む河南郡の長官）の職に在った一五九年に、宦官の犯罪を告発しようとして逆に陥《おとし》められ獄につながれたが、宦官にひるまずに告発を行おうとしたことで名を挙げた人物である。その際、宦官側から、李膺は太学の学生たちと徒党を組んで朝廷の政治を批判しているとされたのである。その李膺を先頭とする知識人たちは党人とよばれた。さて、知識人たちの批判に対し、宦官たちは、李膺を含む宦官勢力に批判的な者たち二〇〇名余りを逮捕して禁錮刑に処した。一六六年に起こったこの宦官による知識人弾圧事件を「第一次党錮の禁」という。腐敗した宦官勢力は儒家の教えに反しているとして「濁流派」とよばれたのに対し、宦官勢力を批判した知識人たちは「清流派」と自称した。逮捕後の取り調べにおいて、李膺は何かと宦官たちの家族のことに言及することが多かったため、そのトバッチリを被ることを恐れた宦官たちの働きかけで、一六七年に釈放された。逮捕者の多くは釈放されたものの、社会復帰への道は閉ざされてしまった。

一六八年、桓帝が崩御すると、妻の竇皇后の父・竇武《とうぶ》は第一二代皇帝に一三歳の霊帝を擁立した。やはり幼帝の擁立である。外戚としての権力を得た竇武は、清流派の陳蕃《ちんばん》とともに、宦官勢力の政界からの排除を試みたが失敗し、曹節ら宦官による弾圧の対象となり、第一次党錮の禁で釈放されていた清流派の知識人たちが再び逮捕されるなか、李膺は自首して再び獄につながれた。竇武は自殺し、陳蕃は殺害され、李膺は拷問を受けて死んだ。全国各地で多くの知識人が党人と見なされ、大勢の逮捕者が免職の憂き目に遭い、禁錮刑に処せられた。たとい無関係の知識人であっても、自らに災禍が降りかからないよう、「姓をいつわり身をかくし、八方の地の果てを転々とした」（趙岐「『孟子』題辞」）流浪の日々を送らざるを得なかったのである。これが「第二次党錮の禁」である。

後漢末期には、老子が神格化して太平道や五斗米道の初期道教の集団が形成され、一八四年、張角率いる太平道が王朝転覆を企てて黄巾の乱を起こした。黄巾の乱が起こると、逮捕されていた党人が次々と釈放された。黄巾軍と党人が結びついて大混乱になることを避けるためであった。結局、黄巾の乱は、王朝の屋台骨を大きく揺るがすこととなり、王朝の権威は失墜し、王朝が拠り所にしていた儒家思想に基づく統治は形骸化したものとなった。

後漢末の混乱の中で、仲長統《ちゅうちょうとう》は、社会の現実における儒家思想（徳治）の無力さを認識し、法治の必要性を説いた。また、仲長統と同時期の人・荀悦《じゅんえつ》は、『申鑒《しんかん》』を著して、儒家思想を基底に据えつつも、社会の現実への対応策として法制度との併用を主張した。しかし、彼らの所論は、もはや政策に何の効果をもたらすこともなかったのである。

主要参考文献

東晋次（一九九五）『後漢時代の政治と社会』名古屋大学出版会。

川原秀城（一九九六）『中国の科学思想――両漢天学考』創文社。

鶴間和幸（一九九六）『秦漢帝国へのアプローチ』山川出版社。

西嶋定生（一九九七）『秦漢帝国　中国古代帝国の興亡』講談社学術文庫（もと講談社、一九七四年）。

串田久治（一九九九）『中国古代の「謡」と「予言」』創文社。

五井直弘（二〇〇一）『漢代の豪族社会と国家』名著刊行会。

東晋次（二〇〇三）『王莽　儒家の理想に憑かれた男』白帝社。

齋木哲郎（二〇〇四）『秦漢儒教の研究』汲古書院。

鶴間和幸（二〇〇四）『中国の歴史03　ファーストエンペラーの遺産　秦漢帝国』講談社。

金文京（二〇〇五）『中国の歴史04　三国志の世界　後漢　三国時代』講談社。

福井重雅（二〇〇五）『漢代儒教の史的研究　儒教の官学化をめぐる定説の再検討』汲古書院。

井ノ口哲也（二〇一五）『後漢経学研究序説』勉誠出版。

コラム 2

宦官

井ノ口哲也

宦官は、官庁に出仕している去勢された男性官吏である。「宦」とは、許慎『説文解字』七下に「仕うるなり」とあり、原義は出仕すなわち官途に就くことである。去勢とは、男性器を除去して生殖機能を失うことであり、これは処刑による去勢と自ら志願した去勢とに分けられる。

処刑による去勢は、重大な罪を犯した者や皇帝の意に著しく反した者への刑罰として、あるいは、とらえた捕虜（異民族）への報復・征服の誇示として執行された。古くは殷代後期の甲骨文字のなかに去勢を意味する文字があるとの指摘があり、すでに殷代には人への去勢が行われていたようである。その後、中国古代の刑罰制度において、去勢は、墨（顔への文身《いれずみ》）・劓《ぎ》（鼻そぎ）・宮《きゅう》（去勢）・刖《げつ》（足斬り）・殺（死刑）という五刑（『周礼《しゅらい》』秋官・司刑など）とよばれる肉体刑の一つに挙げられ、宮刑は死刑に次ぐ重刑であった。五刑のうち、死刑以外は、必ずしも殺害を目的としない刑であり、肉体の一部を毀損させることにより死ぬまで苦痛や屈辱を与え続ける終身刑に相当するものであった。『史記』の撰者として名高い司馬遷《しばせん》は、匈奴《きょうど》に投降した李《り》陵《りょう》をかばったことが仇となり、宮刑に処された。

一方、自ら志願した去勢とは、官界での立身出世を望んでの自宮（自らすすんで生殖器を切り落とすこと）である。去勢された者は、生理的な変化が外貌や心身に及んで従順になるとされ、また去勢をしたことで後宮の女性たちのなかで業務に従事させても（性的な）問題は生じないと考えられたことから、宮刑を受けた者の多くは宮城での料理・清掃・門衛などの雑役に取り立てられた。このほか、皇帝の秘書官や后妃の側仕えをつとめるなど権力者の信頼を得た者の中には国政に関与する者も現れたが、宦官の重用やその職務の堅実性が注目を浴びるようになると、特に宋代以降、官界への就職のために自宮する者が増加し、明代には初めて自宮禁止令が出されたほどであった。科挙など官僚になるための正規のルートでは、ほんの一握りの者だけが立身出世を果たし得たが、そうでない者たちは自宮して男を捨てれば、貧困の境遇から、一気に、宮城中枢の富と権力に近づく道もあったのである。

中国史上、宦官の専横と弊害が特に目立ったのは後漢時代と明代である。九歳で即位した後漢の和帝（在位八八〜

一〇六年）は、台頭した外戚の竇憲《とうけん》の皇位簒奪計画を知り、宦官の鄭衆《ていしゅう》を用いて竇憲一派を誅殺した。これ以降、宦官が政治に深く関与してその権力が拡大し、後の党錮《とうこ》の禁を招き、また宦官と外戚の権力争いも続いた。ちなみに、紙を実用的なものに改良したことで知られる蔡倫《さいりん》も、鄭衆と同時期の宦官である。『後漢書』には、宦官の専伝が正史で初めて宦者列伝として立てられた。くだって明代は、各地域の辺衛や税の徴収のために地方駐在の宦官がいたことを特徴とするが、宮城内外での宦官の多種多様な職務を円滑に進めるためには膨大な人数の宦官を必要とし、高麗・朝鮮王朝や安南といった藩属国から定期的に宦官が献上されていた。また禁止令が出されても自宮者は後を絶たず、明末には宮城内の宦官が一〇万人を超え、食糧が充分に行き渡らず、餓死者が出たという。明の雲南討伐の際に捕虜となり、軍功によって永楽帝（在位一四〇二～一四二四年）に認められた鄭和《ていわ》は、宦官の最高職の太監に補された。これを境にして宦官の権限が拡大し、明末には王朝の財政難を背景に不当な重税を課す等の専横が目だち、東林派との対立を招いた。魏忠賢《ぎちゅうけん》は明朝の実権を掌握し、東林派を弾圧した宦官として知られる。しかし、清代には、前代までの宦官の腐敗への反省から、宮城内の宦官の人数が大幅に減らされ、地方駐在の宦官も廃止された。辛亥革命で清朝が崩壊して宦官は廃止され、一九二四年にラスト・エンペラー溥儀《ふぎ》（清朝の宣統帝、在位一九〇八～一九一二年）が紫禁城を追われると同時に宦官も追放された。

世界には、かつてローマ帝国やオスマン帝国などにも宦官が存在し、中国の宦官制度は朝鮮半島・ベトナムにも伝播した。日本には採り入れられなかった。

主要参考文献　三田村泰助『宦官　側近政治の構造』（中央公論社、一九六三年）、『月刊しにか　二〇〇〇年一一月号　特集　宦官　中国史の陰の主役たち』（大修館書店、二〇〇〇年）、川又正智『漢代以前のシルクロード――選ばれた馬とラピスラズリ』（雄山閣、二〇〇六年）。

第4章　〈貴族〉の盛衰と「天下」観の変容——三国・両晋・南朝

津田資久

この章で学ぶこと

宗教結社・太平道の起こした「黄巾の乱」に端を発した統一帝国・後漢の滅亡により、中国は魏晋南北朝（六朝）の動乱期に突入し、短い西晋の統一期を除いて、北朝の隋による再統一まで大分裂の時代が続いた。そのあいだ、「中華」の中心地たる華北を失い、「天下」の辺境であった江南に亡命した漢族王朝の東晋・南朝は、その王朝の正統性を主張するためにも、従来の「中華」観の転換に迫られ、この結果、分裂期のどの政権を正統とするかという後世の「正閏論」に影響を与えた歴史観や、江南を「天下」の中心とする新しい意識が形成された。

本章では、とくに〈貴族〉社会に立脚する漢族王朝である三国（曹魏・蜀漢・孫呉）・両晋（西晋・東晋）・南朝（劉宋・南斉・梁・陳）の政治的動向を中心に歴史を追う。

1　後漢の崩壊と三国鼎立

後漢末の動乱

『後漢書』楊璇《ようせん》伝の史論には、後漢の安帝《あんてい》（在位一〇六～一二五年）・順帝《じゅんてい》（在位一二五～一四四年）以後、民衆反乱が絶え間なく続き、皇帝や王を僭称《せんしょう》する者が頻出し、そのなかには「神道」を騙《かた》る者がいたと指摘される。これらの反乱は中央での外戚・宦官の権力をめぐる政治的混乱や、全国で進行する豪族の土地兼併による地域共同体の崩壊、連年打ち続く自然災害による飢饉などの社会不安を背景としていた。こうした状況にあって霊帝《れいてい》（在位一六七～一八九年）期に発生したのが、「黄巾の乱」である。この乱を指導した太平道《たいへいどう》（黄天泰平《こうてんたいへい》）教団の教祖・張角《ちょうかく》は、呪術的な治療行為を通じて十数年間に数十万人の信者を獲得し、軍事的教団組織「方《ほう》」を後漢の支配地域一三州のうち、東部を中心とする八州にまでめぐらしていた。太平道は後漢に代わる政権樹立を標榜したと見られる「蒼天已《すで》に死す、黄天当《まさ》に立つべし。歳《とし》は甲子《こうし》に在《あ》り、天下大吉たらん。」というスローガンを唱え（蒼天の解釈には諸説ある）、甲子の年に当たる一八四年に、信者に黄巾（黄色い頭巾）を着用させ、東部の六州を中心に一斉蜂起した。この黄巾軍の蜂起に対して、後漢の中央政府は、討伐軍を派遣するとともに、党錮《とうこ》事件で弾圧した「清流派」豪族層が黄巾軍に合流することを恐れて、禁錮を解除した。各地の黄巾軍は討伐軍と激戦を繰り広げたが、隣接地域同士ですら連携を持たないことから各個撃破され、張角の病死と本部である冀州《きしゅう》の拠点の陥落により、年内には一応平定された。しかし、各地の黄巾軍残党は以後、二〇年以上にわたって活動した。また、このころ益州（四川）東部でも太平道と近似した教義を持つ五斗米道《ごとべいどう》教団が組織され、張魯《ちょうろ》の指導のもと漢中《かんちゅう》地方（陝西の南部）に宗教王国を建てた。やがて張魯は曹操《そうそう》の討伐を受けて降伏したが、曹魏政権のなかで賓客として厚遇された。なお、この五斗米道教団の系譜から道教が形成されたと考えられている。

「黄巾の乱」の平定後、宮廷闘争の混迷はさらに深まり、宦官勢力による外戚の何進《かしん》の暗殺を皮切りに、何進の配下

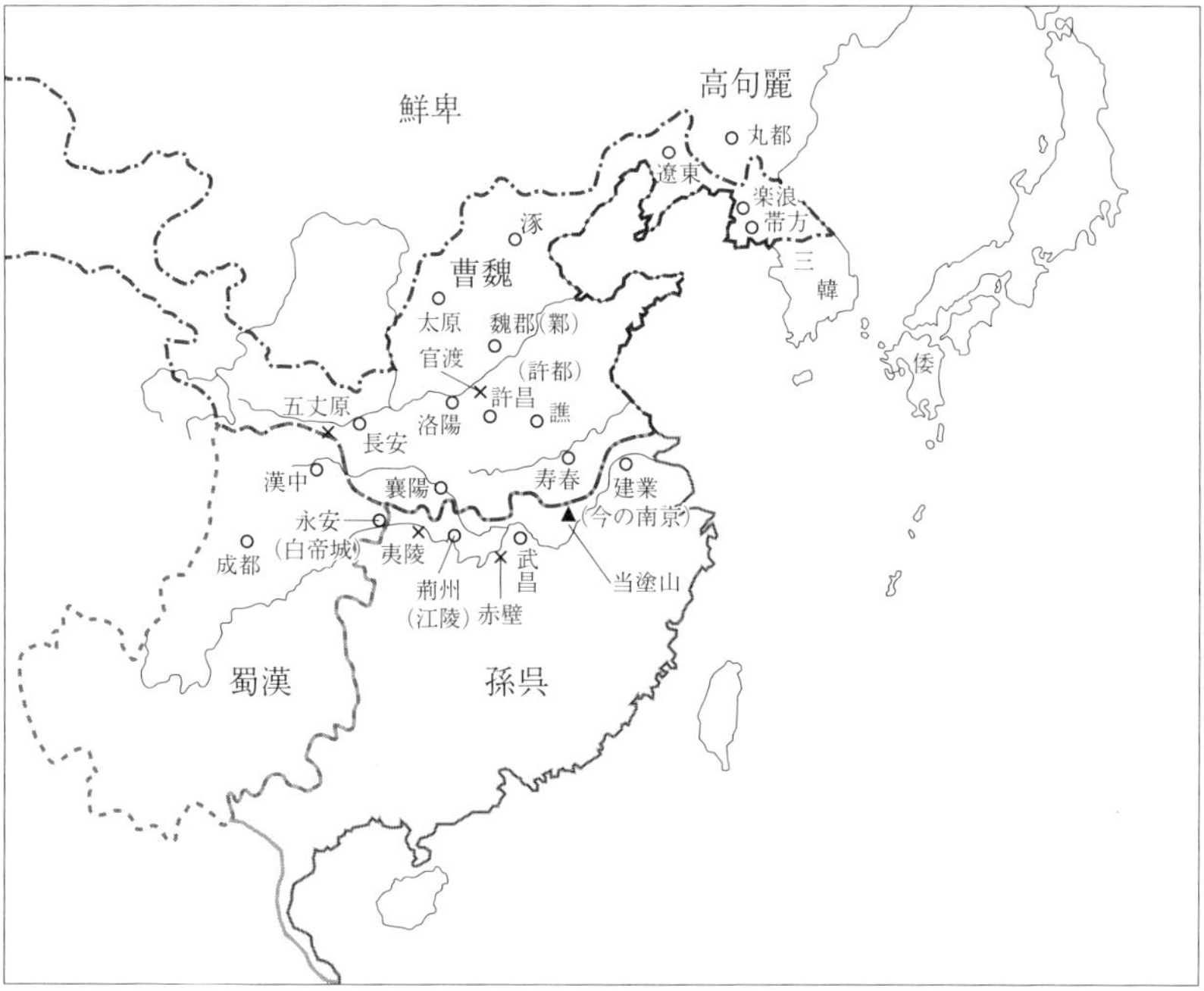

図４－１　三国形勢図

であった袁紹《えんしょう》による宦官の殲滅《せんめつ》、何進の要請を受けて上洛した董卓《とうたく》の専横と、その果ての都・洛陽を破壊して強行された長安遷都、反対派による董卓の暗殺、反対派を排除したあとの董卓残党内の抗争、という目まぐるしい政変を通じて、後漢中央政府は事実上崩壊した。

　他方、各地では反董卓同盟の結成と分裂を経て、州郡の長官をはじめとする実力者が覇権を争う群雄割拠の時代に突入した。群雄争覇戦は当初、「四世三公」の名族である「汝南《じょなん》袁氏」の袁紹と袁術《えんじゅつ》の抗争を軸に展開されたが、皇帝を自称した袁術が滅ぶと、華北の覇権は河北の雄・袁紹と、その系列軍閥で長安から脱出した献帝《けんてい》（在位一八九～二二〇年）を許都（許昌）に擁した曹操で争われることとなり、両軍は二〇〇年の「官渡《かんと》の戦い」で激突した。曹操は義理の祖父に有力宦官を持つ地方豪族の出身であったが、人材の登用に努め、青州黄巾軍を吸収してから次第に頭角を現すようになっていた。「官渡の戦い」に勝利した曹操は、袁氏勢力の掃討を通じて華北の平定をほぼ済ませ、二〇八年の丞相就任後、

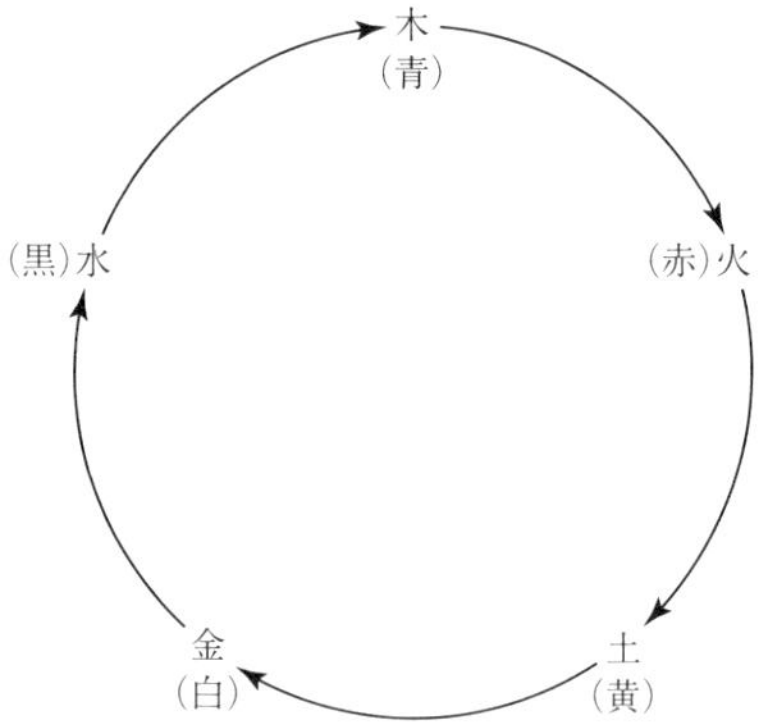

図4－2　五行相生図

出典：安居香山『予言と革命』探究社，1976年，195頁に一部加筆

その余勢を駆って南方の長江流域の荊州《けいしゅう》（湖北・湖南）に侵攻するが、「赤壁《せきへき》の戦い」で漢の皇族の末裔を自称する劉備《りゅうび》と揚州《ようしゅう》を領有する江南の孫権《そんけん》の同盟軍に敗北した。これにより事実上、曹操が推進してきた再統一は頓挫することとなった。

その後、曹操は長安以西を平定し、北中国の支配を固めるとともに、漢の諸侯王よりも上位とされた魏公（二一三年）、魏王（二一六年）に爵位を進められ、漢魏の王朝交替は目前となった。そのころ「赤壁の戦い」で勝利した劉備と孫権は、荊州領有をめぐって対立し、劉備が益州《えきしゅう》を征服すると（二一四年）、両者の関係はさらに悪化した。その結果、孫権は曹操に服属を申し出るに至った（二一七年）。そして劉備の部将の関羽《かんう》が荊州から曹操を北伐すると、孫権は関羽の後背を襲って敗死させ、荊州の大半を領土に加えた（二一九年）。ここに三勢力鼎立の状況がほぼ固まることになった（図4－1）。

「代漢者、当塗高」と時代風潮

この時期には、不安定さを増す後漢に代わる新たな秩序が模索されたが、五行相生説《ごぎょうそうしょうせつ》に依拠して火徳（赤）の漢から土徳（黄）王朝への交替を標榜する勢力の正当化に利用されたのが、前漢末ころから存在していたと見られる「漢に代わる者は、当塗高《とうとこう》」という讖《しん》（予言）であった。「当塗高」とは、塗（路《みち》）にあって高くそびえるものの意であり、転じて「魏（巍）」（宮城の門外の左右にある物見櫓付きの巨大な台）と解釈されるが、もともとは「魏郡」出身の王莽を暗喩したものと見られる。この讖に自らをなぞらえる形で、一四四年には「当塗山」（安徽）で「無上将軍」徐鳳《じょほう》と「黄帝」馬勉《ばべん》が反乱を起こし、「黄巾の乱」では張角が「魏郡」で挙兵し、袁術は「術《みち》」と字《あざな》の「公路」が讖に当たるとして皇帝を自称し、袁紹は「魏郡」の鄴《ぎょう》を本拠にし、曹操はこの地に魏国を定めている。また漢魏交替のあった二二〇年に建国の起点を置き、暗に後漢からの正統の継承を示す北朝の北魏にも、この讖言の利用がうかがわれる。同様に孫権は「漢の賊臣」で「天子」になるという讖に見える「孫登」の名を自分の長子につけ、それとは逆に劉備は漢の再興を示唆する讖緯を利用している（図４－２）。

後漢末から魏晋南北朝にかけては、科学技術や合理的な思想・文化の発達が見られたが、上述したように、その一方では前漢末以来の儒家思想にも見られる神秘主義的事象をもてはやす傾向が依然色濃かった。このような精神的土壌に、社会不安が加わることで呪術的な性格を多分に有していた初期道教や仏教が急速に拡大し、儒学至上主義の後退とともに「宗教の時代」に入っていくことになる。

三国の鼎立

二二〇年、曹操が亡くなると、その子・曹丕《そうひ》が魏王を継承した。この時点では、形式的には孫権の「藩属」が続いており、また荊州を失った劉備は曹丕に修好を求めていた。このような魏王を取り巻く緩やかな秩序回復を背景として、この年末、曹丕は後漢の献帝から禅譲されて帝位に即き（文帝、在位二二〇～二二六年）、曹魏《そうぎ》王朝を興した。曹魏では、曹操以来の兵戸制と典農部屯田が軍事・財政の基盤とされ、戦乱で荒廃した華北を立て直す政策として中心部である五都（洛陽・許昌《きょしょう》・鄴・長安・譙《しょう》）のある「中都の地」への人口の集中が図られた。その一環として文帝からその子・明帝（在位二二六～二三九年）にかけて、宮殿区の造営を中心に洛陽都城の再建・整備が進められた。また文帝の時には、その側近「四友」の一人・陳羣《ちんぐん》の建議により、曹操以来の唯才主義の反映と地方名族の取り込みを企図した「九品官人法《きゅうひんかんじんほう》」（一品から九品までの位階等級に分け官僚に任官する制度）が制定され、次の明帝の時には『新律十八篇』を制定して漢の煩雑な各種刑罰法典は廃止されている。対外的には、明帝期に蜀漢の諸葛亮《しょかつりょう》の撃退や、後漢末以来、遼東から朝鮮半島にかけて半独立勢力を築いていた公孫氏政権の平定などに、文帝「四友」の一人であった司馬懿《しばい》の活躍が目立っ

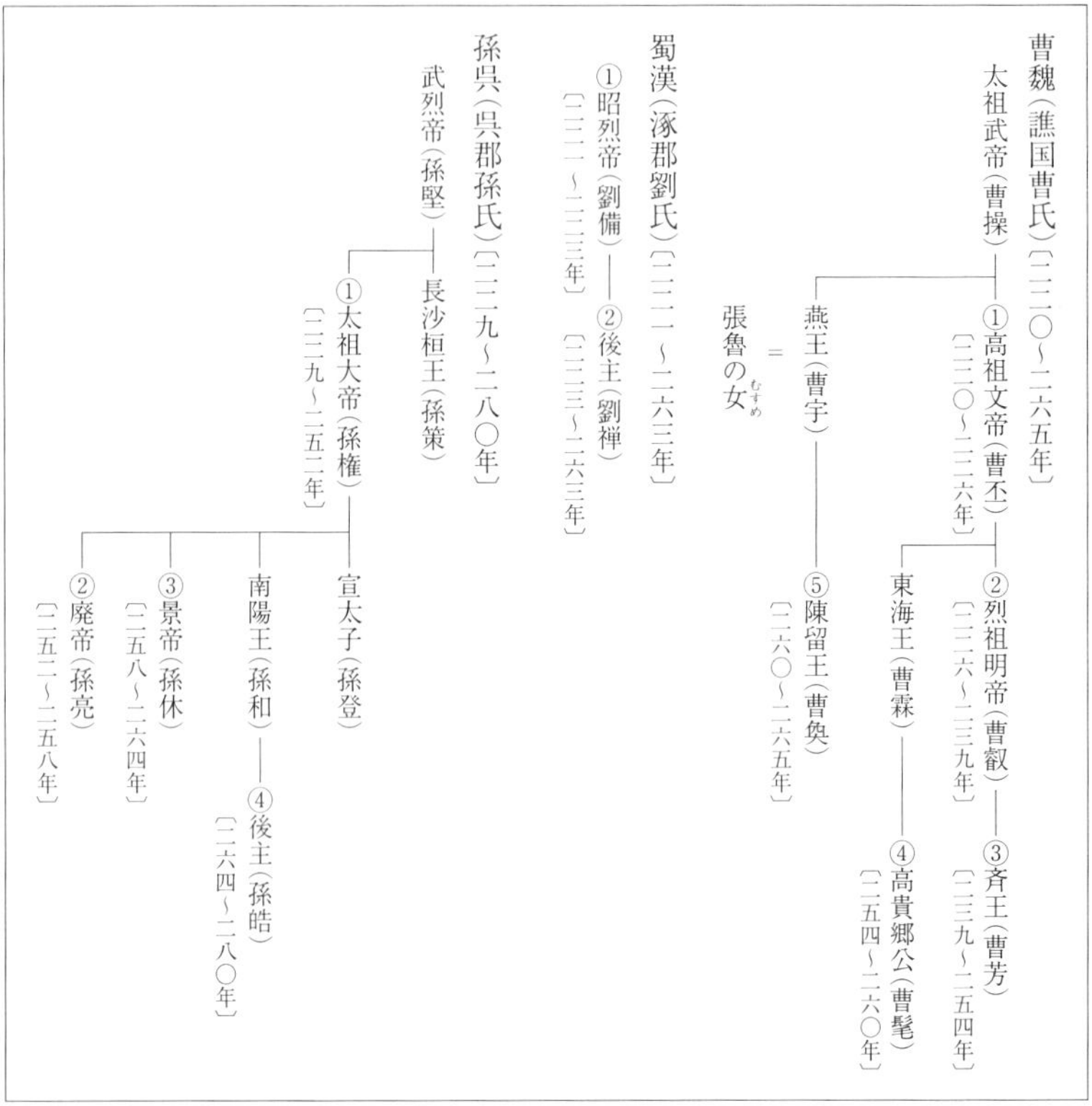

図４－３　三国帝室系図

た。この公孫氏政権滅亡により、倭《わ》の女王・卑弥呼《ひみこ》の曹魏への遣使が行われている（図４－３）。

曹魏の政治方針として特筆されるのが、後漢での外戚や宦官の専横に鑑み、文帝によって皇太后・外戚の政治関与は固く禁じられ、宦官にも実権が与えられなかったことである。だが、元老の司馬懿《しばい》とその子・司馬師《しばし》が私兵を率い二四九年に「正始の政変」を起こし、皇太后を擁して全権を掌握すると、文帝の禁令は反故にされ、皇太后が政治的に司馬氏に利用されるようになる。以後、司馬氏は強権的に曹魏皇族の禁錮や王朝内の異分子の排除を行いながら、斉王芳《ほう》（前廃帝、在位二三九～二五四年）の廃立や高貴郷公髦《ぼう》（後廃帝、在位二五四～二六〇年）の弑《しい》殺《さつ》さえ辞さずに王朝交替に突き進んでいった。しかし、かつての曹操の場合とは違って権力基盤は不安定であり、兄・

司馬師の後を継いだ相国・晋公（ともに二六三年）の司馬昭《しばしょう》は都を離れる際には皇太后・皇帝を同行させざるを得なかった。そして曹魏最後の皇帝として迎えられたのが、張魯の外孫にあたり五斗米道との関係が示唆される陳留王奐《かん》（元帝、在位二六〇～二六五年）であった。

小豪族の出身で河北からの流浪の果てに益州に本拠を打ち立てた劉備は、曹操から漢中を奪取して漢中王を自称し（二一九年）、意気軒高であったが、荊州が失われると、急遽、曹魏と修好して後背を固める一方で、内部の団結を強めるために、漢の復興を唱えて二二一年に帝位に即《つ》いた（昭烈帝、在位二二一～二二三年）。成都を都とする蜀漢《しょくかん》（季漢《きかん》）の成立である。蜀漢は政権の要職に荊州出身者を多く抱えており、その親族の住む荊州の奪還が必須であった。そのため即位直後に劉備は呉王孫権が支配する荊州へ大挙して攻めたが、二二二年の「夷陵《いりょう》の戦い」で孫呉軍に大敗し、対孫呉の最前線拠点であった永安宮《えいあんきゅう》（白帝城）で失意のうちに亡くなった。劉備は遺詔して諸葛亮と李厳《りげん》の二人に息子・劉禅《りゅうぜん》（後主、在位二二三～二六三年）の輔政を命じたが、まもなく丞相府への行政・軍事の一元体制を築き上げた諸葛亮によって事実上反故にされた。諸葛亮は外交方針を転換し、曹魏と孫呉の関係悪化を機に、孫権との同盟関係を復活させ、離反した益州南部（雲南・貴州）の「西南夷」を平定すると、修好関係を破って漢中を拠点に連年のように曹魏に対する「北伐」を繰り返したが、成功を見ないまま陣没した。蜀漢は劉備集団などの非益州人が軍事力を背景に益州民を支配する政権構造を抱えており、諸葛亮の死によって丞相府集権体制が解体された後も、実権は非益州系統の人士たちに引き継がれた。

江南豪族に出自する父兄の地盤を継承し、揚州・荊州・交州《こうしゅう》に支配領域を広げた孫権は、劉備への対抗上、漢魏交替後も引き続き曹魏への形式的な服属を維持し、文帝から呉王に封建され（二二一年）、その所領を安堵されていた。だが「夷陵の戦い」の大勝後、人質問題のこじれから曹魏の侵攻を受けると、年号をたてて自立し（事実上の孫呉の建国）、蜀漢との同盟関係を回復した。二二九年には孫権は武昌《ぶしょう》で皇帝に即位し（大皇帝、在位二二九～二五二年）、それを蜀漢に承認させている。孫呉《そんご》では、将軍らに私兵の世襲を認める「世兵制《せいへい》」で軍事力を支えるとともに、経済的には後漢末に流入した北来の避難民などによって水陸の交通路に沿った周辺地域が開発された。その際に摩擦の生じた山間部などに居住する「山越《さんえつ》」に対しては積極的な討伐が実施された。この開発を通じて都城としての建業《けんぎょう》（東晋から建康、今の南京）の整備が進められ、「六朝《りくちょう》」（孫呉・東晋・劉宋・南斉・梁・陳）の都としての基礎が確立した。孫呉は徐州《じょしゅう》出身者を中心とする北来豪族と江南豪族の連合政権であったが、孫権の晩年に起きた「二宮《にきゅう》事件」という政権を二分した皇子たちの後継者争いにより調和を失った。続く廃帝（在位二五二～二五八年）期の輔政大臣をめぐる権力闘争を経て、景帝（在位二五八～二六四年）期に小康状態を得るが、政治に関心を持たなかった景帝が没した時には国際環境は激変し、蜀漢はすでに曹魏によって滅ぼされていた。この国難を乗り切るために迎えられたのが、「二宮事件」で皇太子から廃位された南陽王和《わ》の子・孫皓《そんこう》（後主、在位二六四～二八〇年）であった。

三国をめぐる「天下」の情勢

秦漢以来の唯一無二とされてきた正統王権が三分するという未曾有の情勢を受けて、「天下」観にも変化が生じた。禅譲により後漢の正統性の継承に成功した曹魏では、服属した孫呉を指して「遠人」と呼称し、関係が決裂すると「呉夷」「呉賊」「呉虜」「呉寇」などと称した。蜀漢に対しても同様に「蜀賊」「蜀虜」「蜀寇」などと称しており、一貫して孫呉・蜀漢の正統性を認めておらず、臣属しないで時に侵入する辺境異民族のように扱い、表面的には長江流域以南を統治すべき「中華」領域の埒外《らちがい》としたのである。その一方で曹魏は「中華」の中心地たる中原に拠っていることから、「上国」「中国」である優位性を自任している。いわば「三国鼎立」を曹魏の秩序下に現出した周代的な「天下」秩序の再来として擬えられているのである。これは周代的な価値観を一つの理想とする儒学の身体化と無関係ではなかろう。そしてこの世界観を象徴するのが、西晋・陳寿《ちんじゅ》の『三国志』における叙述構成である。この歴史書では『魏志《ぎし》』部分で曹魏にのみ正統の本紀を立て、曹魏列伝の末尾に「親魏倭王」を戴く倭人伝を置き、その次に臣属しない勢力を「中華」による平定順に『蜀志《しょくし》』、『呉志《ごし》』と配している。

これに対して、蜀漢では、漢の血統により正統性を継承したと主張する立場から、孫呉と同様に曹魏を「魏賊」と扱いながらも、皇帝を自称した孫呉には曹魏への対抗上「与国」（同盟国）と認める矛盾を抱えていた。孫呉の方では蜀漢を「西藩」と捉え、自国の優位性を自任している。ただし、蜀漢・孫呉はいずれも曹魏の地を指して「中国」「中土」などと称しており、自国の建国した地域が「中華」の正統性から程遠かったことを暗に吐露している。

このように、三国時代では「土中（世界の中心）」と観念されていた中原に建国することこそが「中華」の正統であり、前王朝からの直接的な継承関係もない長江流域に建国した政権が正統性を主張するには、困難が付きまとっていたのである。

2　再び統一から分裂へ

魏晋交替と西晋の盛衰

二六三年、蜀漢は対曹魏戦の疲弊の末に、晋公司馬昭に主導された曹魏軍に滅ぼされた。その比類なき功績により翌年、司馬昭が晋王に封建されたことで、魏晋交替は秒読み段階に入ったが、それは司馬昭の急死で長子・司馬炎《しばえん》に持ち越された。そして二六五年、司馬炎は、禅譲により帝位に即き（武帝、在位二六五～二九〇年）、晋《しん》（西晋《せいしん》）王朝を興した。この段階において初めて名実ともに司馬氏の支配体制が固まった。

武帝は即位早々に、前漢の「呉楚七国の乱」以来、有名無実化していた皇族諸王に行政・軍事の実権を与えて大規模な封建を行い、同時に全国の要衝に都督《ととく》（州単位の軍事を管轄する司令官）として配置した［コラム3「歴代王朝における地方行政制度の変遷」も参照］。法制面では『新律十八篇』を基礎に各種法律を律（刑法）と令（行政法）に体系的に整理した『泰始律令《たいしりつれい》』を制定した。この国家の基本法典たる「律令」は、その後の王朝でも改訂が加えられ唐で完成する。また魏晋交替に前後して曹魏以来の郡県とは別系統に設けられていた典農部が廃止されたことに伴い、屯田民は編戸民

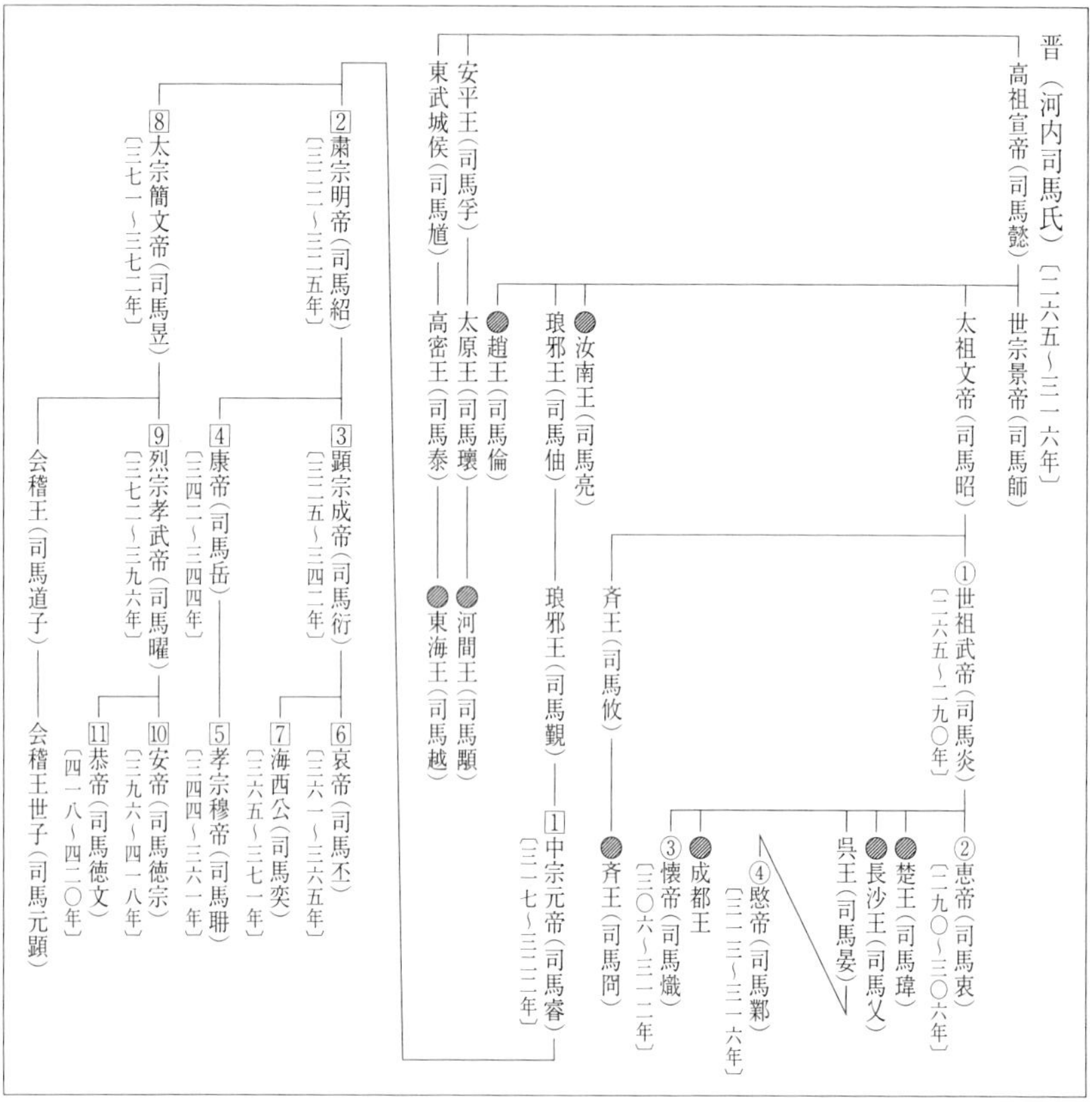

図4－4　両晋帝室系図

注：①～④は西晋の皇帝を，◍は「八王の乱」の八王を，[1]～[11]は東晋の皇帝をそれぞれ指す。

（一般農民）として登録されることとなった。

二八〇年には暴君化した孫皓の統治する孫呉を平定し、ここに「黄巾の乱」より約百年間続いた戦乱と分裂の時代は一応収束し、「天下」統一が回復された。この統一後には、大土地所有に制限を加えることを企図した「占田・課田法」という土地・徴税制度が実施された。だが、西晋の衰退の兆しは、同族に重きを置きながらも、大方の輿論に反して同母弟の斉王攸《ゆう》を猜疑して中央の輔政から追放し、憤死に追い込んだ武帝の政治姿勢にすでに現れていた（図4－4）。

武帝の死後、地方名族で外戚の楊駿《ようしゅん》が輔政に任じられ、統治者としての資質に疑問が呈されてきた恵帝《けいてい》（在位二九〇～三〇六年）が即位すると、専権をふるった楊駿一派が、反感を抱く賈《か》皇后と皇族諸王に粛清された。しかしこれを契機に権力をめぐって軍権を有する諸王同士による凄惨な「八王の乱」（二九一～三〇六年）が展開されることになった。玄学的な「清談」に興じていた〈貴族〉たちや南匈奴《みなみきょうど》・鮮卑《せんぴ》などの異民族勢力を巻き込みつつ、洛陽から華北全土に拡大したこの内乱は、山西の南匈奴・劉淵《りゅうえん》による漢（のちに前趙《ぜんちょう》）や四川の「巴氐《はてい》」李雄《りゆう》による成漢《せいかん》の建国（ともに三〇四年）を招いたが、専権に成功した東海王越《えつ》によっていったん収束された。しかし、内乱で疲弊し東海王越の急死で弱体化した西晋中央政府は、続く漢軍の攻勢を支えきれず、洛陽の陥落で恵帝の弟・懐帝《かいてい》（在位三〇六～三一一年）が、長安の陥落で懐帝の甥・愍帝《びんてい》（在位三一三～三一六年）が相次いで捕虜となり、三一六年に滅亡した（「永嘉の乱」）。

〈貴族〉社会の矛盾

ここでこの時代の支配層である〈貴族〉について整理しておきたい。そもそも「貴族」という用語は、古くから中国史料にもしばしば見える語であるが、日本の幕末・明治期に至って、主に西洋の中世に現れた「封建世禄」を有する武人領主の自称、および彼らの子孫を指す訳語として頻繁に使用され始めた（福沢諭吉『西洋事情・初編』巻一・巻三、および『文明論之概略』第八章）。その後、各方面でも広く援用されて、「国語辞典」の大槻文彦『言海』（一八八九年刊）では、「タウトキヤカラ。身分家柄貴キ人。」という地域性や時代性を問わない一般的な意味で語釈されている。

中国史の学術用語・概念としては、その理解に論争があるが、おおよそ魏晋南北朝から隋唐に至る政治的・社会的に特定の特権や優越性を世襲的に独占する者とされ、〈貴族〉を中心とした制度、あるいは社会全体にわたる体制は〈貴族制〉と称されている。この〈貴族〉層の成立は、「九品官人法」の運用と不可分で論じられてきた。曹魏で制定された「九品官人法」は、郡の中正官が「郷論《きょうろん》」（郷里の人物評論）を勘案し、個人の徳行・才能に応じ品等を与えて任官させることになっていた。だが、当初より郷里の有力者たる豪族層の意向を反映しやすかったのに加え、「正始の政変」

後に司馬懿が郡中正《ぐんちゅうせい》の上の州に大中正（州都《しゅうと》）を置いて政府の高官に兼任させるようになると、中央の権勢家の意向を反映させる傾向が強まり、高官を輩出する家門に有利に、中央とのつながりが乏しい家門の栄達には不利にそれぞれ作用するようになった。西晋におけるこの弊害を象徴するのが「上品に寒門なく、下品に勢族なし」（『晋書』劉毅《りゅうき》伝）という言葉である。そして一般に「九品官人法」運用が名族に決定的に有利になり、高官を独占したことをもって、以後、門閥〈貴族〉層が固定されると見られている。

右のような門閥〈貴族〉社会成立に関する理解に対して、近年、南朝〈貴族〉社会の研究から、新旧家門の浮沈の激しい身分的流動性のある社会であり、整然とした家格や固定された門閥〈貴族〉層は存在せず、また家格によって自動的・独占的に官職が付与されることはなく、実際の官吏任用は任官希望者の父の官職を基軸にその他の要素を加味する一種の任子制が行われていた、との指摘がなされている。すなわち相当な努力により高官任官を何代にも維持し続けてきた結果として、その家門があたかも固定された門閥〈貴族〉層のように見えるとするのである。この指摘に従うならば、魏晋以来の「九品官人法」運用の変化による世襲的な門閥〈貴族〉層の出現という通説的理解そのものにも変更が迫られることになるが、ここではひとまず高官任官を何代も重ねた家門の意味で〈貴族〉を使うこととする。

東晋による江南の支配

西晋中央政府の滅亡と前後して、江南では東海王越の配下に属し、司馬懿の曾孫にあたる琅邪王睿《えい》が幕僚の王導《おうどう》らの補佐のもと、華北の戦乱から自衛して避難してきた流民集団をまとめていた〈貴族〉と、当初は非協力的だった江南豪族を糾合し、建康《けんこう》（今の南京）に権力基盤を形成した。愍帝が南匈奴の漢軍の手に落ちると、琅邪王睿は晋王と称し（三一六年）、翌年には推戴されて帝位に即き晋朝を再興したが（東晋の元帝、在位三一七～三二二年）、支配領域は長江中・下流域に限られていた。この亡命政権で中枢の要職を占めたのが王導の「琅邪《ろうや》王氏」に象徴される北来〈貴族〉であり、その防衛を担ったのが、北来〈貴族〉が率いてきた流民集団を母体とする建康の東方で長江を挟んだ広陵《こうりょう》（今の揚州）・京口《けいこう》（今の鎮江）に置かれた「北府《ほくふ》軍団」と、建康の上流にあたる長江中流域の荊州に置かれた「西府《せいふ》軍団」であった。しかし、強力な軍事力を有することは、時として野心家の本拠となる危険性をも内包していたため、東晋南朝を通じてこの二大軍団を舞台とした内乱がしばしば発生している。また北来の流民は、東晋領内の複数の居留地に設けられた出身別の州郡県（僑《きょう》州郡県）で臨時戸籍（白籍《はくせき》）を管理されることになった。この大量に流入した漢族流民により、江南のさらなる開発が推進されることになる。

東晋初期は雑多な集団を抱える寄合所帯であることから、その権力をめぐる内部の不協和音は「王敦《おうとん》の乱」（三二二～三二四年）、「蘇峻《そしゅん》の乱」（三二七～三二九年）という形で現れ、これによって中央政府は動揺したが、宰相の王導の寛容な政治運営によってひとまず小康状態を得た。その後、「西府軍団」を掌握した〈貴族〉の桓温《かんおん》が四川の成漢を滅ぼし（三四七年）、長江全流域を版図に加えると、東晋建国以来、失敗を繰り返していた華北奪還をめざす北伐を断行し（三五四～三五六年）、五胡国家から洛陽の奪回に成功した。これにより、内外の実権を得た桓温は、税収を強化するため土《ど》断《だん》（戸籍整理）を実施して白籍を廃止し、一般民と同様の原住地の黄籍《こうせき》に付けるようにした。だが、効果は容易には現れず、その後、土断は南朝の陳に至るまでしばしば繰り返されることになった。三六五年に至って鮮卑慕容《ぼよう》部の前燕《ぜんえん》に洛陽を奪われると、桓温はさらなる北伐を続行したが、「枋頭《ぼうとう》の戦い」で前燕と氐《てい》族の前秦《ぜんしん》の連合軍に大敗し、地に落ちた声望を回復すべく禅譲革命への動きを強めるが、のちに「琅邪王氏」に次ぐ南朝第二の家門となる「陳郡謝氏」の謝安《しゃあん》らによって阻止された。

桓温の死後、宰相の謝安のもとで東晋の内政は安定期を迎えたが、この頃華北を統一した前秦の苻堅《ふけん》が、東晋の平定をめざして江南の前面にあたる淮南（淮水以南、長江以北の地）に大挙して侵攻した。これに対し東晋は謝安の指導のもと三八三年の「淝水《ひすい》の戦い」で撃退に成功し未曾有の対外的な危機を乗り切った。その後、孝武帝《こうぶてい》（在位三七二～三九六年）の弟・会稽王道子《どうし》とその子・元顕《げんけん》による専権で民衆への収奪が続いた。このような情勢にあって江南で勃発したのが、五斗米道系の道教結社による「孫恩《そんおん》・盧循《ろじゅん》の乱」（三九九～四一一年）である。またこの最中、「西府軍団」を掌握した桓温の子・桓玄《かんげん》がクーデタで会稽王道子・元顕政権を打倒し、孝武帝の子・安帝（在位三九六〜四一八年）から帝位を禅譲され楚《そ》を建国したが（四〇三年）、孫恩の討伐に活躍した「北府軍団」の将校・劉裕《りゅうゆう》によって滅ぼされ、安帝が復位して東晋は復活することとなった。軍事権が〈貴族〉から「寒門武人《かんもんぶじん》」（武功によって栄達をめざす非門閥下級の家門）に移ったことを象徴する事件であった。

実権を掌握した劉裕は、対外的には四一〇年に山東に割拠する鮮卑慕容部の南燕《なんえん》、四一七年に華北中枢部の洛陽・長安を支配する羌《きょう》族の後秦《こうしん》を次々と平定し、国内では四一七年に孫恩の後を継いだ河北の名族出身である盧循の率いる反乱軍を鎮圧して比類なき功績を立てた。その一方で反対派の〈貴族〉を排除して、性急に宋公（四一八年）、宋王（四一九年）と突き進み、四二〇年に安帝の弟・恭帝《きょうてい》（在位四一八〜四二〇年）から禅譲されて即位した（劉宋《りゅうそう》の武帝、在位四二〇〜四二二年）。ここに東晋は滅亡し、南朝の時代を迎えることになった。

東晋をめぐる「天下」観

東晋は晋朝の正統を継いだと称するものの、実際には西晋帝室からの直接的な帝位の委譲があったわけでもなく、また建国された江南も「中華」「中土」ではなかった。亡命政権という建国の事情からすれば、かつての蜀漢や孫呉に近い立場であった。そのため、東晋は五胡国家に占拠された「神州」とも称される故郷の「中華」中心部の奪還を国是として北伐を敢行したのである。それだけに東晋では中原に君臨する五胡国家を称する際に、ことさらに対抗意識を込めて「僭」や「偽」の字を冠して、その正統性を貶めている。

一方、五胡国家の側では、西晋を打倒した南匈奴の漢（前趙）や羯《けつ》族の後趙《こうちょう》などは、東晋の正統性は認めていなかった。だが、軍事占領下の漢族の懐柔のため、東晋を正統と認識する政権も存在しており、「淝水の戦い」以前の前秦においては、漢族出身の宰相・王猛《おうもう》が「晋は呉越に僻陋《へきろう》するといえども、すなわち正朔相承《せいさくあいう》ける（東晋は江南という辺境に位置しているが、正統の天子の君臨が続いている）」（『晋書』苻堅載記）と称し、苻堅の弟で重臣の苻融《ふゆう》が「江東（東晋）、微弱にして僅《わず》かに存するといえども、然《しか》れども中華の正統」（『資治通鑑』巻一〇四・太元七〔三八二〕年条）と称している。このように「中華」中心部を支配した五胡国家では、軍事的な優位に立ちながらも、正統性において東晋に劣るという認識が存在していたのである。

右のような状況において、従来の正統観を一変させ、「中華」中心部に位置せずとも、東晋の正統性を積極的に主張する論理を提出したのが、習鑿歯《しゅうさくし》の『漢晋春秋』という歴史書であった。この書では後漢の正統は宗室の国・蜀漢に継承されたとし、後漢を簒奪した逆賊・曹魏による蜀漢平定で一旦途切れるが、蜀漢の仇を討って曹魏を滅ぼした晋に後漢以来の正統が継承された、という歴史観が示されていた。すなわち正統とは「中華」中心部の領有に左右されず、また直接的な帝位の委譲がなくとも宗室による再興を是認するものであり、これによって東晋の正統性を担保したのである。このいささか苦しい主張は「正史」の歴史認識の主流にはならなかったが、分裂期のどの政権を正統王朝と見なすかという、後世の「正閏論《せいじゅんろん》」の展開に多大な影響を与えている〔コラム1「「正史」と王朝の正統性」も参照〕。

3 南朝の興亡と「中華」としての江南

寒門武人による王朝交替と劉宋・南斉の政局

従来の禅譲革命が父子二代以上の期間をかけて準備されたのに対して、晋宋交替は寒門武人の武帝劉裕一代で強引に推進されたこともあり、輿論の支持を得ない皇帝は〈貴族〉のなかで孤立した。このため禅譲まもなく東晋の恭帝を殺害して、かつて自らが行ったような東晋再興をめざす運動を封ぜざるを得なかった。ここに本来優遇すべき禅譲した前王朝の皇帝を殺害するという悪しき慣例が開かれることになり、南朝を通じて繰り返された。また武帝は身内の功臣で政府の中央の要職を固め、「北府軍団」と「西府軍団」を皇族諸王に掌握させ、その権力基盤の強化をめざした。基本的に皇族諸王を地方の州鎮《しゅうちん》（州刺史府と都督府）の長官に任用して、中央の「藩屛《はんぺい》」とする方針は、南朝を通じて踏襲

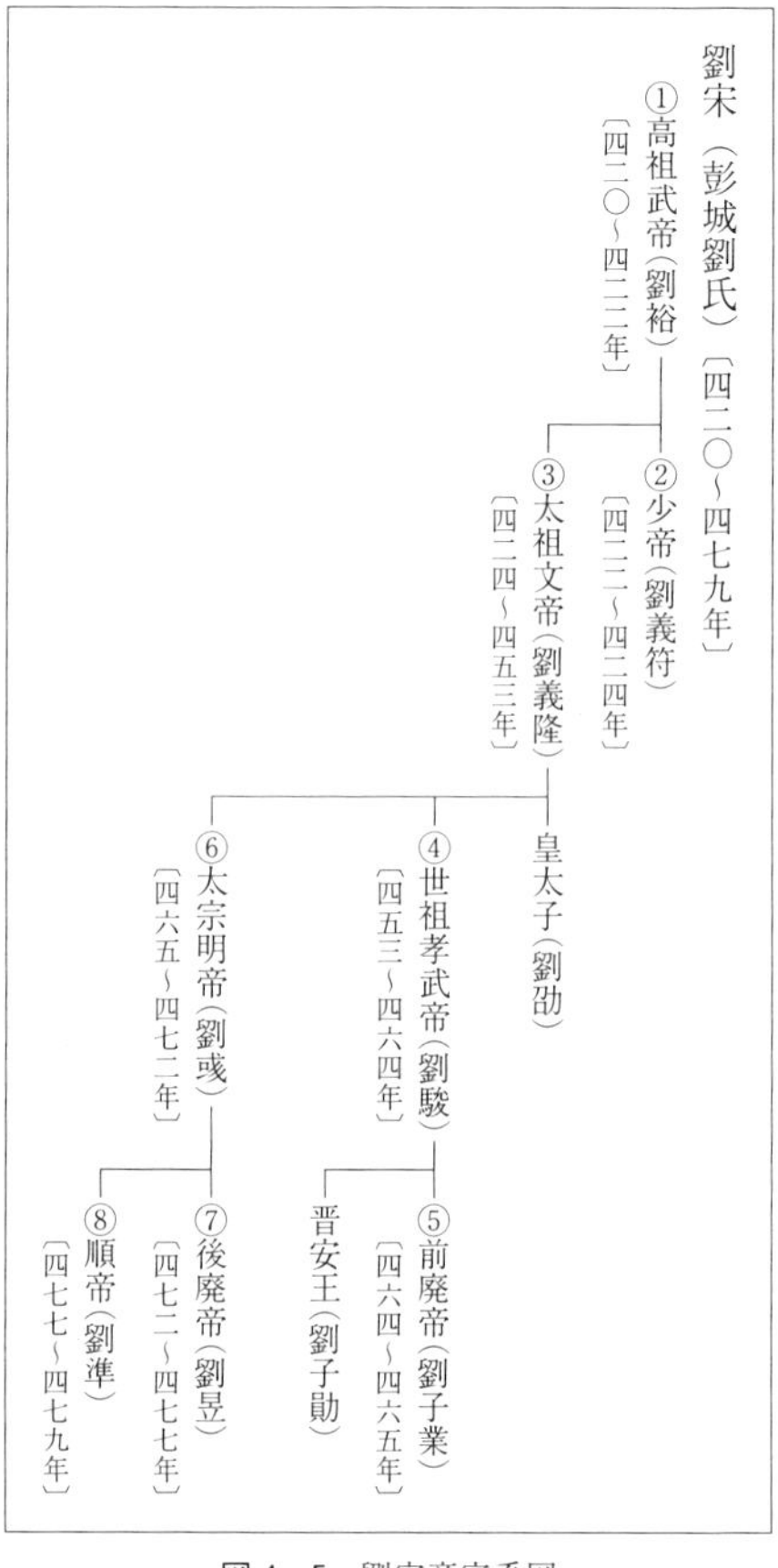

図4-5　劉宋帝室系図

されたが、その一方で皇帝は地方の大権を有し、潜在的な帝位の競争者である皇族諸王に絶えず脅威を覚えるというジレンマに陥ることとなった（図4-5）。

武帝の子・文帝（在位四二四～四五三年）が即位すると、〈貴族〉を尊重しながら、皇帝権力の強化を図るため、皇族に輔政させるとともに、側近に重用した寒門《かんもん》・寒人《かんじん》（上層庶民）に中枢の実務を任せ「元嘉《げんか》の治」といわれる治世を出現させた。しかしながら、四五〇年に文帝の主導した黄河以南奪還をめざした北伐が失敗し、かえって北魏《ほくぎ》軍による長江北岸までの侵入を許すと、劉宋の国力は衰退に転じた。その後まもなく文帝が皇太子に殺害されたことを契機に、劉宋は不安定さを増していくこととなる。

江州《こうしゅう》（江西）の州鎮長官から、この混乱を収拾して即位した文帝の子・孝武帝（在位四五三～四六四年）は、自身と同様に州鎮から挙兵して中央政府を脅かす者が出現することを警戒して、州鎮を分割し、また寒人を典籤《てんせん》（目付）として送り込むとともに、中央では中書舎人《ちゅうしょしゃじん》に任じた寒人を重用して皇帝権力の強化を図った。だが、孝武帝の死後政局は混迷し、その子・前廃帝（在位四六四～四六五年）が恐怖政治の末に排除され、孝武帝の弟・明帝（在位四六五～四七二年）が傍系から即位すると、四六六年に前廃帝の弟・晋安王子勛《しくん》を担いだ反乱が勃発したことを境に、明帝の皇族に対する猜疑心が深まり、孝武帝の子供は全員殺され、血の粛清は明帝の弟たちにまで及んだ。この間、反乱鎮圧に功績を上げ

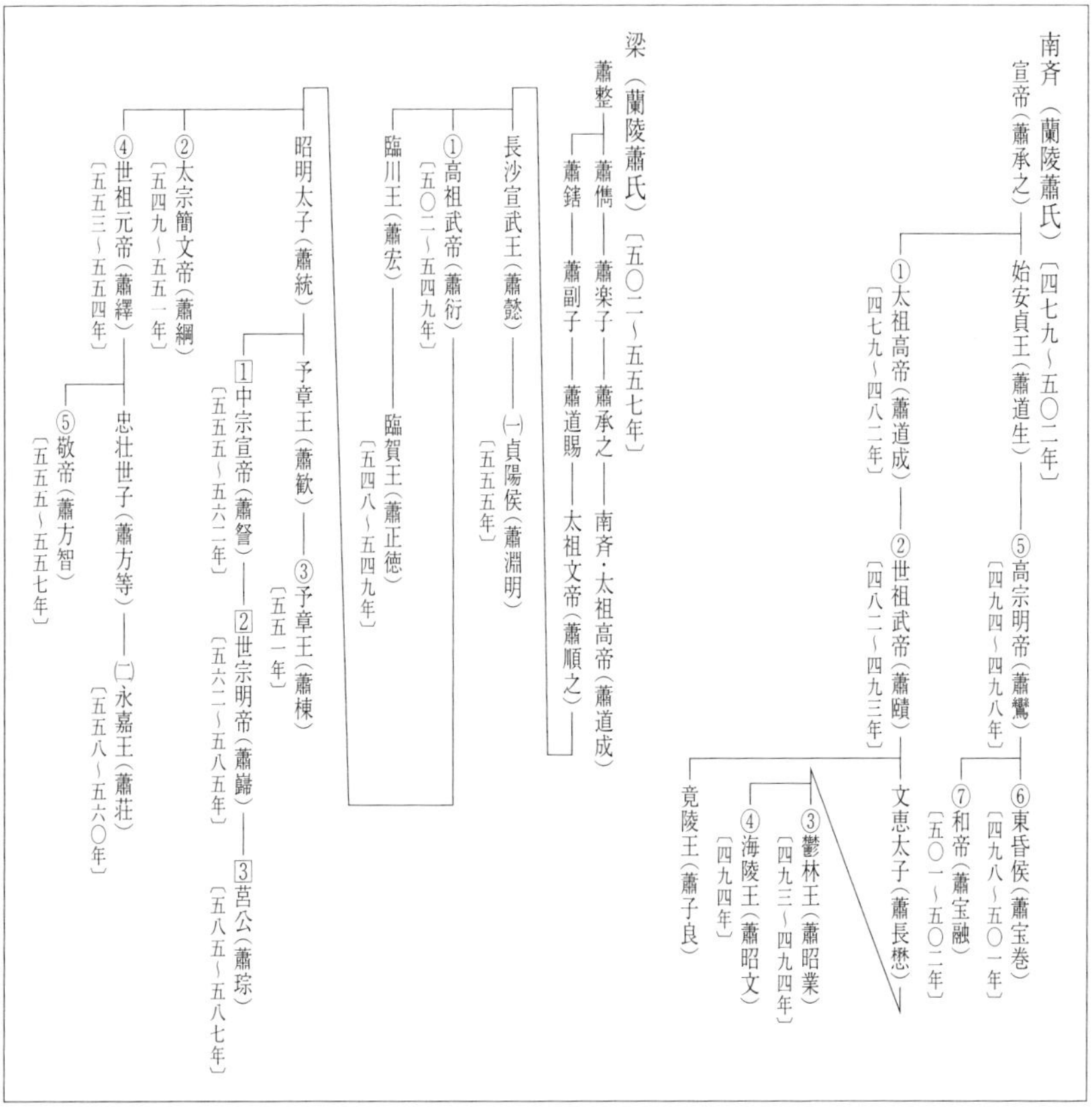

図4-6　南斉・梁帝室系図

注：梁の①～⑤は皇帝を，1～3は北周が「梁主」に立てた後梁の皇帝を，㈠～㈡は北斉が「梁主」に立てた皇帝をそれぞれ指す。

て実力を蓄えたのが、寒門武人出身の蕭道成《しょうどうせい》であり、反対勢力を駆逐して、四七九年には斉公から斉王を経て、一挙に禅譲を敢行して帝位に即いた（南斉《なんせい》の高帝、在位四七九～四八二年）（図4-6）。

南斉は、劉宋と相似をなす歴史的経緯を辿り、高帝とその子・武帝（在位四八二～四九三年）の治世までは、政治的安定を志向する政治が行われたが、その後、簒奪により高帝の甥・明帝（在位四九四～四九八年）が即位すると、高帝・武帝の子孫に対する血の粛清が加えられた。そして明帝の死後に即位したのが、南朝随一の少年暴君として知られる明帝の子・東昏侯宝巻《とうこんこうほうかん》（在位四九八～五〇一年）である。

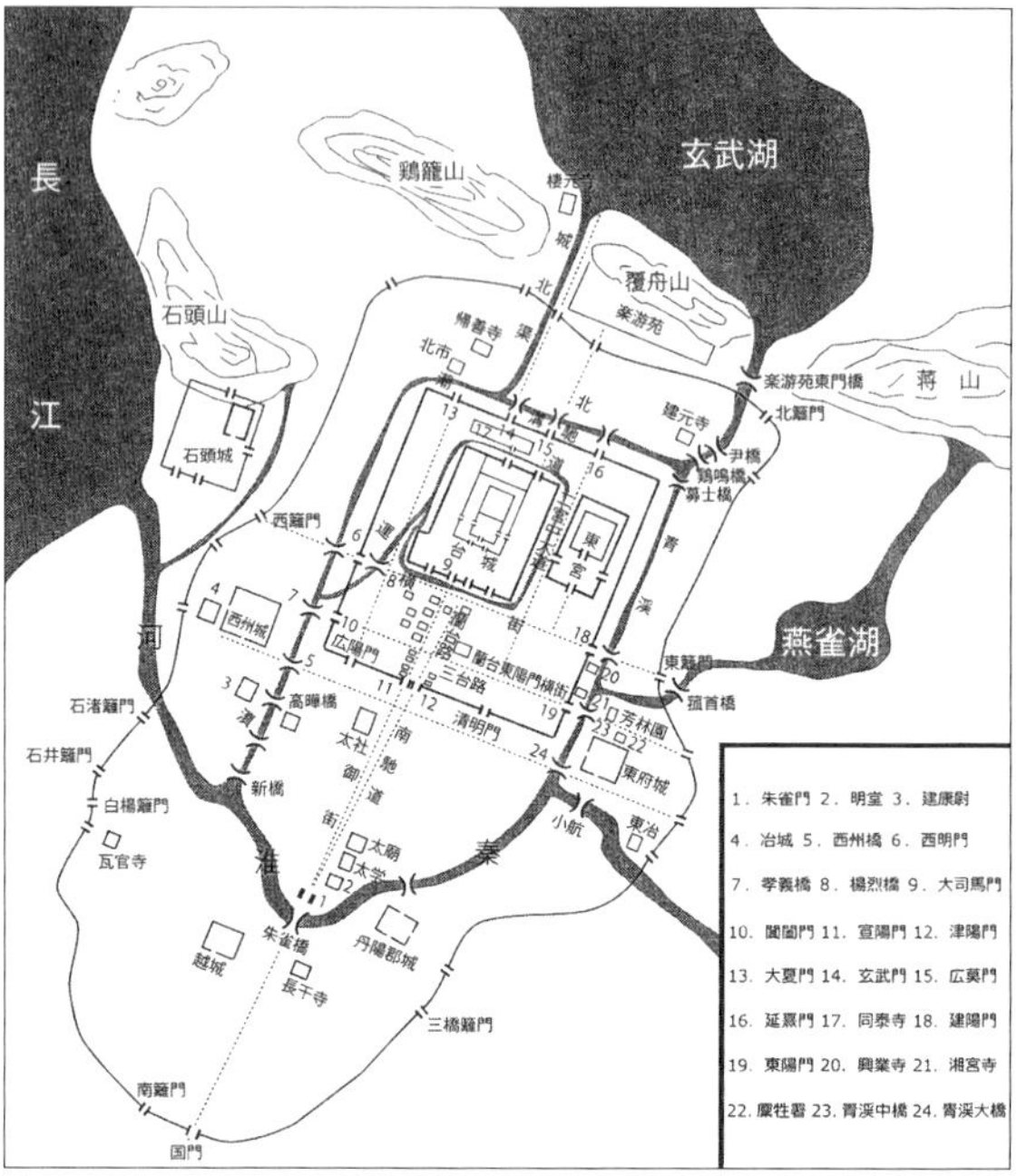

図４－７　南朝梁代建康城布局示意図

出典：佐川英治『中国古代都城の設計と思想——円丘祭祀の歴史的展開』勉誠出版，2016年，209頁

側近を重用する東昏侯は、輔政の大臣や、反乱鎮圧に功績のあった宗室の蕭懿《しょうい》ですら無軌道に殺害したが、これに対して雍州《ようしゅう》（湖北省襄《じょう》樊《はん》）の州鎮長官であった蕭懿の弟・蕭衍《しょうえん》が荊州の「西府軍団」を抱き込み、挙兵に及んだ。蕭衍は建康の攻防戦に勝利して東昏侯を殺害し、東昏侯の弟・和帝《わてい》（在位五〇一〜五〇二年）を即位させると、五〇二年に梁公・梁王に封建され、ついで禅譲されて帝位に即き（梁の武帝、在位五〇二〜五四九年）、梁《りょう》王朝を成立させた（図４－７）。

南朝的「天下」観

東晋末の劉裕の北伐で回復された華北中枢部は、四一八年に長安が南匈奴の夏《か》に、四二三年に洛陽が北魏にそれぞれ占拠されたことで、関中・河南の地が失われ、四六九年までには「晋安王子勛の乱」に加わった州刺史たちが北魏に降伏したことで、さらに山東半島・淮水《わいすい》以北の領域が切り取られることとなった。ここに南北朝の境界は、およそ西は秦嶺山脈から東は淮水に至るラインとなったが、北魏・孝文帝《こうぶんてい》（在位四七一〜四九九年）の洛陽遷都（四九三年）で南朝に対する圧迫は、いっそう強まった（図４－８）。

右の状況に前後して、東晋後期には都・建康を中心とする揚州を「神州」とする意識が形成され、劉宋の孝武帝期には、この地域に「王畿」を設けている。ここに従来の華北を「中華」とする伝統的な観念を覆した、江南を「中華」とする「天下」観の成立が見られる。また梁・沈約《しんやく》の『宋書』では、北魏を「索虜《さくりょ》」（辮髪《べんぱつ》をした胡族。『南斉書』では「魏虜」と表記）として貶めて立伝しているが、その史論には、東晋の成立以降、江南こそが「天下」の中心であって、中原は夷狄の地すなわち「荒服」（辺境）となったとして、北魏の中原支配を容認する意識が示されている。そのような意識が出現するのに伴い、「僭」や「偽」を国号に冠するのではなく、正統ではないが併存する政権の君主を指す「魏主」などという呼称も現れるようになった。これに対する北朝でも、伝統的な「中華」観から南朝を「島夷《とうい》」（海のような長江の南に住む蛮族）と見なしつつ、「宋主」などとも称して、その併存状態を認めており、このような相互の「天下」観の違いを背景に、時に中断されながらも南北朝における使節の往来が頻繁に行われ、文化交流がなされた。

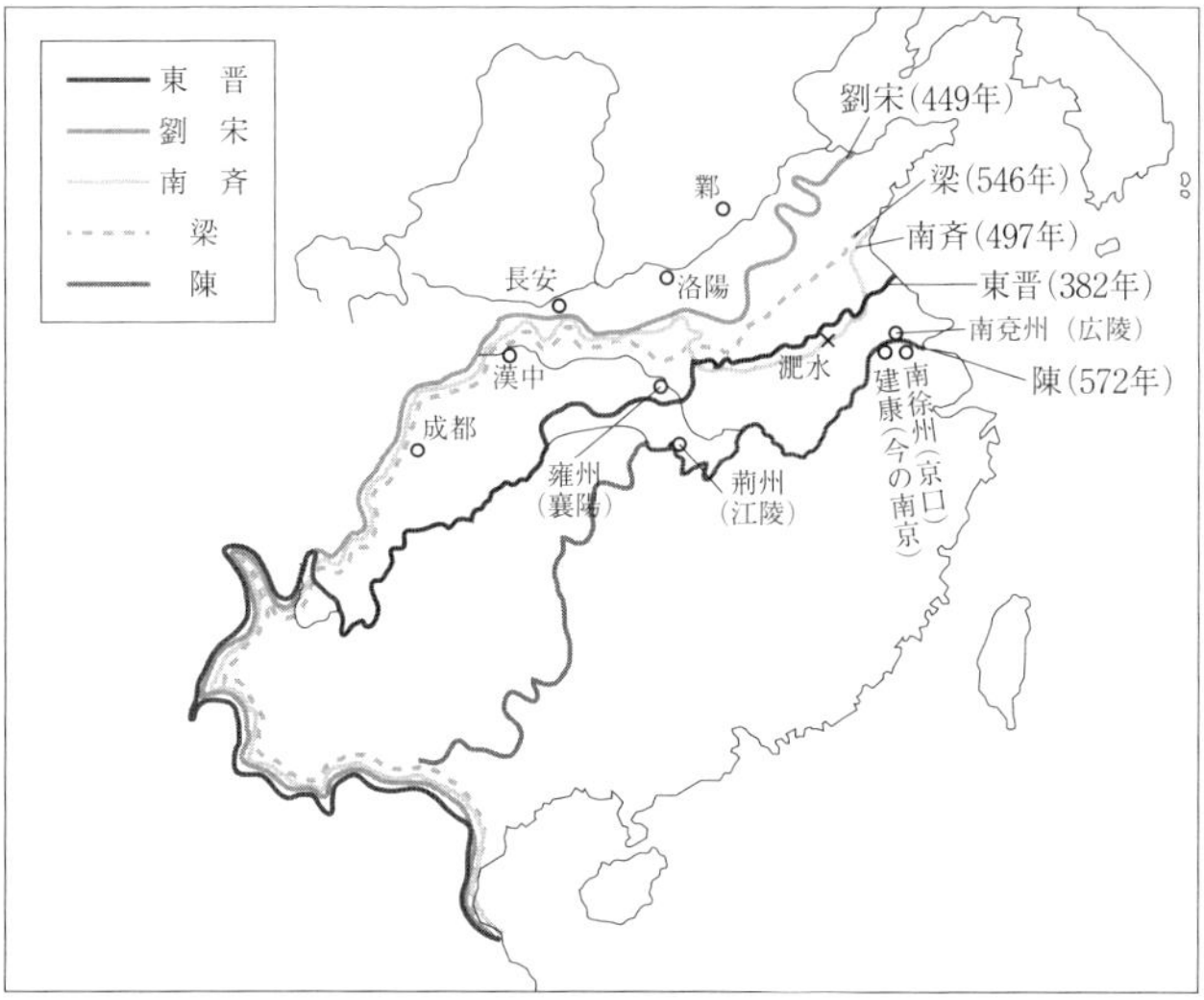

図4-8　東晋南朝形勢図

その一方で、南朝では北魏を牽制するため、その後背に当たる吐谷渾《とよくこん》（青海）・柔然《じゅうぜん》（モンゴル高原）・高句麗《こうくり》（東北・朝鮮北部）などに王号の他に将軍号や都督号を与えて、これと連携して、江南中心の「天下」に加えようとしている。その延長上に百済《ひゃくさい》や劉宋期における「倭の五王」の遣使がある。なお、この南朝の「天下」観の一端をうかがわせるものとして、各国の使者の服装を図示した梁『職貢図』がある。

梁の繁栄と「侯景の乱」

梁の武帝は、これまでの劉宋・南斉建国の君主とは異なり、南斉の武帝の子・竟陵《きょうりょう》王子良《しりょう》の文学サロンに出入りしていた一流の教養人であり、即位後はサロンの仲間で才能ある寒門出身の沈約や范雲《はんうん》を宰相として、「天監《てんかん》の改革」を推進した。これは従来の九品官制の六品以上の官職を再編して「流内《りゅうない》十八班」という〈貴族〉のつくべき「清官」とし、それ以下の「流外《りゅうがい》七品」および「蘊位《うんい》・勲位《くんい》」という寒門・寒人のつくべき実務的な「濁官」に区別したものである。また賢才主義の立場から、学館制度を通じて試験による官吏登用がなされており、これは科挙に先行するものとして注目される。武帝は寛容を旨としたため、皇族に対する冷酷な仕打ちはなされず、「天監の治」といわれる南朝の最盛期のもと、文芸も盛んとなり、学術の集大成をめざした、武帝の『通史』（上古から南斉に至る紀伝体史）、徐勉《じょべん》らの『華林遍略《かりんへんりゃく》』（空間的に記録を類別した「類書」）、武帝の長子・昭明太子《しょうめいたいし》の『文選《もんぜん》』（梁に至る名文を集めたアンソロジー集）、劉勰《りゅうきょう》の『文心雕龍《ぶんしんちょうりゅう》』（文学理論を体系化した書）などの書籍が相次いで編纂された。

「皇帝菩薩」とも称される武帝は、好景気のもと太平を享受し、仏教に傾倒して自ら建立した同泰寺に捨身《しゃしん》（俗世をすてて、仏門に入ること）を繰り返すパフォーマンスを行った。だが、その間、政治・社会は放縦に流れ、鉄銭を流通させる通貨政策が失敗すると、窮乏した農民が都市部に流入する深刻な社会問題を引き起こした。このような状況下で発生したのが、「侯景《こうけい》の乱」（五四九～五五二年）である。五三四年に北魏は東魏《とうぎ》と西魏《せいぎ》に分裂したが、東魏の実力者・高歓《こうかん》が亡くなり、その片腕で河南を委ねられていた羯族出身の侯景が反乱を起こすと、かつて梁の傀儡《かいらい》政権に仕立てるため北魏の亡命皇族を「魏主」として送り込んだこともある武帝は、甥の貞陽侯淵明《えんめい》を総司令官に任じ、侯景を支援して東魏の内乱に介入した。しかし、侯景は惨敗して梁に亡命し、梁軍も大敗して、貞陽侯淵明は東魏の捕虜になった。その後、東魏は貞陽侯淵明の返還と侯景の引き渡しを提案し、武帝もそれに同意したため、追い込まれた侯景は梁の不平皇族の臨賀王正徳《せいとく》を抱き込み、都・建康をめざして決死の挙兵を行った。流民や奴婢を反乱軍に吸収した侯景は、建康守備軍と各地からの来援軍に挟まれながらも、凄惨な攻防戦に勝利した。まもなく武帝を監禁死させると、侯景は傀儡として武帝の子・簡文帝（在位五四九～五五一年）と昭明太子の孫・予章王棟《とう》（在位五五一年）を相次いで即位させた後、自ら帝位に即き漢を建国した。だが、その支配領域は建康周辺に限られ、「西府軍団」を掌握する簡文帝の弟・湘東王繹《えき》との決戦に敗れると、湘東王繹の主力軍を率いる王僧辯《おうそうべん》と、軍功により寒門武人から身を立てた陳覇先《ちんはせん》の討伐を受けて平定された。「侯景の乱」は、繁栄を誇っていた江南の〈貴族〉社会に甚大な被害を与え、多くの〈貴族〉を没落させるとともに、ほぼ拮抗していた南北朝の勢力バランスを大きく北朝側に傾けることともなった。

梁末陳初の動乱と南朝の黄昏

敵対する皇族を撃破し、長江中流域に勢力を築いた湘東王繹は、即位して荒廃した建康ではなく本拠・荊州の江陵《こうりょう》を都としたが（元帝、在位五五三〜五五四年）、西魏とその後援を得た昭明太子の子・岳陽王詧《さつ》の侵攻を受けて殺害され、江陵には岳陽王詧を「梁主」（宣帝、在位五五五〜五六二年）とする西魏の傀儡政権が誕生し（後梁《こうりょう》。北梁《ほくりょう》、西梁《せいりょう》ともいう）、以後、長江中流域における西魏・北周《ほくしゅう》・隋《ずい》と建康政権との緩衝地帯として機能することとなる。同じころ長江下流域では、南朝との境界を長江北岸まで押し下げた北斉《ほくせい》が、余勢を駆って江南の政局に干渉し、東魏の時に捕虜とした貞陽侯淵明を「梁主」（在位五五五年）として送り込むと、態勢の立て直しを図るため王僧辯はやむをえずこれを受け入れた。しかしこの措置に反発した陳覇先は王僧辯を打倒し、改めて元帝の子・敬帝（在位五五五〜五五七年）を擁立して北斉軍を退けると、五五七年に爵位を陳公、陳王に進め、ついで禅譲により帝位に即き（陳の武帝、在位五五七〜五五九年）、陳《ちん》王朝を開いた（図4-9）。

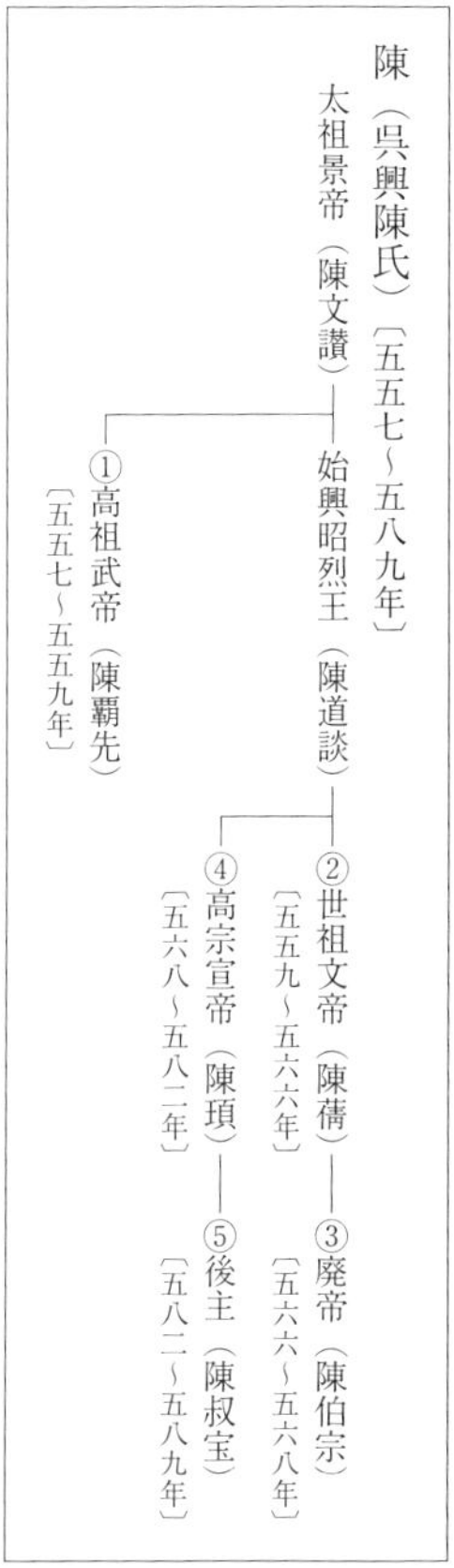

図4-9　陳帝室系図

しかしながら、建国時の陳の領域は孫呉にも及ばず、四川はすでに西魏に占拠され、長江中流域には後梁に加え、反陳勢力を糾合しながら北斉の後援を受けて元帝の孫・永嘉王荘《そう》を「梁主」に戴く王琳《おうりん》が存在し、辛うじて江南を保持するにすぎなかった。この状況は武帝の甥・文帝（在位五五九〜五六六年）とその子・廃帝（在位五六六〜五六八年）の時に打開され、各地に割拠していた土豪将帥《どごうしょうすい》（地方土着有力者）の勢力を平定し、王琳を北斉への亡命に追い込み、後梁を圧迫して長江中流域にまで勢力を拡大した。

その後、文帝期から輔政の任にあったその弟・宣帝（在位五六八〜五八二年）が簒奪により即位すると、江南の復興と国力の充実を背景に、北伐して北斉から淮南《わいなん》の奪還に成功した（五七三年）。だがこの状態は長くは続かず、五七七年に北斉を滅ぼして華北を統一した北周が、淮北《わいほく》で陳と衝突すると、陳軍は敗退して再び淮南を失い、国力は疲弊した。北周が隋に交替した翌五八二年に宣帝の子・後主（在位五八二〜五八九年）が即位するが、国難をよそに悦楽に耽って政務を顧みなかったため、隋は陳平定の準備を着々と進め、五八七年には後梁を併合し、五八九年ついに大挙して江南に侵攻して、陳の平定に成功した。これにより南朝が消滅し、「黄巾の乱」に始まる、約四〇〇年続いた大分裂の時代が終わりを迎え、南北二つの「中華」が再び一つの「天下」のもとに統一されることとなった。

主要参考文献

吉川忠夫（一九七四）『侯景の乱始末記』中公新書。
岡崎文夫（一九八九）『魏晋南北朝通史　内編』平凡社東洋文庫、初出は一九三二年。
福原啓郎（一九九五）『西晋の武帝　司馬炎』白帝社。
松丸道雄ほか（編）（一九九六）『世界歴史大系　中国史2　三国〜唐』山川出版社。
川勝義雄（二〇〇三）『魏晋南北朝』講談社学術文庫、初出は一九七四年。
金文京（二〇〇五）『中国の歴史04　三国志の世界　後漢三国時代』講談社。
川本芳昭（二〇〇五）『中国の歴史05　中華の崩壊と拡大　魏晋南北朝』講談社。
堀敏一（二〇〇八）『東アジア世界の歴史』講談社学術文庫。

石井仁（二〇一〇）『魏の武帝曹操』新人物往来社「新人物文庫」、初出は二〇〇〇年。

川合安（二〇一五）『南朝貴族制研究』汲古書院。

コラム
3

歴代王朝における地方行政制度の変遷

津田資久

前二二一年、六国を統一した秦の始皇帝は、周代に行われていた領土を分与しその世襲を認める「封建《ほうけん》制」に代わって、全国を三六郡（のちに四〇郡以上）に分け統治した。郡の下には複数の県が設けられていたことから、この制度は「郡県《ぐんけん》制」と称される。それらの長官として郡には郡守（後に郡太守）、大県（戸数一万以上）には県令、小県（戸数一万未満）には県長（唐代に県令に一本化される）がそれぞれ置かれたが、これらは中央から派遣される官僚であり、「郡県制」とは中央集権を指向する地方行政制度であった。

しかし、統一秦が旧六国地域で発生した反乱により短命で滅びると、その後を受けた前漢では画一的な「郡県制」による統治体制を改め、旧六国地域には多数の諸侯王（当初は異姓の者もいたが、のちにすべて皇族に替えられた）を置いて彼らによるほぼ完全な自治を認める「封建制」を行い、旧秦本国地域に当たる前漢直轄領には「郡県制」を行う「郡国《ぐんこく》制」を実施した。この統治体制は、前一五四年の「呉楚七国の乱」を境に改変が加えられ、諸侯王の権限は大幅に縮小され、名目的な地位しか与えられず、その王国の統治は中央から派遣された国相らによって行われることとなった。ここに「郡国制」は実質「郡県制」と変わらなくなった。また武帝期には郡国を監察するために一三州刺史《しし》が設けられたが（前一〇六年）、やがて地方行政官化して郡国の上に位置づけられ、「州郡県制」となった（以後の諸王朝でも地方を監察する官の地方行政機構化が多く見られる）。後漢末には、州刺史が州牧《しゅうぼく》と改められ（一八八年）、「黄巾の乱」以来の悪化する治安を改善するため、軍事権も握った。

魏晋南北朝になると、州における行政権と軍事権は分離されたが、実際には州刺史が将軍号を兼任して軍事権を帯びることが多く（将軍号を有さない州刺史を「単車《たんしゃ》刺史」という）、中には専殺権である「使持節」（軍事に関係なく管内の秩二〇〇〇石以下の官を殺せる）・「持節」（軍事に関しては使持節と同様で、官位にない者を殺せる）・「仮節」（軍事に関して軍令を犯した者を殺せる）や軍事管轄範囲を示す「都督某州諸軍事」（都督に次ぐものとして監、督がある）の肩書きを持ち、州鎮（州府と都督府）を形成する者も少なくなかった。州鎮では戦時を反映して都督府の権限が州府に優越することとなった。

隋代に入ると、南北朝を通じて州が多数新設されたことによりその領域が縮小して、州と郡の規模に大差がなくなり、一州に一郡一県という状況さえ生じ、過剰に州郡の属僚がいる経費上の弊害が現れた。これを受けて文帝は郡を廃止して「州県制」とし（五八三年。隋・唐では、たびたび州が郡に名称変更されたことから、以降、郡が州の雅称として用いられた）、また現地人を任用していた州の属僚を廃止して州刺史の辟召《へきしょう》権を取り上げ（五九五年。「郷官の廃止」）、代わりに中央の任官による都督府（軍府）の属僚を州府の属僚にスライドさせ、人事権を中央に回収した。この「州県制」は、以後も地方行政制度の基層をなした（宋代以後、州・県の長官は、それぞれ知州・知県とよばれた）。

続く唐では、道が州県の監察区として設けられたが、「安史の乱」勃発後に観察処置使（観察使）が設置されると、監察だけでなく次第に行政権を帯びるようになり、州の上級に位置付けられることになった。また当初、辺境防衛に置かれていた藩鎮が「安史の乱」勃発後に治安維持のため中国内地にも設置されると、大半の節度使が観察使も兼任して軍閥化した。

五代十国時代を経て北宋になると、唐末以来の藩鎮跋扈の弊害に鑑み、地方の軍事権を中央に回収し節度使を有名無実化すると共に、道に代わる行政区画として路を設置した。以後、中央集権体制が堅持され、州郡の上級機関として元では「行中書省制（行省制）」、明・清では「省制」が採用された（明初では省内の行政を布政使が、司法を按察使が、軍事を都指揮使がそれぞれ統括したが、明中期以降、総督《そうとく》・巡撫《じゅんぶ》が設けられると、その属官となった。清代では総督が一省ないし数省の軍事・行政を統括し、巡撫が一省の行政・司法を統括した）。

主要参考文献　和田清編著『支那官制発達史』（汲古書院、一九七三年、初出は一九四二年）、銭穆（大澤一雄・王子天徳訳）『中国政治制度史論』（南窓社、一九七八年）、伊藤東涯（礪波護・森華校訂）『制度通1』（平凡社東洋文庫、二〇〇六年）。

第5章　草原から中華への軌跡——匈奴・五胡・北朝

松下憲一

この章で学ぶこと

中国の歴史は漢民族と北方の遊牧民族との関係のなかで展開してきた。中国歴代王朝のうち、五胡十六国・北朝・隋・唐・五代（後唐・後晋・後漢）・遼・金・元・清は遊牧民族が建てた王朝、すなわち異民族王朝または征服王朝（おもに遼・金・元・清）とよばれ、中国統治の期間は秦から清までの二〇〇〇年のうちの半分に及ぶ。異民族王朝と聞くと、粗野な北方の遊牧民族が中華文明に惹かれ、強力な騎馬軍団でもって中国を征服するイメージがあるが、しかし異民族王朝下では、仏教の隆盛、新たな制度・文化の創造、そして中華の伝統の保護といったことが共通して見られる。異民族王朝が中華の伝統を保護するというのは矛盾するようだが、異民族の支配者にとって漢民族支配には中華の伝統に従い保護することが重要となる。この章ではその最初の時期にあたる匈奴から北朝までを見ていく。

1　北アジア初の遊牧帝国

匈奴の登場

遊牧民はどこにいたのか。まず思い浮かべるのはモンゴル高原であろう。しかし中華世界が形成された春秋時代、中華世界の中に住む遊牧民を夷狄とよんだ。中華と夷狄の区別は文化的概念であって地理的概念をともなうものではなかったのである。ではモンゴル高原に住む遊牧民を夷狄とよぶようになったのはいつか。それは秦の始皇帝が将軍蒙恬《もうてん》を派遣してオルドスにいた匈奴を討ち、黄河を境として万里の長城を築いてからのことである。万里の長城は中華と夷狄とを分かつと同時に中華そのものを規定し、長城の外が夷狄の世界であるという地理的区分が生まれ、その認識は今日に至るまで保持されることになった。しかし華北は遊牧世界でもあったため、長城を守るだけの力がなければ遊牧民の南下を阻止することはできず、たちまち遊牧民の住む世界となる。蒙恬の死後、秦国内で反乱が起こり辺境の防衛が疎かになると匈奴は再びオルドスへと戻った。これ以降も中華王朝の力が衰えると遊牧民の南下を防ぐことができず、華北が遊牧民によって支配されることになる。

史料上確認できる匈奴の最初の記録は、前三一八年、戦国七雄の韓・魏・趙・斉・燕が匈奴と組んで秦を攻めたとする『史記』秦本紀である。この頃の匈奴はゴビの南から陰山の北側（内蒙古南部）にいたが、それほど大きな勢力ではなかった。匈奴が大国家を形成するのは前三世紀末の冒頓単于《ぼくとつぜんう》（在位前二〇九〜前一七四年）からである。前二〇九年、冒頓単于は父の頭曼単于《とうまんぜんう》を殺害して王位に即き、次いで東胡や月氏、オルドスの楼煩《ろうはん》・白羊、北方の丁零《ていれい》など周辺部族を討って支配下におさめ帝国を築いた。この頃の匈奴の人口は約二〇〇万人（前漢の一郡程度）と推定されている。

なお単于とは匈奴における君主の称号で、『漢書』には撐犁孤塗単于《とうりことぜんう》、撐犁《とうり》は天、孤塗《こと》は子、単于《ぜんう》は広大なさま、すなわち広大な天の子を意味するとある。また『漢書』では冒頓を名前とするが、これは単于を修飾する言葉で、老上単于・軍臣単于・呼韓邪《こかんや》単于も称号であって個人名ではない。ちなみに冒頓単于とは英雄王という意味である。単于は屠《と》各種《かくしゅ》の攣鞮氏《れんていし》という一族によって世襲されるが、単于即位には部族長たちによる承認が必要とされた。攣鞮氏《れんていし》の他に呼《こ》衍氏《えんし》、須卜氏《すぼくし》、蘭氏《らんし》の三姓（南匈奴では丘林氏《きゅうりんし》が加わり四姓）が匈奴の有力氏族で、単于と婚姻関係を結んだ。

　冒頓単于が築き上げた匈奴帝国は北アジア初の遊牧国家であるが、それは匈奴とそれに従属した東胡・丁零などの諸部族、農耕民である漢民族と西域のオアシス民からなる複合国家であった。匈奴は遊牧民だけで構成されているのではない。これは匈奴に先行する遊牧国家のスキタイと同じである。ヘロドトス『歴史』によれば、スキタイには、遊牧スキタイのほかに、農耕スキタイや都市スキタイがいるのである。遊牧国家の特徴は、支配者は遊牧民であるが、その下に農耕民や商業民を含む複合的構造をもっていることにあり、支配集団の名称をもって国家全体の名称、すなわち匈奴・鮮卑・突厥・モンゴルとした。

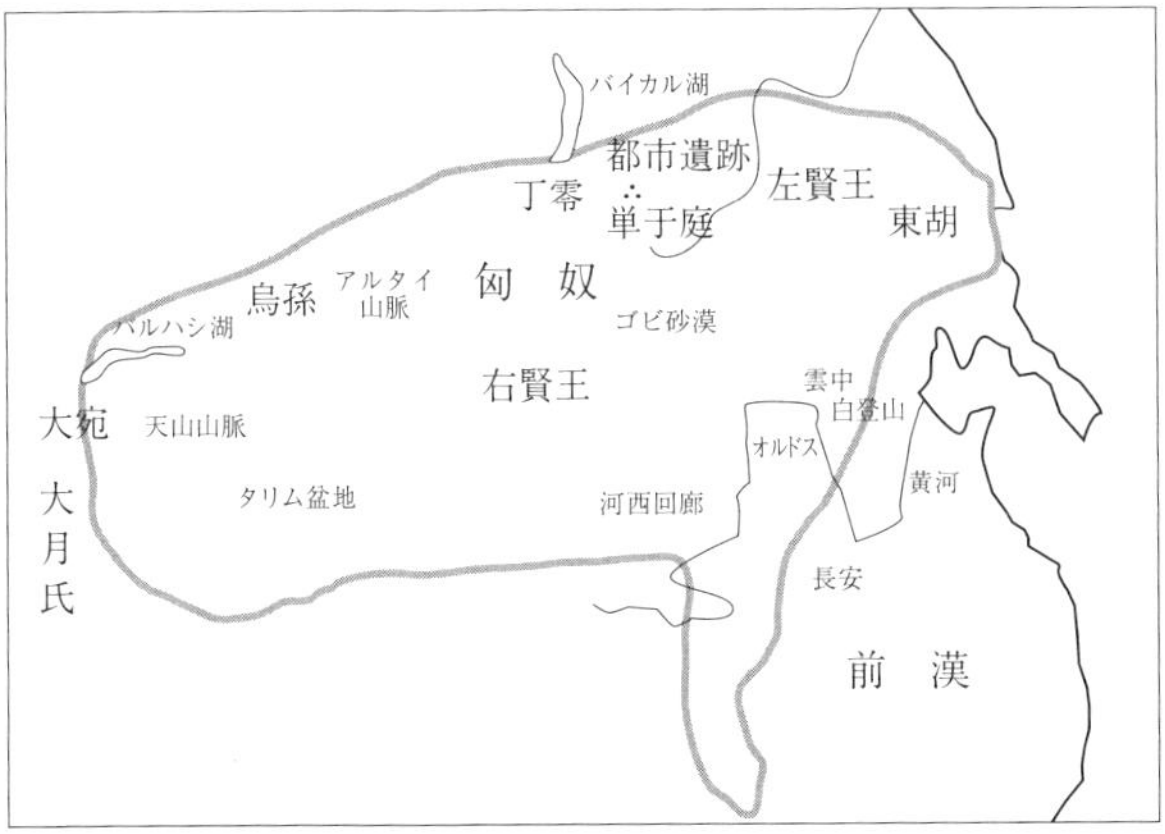

図５－１　匈奴の支配領域

　匈奴の国家体制は、支配領域を左・中・右の三つに分割し（図５－１）、中央には単于、左右には賢王・谷蠡王《こくりおう》・大将・大都尉・大当戸など二十四長を置いて、領地・領民を統治させた（図５－２）。戦時には二十四長が万騎・千騎・百騎・十騎を率いる指揮官となる。支配領域を三分割すること、各地に領主を配置し、その領主が戦時には十進法で組織される軍隊の指揮官となる匈奴の国家体制はモンゴルの千戸制にも通じる。

　なお『史記』匈奴列伝では「水草に随《したが》って移動し、城郭はない」と記されているが、匈奴国内にも城郭を備えた都市が存在する。たとえば、ケルレン河の流域には都市の遺跡が三つ確認されている。また付近には岩石から鉄を抽出する炉址も発見されている。これらの遺跡から、匈奴が製錬技術を有する者を使って国内で鉄を製錬していたことがわかる。

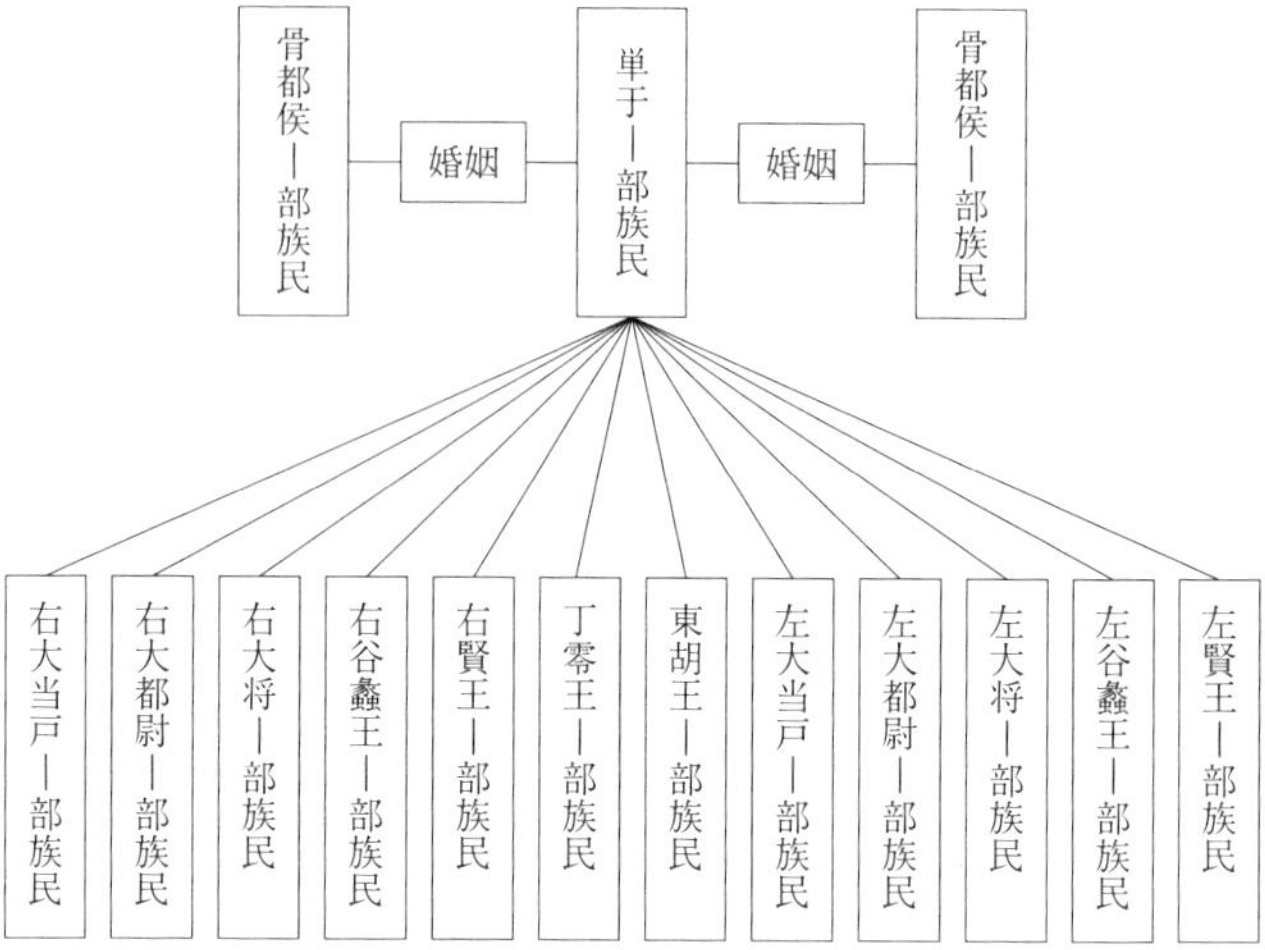

図5－2　匈奴の統治機構

匈奴と前漢

前二〇〇年、冒頓単于と漢の高祖劉邦（在位前二〇二～前一九五年）が白登山（山西省大同）で激突した。劉邦は冬のさなか白登山に七日間包囲され、何とか脱出して長安に戻った。この敗戦をきっかけに漢は匈奴と盟約を結び、単于の代替わりごとに漢の公主（本来は皇帝の娘をさすが、実際には一族の娘を降嫁させていた）を単于の妻とする。毎年決められた額の絹・酒・食糧を匈奴に提供する。漢と匈奴は兄弟の関係を結ぶことを決めた。匈奴は冒頓・老上・軍臣の三代（前二〇九～前一二六年）までが全盛期で、その間、前漢に侵入することもあったが、おおむね両国の関係は安定していた。前漢は匈奴と和親することにより、国内統治に力を注ぎ、武帝（在位前一四一～前八七年）の時充実した国力をもとに匈奴に対して攻勢にでる。

武帝の対匈奴戦争は前期（前一三三～前一一九年）と後期（前一〇三～前九〇年）に分けられる。前期は衛青《えいせい》や霍去病《かくきょへい》などの活躍もあって、オルドスと河西（甘粛）を匈奴から奪い、オルドスに朔方《さくほう》郡、河西に武威《ぶい》・張掖《ちょうえき》・酒泉《しゅせん》・敦煌《とんこう》の四郡が設置された。敗れた匈奴は雲中（フフホト付近）にあった本拠をゴビの北へと移した。後期は李広利や李陵を派遣するが思ったような戦果はあがらず、ついには李陵も李広利も匈奴に降った。そうしたなか李陵を弁護した司馬遷が

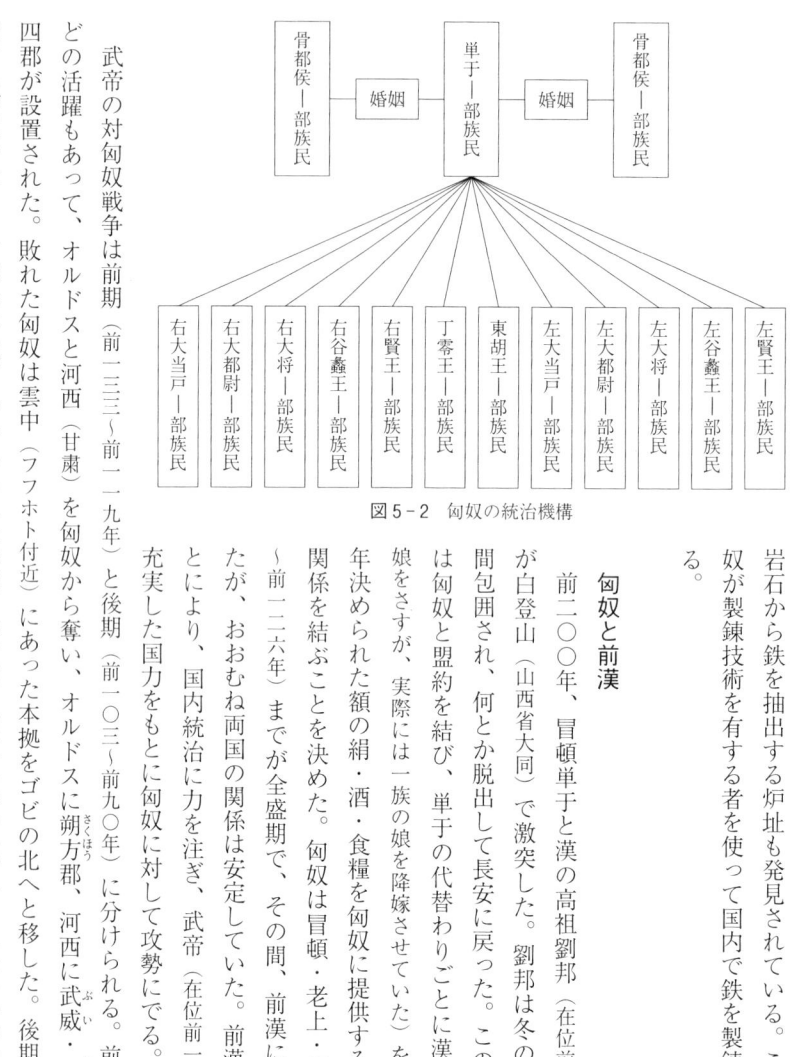

宮刑に処されるという悲劇も起きた。

前漢末の匈奴では複数の単于が並び立つ事態が生じたが、そのなか呼韓邪単于（東匈奴、在位前五八～前三一年）と郅《しっ》至《し》単于（西匈奴、在位前五六～前三六年）の二人が台頭した。二人は前漢に使者を派遣して援助を求めたが、郅至単于は前漢と呼韓邪単于に挟撃されることを恐れて康居《こうきょ》に移動し、タラス河畔に三重の城郭をもつ単于城を築いたが、前漢が派遣した将軍陳湯《ちんとう》に殺された。郅至単于が殺されたことを聞いた呼韓邪単于は喜ぶと同時に恐れ、漢に入朝を求めた。その際、呼韓邪単于は皇帝の婿となりたいと願い出たため元帝（在位前四八～前三三年）は後宮の女性王嬙《おうしょう》（字《あざな》は昭君）を与えた。王昭君は匈奴に嫁いだ悲劇の女性とされているが、『漢書』匈奴伝によると、呼韓邪単于に嫁いだ王昭君は寧胡閼氏《ねいこあつし》（匈奴に安寧をもたらす妃）と称され、一男をもうけ、呼韓邪単于の死後は次の復株絫《ふくじゅるい》若鞮単于に嫁ぎ、二女をもうけた。その後、男子は右日逐王《ゆうにっちくおう》となり、二女は匈奴貴族の須卜氏《すぼくし》と当于氏《とううし》に嫁いだ。

匈奴では単于が死亡すると、単于の妻たちを次の単于が引き継いで妻とする風習がある。これはレビレート（嫂婚制《そうこんせい》）とよばれるが、漢民族からみるとじつに奇妙な風習に見える。そこで匈奴にきた漢の使者がこの風習について野蛮ではないかと問いただした。それに対して単于のブレーンであった中行説《ちゅうこうえつ》は、匈奴で父兄が死んでその妻を娶《めと》るのは、単于の血統が失われるのを嫌うからである。ゆえに匈奴では国が乱れても必ず単于の血統は残る。中国では父兄の妻を娶らないことを誇っているが、親族同士は疎遠となってお互いに殺し合い、ついには支配者の家が交替すると反論した。レビレートは単于の血統を維持するために必要なものであった。

匈奴には中行説のように公主に随ってきた宦官や降服した将軍などの知識人が多く流入し、漢の制度や文化を匈奴に伝えた。彼らによって文書や疏記（箇条書の統計）が取り入れられ、家畜や人口の把握ができるようになった。

南匈奴

前一世紀半ば、匈奴は東西に分裂した。西匈奴の郅至単于は漢の派遣した将軍に殺された。一方、モンゴル高原に

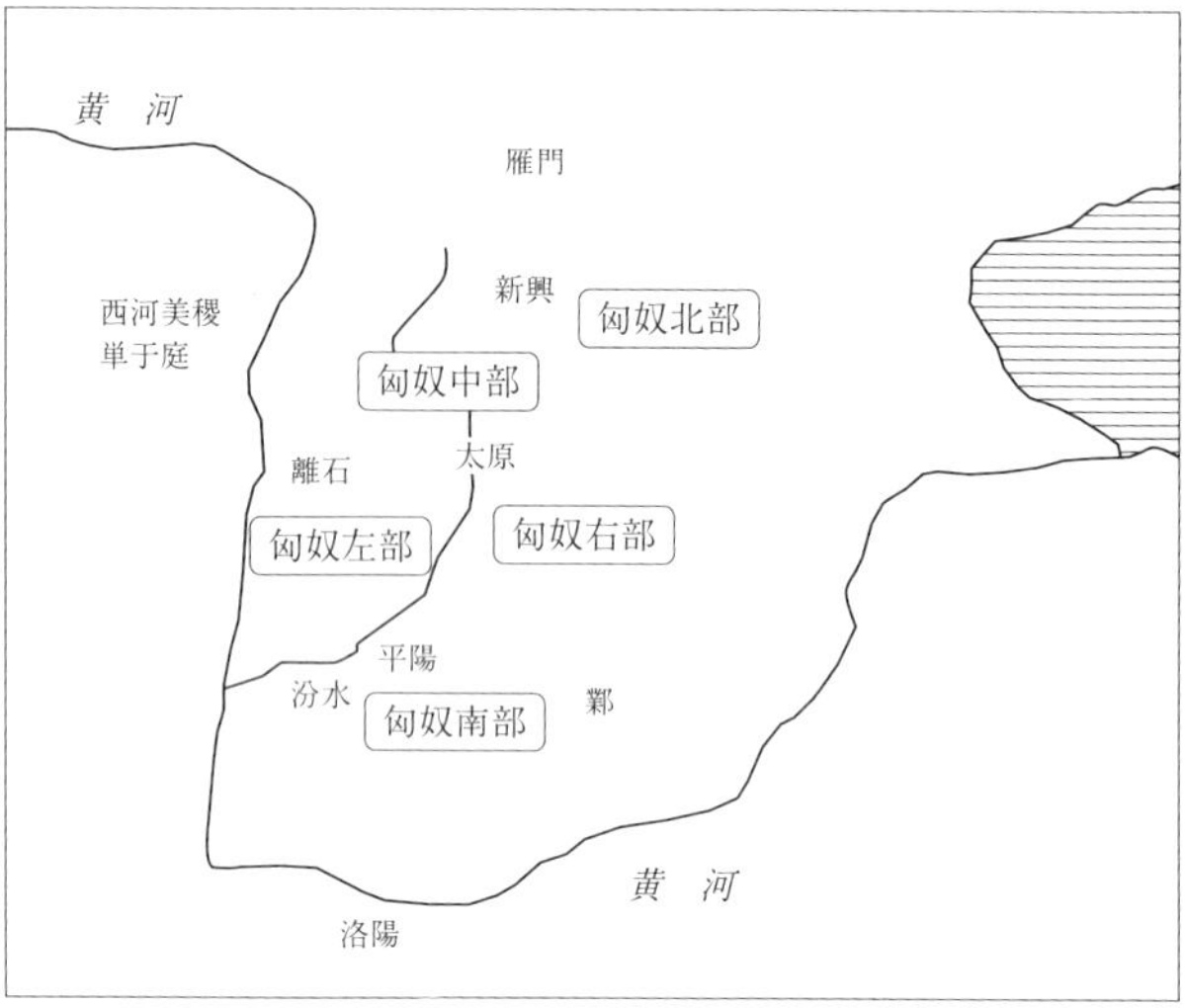

図5－3　魏晋時代の匈奴五部

残った東匈奴は一世紀半ばに南北に分裂した。南匈奴の呼韓邪単于（名前は比《ひ》。王昭君の嫁いだ呼韓邪の孫にあたる。祖父が前漢に頼って安寧を得たことからその単于号を襲名した。在位四八～五六年）は後漢に服属し、オルドスの西河美稷《せいがびしょく》（内蒙古ジュンガル旗）に単于庭をおき、山西北部から陝西北部にかけて居住した。後漢は冬の間、使匈奴中郎将を西河に駐屯させて監視した。南匈奴は後漢の援助をうけてモンゴル高原の北匈奴を攻め、北匈奴は西方へ移動した。四世紀後半、東ヨーロッパに侵入し、ゲルマン民族の大移動を引き起こしたフンがこの北匈奴であるといわれている。

匈奴の習俗として、正月、夏五月、秋八月の年三回の集まりがある。正月は単于庭に諸部族長が集まる小規模なものだが、夏五月は、龍城で大集会が開かれ、先祖・天地・鬼神を祭る。また秋八月にも蹛林《たいりん》で大集会が開かれ、その年の人口や家畜の統計が行われる。遊牧社会では夏と秋の集会はともに重要で、のちの鮮卑や契丹にもあり、モンゴルではクリルタイとよばれる。正月の祭祀は遊牧社会にはなかったが中国社会との接触のなかで取り入れられた。さらに南匈奴では、祭祀にあたって自分たちの祖先だけでなく漢の皇帝を一緒に祭っている。これにより漢に服属したことを示した。

南匈奴は新興の烏桓《うがん》や鮮卑の南進を阻止する役目を担ったが、二世紀末、後漢からの連年にわたる出兵要請に不満を持った匈奴の人たちは羌渠《きょうきょ》単于を殺し、須卜氏を新たな単于に迎えた。羌渠単于の息子於扶羅《おふら》（在位一八八～一九五年）は後漢に窮状を訴えたが、黄巾の乱で混乱する後漢政府は対応できず、行き場を失った於扶羅は山西南部の平陽に本拠をうつした。於扶羅の死後、弟の呼厨泉《こちゅうせん》（在位一九五～二一六年）が単于となり、後漢の献帝（在位一九〇～二二〇年）が長安から東へ逃亡するのを援助した。

この頃献帝を保護して実権を掌握した曹操は、入朝してきた呼厨泉を自分の本拠である鄴《ぎょう》に留め、代わりに右賢王去卑《きょひ》を平陽に帰らせて五部匈奴を監督させた。曹操は山西に寓居した南匈奴の部衆を五部（左・右・中・南・北）に分け、各部の長（帥《すい》）に単于の一族をあててその統治にあたらせた（図５－３）。この頃の南匈奴の人口は約五〇万人と推定されている。この時左部帥となったのが劉淵の父の劉豹であった。劉淵は西晋が八王の乱で乱れるなか、山西匈奴を率いて自立し、五胡十六国という異民族による華北支配の時代を開く。

2　異民族の移動と自立

五胡十六国

三〇四年、南匈奴の劉淵の自立に始まる五胡十六国時代は、四三九年の鮮卑拓跋部の北魏による華北統一まで続く。五胡とは、匈奴とその別種の羯《けつ》、鮮卑、チベット系の氐《てい》と羌《きょう》を指し、それらが十六の国を建てたとされているが、実際には五つ以上の異民族が十六以上の国家を建てており、そのなかには漢民族の建てた国も含まれる（表５－１）。五胡十六国時代は中国史のなかでとくに複雑な時代である。これほど短期間に多くの国家が興亡した時代はほかにない。この時代を理解する上で、まずはおおまかな流れをつかんでおく必要がある。

華北に多くの国家が興亡したが、華北の中心地域と甘粛（涼州）・四川（蜀）とを分けて捉えると理解しやすい。まず中心地域の興亡について見ていくと、西晋が八王の乱で混乱するなか、三〇四年、南匈奴の劉淵は自立をして漢を建国した。三一六年、劉聡のとき西晋を滅ぼし（永嘉《えいか》の乱《らん》）、三一九年、劉曜のとき長安を首都とし国号を趙（前趙）とした。同年、河北平定を任されていた羯族の石勒《せきろく》は襄国《じょうこく》で自立して趙（後趙）を名乗り対抗した。三二九年、後趙の石勒が

表5－1　五胡十六国王朝表

民族	王朝	創始者	都城
匈奴	漢→前趙	劉淵	左国城・平陽・長安
	夏	赫連勃勃	統万城
	北涼	沮渠蒙遜	張掖・武威
羯	後趙	石勒	襄国・鄴
鮮卑	前燕	慕容皝	棘城・龍城・薊・鄴
	後燕	慕容垂	中山・襄国
	＊西燕	慕容冲	長安
	南燕	慕容徳	広固
	＊代→北魏	拓跋猗盧	盛楽・平城・洛陽
氐	西秦	乞伏国仁	苑川・武威
	南涼	禿髪烏孤	楽都・武威
	前秦	苻健	長安
	成（漢）	李特	成都
	後涼	呂光	武威
羌	後秦	姚萇	長安
漢人	前涼	張軌	武威
	＊冉魏	冉閔	鄴
	西涼	李暠	敦煌・酒泉
	北燕	馮跋	龍城

注：十六国は＊を除く。
出典：川本芳昭『中国の歴史05　中華の崩壊と拡大　魏晋南北朝』講談社，2005年

前趙を征服し、華北の中心地域をおさえる。後趙は石虎《せきこ》の時、鄴《ぎょう》に遷都し、都城の造営を行うなど繁栄を迎えた。しかし石虎の晩年から後継者争いが続き、三五〇年、石虎の養子となっていた漢人の冉閔《ぜんびん》に国を奪われた（冉魏《ぜんぎ》）。このとき遼東から南下してきた鮮卑慕容部《ぼようぶ》（前燕、三三七年建国）が冉魏を滅ぼし河北を支配する（三五二年）。同じ頃関中地域で勢力を伸ばしつつあった氐の前秦（三五一年建国）は、三七六年、苻堅のとき前燕・前涼・代国を滅ぼして華北統一を果たす。しかし三八三年の淝水《ひすい》の戦いで東晋に敗れると、前秦支配下にあった鮮卑慕容部の後燕・西燕、拓跋部の代国、羌の後秦などが相次いで自立し、華北は再び複数の国家が乱立する状態に逆戻りした。そのなか鮮卑拓跋部の代国あらため北魏（三八六年）が後燕・北燕・夏・北涼を平定して華北統一を果たす（四三九年）。

一方、甘粛（涼州）には前涼（三〇一～三七六年）・後涼（三八六～四〇三年）・南涼（三九七～四一四年）・北涼（三九七～四三九年）・西涼（四〇〇～四二一年）の五つの政権が興亡した。建国者も漢民族・鮮卑・氐・匈奴と多岐にわたる。また四川（蜀）では、三〇四年、巴氐《はてい》の李雄が成都王を称し、三〇六年、皇帝に即位して国号を成とした。三三八年、李寿のとき漢と国号を改めたため、あわせて成漢とよぶ。成漢は三四七年に東晋の桓温に攻められて滅んだ。

五胡の国号と君主号

五胡の国号は、魏・趙・燕・秦などかつての戦国時代の国名がほとんどであり、匈奴や鮮卑などを国号に取り入れていない。これは後世の契丹の遼が大契丹国と称し、モンゴルが大蒙古国と称したのとは異なる。その理由は、五胡諸国が中国国内において建国されたことと関係があり、国家の基盤を置いた場所に基づいて国名としている。なお劉淵は自立した際に漢王を名乗り、ついで漢皇帝に即位した。匈奴がなぜ漢を称したのか。匈奴と漢は前漢劉邦以来、婚姻関係を結んできた。よって単于には母方の血筋として漢の劉氏の血が入っているとされた。西晋から自立するためには西晋を超える正当性を持った国号が必要となる。そこで劉淵は漢と匈奴との関係を持ち出し、国号を漢とした。漢は前後四〇〇年にわたって中国を支配した正当王朝と見なされていたからである。また匈奴赫連勃勃《かくれんぼつぼつ》の夏も、匈奴は夏王朝の末裔であるという『史記』匈奴列伝に基づいて国号を夏としており、匈奴という民族性よりも中華の伝統を優先した。

劉淵は自立する際、「帝王になる者に決まりはない。夏王朝の大禹《だいう》は西戎《せいじゅう》の出身であり、周王朝の文王は東夷の生まれである。ただ徳のある者に授けるのだ。」と、徳を有する者が中華の支配者であるという儒教の考えを取り入れることで、中国支配の正当性を主張した。さらに五胡の君主が称した天王も儒教の経典によるとされる。

五胡の国家体制

『晋書』劉聡載記に前趙の国家体制について、次のようなことが記されている。

①劉氏一族がそれぞれ二〇〇〇の兵を率いる（宗室軍事封建制）。
②左右司隷がそれぞれ二〇万戸（合計四三万戸＝二一〇万人）の漢民族を統治する。
③単于左右輔がそれぞれ一〇万落（合計二〇万落＝四〇〇万人）の遊牧民を統治する。

ここから遊牧民を統治する体制と漢民族を統治する体制の二重構造になっていること、軍隊は皇帝の一族が分有していることがわかる。五胡諸国のうち前趙・後趙・後燕で大単于台の存在が確認でき、また前燕・前秦・後秦・西秦・南涼・夏では胡族君主の称号である大単于が使用されていることから、五胡諸国の多くが胡漢二重体制をとっていたことがわかる。

五胡諸国の首都は移動を繰り返すことが多いが、そのなかにあって長安や鄴は首都として整備され、宮殿・宗廟・社稷・南北郊祀・明堂・辟雍《へきよう》・霊台・太学といった前漢以来の礼教施設が建設された。また首都には征服地から住民を強制的に移住させる徙民《しみん》政策が実施された。これには首都への物資供給を安定させる狙いと、敵対勢力を監視下におく狙いがあった。

五胡君主の文化教養について、彼らは異民族であることから無教養な野蛮人と思いがちだが、劉淵は漢人の崔游《さいゆう》に師事して『毛詩』（詩経）・『京氏易』・『馬氏尚書』・『春秋左氏伝』など儒教の経典や『史記』『漢書』などの史書、さらに『孫呉兵法』を総覧した。また石勒も文学を好み、軍旅にあっても儒者に史書を読ませ、いにしえの帝王の善悪について意見を述べ、儒者たちをうならせたという。

さらに仏教を保護した五胡の君主も多い。後趙の石勒は西域亀茲《きじ》の仏図澄《ぶっとちょう》（ブドチンガ）を尊崇し、軍事顧問とした。また前秦の苻堅は亀茲の高僧鳩摩羅什《くまらじゅう》（クマーラジーヴァ）を迎えようと将軍呂光を派遣して亀茲を攻めた。のち鳩摩羅什は後秦に迎えられ、長安で仏典の漢訳につとめた。これにより華北では仏教が広まっていくことになる。

ところでなぜ五胡諸国はいずれも短命に終わっているのであろうか。五胡諸国は君主の代替わりに内乱が起き、その内乱に乗じて他の勢力が介入して滅ぶというパターンをとる。遊牧社会における実力主義、能力主義に基づく後継者選びに加え、一族に軍事権を分け与えて各地に封建する宗室軍事封建制によって、後継者を凌ぐような勢力が複数存在することにより君主をめぐる争いに発展し、ついには滅亡に至るのである。

3　異民族王朝の華北支配

鮮卑拓跋部の台頭

かつて匈奴に支配されていた東胡の末裔とされるのが、鮮卑と烏桓（烏丸）である。一世紀初めの匈奴帝国の分裂崩壊のなかで自立し、北の鮮卑と南の烏桓に分かれた。鮮卑は中国東北部の大興安嶺一帯に居住し、後漢時代に烏桓にやや遅れる形で北辺にあらわれた。二世紀末、烏桓は蹋頓《とうとん》というリーダーのもと遼東一帯で勢力を拡大するが、曹操に討たれて蹋頓は死亡し、リーダーを失った烏桓は小規模な集団に分散した。一方、鮮卑は二世紀中頃に檀石槐《だんせきかい》というリーダーを得て、かつて匈奴が支配した地域を左・中・右の三部に分けて支配したが、檀石槐の死後、分裂した。四世紀前半、遼東の慕容部は河北に燕を建国し、山西北部の拓跋部は代国を建国した。また甘粛では禿髪《とくはつ》部が南涼、乞伏《きつぷく》部が西秦を建国した。

一九八〇年、内蒙古自治区ホロンバイル盟オロチョン自治旗にある嘎仙洞《かつせんどう》という洞窟の西壁から、北魏太武帝が使者を派遣して祖先を祭らせたことを記した碑文が発見され、ここが拓跋部発祥の地であることが確かめられた。拓跋部は大興安嶺北部から南下して、三世紀半ばに内蒙古南部の盛楽（フフホトの南）に本拠をかまえた。『魏書』序紀にいう始祖神元帝（力微）の時である。なお嘎仙洞は拓跋部発祥の地ではないと考える人もいる。

拓跋部は盛楽を拠点に山西からオルドスにかけて勢力を拡大し、三一〇年、穆帝（猗盧《いろ》）が西晋の并州刺史劉琨《りゅうこん》を助けて匈奴鉄弗《てつふつ》部を撃退した功績により大単于・代公に封建され、山西北部に領地を与えられた。ここに代国が成立する。さらに穆帝は三一五年、代王となった。その後しばらく代国は後継者をめぐり混乱するが、四世紀前半、昭成帝（什翼犍《じゅうよくけん》）が即位すると、官僚組織を整備し、周辺諸部族の平定を進めた。しかし三七六年、前秦の攻撃を受けて陰山に避難中に息子寔君《しょくくん》に殺され、代国は前秦によって東西に分割統治された。三八三年、前秦が淝水の戦いに敗れると、昭成帝の孫である拓跋珪《たくばつけい》が代王に即位し、代国は復活する。

北魏の建国

三八六年一月、代王に即位した拓跋珪（道武帝）は四月に魏王と改称する。これをもって北魏の建国とするが、なぜ代から魏へと国号を変えたのか。『魏書』序紀では神元帝の即位の年を「庚子《かのえね》」と明記している。この年は三国魏が建国された二二〇年を指し、拓跋部の建国と三国魏の建国が同じ年であることを意味している。代王の拓跋珪は、西晋から封建された爵位の代公（代王）では西晋（東晋）の臣下であることを意味するため、東晋に対抗するため正当性を主張できる国号として、西晋に先行する魏を称した。

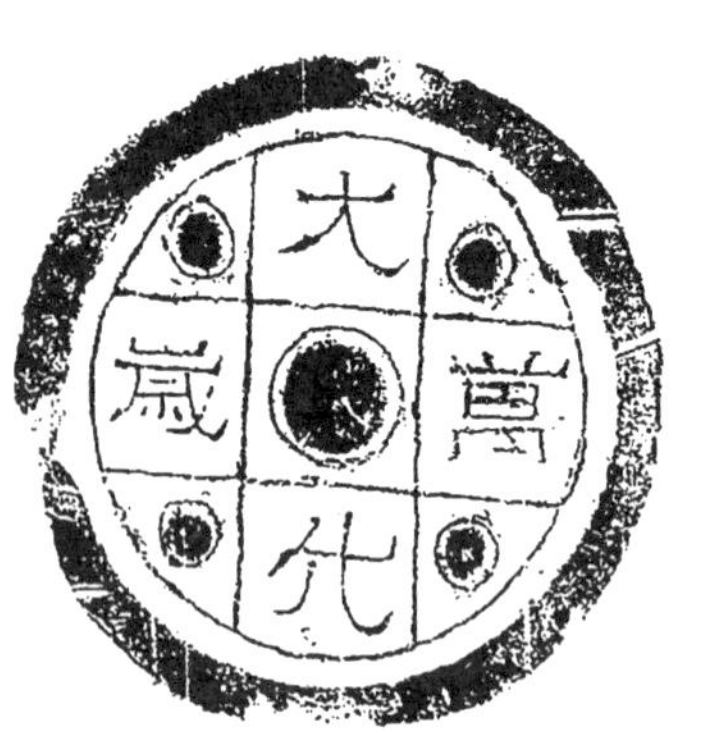

図5－4　大代万歳瓦当

出典：王雁卿・高峰「北魏平城瓦当考略」『文物世界』2003年第6期

三九八年、拓跋珪が皇帝に即位した時、国号問題は再度議論され、正式に国号を魏と定めた。しかし北魏時代の碑文・墓誌・造像記・写経題記などには、国号として代を用いているものがある。なかには「大代大魏」と連ねるものもある。北魏前期の首都平城の遺跡から発見された瓦には「大代萬歳」と書かれていた（図5－4）。平城一帯は古くから代とよばれており、平城は代都・代京ともよばれた。この地域に居住する鮮卑の人々は代人とよばれ、北魏の支配層を形成した。国号の代はこの地域に住む人々と密接に結びついたものであった。

道武帝（在位三八六～四〇九年）は即位以降、一〇年余りかけて敵対する諸部族の平定にあたった。その結果、賀蘭《がらん》部《ぶ》・独孤《どくこ》部《ぶ》・慕容部《ぼようぶ》などが支配下に組み込まれた。道武帝は征服した諸部族および拓跋部に対して部族解散を実施した。賀蘭部のように複数の部族連合体からなる部族については、より小規模な集団に分割した上で、政府が指定した土地に居住させた。また自ら部族を率いて従属してきたものについては、部族を温存したまま指定の土地に住まわせたが、その土地は方百里（一二キロ四方）・方三百里（三六キロ四方）の広さをもっていた。一方、最後まで抵抗した部族については、部族長は殺され、家畜・部族民は征服に参加した諸将のあいだで分配された。

また道武帝は君主の生母の政治的影響力を排除するため、後継者と定めた時点でその生母に死を賜う制度（子貴母死制）を始めたが、この制度は北魏の故事（旧法）として孝文帝期（在位四七一～四九九年）まで続けられた。

北魏の制度の基盤は代国時代の昭成帝に遡る。昭成帝は三三八年に、部族長・豪族良家の子弟で容貌にすぐれ能力のある者を選抜して君主の侍従官とした。これは内朝とよばれ、北魏建国後も政治の中枢を担う官職として機能した。内朝の官職は鮮卑語で比徳真《ひとくしん》（文書処理係）・胡洛真《こらくしん》（近衛兵）・可薄真《かはくしん》（門衛）と「～真」と呼ばれるものと内行内小・内行長・内三郎といった内を冠するものがあった。このほか、中央官制には魏晋以来の中国官制も採用されたが、そこにも北魏独自の官職を見いだすことができる。たとえば、殿中尚書（宮殿内の兵馬倉庫の管理）・楽部尚書（伎楽を管理）・駕部尚書（牛馬ロバを管理）・南部尚書（南辺の州郡を管理）・北部尚書（北辺の州郡を管理）などは魏晋にはない。

一方、地方行政は、遊牧民を統治する制度と漢民族を統治する制度の胡漢二重体制をとった。遊牧民の統治については、大きな部族の部族長を酋長、小さな部族の部族長を庶長とし、それぞれの部族の統治を任せ、それら酋長・庶長を統轄するものとして南部大人・北部大人などの大人官を置いた。代国時代は南北二部であったが、北魏建国後は八部（八国）となり、その後、四部、六部と変遷しつつ孝文帝期まで存続した。漢民族に対する統治は、魏晋以来の州郡県の地方行政制度を採用した。ただし州刺史・郡太守・県令は宗室一人（拓跋氏）と異姓二人の計三人が置かれるなど北魏独自の運用がとられた。

祭祀儀礼にも独自色が見られる。中国の皇帝は正月に首都の南郊で天を祭る南郊祭天を重視したが、北魏では

図5－5　北斉徐顕秀墓出土辮髪騎兵俑

出典：太原市文物考古研究所編『北斉徐顕秀墓』文物出版社，2005年

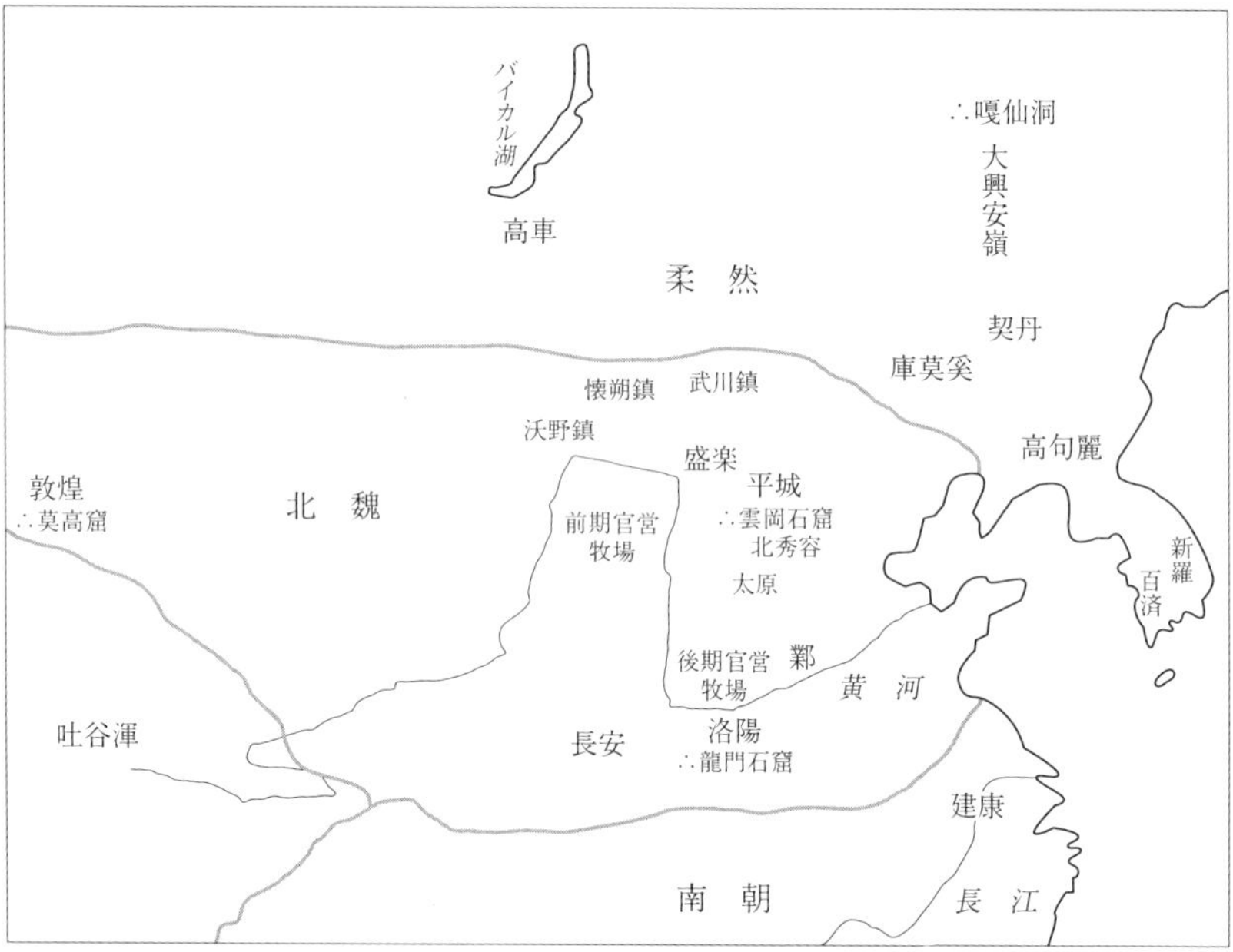

図5-6　北魏の支配領域

南郊祭天に加えて、遊牧民の習俗に従い夏四月に天を祭る儀礼を首都平城の西郊外で行った（西郊祭天）。祭天壇には七つの木像をならべ、壇上に巫女があがって鼓をうつ。七つの木像は拓跋部が七つに分かれたという伝承に基づいている。この儀式には皇帝・皇后・官僚をはじめ、各地の部族長も参加した。また皇帝は六月末になると大勢を引き連れて陰山にいく。これを却霜《きゃくそう》という。平城からの暖気をもちこみ陰山の寒気を退けるのだろうと『宋書』索虜《さくりょ》伝（索は編んだ髪のこと。鮮卑族は辮髪《べんぱつ》をしていた〔図5-5〕）はいうが、遊牧生活のなごりと考えられる。

太武帝の華北統一

第三代太武帝（在位四二三～四五二年）はその諡《おくりな》が示すとおり、北燕・夏・北涼を征服し、四三九年に華北統一をはたした（図5-6）。歴史上、この年をもって五胡十六国時代は終了したとされる。北魏も征服地の民を首都平城周辺に移住させる徙民政策を行った。このとき北涼の支配下にあった敦煌から多くの僧侶が平城に移され、西域の仏教が平城に伝えられた。またモンゴル高原に遠征し、高車三〇万人を陰山一帯に移住させ、高車を統治するために鎮を置いた。

太武帝は当初仏教を信奉していたが、宰相崔浩《さいこう》の勧めもあって新天師道（道教）の寇謙之《こうけんし》の教えを信じ、平城に道壇を建てて符籙《ふろく》を受けた。以後、皇帝の即位時に符籙をうけることが定例となる。この頃、関中では盧水胡《ろすいこ》の蓋呉《がいご》の反乱がおき、政府は鎮圧に手を焼いていた。そこで太武帝が親征することになり長安に入ったが、その折、寺院に多くの武器が収蔵されているのを発見し、反乱軍とのつながりを疑った。さらに僧侶の堕落を目の当たりにし、ついに僧侶の誅殺と仏像破壊を命じた。「三武一宗の法難」（北魏の太武帝・北周の武帝・唐の武宗・後周の世宗による仏教弾圧）とよばれる仏教弾圧の最初の事件である。弾圧を受けた仏教だが、文成帝（在位四五二～四六五年）が即位するとすぐに復仏の詔が出され復興していく。当時沙門統《さもんとう》（仏教の政務を司る長官）に就任した曇曜《どんよう》は、平城の西郊外の武州山に石窟を開くように進言し、ここに雲岡石窟が開かれた。曇曜の開いた五窟には、道武帝から文成帝までの歴代皇帝が仏の形を借りて造られた。

孝文帝の改革

第六代孝文帝（在位四七一～四九九年）は五歳で即位した。治世の前半は文明太后が政治の実権を握っていた。文明太后は数奇な運命を辿《たど》った女性である。北燕馮氏《ふうし》の血をひき、父の罪に連座して後宮の奴隷となった。その後、文成帝に見そめられ皇后となるが、文成帝の葬儀中、愛用の品を焼いているなかに身投げし、からくも助けられた。ついで献文帝（在位四六六～四七〇年）が即位すると皇太后なり、丞相の乙渾《おつこん》を誅殺して実権を握るが、孝文帝が生まれると養育にあたるため政権から離れた。しかし献文帝が急死（一説には太后が毒殺した）すると、再び実権を握った。なお太后が孝文帝を養育したのは実子であるからだという説がある。しかし『魏書』皇后伝には孝文帝の生母として李夫人がおり、立太子にあわせて殺されている（子貴母死制）ので、文明太后は孝文帝の生母ではない。

文明太后の執政中、重要な制度の廃止や創設がなされている。部族制の廃止（四八四年）、俸禄制（四八四年）、均田制（四八五年）、三長制（四八五年または四八六年）の創設である。これらの制度は胡族も漢民族もみな戸籍につけて国家の一

表5-2　均田制

	年　齢	露　田	桑　田	麻　田
北　魏	男（15～69歳）	40畝（倍田）	20畝	10畝
	女（既婚者）	20畝（倍田）		5畝
	奴婢	良民と同じ	20畝	10畝
	耕牛（4頭を限度）	30畝（1頭）		
隋	丁男（18～59歳）	80畝	20畝（永業田）	
	丁女（同上）	40畝		
唐	丁男（21～59歳）737年 丁男（23～59歳）744年 丁男（25～54歳）763年	80畝（口分田）	20畝（永業田）	

出典：川本芳昭『中国の歴史05　中華の崩壊と拡大　魏晋南北朝』講談社，2005年

元的支配の下に置くためのものである。三長制は、五家を一隣、五隣を一里、五里を一党として整備し、それぞれ隣長・里長・党長の三長をおいて、戸籍の作成と租税の徴収にあたらせるもので、豪族のもとに匿われた民を把握する狙いがあった。均田制は戸籍に登録された民に対して国家が土地を支給して租税を徴収するものである（表5-2）。奴婢や耕牛に対して土地の給付がなされたのは、豪族に配慮した結果である。俸禄制は国家が官僚に給料を支給するものであるが、北魏ではそれまで俸禄制はなかった。俸禄制がなかったのは国家が支給せずともやっていけるだけの生活基盤が官僚にあったからであるが、地方長官が任地で勝手に徴収して懐に入れることが頻発した。そこで官僚に給料を支給するために俸禄制が実施された。

文明太后の死後、孝文帝は親政を開始し、さらに多くの改革に着手した。孝文帝の改革は漢化政策と称されるが、その目的は皇帝を頂点とする中央集権的な国家を築くことにあった。それまでの北魏では遊牧的体制が残り、五胡諸国のように軍事力を持った諸王がいた。そこで諸王の権限を削減するための政策を相次いで実施していった（内朝廃止、廟号改正、爵制改革・西郊祭天の廃止など）。さらに胡族と漢民族とをあわせた身分秩序を築くため、洛陽遷都後に姓族詳定を行った。内容は胡族の家柄を国家の定めた基準によって四段階にランク分けし、漢民族の家柄のランクとあわせるというものである。これは国家による家柄の評定であり、貴族制の導入である。さらに朝廷における漢語の使用、胡族の姓を漢民族の姓に改めること、胡服を漢服とすることが定められた。ただし、胡語・胡服の禁止は朝廷における共通語、共通の服装として漢語、漢服が定められたのであって、軍隊では号令は鮮卑語であったし、

軍服は胡服が使用された（図5－7）。

なお孝文帝の遷都により首都となった洛陽は、後漢・魏晋（東西六里、南北九里の規模から九六城と称される）の洛陽を基盤としつつ、その外側に外郭（東西二〇里、南北一五里）を築き、城内に三二三の坊を設置した。坊とは壁に囲まれた居住区のことで、北魏前期の平城に始まり隋唐の長安・洛陽に継承された。また洛陽には千を越える寺院が建てられた。

図5－7　鶏冠帽軽騎兵俑（左）と甲騎具装俑（右）
出典：劉俊喜主編『大同雁北師院北魏墓群』文物出版社，2008年

六鎮《りくちん》の乱

北魏は辺境に鎮を置き、軍隊を駐屯させて防衛と治安にあたらせた。そのうち北方の辺境に設置された沃野鎮《よくやちん》・懐朔鎮《かいさくちん》・武川鎮《ぶせんちん》・撫《ぶ》冥鎮《めいちん》・柔玄鎮《じゅうげんちん》・懐荒鎮《かいこうちん》を六鎮と総称する。六鎮は、太武帝期に高車を陰山一帯に移住させ、それらを統治するために設置されたことに始まり、文成帝期になって平城周辺の住民を大量にこの地域に移住させた。鎮は州に相当する地方行政区で、鎮の統治下にある住民を鎮民と呼び、一般の州郡民と区別して鎮の戸籍につけられた。鎮民は平時は遊牧や農耕に従事し、戦時には兵士として従軍する。なかには武芸をかわれて鎮府組織に抜擢される者もいた。鎮を管理する鎮府組織には、鎮都大将以下の官僚四〇〇人ほどが所属していた。なお鎮府組織が置かれたところを鎮城といい、陰山北側の草原のなかに城壁を築き鎮城とした。鎮城内には鎮府組織の官僚のほか、鎮都大将が率いる軍隊も駐留していた。

五二三年、沃野鎮民の破六韓抜陵《はろくかんばつりょう》（匈奴）が反乱を起こして鎮将を殺し、真王元年と号した。いわゆる六鎮の乱の始まりである。反乱軍は懐朔鎮・武川鎮を攻め落とし、雲中に侵攻した。対して政府は討伐軍を派遣するが、ことごとく敗退した。五二五年、柔然の阿那瓌《あなかい》と結んでようやく抜陵を討ち、二〇万人が投降した。政府は投降民を河北三州に移住させたが、これが次なる杜洛周《とらくしゅう》（旧柔玄鎮兵）・鮮于修礼《せんうしゅうれい》（旧懐朔鎮兵）・葛栄《かつえい》（旧懐朔鎮将）の反乱となる。このとき山西の爾朱栄《じしゅえい》は部民を率いて反乱軍を討ち、北魏政府に協力したが、孝明帝（在位五一六～五二八年）が霊太后に殺されたことを聞き、新たに孝荘帝（在位五二八～五三〇年）を擁立して洛陽に乗り込み、霊太后・幼帝・皇族・官僚二〇〇〇人余りを黄河に沈めた（河陰《かいん》の変《へん》）。

爾朱栄は契胡《けいこ》という匈奴系の酋長の家系で、曾祖父の羽健が道武帝から領民酋長に任命され、契胡武士一七〇〇人を率いて後燕平定に参加して功績をあげ、山西の北秀容に方三〇〇里（三六キロ四方）の土地をもらった。父の新興は領民酋長を世襲したが、牛羊馬が色別に群れをなし、谷ごとに量るほど豊かであった。洛陽遷都後、冬は洛陽、夏は北秀容に帰ることを許された。このように季節移動する臣下を雁臣《がんしん》と呼んだ。六鎮の乱以降、領民酋長という肩書きを持った人たちが多く登場するが、これは六鎮からの流民を統率するために爾朱栄が与えたことによる。しかし領民酋長を与えられた者のなかには爾朱氏のように北魏前期に領民酋長となり六鎮に住んだ者もいる。六鎮の乱では部族を率いる者が反乱側・鎮圧側に分かれて争った。

六鎮の乱はなぜ起きたのか。孝文帝の洛陽遷都によって北方防衛の重要度が下がり、鎮を統治するために派遣される鎮将の質が低下した。悪質な鎮将は私服を肥やすために鎮民の土地を収奪し、鎮民を私的に酷使した。そのような折、柔然の阿那瓌が懐荒鎮一帯で略奪をはたらき、鎮民二〇〇〇人、家畜数十万頭を奪った。困窮した鎮民は鎮将の于景《うけい》に救済を求めたが拒否され、これに怒った鎮民は于景を殺害した。破六韓抜陵の反乱も鎮将による「失御」に原因があった。北魏の統治に対して不満をつのらせた匈奴や高車の人々が立ち上がったのが六鎮の乱である。反乱勢力は鎮圧されたが、六鎮から爾朱栄のもとに集った高歓や宇文泰などの人々が次の時代を切り拓いていくことになる。

北魏の東西分裂

高歓は懐朔鎮出身である。渤海の高氏という漢人名族に連なると史書にいうがあやしい。祖父の代に懐朔鎮に住み、鮮卑と同じ生活を送った。家は貧しかったが、鮮卑豪族の婁《ろう》氏と結婚して財を得て、鎮に馬を提供して隊主の地位を得た。のち使者となって洛陽に赴いた際、近衛兵（羽林）が張仲瑀《ちょうちゅうう》の邸宅を焼き討ちするのを目撃する。この事件は羽林の変（五一九年）とよばれるが、原因は張仲瑀が鮮卑系武人を「清」なる官につけないよう皇帝に求めたことにある。この事件に対して政府は首謀者八人を処刑しただけであとは不問とした。北魏政府の対応に衰亡の兆しを感じた高歓は、懐朔鎮にもどると財産をなげうって北辺の豪族と結んだ。このとき高歓と結んだ人々は、高歓が政権を樹立するとその枢要を担う。六鎮の乱が起きると、反乱側の杜洛周ついで葛栄とわたり、最後に爾朱栄のもとに行き、爾朱栄は高歓に六鎮の流民を統率させた。その後、爾朱栄が孝荘帝に殺害され、ついで孝荘帝が爾朱兆に殺されると、高歓は漢人名族の高乾・高昂と結んで爾朱氏を滅ぼし、孝武帝（在位五三二～五三四年）を擁立した。しかし孝武帝は高歓の専権をきらって関中の宇文泰のもとに逃亡したため、新たに孝静帝（在位五三四～五五〇年）を立て、鄴に遷都した。これを東魏という。

一方、宇文泰は武川鎮の出身で、宇文氏は南匈奴単于の遠属にあたると史書にいう。はじめ後燕に属していたが、後燕が滅ぼされると平城に移り、のち武川鎮に移住した。武川鎮ではおなじ鎮民であった楊氏（のち隋を建国）や李氏（のち唐を建国）と匈奴の名族独孤氏《どくこし》を介して婚姻関係を結んだ。六鎮の乱では、河北の反乱勢力の杜洛周や葛栄に従ったが、葛栄が爾朱栄に滅ぼされると、爾朱栄のもとに入った。その後、関中・隴西の反乱鎮圧に武川鎮出身者を率いる賀抜岳らとともに派遣され、賀抜岳が暗殺されると、宇文泰が賀抜岳の勢力を引き継いだ。のち宇文泰は頼ってきた孝武帝を殺して、文帝（在位五三五～五五一年）をたて、長安を首都とした。これを西魏という。

北　斉

高歓の建てた東魏は勲貴とよばれる懐朔鎮出身者が軍事権を握る一方で、山東の漢人貴族が政権に参加した。高歓は

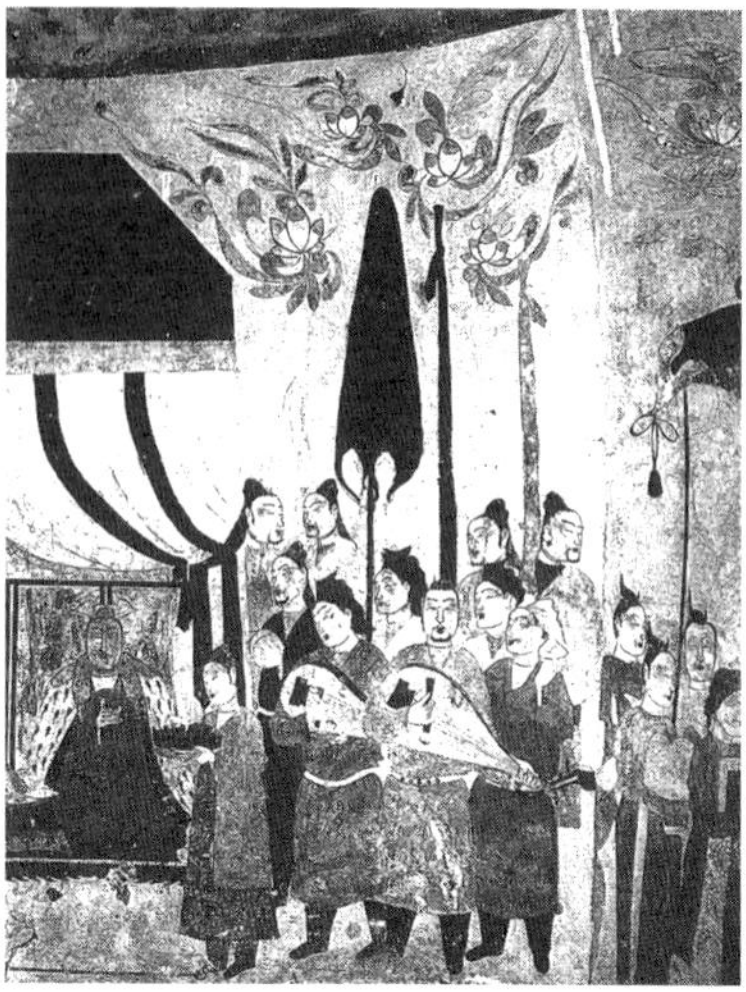

図5－8　北斉徐顕秀墓壁画
出典：太原市文物考古研究所編『北斉徐顕秀墓』文物出版社，2005年

山西の晋陽に覇府をおき、息子の高澄を鄴に派遣して東魏政府を監視した。高歓の死後、高澄が継ぎ漢人貴族の助けをえて勲貴抑圧が始まる。そのなか勲貴の侯景は反乱を起こし南朝梁に亡命し、ついには建康を攻め落として梁の武帝を幽閉し、皇帝に即位した（侯景の乱）。一方、東魏では禅譲の準備を進めていた高澄が急死したあと弟の高洋が五五〇年に孝静帝から禅譲をうけ皇帝に即位した。ここに北斉が成立する。文宣帝（在位五五〇～五五九年）の禅譲を支えたのは漢人貴族であり、勲貴抑圧は続いた。この動きに対して勲貴は反撃に出て、文宣帝を継いで即位した高殷（廃帝）を倒し、孝昭帝（在位五六〇～五六一年）を立てた。孝昭帝は勲貴を尊重したが、即位一年で急死した。あとを継いだ武成帝（在位五六一～五六五年）は勲貴を尊重する路線を継承したが、一方で恩倖《おんこう》とよばれるお気に入りを重用した。恩倖の和士開《わしかい》はソグド商人の子孫で、胡琵琶の演奏が巧みであった。顔之推《がんしすい》は『顔氏家訓』のなかで、北斉で出世するためには胡琵琶の演奏（図5－8）ができることが重要であるといっているが、和士開はその好例である。北斉末期は恩倖・漢人貴族・勲貴の三つ巴の対立により政界が混乱を極め、五七七年に北周の攻撃をうけて滅んだ。

北周

宇文泰の建てた西魏は武川鎮出身者が政権の中枢を占め、そこに関中の漢人豪族が参加した。宇文泰は両者を二十四軍の制度に統合した。この制度は丞相である宇文泰のもと六柱国－十二大将軍－二十四軍府という指揮系統をとり、六柱国と十二大将軍には武川鎮出身者が多くを占めた。また胡姓再行を行い、北魏孝文帝の時に漢姓に改めたものを胡姓

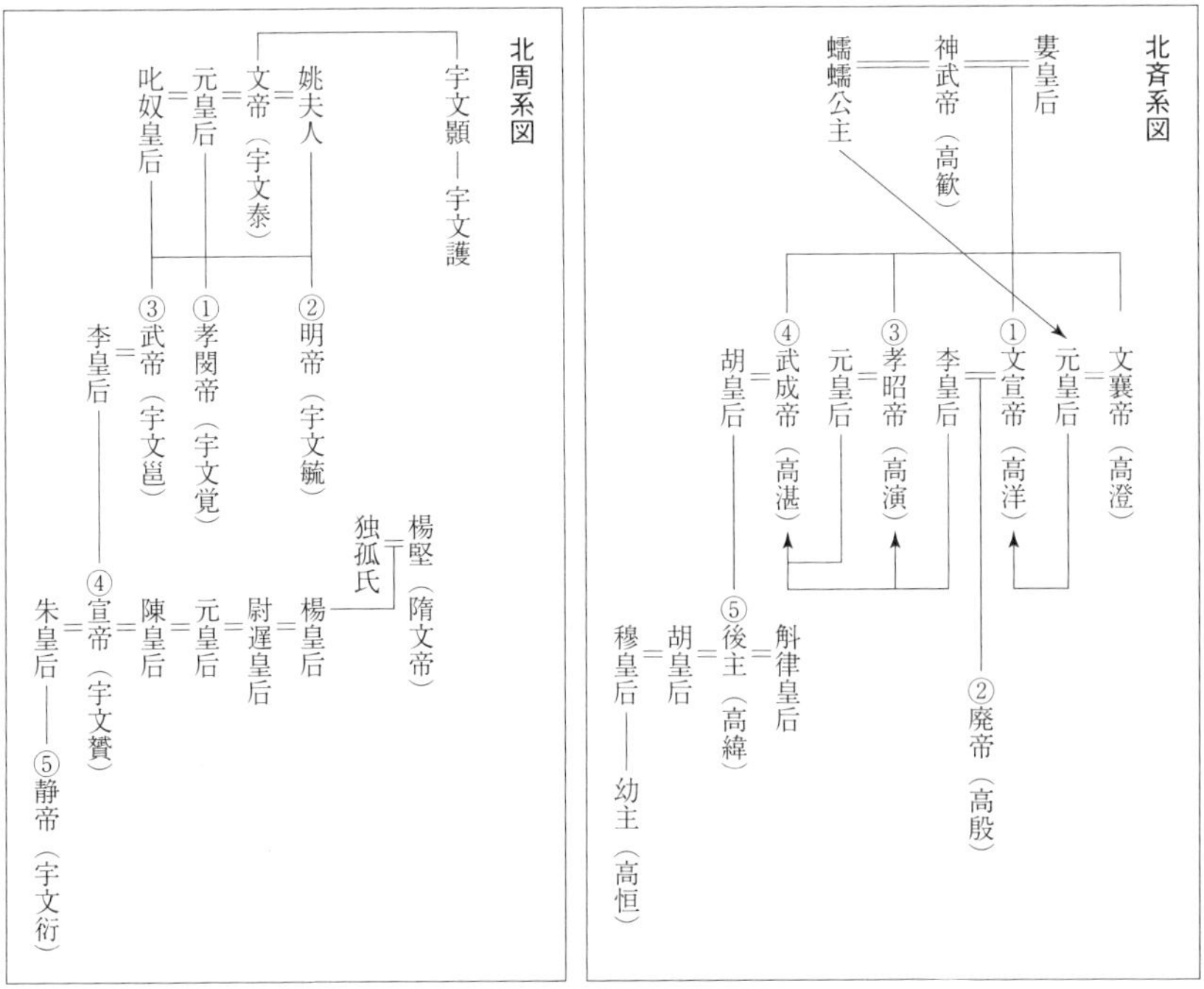

図5-9　北斉・北周系図

に戻し、同時に漢人に対して胡姓が賜与され、軍府に所属する兵士には将軍の姓を名乗らせた。このとき隋の楊氏は普六茹氏《ふろくじょし》、唐の李氏は大野氏《だいやし》を称した。

一方、中央官制は儒教の経典『周礼』に基づいて天官・地官・春官・夏官・秋官・冬官の六官が置かれ、官職の等級も九品から九命に改められた。これら西魏における改革は国力と人材に勝る東魏に対抗するため胡族・漢民族が一体となってあたる挙国一致体制を築き上げるためのものであった。

宇文泰の死後、実権を掌握した甥の宇文護は、西魏恭帝（在位五五四～五五六年）に宇文泰の子の宇文覚への禅譲をせまり、五五七年、宇文覚（孝閔帝）は天王に即位した。この天王は儒教の経典に基づいた君主号である。執政の宇文護は自分を廃除しようと図った孝閔帝を殺害して明帝（在位五五七～五六〇年）を立てたが、また明帝をも毒殺して武帝（在位五六〇～五七八年）を擁立した。五七二年、執政の宇文護を殺して親政をはじめた武帝は、五七四年に仏教弾圧を行った。三武一宗の法難の二番目の事件である。武帝のねらいは寺院が抱える資産と人材を国家に入れ、軍費と兵士を増やすことにあった。これをうけて五七七年、北斉を滅ぼし華北を統一するが、翌年、突厥親征中に急死した。あとを継いだ宣帝（在位五七八～五七九年）は、七歳の息子静帝（在位五七九～五八一年）に譲位して天元皇帝と称し、宮殿の造営や天下の子女を選んで後宮をみたし、五人の皇后を建てるなどの乱行の果てに二二歳で死んだ。幼い静帝を補佐した外戚の楊堅は、五八一年に禅譲により隋を建国した。西魏・北周・隋・唐と王朝は交替するが、西魏以来の支配者層は引き継がれていく。これを関隴《かんろう》集団とよぶ。

なお北斉では皇帝即位にあわせ先代の皇后を引き継ぐレビレートが行われた（図5‐9）。北周でも宣帝が武帝の後宮を継いでおり、のちの隋の煬帝や唐の高宗にも見られる。これは遊牧的習俗であると同時に皇帝即位の正当性を示す行為でもあった。

主要参考文献

護雅夫・神田信夫（編）（一九八一）『北アジア史　新版』山川出版社。

沢田勲（一九九六）『匈奴　古代遊牧国家の興亡』東方書店。

松丸道雄ほか（編）（一九九六）『世界歴史大系　中国史2　三国～唐』山川出版社。

加藤謙一（一九九八）『匈奴「帝国」』第一書房。

川勝義雄（二〇〇三）『魏晋南北朝』講談社。

稲畑耕一郎（監修）（二〇〇五）『図説中国文明史5　魏晋南北朝　融合する文明』創元社。

川本芳昭（二〇〇五）『中国の歴史05　中華の崩壊と拡大　魏晋南北朝』講談社。

林敏雄（二〇〇七）『スキタイと匈奴　遊牧の文明』講談社。

杉山正明（二〇一一）『遊牧民から見た世界史　民族も国境もこえて』日本経済新聞出版社。

三崎良章（二〇一二）『五胡十六国　中国史上の民族大移動』東方書店。

コラム 4

シルクロード

松下憲一

シルクロードと聞いて連想するものに沙漠、オアシス、キャラバンがある。沙漠に消えた楼蘭、さまよえる湖ロプノールなどもお馴染みのトピックであり、「西のかた陽関を出づれば故人なからん」という唐の王維の詩を中学校の国語漢文で習った人もいるであろう。これらは長安から出発してタリム盆地を経由してトルキスタンに至る交易路を指している。この交易路をシルクロードと命名したのは、一九世紀のドイツ人地理学者リヒトホーフェンである。彼は中国と西トルキスタンおよび北西インドとの絹貿易を介した中央アジアの道をドイツ語で「ザイデンシュトラーセン（絹の道）」とよび、それをイギリスのオーレル＝スタインが英訳して定着した。第二次世界大戦後、東西交渉史の研究が進むにつれて、シルクロードの概念は拡大し、北方のステップ地帯を経由する「草原の道」と、中央アジアのオアシス地帯を経由する「オアシスの道」、東南アジアを経てペルシア湾に至る「海の道」の三つをシルクロードと総称するようになった。さらに現在では、ユーラシア大陸を横断する三つの東西の道と南北に縦断する連絡路とを包摂する広域の交通網を指して使われる。

この交通網を利用して、古来より官僚・商人・僧侶などが往来した。前漢武帝が大月氏に派遣した張騫、後漢の西域都護の班超が大秦国に派遣した甘英、東晋の法顕、唐の玄奘や義浄などインドを訪れた僧侶、モンゴル時代、教皇インノケンティウス四世の命でカラコルムを訪れた修道士プラノ＝カルピニ、フランスのルイ九世がモンゴル帝国に派遣した修道士ルブルック、元の大都を訪れたヴェネツィア生まれの商人マルコ＝ポーロ、一九〜二〇世紀に中央アジアを探険したヘディン、スタイン、ペリオや日本の大谷探検隊などがよく知られている。

一方で、ソグド商人・ペルシア商人・アラブ商人など無名の人々が各地の特産品を運んだ。中国からは、絹・紙・茶、ペルシアからはガラス製品・絨毯・薬品、インド・東南アジアからは香辛料・珊瑚・象牙、中央アジアからはホータンの玉、チベットの麝香《じゃこう》などが各地にもたらされた。唐代の小説には商胡（ソグド商人）が長安の市で宝石を高値で購入する説話が多く出てくるが、そのうちの一つ『酉《ゆう》陽雑俎《ようざっそ》』には次のような話がある。長安の平康坊に菩提寺という寺があり、東隣に住んでいた李林甫は誕生日に僧侶を招いて経をあげてもらった。そのとき李氏から頂いたものを売った僧侶は七万銭を得た。数年後、別の僧侶が招かれたが、このときは長さ数寸の朽ちた釘のようなものをもらってがっかりした。数日後、西市に持って行って商胡に見せると、商胡は大変驚き、売ってくれというので一〇万銭でどうだというと、それどころかもっと高くてもかまわないというので、五〇万銭というと、これは百万銭の価値があるものだといってそれだけの金を出した。僧侶は商胡にこれは何かと聞くと、これは宝骨というものだと答えた。

また一〇世紀、イスラム商人のための南海貿易指南書として書かれた『シナ・インド物語』には、ペルシア湾からインド・マラッカ海峡をへて中国に至る航路上の寄港地、航行日数、飲料水の補給場所、浅瀬や岩礁などの航海に関する情報から各地の特産品に関する情報が記載されていた。その第二巻に唐末に起きた黄巣の乱に関する記述があり、それによると、黄巣がハーンフー（広東）を占領してイスラム教徒、ユダヤ教徒、キリスト教徒、ゾロアスター教徒あわせて一二万人を虐殺したという。唐代の広東には海の道を利用して多くの商人がやってきたが、人の流入とともにさまざまな宗教も伝わった。唐の都長安にも仏教、ゾロアスター教（祆教《けんきょう》）、マニ教（摩尼《まに》教）、キリスト教（景《けい》教《きょう》）、イスラム教（回教《かいきょう》・清真教《せいしんきょう》）の寺院が建てられ、西市の北にはソグド人の居住区があった。

主要参考文献　松田壽男『アジアの歴史』（岩波書店、一九九二年）、長澤和俊『シルクロード』（講談社、一九九三年）、森安孝夫『シルクロードと唐帝国』（講談社、二〇一六年）。

第6章　中国的「美」の営み——仏教美術の道のり

森田美樹

この章で学ぶこと

「中国的『美』の営み」とは何か。それを美術史を一貫している何かとするならば、太古の昔より多くの民族が入り乱れ、陸と海の交易路からあらゆる文化が伝来し、それを取り入れながら新しいものを生み出してきた力強さと考えることもできるのではないだろうか。その営みを辿る一つの視点として中国史の比較的早期に伝えられ、清に至るまで続いた仏教美術を挙げることができる。仏教とその文化は長い歴史を経て、中国を含め東アジア文化の根幹の一部を担うようになったが、もとはインドで悟りを開いた釈迦牟尼の教えをもとに成立したものであった。中国でこの外来の文化がどのように受容されたのかを辿ると、この国の歴史を作り上げてきたさまざまな民族とその文化の多様性を見ることができる。時に迫害を受けながらも仏教文化は柔軟に変容し、人々の精神世界に生き続けた。この章では、その多様性について代表的な作例を時代順に見ることで、中国的美の営みの一側面を紹介したい。

1 中国仏教美術の始まり

原初の仏像

日本では六世紀に仏教が百済より伝来した経緯は仏教公伝として史料に残されているが、中国においてもそれに類するものが幾つかある。よく知られたものは後漢（二五～二二〇年）の明帝（在位五七～七五年）が夢に基づき、使者を大月氏に派遣して仏法を求めたという、伝説的なものである。仏教が実際に中国へいつ、どのように伝えられたのかははっきりしないが、紀元後一世紀にはすでに信仰されていた形跡がある。同様に、中国における「仏教美術の始まり」を明確に定義することは難しい。真理に到達した者（仏・仏陀・如来）の身体には三二の外見的特徴と、八〇の微妙な特徴が備わるとされるが、そのうち頂髻相《ちょうけいそう》（肉髻・盛り上がった頭頂の肉）が表され、両肩を覆うように（通肩）袈裟を纏い、さらに頭光を付けたような像が早くから作られた。しかし、それらが我々の考えるような、仏教思想を具現化し、その儀礼に使用される如来像と同じ意味・機能を有していたかは分からない。

たとえば、四川省を中心とした地域の後漢～三国時代の墓から出土した墓主の死後世界での吉祥を願う揺銭樹《ようせんじゅ》とよばれる円銭を実らせる青銅製の樹には、座した如来のような人物像が神仙・霊獣とともに、樹幹や頂部、陶や石で作られた台座に配された。仏教が伝来した当初、中国にはすでに固有の神話と神仙思想が根づいていた。古代インドの民間信仰観念を引き継いだ仏教では、死後、自身の行いに基づく「業」により一定の期間を経て転生を繰り返すと説かれている。悟りを開くことで、このサイクルから離脱するのである。一方、神仙思想においては死後、精神的な魂と肉体的な魄に分かれ、魂は天に帰り、魄は地に帰るとされた。西の果てにあると信じられた崑崙山《こんろんざん》は天帝のこの世における都（下都）であり、天と地をつなぐ場所であるとされた。そして西方、後に崑崙山に住む不老不死で、その薬を持つ女神として西王母も早くから、広く信仰されていた。仏教の伝来して間もないこの新しい土地で、仏陀もまた超人的な力を持って人々を助ける、西方の神として受け入れられたとしても不思議ではない。早期の仏教思想と中国神仙思想の混在する様子は『後漢書』に見られる明帝の異母弟楚王英《えい》（〜七一年）が黄帝、老子、浮屠《ふと》（仏陀）を信仰したということや、桓帝（在位一四六〜一六七年）が老子と共に浮屠（仏陀）を祀ったという記述からも窺い知れる。

　三国時代〜西晋の長江下流域の墓から出土した副葬品の壺もまた、中国早期の民間信仰と仏教の融合を物語る（図6－1）。この壺は神亭壺《しんていこ》、穀倉罐《こくそうかん》、魂瓶《こんぺい》などさまざまな名称でよばれるが、その基本構造は土台となる壺の部分と、建物・人物・動物像を積み上げるように並べた上部からなる。この壺が副葬品としてどのような役割を果たしていたのかは明確ではなく、「魂瓶」の名の如く、依り代として墓主の魂を祖霊のもとへ送るためのもの、絶えることのない死後の穀物の倉、すなわち「穀倉罐」など、さまざまな意見がある。面白いのは上部の飾りの部分に、頭光を持ち袈裟を身に着け、蓮華に坐する如来像を付けるものが多く見つかっているということである（図6－1）。仏教の影響を受け、蓮華より神仙世界に生まれ変わる様子を表すという説がある。あるいは動乱の三国時代に江南の人々は、仏陀に魂を安寧に導く神としての役割を見出したのかもしれない。

図6－1　三国・神亭壺（江蘇省鎮江博物蔵）
像高 47.5 cm
出典：『中国美術分類全集　中国陶瓷全集 4　三国両晋南北朝』図 3

キジル石窟の壁画

　四川省や江東で発見された出土品は、早くに仏教文化が中国の南部・東部にまで達していたことを伝えている。仏教伝来の道沿いにもまた、仏教が栄えた地域が点在していた。そのなかには、今日では中華人民共和国の一部であるが、かつてははるか遠き異国であり、文化的にも歴代中国王朝の中心を占めた地域とは異なる地域も含まれる。後述する、仏教石窟で名高い敦煌から西、新疆ウイグル自治区にあるタクラマカン砂漠の周りを囲むようにのびた街道は、古くからユーラシア大陸に張り巡らされた交易・外交ルート、所謂シルクロード（絹の道）の重要経路であり、オアシス都市国家が栄えた。

ムザルト川の断崖に穿たれたキジル石窟はそのような都市国家のうち、北側の所謂西域北道に興った亀茲国《クチャ》の仏教徒により営まれた石窟寺院群である。古くは『漢書』に現れるこの地域の人々は、インド・ヨーロッパ語族に属するトカラ語のB方言を使い、壁画などに表されたその風俗は東アジアよりは、インドやイランといった西方の趣を漂わせていたという。いつの頃からかこの国の人々は仏教を深く敬い、優れた僧を世に送り出した。なかでも有名なのが鳩摩羅《くまら》什《じゅう》である。亀茲国王の妹を母に持つこの僧は幼いころに出家し、のちに長安で仏典の漢訳に大きく貢献した。

キジル石窟は二〇〇を超える窟を擁し、一部が美しい壁画で飾られていたことで知られる。個々の窟の作窟年代には未だ議論があるものの、おおよそ八世紀頃まで石窟の造営が続いたと考えられている。壁画の様式には大きく分けて二つのグループがあり、第一のグループは暖色を多用した自然な人体表現などを特徴とし、第二のグループは青や緑といった寒色を主とし、形式化された直線的な人体表現であらわされる。とくに第二の様式に属する壁画はラピスラズリを使用した鮮やかな青の表現で知られている。ラピスラズリは古来よりアフガニスタン産などのものが高級品として流通しており、古代オリエントの印章、正倉院の紺玉帯や、西欧では聖母マリアの青い衣服を描く際などに使用された。

キジル石窟からは兜率天《とそつてん》上の弥勒菩薩の壁画（六〜七世紀頃）を紹介する（図6-2）。菩薩とは悟りを求めて修行を行う者であり、仏となる直前の段階と位置付けられている。この壁画の中心には一般的に釈迦の入滅後、五六億七〇〇〇万年後にこの世界に仏陀として現れるとされる弥勒が、その時を待つ兜率天における菩薩の姿で描かれている。王冠、瓔珞《ようらく》、腕釧《わんせん》などで華々しく飾られ、両足を交差させて正面を向き堂々と椅坐する姿は傍らで讃嘆する天人と異なり、未来仏としての威厳を感じさせる。この壁画は第二様式で描かれているが、この様式の壁画は主に室内の主室の後部に四角い柱状の部分を中心に、回廊を巡らせた窟に見られる。キジルのこのような形式の窟は、一般的に中心柱窟とよばれるが、その源流はインドのアジャンター石窟に見られるような、内部に小型のストゥーパを有するチャイティヤ（祠

図６－２　兜率天上の弥勒菩薩（キジル石窟，224窟）（６～７世紀頃）
縦 104.0 cm 横 261.0 cm
出典：©Staatliche Museen zu Berlin, Museum fur Asiatische Kunst/Jürgen Liepe, MIK III 8836.

堂）窟であるともいわれている。

図６－２の弥勒菩薩の絵が半円形をしているのは、この石窟の入口上側とヴォールト天井のあいだにできた半円の部分に描かれたからである。それ以外の場所は入口横の壁から天井に至るまで、釈迦の過去生や仏伝のエピソード、説法に関する壁画が多くを占める。言うなれば、釈迦の過去生と釈迦牟尼としての生、そして未来仏の弥勒の住まう兜率天と、三つの時間軸が交差する祈りの空間なのである。訪れた人々はまず、中心柱の正面に安置されていたとされる、帝釈天と神々に教えを説く仏陀像と対面する。側壁の仏陀の説法によりさまざまな人々が教化される様を見つつ、柱の周りを窟の最奥まで進むと、涅槃《ねはん》、すなわち釈迦の生物学的死の場面に行き当たる。荼毘《だび》や分舎利《ぶんしゃり》の場面を見て釈迦の去ったこの世に思いをはせながら、さらに進んで出口が見えた時、その上方に仏法を継ぐ弥勒が兜率天に居ることを新たに思い、また死後はこの菩薩のもとへ昇ることを祈ったと考えられている。釈迦が涅槃に入り一〇〇〇年近く経ち、亀茲国の仏教徒は釈迦牟尼から弥勒菩薩へと続く仏法に希望を託し、釈迦の教えを守り続けたのであろうか。

2　古典美の形成

北魏と雲崗・龍門石窟

前出した亀茲国の仏教僧などの努力により中国に根づいた仏教とその美術は、南北朝時代に一つの最盛期を迎える。現存作例が少ないながら南朝にも仏教美術が栄えたことは知られているが、この時代の仏教美術といえば北魏のものがよく知られている。北魏は遊牧系の鮮卑《せんび》族拓跋《たくばつ》部により建国された王朝であるが、華北を統一した後、各地より首都平城（現在の山西省大同市）へ人々を移住させた。そのなかには仏教が盛んであった河北、涼州の人々も多く、仏教徒、僧、工人により、仏教文化が北魏の中心地にもたらされた。こうして北魏に広まった仏教文化は、所謂「三武一宗の法難」の一つである太武帝（在位四二三〜四五二年）の仏教弾圧も乗り越え、華北に花開いた。

北魏の仏教教団は、為政者である皇帝とのあいだに強力な関係を築いた。皇帝は仏教教団より如来であると位置付けられ、世俗の政のみでなく、政府に管理された仏教社会の統率者ともなった。この背景としては、遊牧民族が重んじた、祖先神として敬われた英雄的王の伝統との関連が指摘されている。すなわち、漢族の伝統が根強い地を鮮卑族の支配者が治めるにあたり、仏教という外来かつ超民族的な思想と英雄的王の崇拝とが組み合わされ、皇帝と仏教のもとに民が統率されていったのである。

大同市の近郊、武州川沿いの崖に穿たれた雲崗《うんこう》石窟の五体の巨大な大仏像は、この皇帝と仏教の関係を具現化した大作である。これらの像は「曇曜《どんよう》五窟」とよばれる第一六窟から第二〇窟に作られた。曇曜（五世紀）は四六〇年に沙門統（僧徒を統括する僧官）になった僧で、太武帝の廃仏後に仏教を復興させた文成帝（在位四五二〜四六五年）に、五つの石窟にそれぞれ仏像一体を掘り出すことを上奏した。五体の仏像は第一七窟の交脚の菩薩像以外は如来像として作られ、高さはばらつきがあるが、おおよそ一五メートル前後に及ぶ。この五体は北魏の皇帝崇拝を反映し、太祖道武帝（在位三八六～四〇九年）から死後に追尊された景穆帝《けいぼくてい》（景穆太子）を含め、文成帝までの五人の皇帝に対応するとされる。図6－3は第二〇窟の禅定印《ぜんじょういん》（禅定は瞑想、印は仏の内面的な悟りを象徴的に表す手の形を意味する）の如来坐像（五世紀後半）であるが、その壮大なスケールに加え、がっしりとした肩を持つ上半身からくる安定感や、大きく見開き、力強く前を見据える目を持ちながら、優しげに微笑む表情は、あらゆる有情を導く如来と、他民族国家を導く偉大な統率者にふさわしいものといえるだろう。

さて、如来の像と聞くと、どのような姿を思い浮かべるであろうか。すでにその三二相と八〇種好について述べたが、如来の身に着ける物にも特徴がある。菩薩や天、護法神といった尊格は宝冠、瓔珞《ようらく》、鎧、武器などを身に着けるのに対し、悟りを開いた如来は内衣、袈裟、裙《くん》などの衣類のみを身に着け、装飾品は着けないのが基本である。第二〇窟に現存する二体の如来像も装飾品の無い姿で現されているが、衣の着け方に違いがある。向かって右側の立像は両肩を覆う、通肩というスタイルであるが、中央の坐像は右上半身が露出し、肩のみ少し袈裟で覆われている。右肩が完全に露出した着方は偏袒右肩《へんたんうけん》とよばれ、通肩も併せて実際の着衣礼法に基づいており、美術史的には仏像の源流の地であるインド、パキスタンのマトゥラー、ガンダーラまで遡る伝統である。これら西方の様式が伝わった後、やがてその要素を残しつつ、後述する龍門石窟賓陽中堂如来坐像の衣のような、中国仏教美術固有の着衣方式が現れた。

図6－3　北魏　雲崗石窟，20窟
像高 14 m
出典：『中国美術全集・彫塑編10　雲崗石窟彫刻』図170

曇曜五窟を含めた北魏仏教美術の初期には直前の五胡十六国時代（三〇四～四三九年）の涼州（甘粛省）

図6-4　北魏・龍門石窟賓陽中洞
像高 8.42 m
出典：『中国美術全集　彫塑編11　龍門石窟彫刻』図36

の仏教美術の影響が見られるが、西秦（三八五～四三一年）の四二四年頃と思われる炳霊寺《へいれいじ》第一六九窟北壁七号の仏立像は、規則的な平行線と同心円の波紋状に衣文線の刻まれた薄い法衣を体表に貼りつけるように纏い、柔らかな肉体を表現するインドの仏教美術の特徴を見せる。この薄衣を通して顕になる肉体の存在感は雲崗初期の窟にも現れている。一方、雲崗第二〇窟にも見られる、袈裟で右肩を少し覆った偏袒右肩はとくに涼州の仏像に多く見られる。

北魏では仏の着衣はさらなる変化を遂げ、たっぷりとした布で体を包み込み、裾は幾重にも襞を重ねるようになる。雲崗石窟の中期から見られるとされるこの変化の背景には、積極的に漢文化を取り入れようとした北魏の政治体制があったと言われている。とくに孝文帝（在位四七一～四九九年）が即位すると、政治経済、祭祀の諸制度から言語に至るまでこの体制は強化され、遂に四九四年には平城からかつて漢民族王朝の都として栄えた洛陽への遷都が行われた。服制もまた例外ではなく、鮮卑族の服装から漢族のものへと移行し、四八六年には孝文帝自ら中国古来の礼服である冕服《べんぷく》を身に着けた。如来像の中国式服装の起源そのものについては異なる意見があるが、一説ではこの実社会での服制の変化も、雲崗石窟の後期以降の仏教美術に一定の影響を及ぼしたと考えられている。

龍門石窟賓陽中洞は、宣武帝（在位四九九～五一五年）が孝文帝と母親のために発願したとされる六世紀前半の窟である。その中尊の如来坐像（図6-4）の着衣形式は、後ろから袈裟で両肩を覆い、下に垂れた裾の右側を左腕に掛けている。この像はさらに右肩に少し布がかかり、袈裟を二枚付けるともいわれる着方であるが、大きく開いた胸元には内衣の結んだ帯紐を垂らす。また、ゆったりと如来の体を覆う袈裟の裾は台座へと流れ落ち、有機的な襞を幾重にも折り重ねる。このような帯紐で襟を合わせる内衣や袈裟で身体を包み込む様式（褒衣《ほうい》博帯式《はくたいしき》）は、漢族の服飾文化を反映していると考えられている。賓陽中洞の如来像は像高が約八・四メートルであるが、雲崗第二〇窟同様、安定感のある体躯を持ち、悠久の時を刻んだ幽玄の笑みを湛える様は、俗世界の物事が及び得ない超越性を感じさせる。北魏より発達した様式はその後、朝鮮半島を通じて日本に伝えられ、飛鳥時代の仏像にその名残を見ることができる。

隋の仏教彫刻

北魏の後、仏教彫刻は北魏の伝統を引き継ぎつつ、その後期に発達した正面鑑賞性の高い造形から側面への関心が高まり、身体に丸みをもつ、穏やかな佇まいの像など地方ごとの発展が見られるようになる。その傾向は続く北斉（五五〇～五七七年）、北周（五五七～五八一年）に一層の発展をみせ、たとえば山東省青州龍興寺跡から出土した北斉の如来像のなかには、肌に貼りつくような薄い衣を身に纏うグプタ朝様式をはじめとするインドや東南アジアの影響も示唆されるほど、すらりとした身体が強調されるものもある。

南北朝の後、中国を再び統一した隋（五八一～六一八年）は、北周の武帝（在位五六〇～五七八年）が行った廃仏からの復興に貢献したが、そのような時代背景を反映し、この短命の王朝でも前時代の様式を吸収した仏教美術作品が生み出された。石像の造形としては、前代までの伝統を受けつぎつつ独自に展開し、量感のある、ブロック的身体といった特徴が見られると言われる。また菩薩像では、より写実性を増し一層豪華な瓔珞や宝冠に飾られた、貴族的イメージを持った像が現れた。北魏から隋までのこの造形的変化の一端には、漢民族化した北魏仏教美術の残滓からの脱却、「理想の仏」の観念・造形的変化、そして北周の武帝の廃仏を経て、強い指導力を持った実在の高貴なリーダー像の菩薩への投影などがあったという指摘がある。

図6-5　隋（593年）阿弥陀諸尊像

Altarpiece with Amitabha and Attendants. Chinese, Sui dynasty, dated A.D. 593. Cast bronze. Overall: 76.5cm (30 1/8in.). Other (base): 34.4 × 30cm (13 1/2 × 11 13/16in.). Museum of Fine Arts, Boston. Gift of Mrs. W. Scott Fitz and Edward Jackson Holmes. 22.407.

出典：© Museum of Fine Arts, Boston (22.407).

ここに紹介する像（図6-5）は河北省由来の隋の金銅仏で、銘文により開皇一三（五九三）年に范家の女性八名ほどが発願した阿弥陀諸尊像であることが分かっている。八〇センチメートル程の小さな像であるが、偏袒右肩に法衣を着けた身体は頭部とともに柔らかな丸みを帯びている。脇に控える仏弟子の一人は手にした経典に目をやり、菩薩の一人は首をやや右斜め前に傾げ、台座の左右を護る護法神と共に動的な要素と優しげな雰囲気をこの諸尊像に与えている。菩薩の頭頂には細かな飾りの施された宝冠が載り、うち一人はさらに珠玉を連ねX字に交叉する瓔珞で飾られている。阿弥陀仏の周りは花綱や瓔珞の垂飾で華やぎ、背後の透かし彫りの樹の頂には七体の化仏《けぶつ》が表されている。

唐の奉先寺洞と敦煌の浄土変相図

そして国際色豊かな大帝国であった唐（六一八〜九〇七年）に入ると彫刻分野では一層、写実性が発展し、北魏の龍門石窟賓陽中洞如来坐像に見られるような超越性とは異なる、理想的身体を有した如来の姿が表された。初唐を代表する奉先寺洞（図6-6）は中央の盧舎那仏《るしゃなぶつ》の台座に残る銘文から、高宗（在位六四九〜六八三年）の建立で、則天武后が六七二年に化粧料二万貫を献じ、六七五年に完成したことが知られる。盧舎那仏像は像高が約一七メートルで、通肩に法衣を纏い蓮台に坐する。両手は失われているが、堂々とした体軀と端正な顔立ちには、理想的国家君主のイメージと重ねられたともいわれる盧舎那仏の深奥さが漂う。二菩薩像、二比丘像が脇に控え、さらにこの龕《がん》を護るかの如く天王と力士が並び立つ（図6－7）。ともに護法神らしくダイナミックで動きに満ちたポーズをとるが、とくに力士の隆々と発達した胸筋と腹筋、捻った首、握り拳と腕、脚部にみなぎる緊張感が写実的に彫られており、大きく開いた目と口と共に、この尊格の怒りと力を存分に表している。

唐代に隆盛を迎えた仏教美術は、この帝国の版図の西に位置する仏教の一大中心地、敦煌においても見ることができる。甘粛省の砂漠に位置するこの地の歴史は前漢の武帝（在位前一四一～前八七年）の頃に遡る。シルクロードの要衝であったことから早くから仏教が伝わり、その内の莫高窟《ばっこうくつ》は、唐代の碑文によれば、三六六年に楽僔《らくそん》が千仏の様相をした金光を目にして、最初の石窟を開いたことに始まるという。その後、元代に至るまで開窟と重修が続けられ、莫高窟、西千仏洞、楡林窟《ゆりんくつ》などの石窟群が存在している。石窟内部の壁画や彫刻は長期にわたる異なる政権の下での造営を反映して、さまざまな様式を見せる。さらには莫高窟第一六窟の壁の後ろに隠されていた「蔵経洞」とよばれる第一七窟に、おおよそ一一世紀頃までの経典や世俗文書、仏教絵画、版画など数万点が状態の良い形で保存され、そのほかの窟から発見された史料と共に、二〇世紀以降の美術を含めた仏教文化史研究の発展に大きく貢献した。また、文献は漢語だけではなく古代

図6－6　唐（675年）龍門石窟，奉先寺
像高 17.14 m
出典：『中国美術分類全集　中国石窟彫塑全集4　龍門』図167

図6－7　唐（675年）龍門石窟，奉先寺，力士
像高 9.75 m
出典：『中国美術分類全集　中国石窟彫塑全集 4　龍門』図181

ウイグル語、チベット語、さらにはヘブライ語などさまざまな言語で書かれており、敦煌を行き交った東西の文化を偲ばせる。

このように主要交易路に在りながら北西の砂漠に位置したことで、敦煌には政治の中心地では失われた唐の仏教美術を今に伝える作例が多く残されている。唐代の浄土変相図（変相図とは仏教説話や経典の内容を造形化したもの）もその類で、首都長安には残らなかった大規模な構図の壁画が残っている。

浄土とは穢れの無い仏や菩薩の住む世界を意味し、とくに知られているのは阿弥陀仏の西方浄土であろう。阿弥陀仏の浄土に生まれ変わるためにその世界を観想する（心を集中させ深くおもいをこらす）ことも修行の一つであり、阿弥陀信仰の主要経典の一つである『仏説観無量寿経《ぶっせつかんむりょうじゅきょう》』では釈迦牟尼がマガダ国の王妃であった韋提希《いだいけ》に、観想のための極楽浄土の情景を説いている。敦煌に残る唐代の浄土変相図は阿弥陀仏の浄土へ往生したいという切実な願いをもって、人々がどのように数限りない天人と「花のようで、星や月のように輝く五百色の光」、「百宝でできた千万の楼閣」、「空に浮かぶ、奏でる者が無くても鳴る楽器」などで満ち溢れた非現実的世界を思い描いたのかを垣間見せてくれる。さらに、こうした浄土を想起させるモチーフは、楼閣や宝池の縁に強調されるように、線遠近法に似た手法により奥行きを持たせた空間に配置されている。大画面、かつ観者を招き入れるように描かれた世界は、手に入ることのない空想の楽園ではなく、現世の先に確固としてある阿弥陀仏の浄土として、人々の心に現実性をもって浸透したのではないだろうか。

図6-8　唐・敦煌莫高窟217窟，観経変相図（部分）
縦3.1m 横4.86m
出典：She Weixiang “High Tang Art in the Mogao Caves” *Orientations* vol. 23 no. 5 (1992) fig. 4.

遥か西の敦煌にまで及んだ唐の文化の栄華であったが、この地も七八一年にはその頃北へ勢力を拡大していたチベット系の吐蕃《とばん》王国の支配下に入った。その後、帰議軍とよばれる土着の漢人政権が成立し、支配者一族の篤い庇護のもと敦煌の仏教文化は隆盛した。一〇三五年には東から拡大してきたタングート（党項）族の西夏に降るが、吐蕃と西夏もまた、次に紹介する遼やウイグルのように、独自の仏教文化を花開かせた。

3　花開く多様性

遼の仏宮《ぶつぐう》寺《じ》釈迦《しゃか》塔《とう》

唐に続く五代十国の時期に興った国の一つが遼（契丹）（九一六〜一一二五年）である。仏教はこの遊牧民族の国家でも篤く信奉されたことは、隋の静琬《じょうえん》が、仏法が絶えることのないように始めた石刻の大蔵経（別称「房山石経《ぼうざんせっけい》」、「大蔵経」は仏教典籍の全集のこと）という、王朝を跨ぐ一大プロジェクトを、遼が皇帝の支援のもと引き継いだことや、域内に建てられた多くの仏塔と、数々の仏教文物などにあきらかである。

図6-9　遼（1056年）仏宮寺釈迦塔全景
総高 67.31 m
出典：黄暁帆写真提供

美術の範疇からは少し外れるが、仏教文化を代表するモニュメントが仏塔（ストゥーパ・卒塔婆）である。仏塔とは釈迦牟尼の舎利（遺骨）を納めるための塔で、その起源はインドに遡る。舎利は釈迦牟尼そのものであり、それを納めた仏塔は信仰の対象となった。現存する古代インドの代表的なものはアショーカ王（在位前二六八～二三二年頃）のマウリヤ朝（前三二三～一八五年頃）に起源を持ち、シュンガ朝などのそれに続く時代に拡張されたサーンチーの第一塔である。この仏塔は、東アジアで一般的に見られる多角形の塔ではなく、石や塼《せん》（煉瓦）で形成された覆鉢状の本体の上に傘竿《さんかん》・傘蓋《さんがい》を立て、周りを欄楯《らんじゅん》で囲い、礼拝用の繞道《にょうどう》を作るものであった。やがて仏塔を含むインド・ガンダーラで発達した仏教建築が中央アジアを通り中国へ伝わり、古来より存在した多層の楼閣建築と融合した。もとは仏塔と仏像を安置する仏殿の機能を併せ持っていたともいわれている。その後、機能的には仏塔として仏殿から独立し、材質としては主に木、石、塼、様式としては日本でも多く建てられた多層の楼閣式や、密檐《みつえん》式とよばれる二層目以上には軒のみを重ねた形式などが発達した。

楼閣式の仏塔の史料は後漢の画像磚や文献に残る後漢末の笮融《さくゆう》が建てた「浮屠祠《ふとし》」まで遡り、有名な北魏の五一六年建立の永寧寺の塔も九重の木造仏塔であったとされる。現存する木塔で最大のものは山西省朔州市に立つ仏宮寺釈迦塔（別名「応県木塔」）で、遼の一〇五六年の建立とされる（図6-9）。遼代には仏塔の建設と重修が進められたが、現存する仏塔に多い形式は八角形の密檐式磚塔で、壁面に仏菩薩像や天などの彫刻を施す。これに対し仏宮寺釈迦塔は八角総木造の楼閣式で、最下層の直径が約三〇メートル、高さが約六七メートルの巨大な仏塔である。外観は五重塔であるが、内部は明層（メインの層）、暗層（小屋裏）含めて九層になっており、筋違《すじかい》という斜めに入れ楼閣の強度を補強する材や五〇種類を超える斗栱《ときょう》（組物）といったさまざまな技術を使用して構築されている。遼の木造建築は唐代木造建築の要素を残しているといわれ、釈迦塔においても柱の長さに対する斗栱の大きさなどが、八五七年築の佛光寺に見られるような、唐の様式に近い。

図6－10　遼　仏宮寺釈迦塔　第二層内部
出典：黄暁帆写真提供

佛宮寺釈迦塔の内部から発見された文物も貴重である（図6－10）。各明層の内柱で囲まれる中心部分に、異なる数の仏像が安置されている。一九七四年、第四層にある釈迦仏坐像の胎内から、それまでは記録でしか知られていなかった『契丹大蔵経』の経巻が発見された。塔からはそのほかにも舎利仏牙や仏教版画など、数多くの文物が収集された。

仏宮寺釈迦塔はその巨大さにもかかわらず、修理を繰り返し地震などの幾多の自然災害・人災を乗り越えてきたが、創建から一〇〇〇年近く経ち、近年は建材の経年劣化や破損、仏塔の傾斜が問題となっている。しかし、その大きさと複雑な構造のため修理・保存は容易ではない。この貴重な仏塔が、末永く次世代へと受け継がれることを願うばかりである。

西ウイグル国の誓願画

五代・宋の北中国を駆け抜けた異民族の風は、西の砂漠地帯へも及んだ。海抜マイナス一五四メートルのトルファン地方は『西遊記』にも登場する火焔山を有する荒野であるが、オアシスを中心に古くから交通の要衝として栄えた。この辺りには、一〇世紀頃から一三世紀のモンゴルの西進まで、トルファンの高昌とその北に位置する北庭を首都としたウイグル族の王国があった。この国は天山ウイグル王国、西ウイグル国などとよばれている。テュルク（トルコ）系であるウイグル族は、もとはモンゴル高原を中心に領土を拡大し、唐の歴史を二分した安史の乱においては唐王朝側の助っ人として参戦した。唐との絹馬交易や北の交易ルートを通して栄えたが、やがて八三〇年代から四〇年にかけての内紛、天災、キルギス族との闘争により四散し、西遷した者たちの一部が西ウイグル国を築いたのである（以下、この頃のウイグル族を「古ウイグル」とよぶ）。

新疆のウイグル人は今日ではイスラム教徒として知られているが、その精神的祖先である古ウイグル人は行く先々で出会った宗教を取り込み、独特な宗教芸術を生み出した。もとより、北アジアの遊牧民のあいだで広く行われた天神を中心とする信仰を持っていたが、三世紀に中東で発祥した二元論的宗教であるマニ教を、八世紀に取り入れ国教と定めた。

さらに西ウイグル国期（九世紀中頃〜一三世紀頃）には土着の仏教徒の影響で徐々に仏教を信奉するようになっていった。まず大きな影響を受けたのがトカラ仏教と中国仏教であるが、モンゴル帝国に帰属してからはチベット仏教も取り入れている。

そのような歴史的背景を反映して、古ウイグルの人々が残した仏教美術も多様である。実のところ、トルファン地方から出土した仏教美術品の多くは断片的で銘文を残さず、年代判定も難しい。しかしながら、そのなかでも誓願画とよばれる大画面の壁画は、西ウイグル国の仏教美術の一側面を定義する重要な作品群と見なされている（図6-11）。

トカラ仏教にもとづくこの誓願画の多くはトルファンの街から東へ四〇キロメートルに位置するベゼクリク石窟由来のものである。「誓願画」という名称は、絵画の内容に基づいてドイツ語で Praṇidhi Szene とよばれていたものを日本語に訳したもので、後の釈迦牟尼が王や商人、バラモンの行者などであった過去生において過去の仏たちに出会い、供

図６－11　西ウイグル国・誓願画（11～12世紀頃）
縦3.25m×横2.75m
ドイツ探検隊により収集されたが，第二次世界大戦中に失われた。
出典：Staatliche Museen zu Berlin, Museum für Asiatische Kunst/Archive, IB 6885.

養し、来世において成仏する誓願を発し、過去仏より成仏の預言を得る場面であるとする。この予言を「授記」といい、その「授記説話」が主たるテーマであるとする観点から、「授記画」とよばれることもある。画中に寄進者が描かれることもあり、その服装などから西ウイグル国の上層階級が施主に含まれていたことが分かる。

トルファン地方の誓願画は特徴的で、定型化されている。様式的には中国仏教美術の要素を含んでおり、東方の要素は上方の隅に描かれる建築物の様式や、誓願画が並ぶ窟内に中国仏教に由来する密教的壁画が描かれることにも表れている。中央には過去仏が描かれるが、その脇に配された、未来生で釈迦牟尼になるとされる人物に向かってたたずむ。銘文と描かれた人物やモチーフを見ることで、どの授記のエピソードかが分かるものもある。図６-11においては向かって右側に、地に伏せて髪を過去仏の足下に広げる人物が描かれている。これはガンダーラの仏教美術にも見られる、釈迦の前世であるバラモンの青年が、燃燈仏《ねんとうぶつ》という過去仏に蓮華を捧げ、その足が泥で汚れないように自らの髪を捧げ、成仏の授記を与えられた、というエピソードを描いている。その周りには菩薩や天などが配されている。

ベゼクリク石窟将来の誓願画はその構図、様式、色彩などから一目見ればそれと分かる、ユニークなものであるが、その先行例は先に紹介したキジル石窟を擁するクチャに見ることができ、自らも成仏の授記を授からんとする信仰の拡大とともにこうした誓願画が描かれるようになり、それを継承した西ウイグル国でさらに発展したという意見がある。何枚もの大画面の誓願画が石窟寺院の内部を荘厳にしていた様は訪れた仏教徒を圧倒したに違いない。

こうしてみると、誓願画はモンゴル高原から移動してきたウイグル族の仏教美術でありながらブラーフミー文字のサンスクリット銘文を持ち、クチャ地方の要素と中国的要素を取り込みながらも他の地域には見られないという、シルクロード上の文化交流のなかで生まれた傑作の一つといえるのではないだろうか。そして、未だ不明な部分も多い西ウイグル王国の仏教徒の確固たる思いを霧消させることなく、未来へと伝えてゆくための指標でもあるといえよう。

六祖截竹図《りくそせっちくず》・六祖破経図

中央アジアや北アジアで遼・ウイグル・西夏・金などのさまざまな民族の仏教文化が花開いていた頃、中国本土においても宋（九六〇～一二七九年）の仏教文化が栄えた。

中国、そして後に日本において花開いた禅宗は、一般的にインドから来たと伝えられる菩提達磨《だるま》を祖とし、宋代に一層体系化された。禅宗は「拈華微笑《ねんげみしょう》」すなわち釈迦牟尼が霊鷲山《りょうじゅせん》での説法において何も言わず華を拈った時、その意図をただ一人理解した摩訶迦葉《まかかしょう》が微笑み、正法を受け継いだ、という以心伝心の伝説的な故事が源流とされ、その教義は経典に記されておらず、師から弟子への師資相承の釈迦の教えの系譜であるとした。故に座禅による瞑想と、その美術においても祖師像、師の筆跡やその姿を描いた頂相などが重視された。

ここに紹介するのは、過去の祖師がいかにして悟りを開いたかを表すといわれるものである（図6-12）。描いたのは南宋の画院の画家であった梁楷《りょうかい》とされており、禅僧とも交流があり、酒呑みで個性的であったと伝えられるこの画家は、「出山釈迦図《しゅっさんしゃかず》」のような精妙な描法のほか、「李白吟行図《りはくぎんこうず》」のように筆数を少なくし簡略化する「減筆」という画法で知られる。

描かれているのは、中国禅宗の六祖慧能《えのう》である。しかし、肖像画のように威儀正しく居るのではなく、低くしゃがみ、

図6-12　（左）宋・梁楷，六祖截竹図（東京国立博物館蔵）
縦72.7 cm 横31.5 cm
出典：京都国立博物館編『禅――心をかたちに』展図録，図16
（右）宋・（伝）梁楷，六祖破経図（三井記念美術館蔵）
縦72.8 cm 横31.6 cm
出典：三井記念美術館編『特別展東山御物の美――足利将軍家の至宝』図26

手にした鉈《なた》で竹を切ろうとしており、優れた画力で人体の動きを捉えていると評される。具体的な記録はないものの、これは慧能が竹を切る瞬間に悟りの契機を得た図とされてきた。この絵はもとはもう一枚、〝伝〟梁楷とされる、文字に依らないすなわち、「不立《ふりゅう》文字《もんじ》」を表すかのような経典を破る慧能を描いた「六祖破経図」と対幅として足利将軍家コレクションの東山御物に受け継がれていた。

十王経の美術

初めに紹介した中国仏教美術の最初期のように、広く民間に浸透した信仰と結びついた仏教の教義と美術も、長い時を経ても廃れることなく、より組織的に中国の精神世界と結びついていった。その一例が、死後の裁判を司る十王の信仰と美術である。十王とい

図6-13　宋　十王図
縦129.5 cm 横49.5 cm
出典：The Metropolitan Museum of Art, Rogers Fund, 1929 (30.76.293)
https://www.metmuseum.org/

うと聞きなれないが、そのうち一人の閻魔（閻羅）王の名はよく知られているのではないだろうか（図6-13）。一般的に知られている閻魔王のイメージは貴人の服装を身に着け、笏《しゃく》を手に憤怒の形相をする姿であると思うが、古代インドの天界の楽土における王となったヤマを源流とする。仏教に取り入れられ、中国へと伝わったヤマはやがて閻羅王として、死者の転生を決める一〇の審判を司る王の一人となった。この十王の審判は唐の頃に撰述された偽経に基づいており、儒教の教えが強かった中国において、自分のための功徳を積む儀礼と、亡くなった親族を手助けする追善供養が組み合わされ成立したといわれる。故にその内容は中国固有の死後世界観を取り入れており、実社会の官僚制度を反映している側面や、十王のなかに古来、死者の魂の行き着く場所であるとされていた泰山の王が含まれる。十王の審判を描く美術作品も多く作られた。構図はさまざまであるが、図6-13のように、冥官にかしずかれた十王の一人が机に座し、裁きを行う図が一般的である。この絵では閻羅王が死者の生前の行いを取り調べている。向かって左側にあるのは業鏡という、生前の行いを映し出す鏡である。この男は盗賊であったのだろうか、船の乗客にまさに刀を振り下ろそうとしている場面が映っている。後方では閻羅王が怒りに満ちた形相を見せる。

この絵は南宋時代の寧波の金処士のもと、複数の画士により描かれたとされ、繊細な筆遣いと鮮やかな色彩で知られる。十王図の現存するものでは、古くは晩唐とされる四川省綿陽の北山院摩崖《まがい》像や敦煌文献に残る、一〇世紀頃とされる経典の挿絵に見られる。トルファン出土のウイグル語の挿絵入り経典や日本の江戸時代の仏画にも見られるなど、長い期間にわたり広い地域で信仰されてきたことが分かる。十王の法廷では何人も平等に裁かれる。厳しい審判に臨む親族を想い、十王の絵を祀り供養した仏教徒の切なる願いが感じられる。

乾隆帝菩薩画像

一三世紀に入ると、チンギス・カン（在位一二〇六～一二二七年）創始のモンゴル帝国の波はこれまでに紹介した敦煌やトルファンなどの仏教文化の拠点も飲み込み、中国もまた、この帝国の第五代でありカアンとなったクビライ（在位一二六〇～一二九四年）直属の大元ウルスの一部となった（中国の王朝としての元朝）。チベット仏教と元朝との関係については第9章で触れられるが、先述の吐蕃王朝の崩壊後の衰退から、新たにインドの影響を受け一一世紀に復興したチベット仏教（後伝仏教）が、大カアンであったクビライをはじめモンゴル族に広く信仰された結果、中国仏教美術にもこの頃よりチベット仏教美術の大きな流れが現れた。しかし、それにより連綿と続いてきた仏教美術の伝統が根こそぎ入れ替わることはなく、たとえば一六世紀頃より、チベット仏教絵画に中国絵画の要素が顕著に現れ、自然の風景を背景とした仏画が現れるなど、影響しあいつつ共存していた。この章の最後を飾るのは、文殊菩薩として描かれた清（一六一六～一九一二年）の第六代皇帝、乾隆帝（在位一七三五～一七九六年）である（図6‐14）。清の皇室においてもチベット仏教は重んじられ、とくにクビライとパクパ（パスパ）における皇帝と帝師の関係と、その政治・宗教的権威を受け継ごうとした。チベット仏教を個人的にも信仰していた乾隆帝であるが、その高僧の姿をした自らを、歴代の祖師と仏菩薩と共に五台山の背景に配したこの絵は、仏教の東の中心地である中国に君臨し、旗下の満洲人、モンゴル人チベット仏教徒の精神世界を統率する菩薩王としてのポートレイトでもある。その文化・宗教的意味は、この絵の随所に見ることができる。

まず、この絵はチベット仏教のタンカ（軸装仏画）のうち、ツォクシン（集会樹、資糧の田）とよばれる形式をもとにしたと考えられている。この図はいわば、如来から自分の師までの系譜図であり、儀礼の一部として行者が観想する内容を描いたものとされる。仏菩薩、守護尊、護法尊、祖師・高僧などが、その属性や階級に基づき画面に密集するよう

図6－14　清・乾隆帝菩薩画像
縦 113.6 cm 横 64.3 cm
出典：Freer Gallery of Art, Smithsonian Institution, Washington, D. C.: Purchase-Charles Lang Freer Endowment and funds provided by an anonymous donor, F2000.4.

に集っている。乾隆帝はこのツォクシンの中央に座している。まず見るものを捉えるのはまっすぐ前方を見つめる乾隆帝の顔である。他の部分が従来の仏画の様式で描かれるなか、写実的に表された顔の部分は、当時清の宮廷に滞在していたイエズス会の宣教師、ジュゼッペ・カスティリオーネにより描かれた可能性も指摘されている。その体は高僧の衣装に包まれているが、右手は転法輪印（説法をしていることを表す手の形）を結び、左手には法輪を載せている。両手に取られた蓮華の上には剣と経帙《きょうちつ》が載っている。座する皇帝を取り巻くのは、インドとチベット仏教の祖師たちである。

乾隆帝をぐるりと囲んだ祖師像の上部には「根源の師僧（根本ラマ）」と銘された僧がより大きく描かれている。水瓶を手にし、蓮華に金剛杵《こんごうしょ》・金剛鈴《こんごうれい》を載せたこの僧は、乾隆帝の幼少期よりの学友であり、その精神世界における師であったチャンキャ三世ロルペードルジェである。この祖師の樹の周りにはさらに、仏、菩薩、護法尊などが描かれている。そして、背景は山西省に位置する仏教の聖地、五台山であるとされる。この図をどう読み解けば「文化・宗教的意味」を持った絵に見えるのか。まず、中央に高僧の姿で座する乾隆帝は、仏法の継承者であることを示す。さらに左手の法輪は、乾隆帝が転輪聖王《てんりんじょうおう》、すなわち武力ではなく仏法により世界を統治する理想の王であることを示す。そして、蓮華に載る剣と経帙により、この皇帝が仏の知恵を象徴する文殊《もんじゅ》菩薩《ぼさつ》の化身であることが分かる。

転輪聖王と文殊菩薩は、チベット仏教徒にとって特別な意味を持っていた。文殊菩薩は長く、背景として描かれている五台山に住むと信じられてきた。五台山は少なくとも北魏まで遡る仏教の聖地であるが、唐の頃には『華厳経』に説かれる文殊菩薩の住まう清涼山と同一視されるようになっていた。この中国にある文殊菩薩の住処は広くその名を轟かせ、チベットも早くより五台山に深い関心を寄せていたことは、『旧唐書』にある八二四年に吐蕃が唐に五台山図を求めたということにも明らかである。元の時代には五台山にもアニゴによる白塔が建立されるなど、この地は中国仏教だけでなく、チベット仏教の聖地ともなったのである。

同形式の乾隆帝の肖像画の総合的研究によると明を経て清に至り、乾隆帝と前出のチャンキャ三世との関係は、クビライと、この皇帝を転輪聖王とし、チベット仏教における菩薩の化身、理想の王であるとしたパクパのそれに重ねられた。パクパ同様国師として迎えられたチャンキャ三世は、一七四五年に乾隆帝にチャクラサンヴァラ尊（転輪聖王の密教化した尊格）の灌頂《かんじょう》（イニシエーションの儀礼）を授け、そして、高僧、パンチェンラマ三世により授けられた乾隆帝の転生系譜において、この皇帝はプラーセナジット王やクビライをはじめ、インドまで遡る歴代の仏教王や文殊菩薩に縁のある高僧と並び記され、地域・時代を越えて転生し続けてきた菩薩王として認められたのである。

かくて、チベット仏教の継承者であり、仏教世界の東方に位置する古くからの聖地五台山を住処とする文殊菩薩であり、モンゴル帝国の大カアン、クビライの如く転輪聖王でもある乾隆帝を描くこの絵は、この皇帝の信仰の一側面を表す仏教美術であるだけでなく、多民族からなる多様な精神世界を治める清の統率者の王権の一面をも反映した興味深い作品なのである。

以上、紹介したものは仏教美術の一部だが、このわずかな例を見るだけでも仏教の教えや図像の規範を護りつつ、さまざまな民族が社会との関係のなかで独自の仏教美術における美の営みを持っていたことが分かる。そのなかには、漢族の伝統が強いものもあれば、西方のインドやイランの要素を持つものもあり、それらを取り込んで新しいものを力強く作り出してきた。なかには日本の仏教美術を鑑賞し、楽しむ際に鍵となる要素を持つものもある。今度、仏教美術の作品に接する機会があれば、その背景にある、インドから中央アジア、中国、朝鮮半島を経て日本へと流れる、アジア仏教美術の大きな「美の営み」にも是非、思いを馳せてもらいたい。

主要参考文献

中村元（一九八〇）『ブッダの世界』学習研究社。

村上真完（一九八四）『西域の仏教――ベゼクリク誓願画考』第三文明社。

宮治昭（一九九二）『涅槃と弥勒の図像学――インドから中央アジアへ』吉川弘文館。

久野美樹（一九九九）『中国の仏教美術――後漢代から元代まで』東信堂。

石松日奈子（二〇〇五）『北魏仏教造像史の研究』ブリュッケ。

大西磨希子（二〇〇七）『西方浄土変の研究』中央公論美術出版。

森安孝夫（二〇〇七）『興亡の世界史第五巻　シルクロードと唐帝国』講談社。

奈良美術研究所（編）（二〇〇七）『仏教美術からみた四川地域』雄山閣。

奈良国立博物館（編）（二〇〇九）『聖地寧波　日本仏教一三〇〇年の源流――すべてはここからやって来た』奈良国立博物館。

石濱裕美子（二〇一一）『清朝とチベット仏教――菩薩王となった乾隆帝』早稲田大学出版部。

九州国立博物館（編）（二〇一一）『草原の王朝　契丹――美しき三人のプリンセス』西日本新聞社。

濱田瑞美（二〇一二）『中国石窟美術の研究』中央公論美術出版。

八木春生（二〇一三）『中国仏教造像の変容――南北朝後期および隋時代』法藏館。

三井文庫三井記念美術館（編）（二〇一四）『特別展　東山御物の美――足利将軍の至宝』三井文庫三井記念美術館。

第7章　礼教国家の完成と東アジア秩序——隋・唐

江川式部

この章で学ぶこと

隋の建国によって南北分裂の時代が終わり、中華世界の再編が行われた。北朝で生まれた均田制や府兵制、南朝で継承されてきた中華伝統の官制・礼制や儒学は、隋・唐の王朝下で取捨統合されて新たな制度・文化を生んだ。隋代に始まる科挙は、九品官人法に代る新たな官吏登用方法となり、唐代に編纂された『大唐開元礼』は中華王朝の伝統的な礼制秩序の集大成となった。都の大興城（長安城）は周辺各地の都城制の模範となり、律令制や漢文文書などとともに、東アジア地域を代表する歴史的文化的な特徴が、この時代に形成されたのである。

短命で終わった隋を承け、唐は二九〇年の治世を維持した。王朝初期の積極的な外征とその後の硬柔両面での外交手腕、周到かつ優秀な官僚機構、社会変化に対応した税制の採用などがその長命の理由である。唐は安史の乱（七五五～七六三年）の前後で大きくその性格を変える。前半期の国家を支えた均田・租調庸制に加え、府兵制・州県制・羈縻《きび》政策などが破綻し、両税法・募兵制・藩鎮体制の施行によって社会矛盾の解消が図られたのである。隋唐時代は、中華的伝統社会がいったん完成し、同時に新たな社会の形成が始まった時代といえよう。

1　隋の統一

隋の成立

六鎮の乱を引き金に政権の弛緩を止められなかった北魏は、間もなく東魏・西魏に分裂し、それぞれ北斉・北周と政権交代を経て相対立した。この動乱のさなか西魏に生まれ、やがて北周武帝のもと頭角を現した人物が楊堅《ようけん》（隋の文帝）である（図7-1）。楊堅は幼い静帝の外戚として朝廷の権力を掌握し、五八一年に北周静帝の禅譲を受けて隋朝を開き、東アジアに冠たる強力な国家を創出していく。

楊堅が青年時代を過ごした北周は、儒学思想を重視し、仏教・道教を弾圧していた。しかし楊堅は幼少期に尼僧から養育を受けていたこともあって仏教にゆかりが深く、北周から政権を奪ったのちは、自らの新政権の正統性を、仏教を通じて社会に浸透させていく。出家の自由を認め、新都大興城《だいこうじょう》に道教の玄都観《げんとかん》と並んで仏教の中心となる大興善寺《だいこうぜんじ》を建立し、官吏に「一切経」を写させて長安・洛陽・并州《へいしゅう》・相州《そうしゅう》の大寺院に納めるなど、宗教解放の姿勢を全面的に打ち出した。大興城には積極的に寺院を建立させて活気を呼び込み、人々に北周とは違う新たな時代の到来を演出してみせた。

文帝による中央集権の確立

楊堅は漢以来の長安城を棄ててその東南にある龍首原に大興城を造営させ、新国家建設の足場とした。天才建築家の宇文愷《うぶんがい》を起用して建設されたこの大興城は、続く唐朝に受け継がれ、隋唐長安城として日本をはじめ東アジア各都市のプランニングに影響を与えている。この大興城が、産声をあげたばかりの隋朝だけでなく、東アジア地域の中心として機能を始めるのに時間はかからなかった。

楊堅は行政改革に着手し、まず国家運営の基本となる中央官制を整備した。これを三省六部制《さんしょうりくぶせい》という。皇帝の下に尚書省《しょうしょしょう》・門下省《もんかしょう》・内史省《ないししょう》を置いて政策決定を行い、さらに尚書省の下に吏（人事考課）・民（戸口・賦税）・礼（儀礼・外交）・兵（軍政）・刑（刑法）・工（建築・営造）部を置いて政策を執行した。地方行政においてもそれまでの州‐郡‐県の三等級制を改め、州‐県の二級制（州県制）にして行政経費を削減し、地方官の数を絞り込んで中央の命令が地方に届きやすいよう中央集権化を推し進めた。法制では、即位翌年の五八二年に国家の法典となる開皇律令を定めた。また戸籍整備のため、大索貌閲《だいさくぼうえつ》とよばれる本人確認のための調査を行い、輸籍法《ゆせきほう》により各戸の等級に応じた納税基準を明確にして自主的な戸籍登録を促し、その上で基本税制に均田制を採用して国家財政の基盤を固めた。こうして行政・法制・財政の三大改革を成し遂げた楊堅が、次に目標としたのが南朝陳の攻略である。

陳は、梁末の侯景《こうけい》の乱後の混乱から生まれた王朝で、建康（現在の南京）に都を置いて、北方の様子を窺っていた。楊堅は大興城への物流を確保するためとして、新都営造の翌五八四年に大興城と黄河とを結ぶ運河（広通渠《こうつうきょ》）を建設したのに続き、五八七年に淮水と長江とをつなぐ山陽瀆《さんようとく》（邗溝《かんこう》）を造った（図７‐２）。この山陽瀆こそは隋が陳攻略のために用意した戦略的運河であり、この翌年、楊堅は寿春《じゅしゅん》（安徽省寿県）に軍事拠点を置き、山陽瀆・長江上流・長江下流の三方向から総計五一万八〇〇〇の大軍で建康に攻め込んだ。陳は何ら防御策を打てないまま敗北し滅亡した。ここに東晋以来二七〇年に亘って続いた南北分裂の時代は終わり、隋による中国の再統一が実現する。

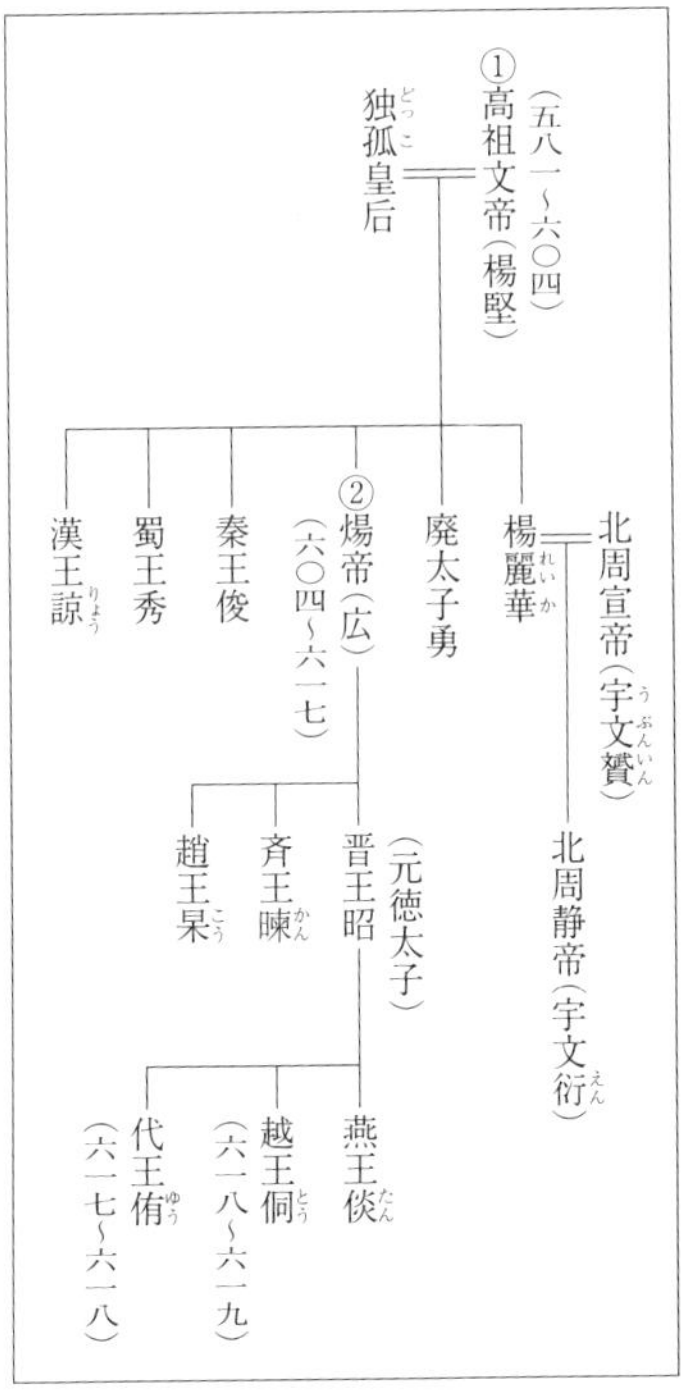

図７－１　隋帝室系図

出典：池田温ほか編『世界歴史体系　中国史２　三国～唐』山川出版社，294頁をもとに一部補正

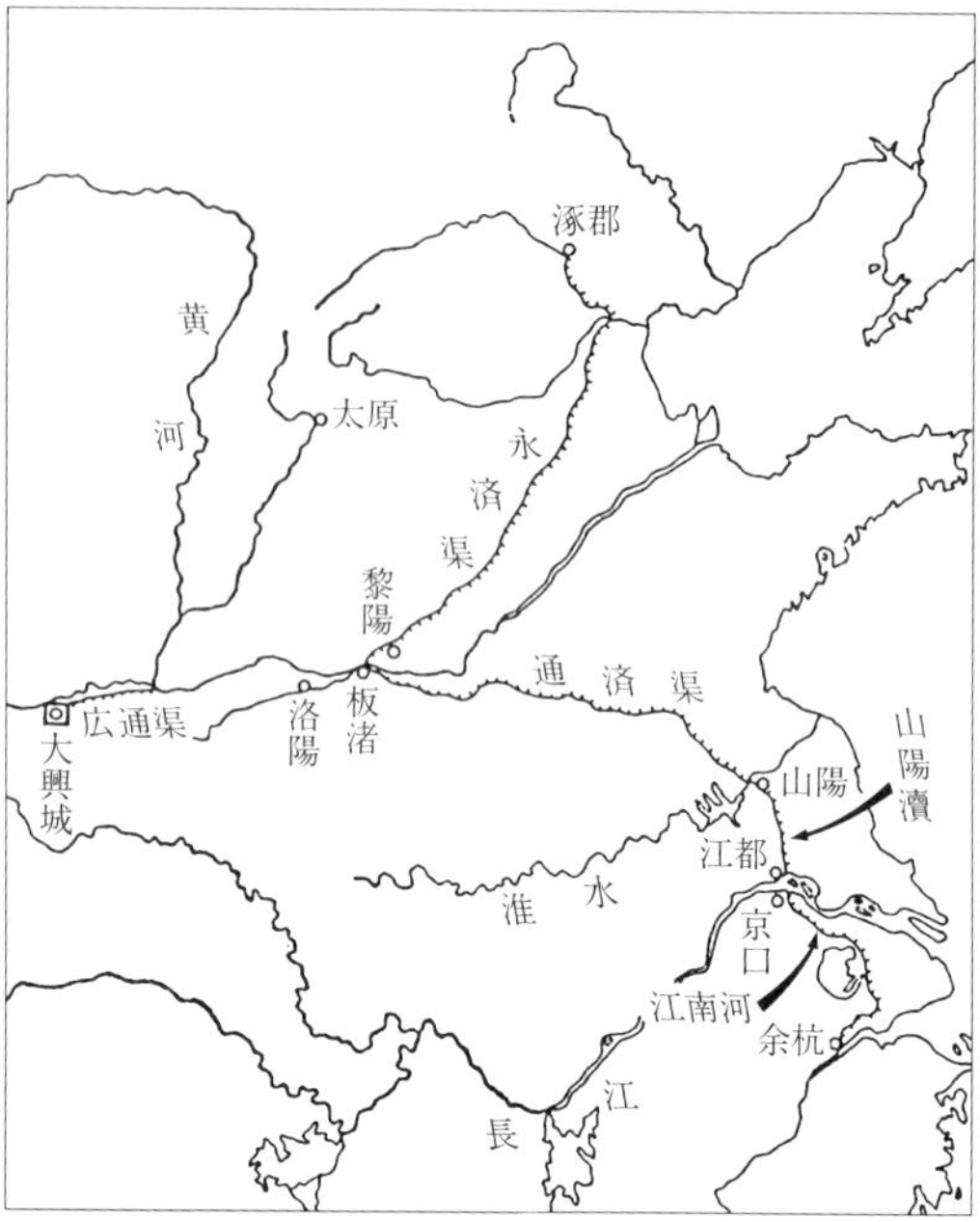

図7－2　隋代の運河

出典：星斌夫『大運河』近藤出版社，1971年，19頁をもとに一部補正

陳を滅ぼした楊堅は五九八年、統一王朝としての人材登用策を打ち出した。それが選挙制度、すなわち後世に「科挙」とよばれる官吏登用法の創始である。併合した旧南朝の地から国家運営を担いうる優秀な人材を起用し、かつ建国時からの北朝系官僚のあいだに不満を残さないためには、明確な人材評価が求められた。そこで家柄の高い者が特権的に官職につくことが容認されてきた九品官人法《きゅうひんかんじんほう》を廃止し、政府による試験選抜を経てはじめて官吏となる資格を得ることができるよう、制度を改めたのである。選択推挙された者たちに対しては秀才・明経《めいけい》・進士などの科目試験による選抜が行われた。こうして始められた科挙制度は、のちの歴代王朝の官吏登用法として長く発展し、清朝末期の一九〇五年まで続けられた。

煬帝の治世と対外政策

陳の広大な南方領域と人材とを手に入れて中国を再統一した楊堅が、次にめざしたのは東部沿海に勢力をもつ高句麗《こうくり》の併合であった。しかしこれを果たせないまま楊堅は六〇四年に世を去り、子の楊広（煬帝《ようだい》）が後を継いだ。煬帝は父文帝の拡大路線をさらに推し進めていく。新たな中華世界の中心として漕運・交通の要となる洛陽に新都を建設し、通《つう》済渠《さいきょ》を新造して黄河と南の淮水をつなぎ、続けて永済渠《えいさいきょ》を造って黄河と北方の涿郡《たくぐん》（北京市の南）を結んだ。また南方の物産を嗜好していた彼は、長江沿いの江都から、さらに余杭《よこう》（杭州）まで運河を南進させ（江南河）、ここに国の南北を結ぶ物流の大動脈を完成させたのである。

煬帝の拡大路線はこうしたインフラ事業だけに止まらなかった。彼は六〇九年に西方の吐谷渾《とよくこん》を討ち、青海からタクラマカン砂漠へ通じる交通路とその北にある河西回廊一帯とを支配下におさめて、西域諸国との交易を完全に掌握した。煬帝は征伐軍を率いて祁連山《きれんざん》を越え、河西回廊の要衝である張掖《ちょうえき》に赴いて、現地に呼び集められた西域諸国の君長や商人らにその威勢を誇った。そして彼らをそのまま新都洛陽での国際見本市に招待し、さらに盛大にもてなした。隋の国威を内外に示すという煬帝の目的は果たされたかにみえたが、煬帝には更なる野望があった。それは父・楊堅が果たせなかった高句麗征伐である。

すでに兵糧を涿郡まで運ぶための運河（永済渠）を完成させていた煬帝は、六一二年正月、涿郡に軍隊を集結させ、補給部隊を含め三〇〇万人に及ぶ軍勢で征戦に臨んだ。しかし、その後の行軍で多くの戦力を失い、高句麗に攻め込んだ約三〇万の兵士のうち、帰還できたのは二七〇〇人ばかりという惨敗を喫した。あきらめきれない煬帝は、続く六一三年、六一四年と都合三度にわたり遠征軍を組織したが、六一三年には軍への補給を担当していた楊玄感《ようげんかん》が黎陽《れいよう》で反乱を起こし、その対応に追われるなかで高句麗と和睦せざるを得なくなり、結局この軍事行動は無益に終わった。高句麗遠征の事実上の失敗により自信を喪失した煬帝は、その後江都に引きこもって政務を怠るようになった。そしてこれまで彼の無理な土木工事や軍事行動の犠牲となってきた人々の不満は、間もなく各地で反乱となって爆発した。

反乱軍を指揮した群雄のなかには、煬帝に見切りをつけた隋の正規軍の将軍もあり、唐朝を建てることになる李淵《りえん》もその一人であった。六一七年、煬帝が江都で側近に殺されると、李淵はすぐに長安に軍を進めてこれを占領した。煬帝の孫である代王楊侑《ようゆう》を煬帝の後嗣ぎとして帝位につけ、自らはその後見人として各地の反乱軍を制圧していった。そして軍事的優位を確立したのち、六一八年に楊侑から禅譲を受けて自ら帝位に即き、新たに唐朝を建国したのである。文帝楊堅の建国から恭帝楊侑の禅譲まで、隋の治世は三七年余で終わりを告げるが、その間に整備された三省六部制・均田制・府兵制などの政治・財政・軍事制度の基本的な枠組みと積極的な対外政策の在り方は、続く唐朝に引き継がれた。

2 唐の隆盛

唐の建国と東アジア秩序の再編

李淵《りえん》（唐の高祖）は長安（隋の大興城）を都に定めて天下統一をめざしたが、隋末より各地で続く騒乱の鎮圧には時間を要した。次男李世民《りせいみん》（太宗）はこの間、父を助けて目覚ましい活躍をし、国内の統一事業に大きく貢献した。しかしこのことが長男である皇太子李建成《りけんせい》や弟元吉《げんきつ》との確執を生み、やがて世民は、長安城の北門である玄武門《げんぶもん》で兄の建成と弟の元吉を討滅する（図7-3）。玄武門の変とよばれるこの事件により、高祖李淵は退位して大明宮《だいめいきゅう》に隠居し、李世民が第二代唐皇帝に即位した（六二六年）（図7-4）。

太宗は即位するとすぐに北方の外圧となっていた東突厥《ひがしとっけつ》の経略にとりかかる。突厥はもと柔然に服属していたテュルク系の遊牧民で、柔然の弱体化した六世紀中頃から勢力を拡大した。やがて五五二年に族長の土門《トゥメン》が柔然を破って伊利可汗《イリかがん》を称する頃には、モンゴル高原からトルキスタン一帯を支配して、南の北斉・北周を圧倒する勢力を誇った。こうしたなか中原に成立した隋は、東西交易路を確保する目的から、

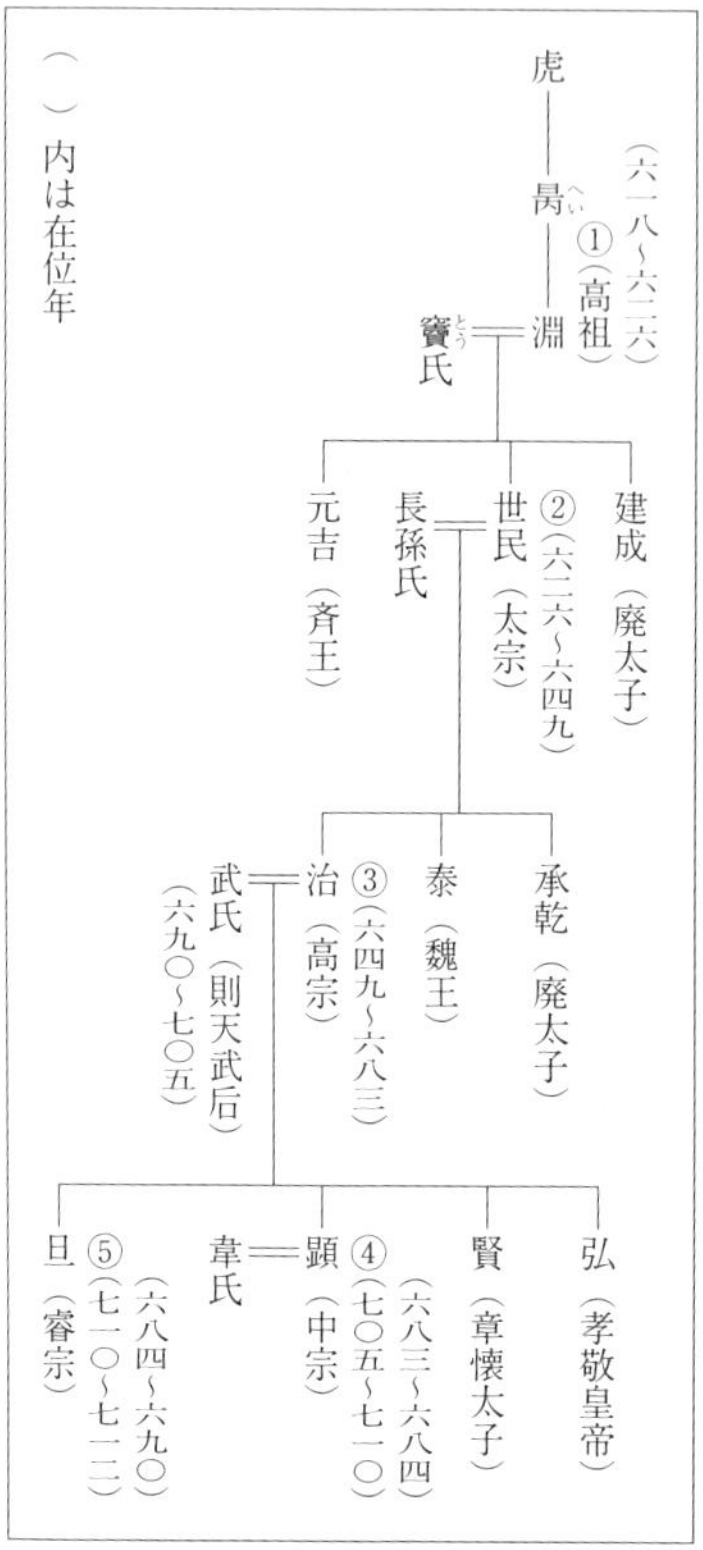

図7-3　唐帝室系図①　高祖～睿宗
出典：氣賀澤保規『中国の歴史06　絢爛たる世界帝国　隋唐』講談社，81頁をもとに一部補正

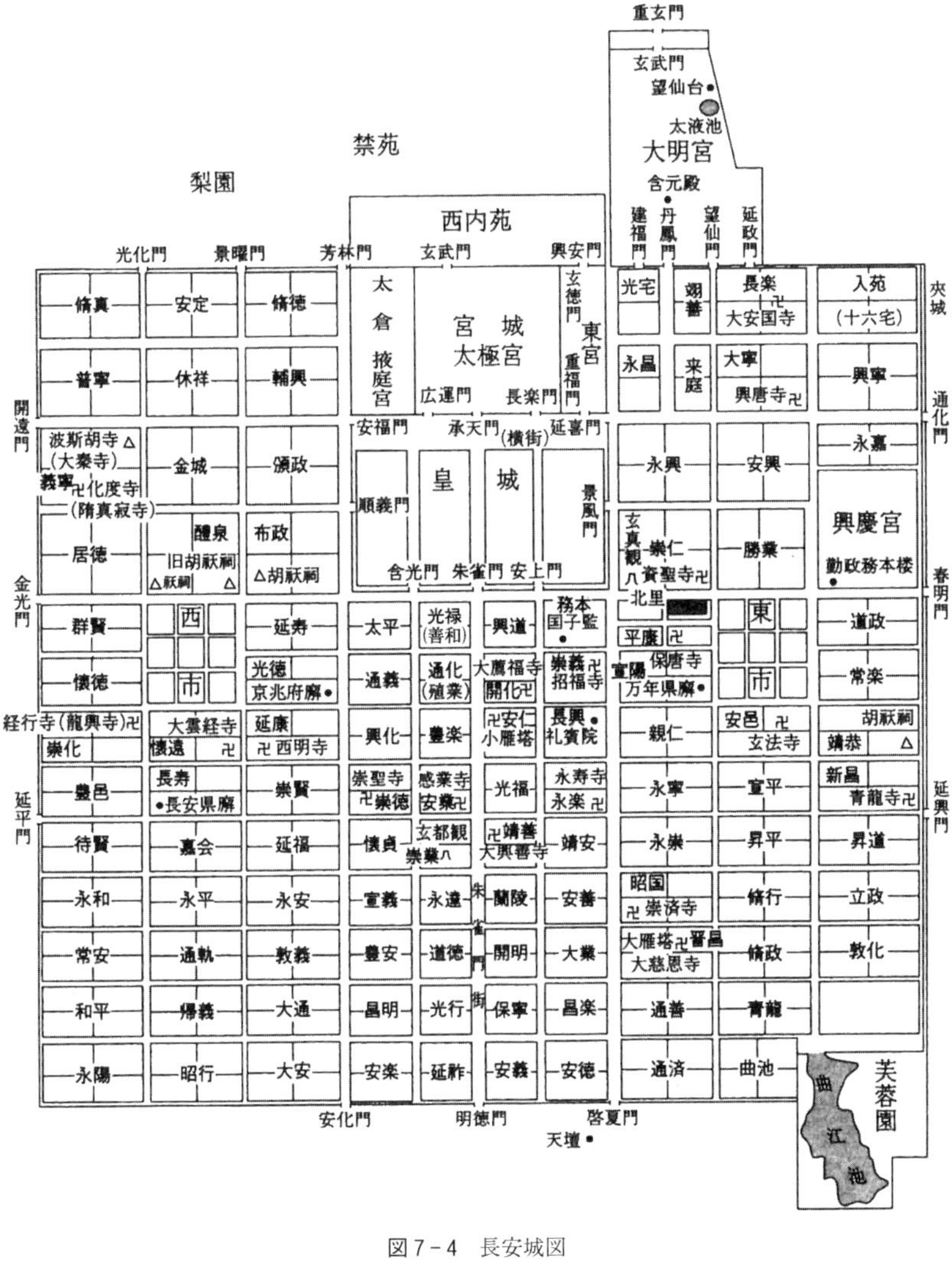

図７－４　長安城図
出典：氣賀澤保規『中国の歴史06　絢爛たる世界帝国　隋唐』講談社，200頁をもとに一部補正

離間策を用いて突厥の勢力を東西に分裂させることに成功する。東突厥は隋に服属し、西突厥《にしとっけつ》はトルキスタンに封じ込められた。やがて隋末の動乱を迎えると、東突厥は再び勢力を回復して北辺を窺うようになり、李淵ら唐軍も彼らに兵馬を借りながら、その動向には目を光らせなければならなかった。太宗は六三〇年に東突厥を討って頡利可汗《けつりかがん》を捕縛し、ここに土門以来の東突厥（突厥第一帝国）はひとたび滅亡する。北方経略を完成させた太宗を、突厥遺民を含む西北遊牧諸部の部族長たちは畏敬をこめて天可汗《てんかがん》とよび、また彼らの故地であるモンゴル高原のウトゥケン山から唐の都長安へと続く街道を参天可汗道《さんてんかがんどう》と称した。

父太宗の後を継いだ高宗（李治）は、北辺の安定を得て、父の代には完遂できなかった東西への経略を進めていった。西方では六五七年に西突厥を討ってトルキスタン一帯を掌握し、東方では六六三年に新羅と連携して百済・倭の連合軍を白村江《はくそんこう》に破り、六六八年にはこれまで幾度となく攻撃を行うも失敗してきた高句麗に対し、新羅と共同戦線を張ることでついに制圧を果たした。ここに、東は朝鮮半島から西はパミール高原、北はシベリア南部から南はベトナム北部に及ぶ大帝国が出現する。

唐は服属させた地域に六つの都護府《とごふ》と七つの羈縻州《きびしゅう》を置いて間接統治を行っている。これを羈縻政策という。辺境統治のために置かれた都護府には、中央から官吏を派遣して当該地域を監察させた。そして各都護府管轄下の羈縻州の長官（刺史《しし》）には、在地の部族長を任命して配下の部族を管理させ、官職の世襲を認める一方、その嗣子や家族を人質として長安に住まわせることも忘れなかった。

唐は定期的に使節を送り朝貢してくる国々に対しても、唐朝としての秩序づけを行っている。来朝した国の君長に封爵を与え、その支配領域を封地として公認するというものであり、これを冊封《さくほう》体制という。唐皇帝の座す都長安を中心に、州県による直接支配地域、羈縻州による間接支配地域、定期朝貢を行う地域、不定期に使節が来朝する地域、という中華的な礼的世界観が創出され、それに基づいて唐朝の内政・外交への対応が決定された。

礼・律・令と唐の諸制度——礼教国家の完成

西晋から隋唐の建国時に行われた政治制度の策定においては、刑法・行政法などの法典の整備と並行して、礼典の詳細が定められた。礼とは中国古来の生活規範の総称で、冠婚葬祭や神霊祭祀の儀式・所作、そこで用いられる文物、身分によって適用される制度の詳細などを含む。この礼を最も大切な道徳と位置づける儒学が、漢代に朝廷の政治理念に採用され、皇帝が天から負託を受けて地上を支配するという天命思想と結びつくと、礼は中華世界の統治秩序を示す指標として重視されるようになった。

隋では、はじめ南朝および北朝の儀礼書を整理して『五礼《ごれい》』一三〇巻が編纂され、また煬帝の時期には『江都集礼《こうとしゅうれい》』一二〇巻が作られた。唐代には太宗の時に『貞観礼《じょうがんれい》』一〇〇巻、高宗の時に『顕慶礼《けんけいれい》（永徽礼《えいきれい》）』一三〇巻、玄宗の時に『開元礼《かいげんれい》（大唐開元礼《だいとうかいげんれい》）』一五〇巻がそれぞれ国家礼典として編纂された。とくに『開元礼』は、唐代のみならずそれ以前の中国の王朝儀礼を集大成したものである。

礼典に国家の祭祀儀礼と社会秩序の体系が示されて礼制が定まると、これに沿って律（刑法）・令（行政法）・格（臨時法）・式（施行細則）の各種法制が整備された。これら法制は社会の変化に合わせて度々刪改《さんかい》や修正が行われた。礼と法の運用を基礎として、中央地方の行政制度や官僚制度、均田法とよばれる土地制度、租調庸の課税制度、府兵制とよばれる徴兵制度が施行されたのである。

唐の行政制度は部分的な改変をしつつも、基本的には隋の制度を受け継いで中央集権を強化するとともに、のちの王朝や周辺諸国にも影響を与えた。中央には中書（詔勅の起案）・門下（詔勅の審議）・尚書省（詔勅の執行）の三省が置かれ、中書省で起草された詔勅は門下省で審査を経たのち、皇帝の裁下を得て、尚書省の部局である六部《りくぶ》（吏・戸《こ》・礼・兵・刑・工）に回された。そして執行機関である九寺（太常・光禄・衛尉・宗正・太僕・大理・鴻臚・司農・太府）と五監（国子・少府・軍器・将作・都水）によって必要な事務処理が行われた。行政事務のそれぞれは、御史台《ぎょしだい》によって監察が行われた（図７－５）。

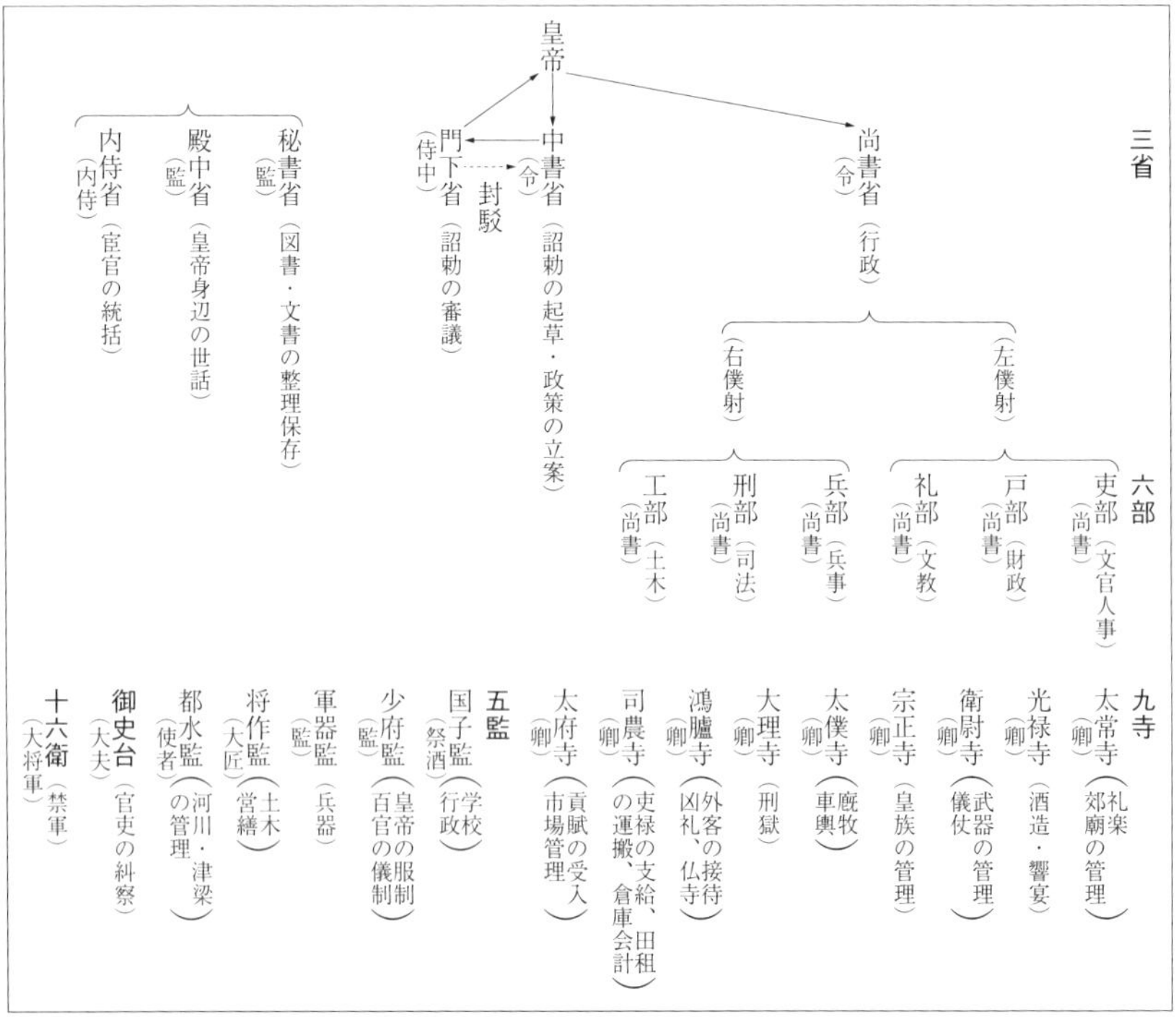

図7－5　唐の中央行政機構

出典：氣賀澤保規『中国の歴史06　絢爛たる世界帝国　隋唐』講談社，147頁をもとに一部補正

　また地方には行政機構として、府のほか、およそ三五〇の州と一五五〇の県とがあり、太宗の時には州の上に一〇（のち玄宗開元年間には一五）の道が監察区として設けられた。府には京兆・河南・太原などの京・都・行在府と、親王が遥領《ようりょう》した都督府のほか、蛮夷の慰撫のために辺境に設置された都護府があった。府の長官を尹《いん》・都護・都督、州の長官を刺史、県の長官を令《れい》といい、それぞれ中央から派遣されて地方行政を担った。州刺史や県令は、民政のほか治安や司法、行政監察なども担当する。県の下には郷や里が置かれて、それぞれ郷正《きょうせい》や里正《りせい》が在地の役人として徴税や戸籍の把握を行っていた。

　隋に始まる科挙制度は、唐代には官僚を採用するための主要な手段となっていた。あわせて学校制度も整備され、ここで教育を受けた者が挙子として科挙を受験したのである。唐朝の学校教育は主に官によって行われた。中央には国子監が設置され、その下に国子学・太学・四門学・律学・書学・算学の六学があって、学生の身分や専門別に教育が行われた。

唐代の科挙は、毎年行われる常挙《じょうきょ》と臨時に行われる制挙《せいきょ》との二種類があった。常挙には科目別に明経・進士・明法・明書・明算のほか、秀才・道挙（玄学）などの科目があったが、基本的には儒学の経典である易・書・詩・礼・春秋の五経の教養が問われた。受験生には学校から推薦を受けた「生徒」と、州県の試験を受けて選抜されてきた「貢挙」があり、まず礼部による試験を受けたのちに吏部の選抜を受けた。吏部試では、身（所作体格）・言（言語）・書（書跡）・判（判決文）による選抜が行われ、本人の学問的能力以上に、生まれながらの貴族的な素養が採用の正否を左右した。制挙はひろく逸材を集める場合に行われ、科目名も賢良方正《けんりょうほうせい》や直言極諫《ちょくげんきょくかん》などその都度決められて、一般の士人や官吏らもスキルアップのために受験した。唐の官僚になるには、科挙を受験して資格を得ることのほかに、祖父または父の官階によって官職を与えられる門蔭《もんいん》とよばれる制度もあった。

官人になると、上は一品から下は九品までの九品三〇階のいずれかの官品をもつ。官人には文官と武官とがあり、九品以上の官を流内官《りゅうないかん》といい、それ以下の官を流外官《りゅうがいかん》という。そしてこの官品の階（散官）に従って実職となる職事官に任命されたのである。官人としての資格を持つ者は、吏部の選別に基づいて配属先が提示され、その後門下省の審査をへて任命書である告身が作成される。文官は右に述べた三省・六部・九寺・五監などの中央官署かまたは州・県に配属され、武官は中央の十六衛や地方の折衝府に配属された。

唐初期の租税制度は、成年男子に土地を均等配分（均田）し、これを耕して獲られる穀物（租）と家内制手工業で生産される絹布や絹綿（調）を税として納めさせ、さらに力役を供出させるというものであった。これを均田・租調庸制という。均田制は北魏の孝文帝期にはじめて施行され、その後北周・隋・唐と受け継がれた。国から支給される土地には、永業田《えいぎょうでん》（国への返還不要）・口分田《くぶんでん》（死亡により要返還）・園宅地（居住地）がある。原則として永業田二〇畝と口分田八〇畝の合計一〇〇畝の広さの耕作地と園宅地が支給される規定であったが、実際には土地不足などにより、規定どおりの面積の土地が配分されることはほとんどなかった。

租は成年男子ごとに穀物二石（約六〇リットル）、調は絹二丈（幅約五六センチメートル、長さ六メートル）と絹綿三両（一一グラム）、役は年間二〇日を原則としており、役に服さない場合は庸《よう》として一日ごとに絹三尺または麻布三尺七寸五分を納める規定であった。こうした税制の基本となっていたのが戸籍制度である。まず戸主が報告してきた戸口田宅の状況をその郷里の責任者である里正が手実にまとめ、その手実に基づいて毎年計帳とよばれる調査書が作成される。この手実と計帳をもとに三年毎に戸籍が作成され、田畑の配分が行われていた。

しかし現実には規定どおりの土地支給が行われないまま、農民たちは右のような税負担を課せられたのである。このため多くの農民が戸籍を離れ、他所へ逃げて租税を免れる逃戸とよばれる現象が起こるようになり、唐朝財政に深刻な影響を与えた。逃戸の受け皿となったのが高級官僚の所有地である。当時官僚らの大土地所有は認められており、皇族や高級官僚の中には、広大な荘園を経営している者たちが少なくなかった。玄宗期には宇文融《うぶんゆう》が括戸政策《かっこせいさく》を提案実施して、逃戸を戸籍につけなおす努力が行われたが、大勢は変えられなかった。

また唐初の国防は、府兵制とよばれる兵制が基盤となっていた。府兵制は北朝の西魏の時代に始まった農民からの徴兵制度であり、唐ではその制度を受け継いで発展させた。全国に六〇〇余りの折衝府とよばれる軍府を設け、その三分の二を長安と洛陽近辺に配置した。徴発された兵士は軍府に所属して農閑期に訓練を受け、首都や地方の警備、また国境警備や行軍とよばれる外征に派遣された。府兵は折衝府のある州から徴発され、原則として租調庸を免除される。しかし派遣先への往復にかかる負担や拘束日数の多さから、兵役を忌避する人々も多く、やがて戸籍制度の崩壊によって機能不全に追い込まれた。また太宗・高宗期に行われた周辺各地への経略により、玄宗期には辺境地域の長い防衛線を維持しなければならなくなっていた。軍鎮の数は羈縻政策により減少していたが、異民族の侵入はむしろ頻繁となっていた。多くの兵員が必要とされたが、その供給を折衝府と羈縻政策のみに求めることはもはや不可能であった。

府兵制単独での兵站《へいたん》運営は困難と判断した唐朝は、七四七年にこの制度を廃止して募兵制に切り替え、ここに西魏以来続いた府兵制は終焉を迎える。辺境に置かれた軍事拠点を統括するために新たに藩鎮《はんちん》が配置され、その長となる節度《せつど》使《し》は、行政権と軍事権とを同時に掌握してその任にあたった。当初節度使には中央から文官が派遣されていたが、やがて上級武官や外国出身の将軍が起用されるようになった。そして兵募によって集められた兵たちの多くが、こうした藩鎮に配属されて国防を担ったのである。

秩序支配の崩壊と安史の乱

高宗期に創出された大帝国はすでにその足元から崩壊が始まっていた。六八二年には服属していた東突厥の阿史那骨《あしなク》咄禄《トゥルク》が独立して突厥第二帝国を建て、翌六八三年には高宗の死去に伴い武后《ぶこう》（則天武后）の専権が始まった。武后は中宗・睿宗《えいそう》を次々と退位させ、六九〇年には自ら皇帝に即位して国号を周と改めた。

武后が政権を掌握していく過程で、南北朝時代から続く古い家柄出身の貴族官僚が排除され、新たに科挙によって採用された新興官僚が多く登用された。彼女はまた酷吏《こくり》とよばれる秘密警察を使い、自分の意向に反する者たちを粛清していった。即位にあたっては『大雲経《だいうんきょう》』という偽の仏教経典を作成し、自分が皇帝位につくことが仏の意志であるかのように人々に思わせ、鳳凰や赤雀などの瑞祥《ずいしょう》が現れたとして、威光を演出した。武后には高宗存命の頃から培った政治手腕と経験があったが、その剛腕に反対する者も多かったため、その治世の評価は二分される。即位ののち武后は、母に対する喪の期間を父と同等とするよう命じ、仏教寺院に孤児や独居老人・病人などの世話をする悲田養病坊《ひでんようびょうぼう》とよばれる社会福祉施設を置いている。また次の玄宗期を支える人材には、武后期に新興官僚として採用された者が多い。冷静にみれば、この時代にあって、不当な男女差別や社会的弱者への目配り、人材登用における合理的な先見性は評価されるべきであろう。

武后が病臥すると、中宗が再度即位して唐朝を復活させた。この間にも、河北地域では契丹《きったん》の侵入が相次ぎ、東北方面では六九八年に大祚栄《だいそえい》が震国（渤海国《ぼっかい》）を建国するなどの動きがあり、唐の内外にも混乱が生じていた。七〇五年に中宗が復位すると、皇后の韋氏が武后同様に政務を牛耳るようになった。しかも韋后は娘の安楽公主《あんらくこうしゅ》と共謀して七一〇年に中宗を毒殺してしまう。こうした状況をみて、睿宗《えいそう》の第三子である李隆基《りりゅうき》はクーデタを敢行し、韋后と安楽公主を殺して、父の睿宗を復位させた。

睿宗は間もなく李隆基（玄宗）に皇帝位を譲り、ここに開元・天宝の盛唐時代が到来する。即位当初、玄宗は熱心に政務に取り組んだ。しかしすでに戸籍制度が崩壊して逃戸が横行し、均田・租調庸制が税制として成り立たなくなっており、さらに府兵制も機能不全となるなか、政権運営には多くの問題が山積していた。旧来の制度が衰退する一方で、内地では大きな争乱のない時代が続き、経済の活況も手伝って、「開元の治」と称されるかりそめの繁栄が出現する。政治のほころびに気づかぬまま玄宗は政務に倦むようになり、彼の寵愛を受けていた楊貴妃《ようきひ》の一族が実権を握るようになった。

開元末から天宝期にかけて、政務に関心の薄れた玄宗の傍らで、王朝政治を掌握したのが宰相の李林甫《りりんぽ》である。彼は唐朝宗室の出身で、一九年間の長きにわたり宰相を務めた。「口に蜜あり、腹に剣あり」といわれ、彼ににらまれた者は政界に留まることができなかった。当時の官界では、次期宰相候補となるような文官は、いちど辺境の主要な藩鎮で節度使を務めた後、中央に戻り昇進していくことが多かった。李林甫は重要藩鎮の節度使に、蕃将とよばれる外国出身の将軍を多く起用して、そうした文官の昇進ルートを絶ち、自らの地位の保全を図った。この李林甫にとり入り中央政界に影響力を伸ばそうとしていたのが、辺境幽州《ゆうしゅう》の節度使であった安禄山《あんろくさん》である。彼はその姓が表すようにソグド人の父と突厥人の母とのあいだに生まれ、幽州の節度使であった張守珪《ようしゅけい》と仮父子《かふし》関係を結んでその幕下で活躍した。やがて七四四年には幽州を拠点に平盧《へいろ》と范陽《はんよう》の節度使を兼任し、七五一年には河東《かとう》節度使をも兼ねるようになっていた。ところが七五二年に李林甫が死ぬと、楊貴妃一族のひとりである楊国忠《ようこくちゅう》が宰相となり、安禄山と敵対したのである。

七五五年一一月、ついに安禄山はその部下の史思明《ししめい》とともに、逆賊楊国忠を除くという口実を掲げて挙兵した。安史の乱の勃発である。破竹の勢いで南下した反乱軍は、その年の内に洛陽を陥し、長安へと向かった。唐軍は反乱軍の進路にあたる潼関《どうかん》での守りを固めてこれを防ごうとしたが、実戦経験の豊富な辺境藩鎮の軍隊に対して、訓練すらろくに行っていなかった首都の防衛軍はなすすべもなかった。潼関陥落の報を受け、玄宗はわずかな側近と宮人らをつれて四川へと避難し、長安城内に残された人々は反乱軍の占領下におかれることとなった。逃避の途中、皇太子（粛宗《しゅくそう》）は安全をとって北の霊武《れいぶ》へと向かい、また馬嵬《ばかい》で楊貴妃と楊国忠は殺されてしまう。成都に入った玄宗は退位し、霊武の皇太子が即位して、乱への対応を急ぐことになった（図7－6）。

乱の影響と長いその後——藩鎮割拠と両税法

乱勃発の翌年、安禄山は大燕《だいえん》皇帝を自称して、唐朝打倒の本音を顕にした。唐側は河西《かせい》・隴右《ろうゆう》・朔方《さくほう》などの藩鎮軍に加え、北方のウイグルに援軍を求めて態勢を立て直し、一方の安史軍の側では内紛が起こって、形勢は徐々に逆転した。

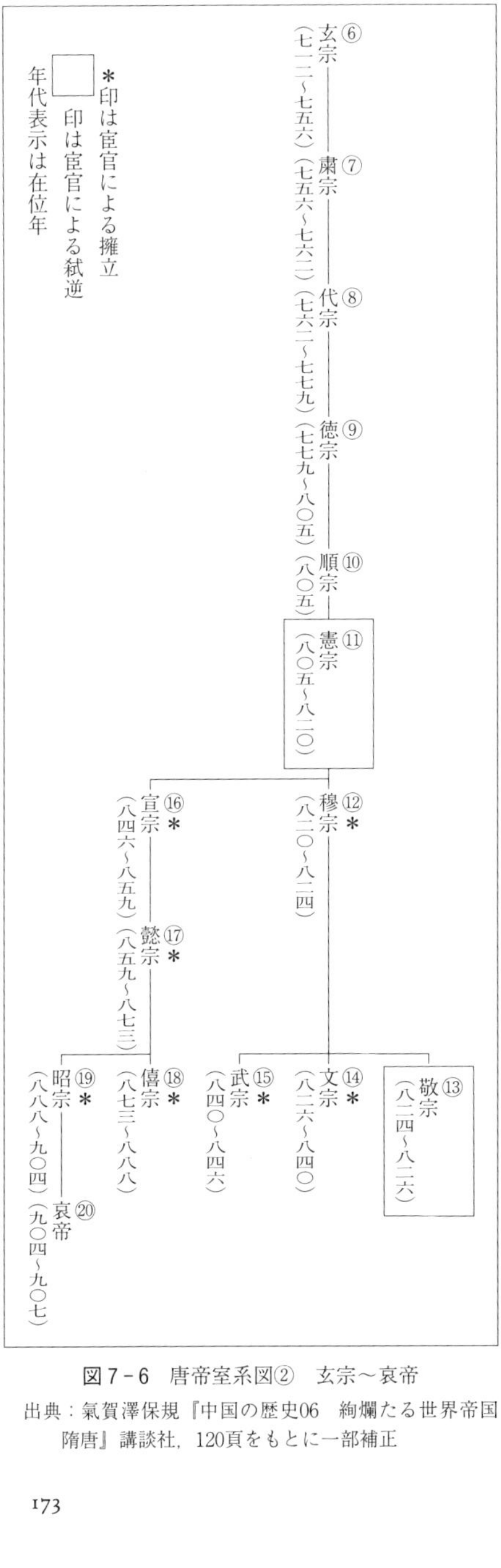

図7－6　唐帝室系図②　玄宗～哀帝
出典：氣賀澤保規『中国の歴史06　絢爛たる世界帝国　隋唐』講談社，120頁をもとに一部補正

反乱軍は安禄山、安慶緒《あんけいしょ》、史思明、史朝義《しちょうぎ》と次々に指導者が代わり、七六三年正月に乱はようやく終息する。玄宗・粛宗は乱の終結をみないまま七六二年に相次いで亡くなり、継いで即位した代宗《だいそう》は戦後処理を一手に担わなければならなかった。

長安・洛陽という唐の中心部分を戦場として八年続いた安史の乱は、各方面へ影響を及ぼした。まず、兵を借りたウイグルへの対応である。ウイグルは忠誠心から唐への軍事提供を行ったのではなく、安史軍と唐軍を天秤にかけた上で、より利益が多そうな唐側についたのであった。事実、唐軍は洛陽奪還に際して、人命以外の財宝等の略奪を許すという契約をウイグルとのあいだに結んでいる。戦勝者となったウイグルの要求は増大し、唐は公主降嫁や大量の絹取引などの要求を受け入れざるを得なかった。

ようやく安定を取り戻した国内においても、新たな問題が生じていた。乱以前は辺境地域にのみ置かれていた藩鎮が、内地にも置かれるようになった。このため地方が軍事力を持つという、唐朝にとっては諸刃の剣を抱えたままの、藩鎮割拠《かっきょ》とよばれる状態が続いていた。とくに反乱軍の根拠地である盧龍《ろりゅう》・成徳《せいとく》・魏博《ぎはく》の河北三鎮は、租税を中央に送らず戸口数の報告もしないなど、乱後も反乱軍の残存勢力が支配を続けて唐朝に反抗した（図7-7）。

長期に亘った反乱軍討伐には、大量の軍資が必要とされたが、唐朝は乱の影響が少なく経済的繁栄を維持していた江《こう》淮《わい》（現在の江蘇省・安徽省一帯）からの臨時税でこれをまかなっていた。こうした臨時税は乱終息後も続き、王公以下庶民に至るまで地税・戸税を徴収され、塩や酒（麹）などの専売も行われて、大きな社会不安となっていた。唐朝は乱後も命脈を保ってはいたが、王朝の権威はすでに衰落の一途を辿っていた。

代宗の後を継いで即位した徳宗《とくそう》は、常態となっていた財政難を解決するため、七八〇年の即位の大赦文《たいしゃぶん》において両《りょう》税法《ぜいほう》の施行を打ち出した。均田・租調庸制が崩壊し、安史の乱によって徴収時期や方法・対象に基準のない徴税が行われていた現状に対し、税制を一本化することで、乱雑な徴税に苦しんできた人々に恩恵を与えるというのがその趣旨である。両税法の主な内容は次のようなものである。まず納税期を麦畑は六月、粟・稲田は一一月の、年二回に限定した。

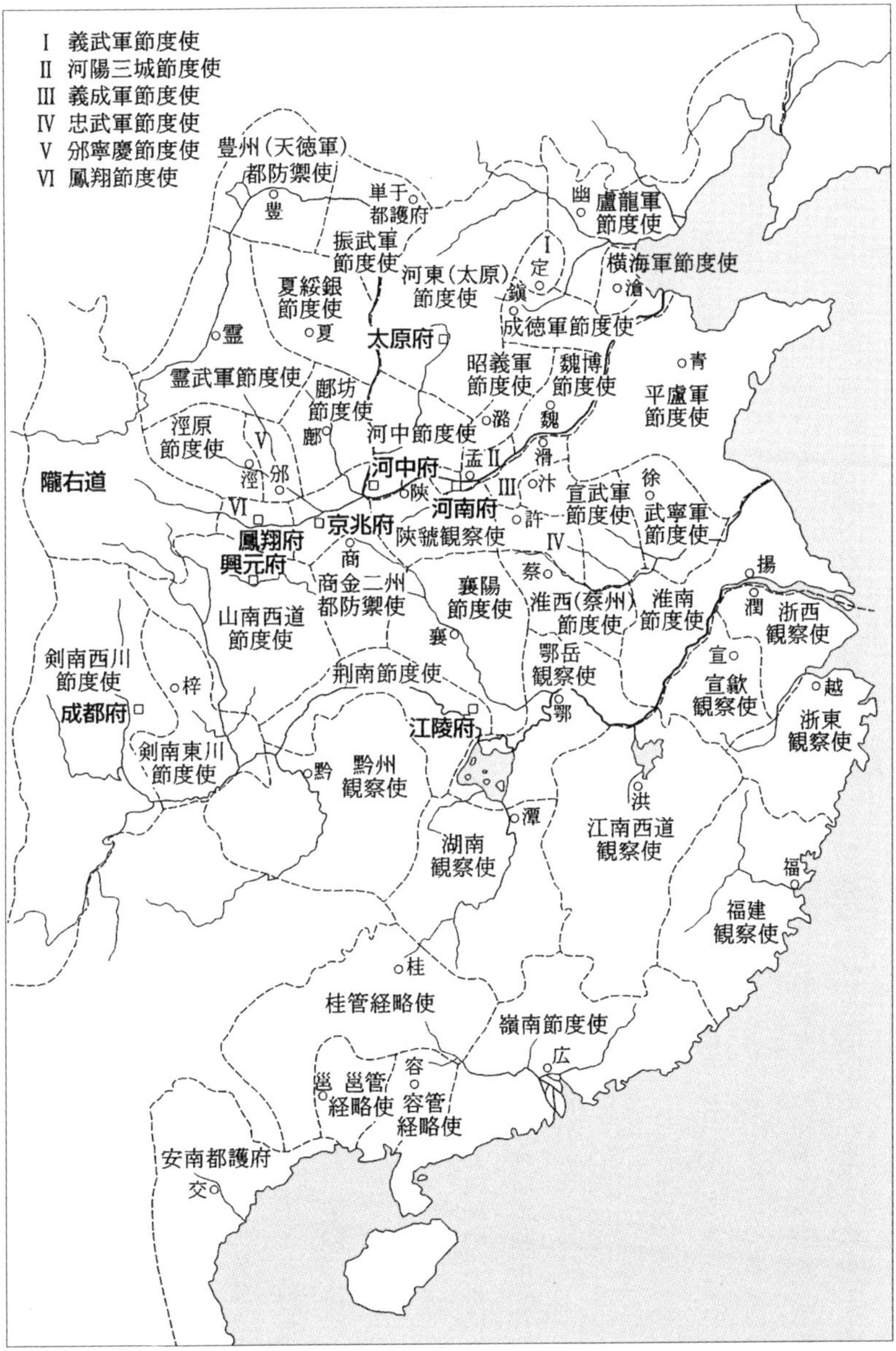

図７－７　唐代の藩鎮

出典：池田温ほか編『世界歴史大系　中国史２　三国～唐』山川出版社，458頁をもとに一部補正

麦は唐初以来の粉食の流行もあって、すでに粟の生産量を上回るようになってきており、両税法における六月納期の新設は、その収穫に合わせたものであった。課税額はその家の資産額によって定め、銭額銭入を原則として、現住所での納税を行わせた。また両税額については量出制入の原則、すなわち国家予算上の支出を計算したうえで税額を決定するという方法が採用された。これまで禁止されてきた所有地に対する自由な売買も行われるようになり、王侯・高官や富豪らによる大土地所有が一層進んだ。

両税法では銭納が原則とされたことで、社会全体における貨幣の需要が増大し、相対的に穀物や絹の価値が下落する「貨軽（貨賤）」という現象も起こった。価格が下落した分は多めに納めなければならず、生産者である一般農民に有益な制度とはならなかった。そればかりか、税制の一本化という名目すらも絵に描いた餅であった。実際にはその後もさまざまな名目での徴税が行われ、塩の専売などは税額をさらに引き上げての運用が続けられた。こうしたなか、藩鎮節度使は管轄地域からの税収を確保しながら、ますます力を強めていった。

徳宗は、衰落した唐朝の権威を取り戻すべく、訓詁《くんこ》や礼楽《れいがく》に詳しい顔真卿《がんしんけい》を礼儀使に起用して礼制の改革にも乗り出した。しかし乱後の社会変動によって生み出された藩鎮体制のもとでは、実利を背景に皇帝の権威が利用されることはあっても、礼制秩序に基づいた王権が復活することはなかったのである。

官制の変化と宦官専権

玄宗期には必要事務の多様化により、皇帝に直属して職務を担う令外《りょうげ》の官とよばれる官職が多く生まれた。節度使・礼儀使・塩鉄使などの使職《ししょく》もその一つである。使職は下に幕僚組織をもつが、その選任は長官である使の裁量にゆだねられていた。これを辟召《へきしょう》という。辟召によって、科挙も門蔭も経ずに官界入りする新興層が増え、階層秩序はより流動的なものへと変化した。律令官制そのものは維持されたが、使職の出現によってそれまでの職事官が実態のないものとなる場合も多かった。

使職と幕僚の出現に加え、唐後半期の政治に進出してきたのが宦官《かんがん》である。宦官はそもそも去勢手術を受けて皇帝の身の回りの世話をする人々である。常に皇帝の側近くにいるため、古来度々その政治介入が問題となった。唐代では玄宗期に高力士《こうりきし》が政務に意見を述べることがあったが、宦官が政治的実権を握るようになるのは安史の乱以後のことである。玄宗・粛宗が長安を脱出した際、同行できた官僚はごく少数であり、唐朝はその後の連絡や実務に宦官を起用せざるを得なかった。宦官は枢密使《すうみつし》となり機密事を担当したほか、監軍使《かんぐんし》として軍隊の監査監督を行い、やがて禁軍を掌握する者も出てきた。各藩鎮へ出使として赴き、皇帝の詔命の宣布や、賞与の頒送を任され、さらに皇帝の私的財産庫である内蔵庫《ないぞうこ》も管理するようになった。折しも藩鎮節度使は格別の恩寵を期待して、皇帝に多額の賄賂を贈るようになっていた。赤字が続く唐の国家財政は、皇帝の内蔵庫からの補充を受けなければ成り立たず、宦官の存在感は増す一方であった。皇太子といえども宦官の意に沿わなければ即位できず、即位を果たしたとしてもその地位は安泰なものにはならなかった。唐後半期の皇帝はその多くが宦官の支持を必要としており、宦官に頭があがらない皇帝を、人々は宦官先生の弟子という意味で門生天子《もんせいてんし》とよんだ［コラム2「宦官」参照］。

宦官らの動きに官僚たちも巻き込まれた。八世紀以後たびたび西辺への侵略を繰り返す吐蕃《とばん》や、唐中央に従わない河北三鎮に対して、強硬策をとるのか和平策をとるのかで、官僚らは党派に分かれて争った。論戦の旗手となったのは強硬策を主張する李徳裕《りとくゆう》と、和平策を主張する牛僧孺《ぎゅうそうじゅ》である。二つの党派は、それぞれ皇帝足下の宦官のグループと結託して相争った。こうしたなか即位した憲宗《けんそう》は、反抗を続ける河北三鎮の問題に取り組み、幕僚の数に制限を加えたほか、周囲の藩鎮で包囲網を築くなどの方法で、一五年近い時間をかけてこれらを順地化することに成功した。このことは当時の元号にちなんで元和中興《げんなちゅうこう》と称され歓迎されたが、憲宗が丹薬の服用で精神を病み宦官に殺されると党派争いが再燃し、以後皇帝が代わるごとに両派が対立して王朝政治を左右した。

唐後期の社会不安――会昌の廃仏と民衆反乱

唐朝内部に起こった問題は、宦官や党争に限らなかった。唐が創業以来道教を信奉していたことは先にのべたが、一方でその民族的寛容性から、仏教や三夷教とよばれた景教（ネストリウス派キリスト教）・祆教（ゾロアスター教）・マニ教などの外来宗教も広く受け入れてきた。ところが八四〇年に即位した武宗《ぶそう》は、仏教をはじめ外来宗教をことごとく弾圧した。この事件は武宗の元号をとって会昌《かいしょう》の廃仏《はいぶつ》とよばれる（「三武一宗の法難」の一つ）。大小の仏教寺院はごく一部を除きすべて破壊され、二六万人あまりの僧尼が還俗させられた。寺院が所有していた荘園も接収され、荘園で働いていた奴婢一五万人も、還俗させられた僧尼ともども両税負担戸として再登録された。その様子は、当時官僚を務めていた段成式《だんせいしき》の『寺塔記《じとうき》』や、入唐日本僧として長安に滞在していた円仁《えんにん》の『入唐求法巡礼行記《にっとうぐほうじゅんれいこうき》』にも書き残されている。廃仏は八四六年に武宗が亡くなるまで続けられ、その後は復興策もとられたが、人々の信仰生活に与えた影響は大きかった。

また安史の乱以後、華北地域の荒廃により多くの人々が戦乱を避けて南方へ移住した。江淮《こうわい》では塩の専売によって沿海部の経済が刺激され、農業・手工業生産の中心が長江流域へと移って、唐代社会は新たな時代を迎えていた。戦乱によって多くの流民が発生するなか、大土地所有者のもとで小作人となる者、商売を始める者もいたが、社会に受け入れられないまま、盗賊などに身を落とす者も少なくなかった。藩鎮はこうした流民を雇い入れる受け皿にもなっていたが、社会からあふれた多くの人々の生業を補完するには至らなかった。盗賊の襲撃に対し、州県の庇護をあてにできない農村では、自らの身は自ら守るという自立的な意識のもと自衛団が組織された。

唐末に長江流域で相次いで起こった内乱は、それぞれきっかけは異なるものの、こうした唐後期の社会を背景としている。八五九年には浙東《せっとう》（現在の浙江省）賊帥の裘甫《きゅうほ》が反乱（～八六〇年）を起こし、八六八年には西南辺境の守備のために移送されていた龐勛《ほうくん》以下徐州の士卒八〇〇人が兵行を拒否して反乱を起こした。この二つの反乱はいずれも翌年には鎮圧されたが、八七四年に塩の密売人であった王仙芝《おうせんし》が乱を起こし、翌年これに同業者の黄巣《こうそう》が合流したことによって拡大したいわゆる黄巣の乱は、八八八年に鎮圧されるまで、じつに一五年の長きにわたって黄河以南の各地を戦火に巻き込んだ。これら三つの反乱に共通するのは、政治不安を背景とした待遇の不満や生活の窮乏であり、政治権力の奪取を目指した安史の乱のような明確な目的がなかったことである。唐はこれらの反乱に対して、外国人部隊を起用するなどの対応に追われ、やがて反乱鎮圧に功のあった朱全忠《しゅぜんちゅう》によって政権交代が行われ、九〇七年に唐朝は滅亡した。

3　隋唐時代の文化

儒学思想

隋唐時代は、儒学史において特徴的な事象を見出すのが困難な時代である。長期政権による比較的安定した社会が続いたことと、科挙制度の整備を背景に漢代以来の訓詁の学が重視されるようになり、斬新な思想は世の中に受け入れられにくくなったことがその要因のひとつであろう。唐の初めに孔穎達《くようだつ》らによって『五経正義《ごきょうせいぎ》』が編纂され、科挙のテキストとなる経書の「正」しい「義」すなわち解釈が決定された。その一方で、この画一化された公認テキストの出現によって、その後の思想的低迷がもたらされたのである。

唐後半期になると、そうした状況のなかにも、次の時代へとつながる変化が生じてくる。文学者として有名な韓愈は、仏・道二教に反対して儒学思想の本となる天命論を支持し、儒学の道統を護るよう主張した。

宗　教

中国古来の宗教である道教は、老子（李耳《りじ》）を始祖として、後漢から魏晋南北朝時代に形成された。唐朝は宗室李氏が老子と同姓であることから、老子を自身の祖先として尊崇し、道教を擁護する立場をとった。老子を祖先に仮託することで、政権に宗教神秘的な印象を加え、統治をより効果的に進めようとしたのである。太宗の時代、道教は仏教の上におかれ、次の高宗は老子を太上玄元皇帝と追尊した。その後、則天武后の時代は、彼女の政権奪取とあわせて仏教が重んじられたが、唐朝復活ののちは、やはり道教が尊崇された。玄宗は老子を夢にみたと称して、老子の画像を描かせ天下に頒布したほか、皇族百官に『老子』を学ばせ、科挙の試験科目に「道挙」を加えた。そして長安・洛陽の両京のほか各州に玄元皇帝廟を建造して老子を祀らせた。このとき全国には一九〇四カ所の道観が置かれたといわれる。

仏教は漢代に中国に伝来し、魏晋南北朝期に仏典翻訳が盛んに行われて、多くの宗派を形成しながら発展した。隋唐時代における主要な宗派には、天台宗・華厳宗《けごんしゅう》・法相宗《ほっそうしゅう》・浄土宗・禅宗などがあり、それぞれ天台宗は『法華経』、華厳宗は『華厳経《けごんきょう》』、法相宗は玄奘三蔵《げんじょうさんぞう》の訳経による『成唯識論《じょうゆいしきろん》』を尊崇して信仰活動を行った。浄土宗は、阿弥陀《あみだ》仏《ぶつ》を唱えることで現生の幸福が得られ、魂は極楽浄土へ行くことができるという簡明な教義によって多くの人々の信仰を集めた。また北魏時代に南インドの僧達磨《だるま》が創始した禅宗は、則天武后期に南・北二宗に分かれて全国に広まった。これら数々の宗派や思想は、隋唐王朝の制度的文化的求心力を背景に、朝鮮半島や日本などへ伝えられ、各地の仏教の展開に大きく影響を与えていくことになる。

景教（ネストリウス派キリスト教）は五世紀の前半に中央〜西アジアで広く信仰され、六三五年にシリア人の阿羅本《あらほん》によって唐に伝えられた。長安城内に建てられた寺院は波斯寺、のちに大秦寺とよばれ、その伝教の経緯は『大秦景教《だいしんけいきょう》流行中国碑《りゅうこうちゅうごくひ》』（七八一年建立）に刻文されて現在に伝えられている。祆教《けんきょう》は拝火教とも書き、紀元前にペルシア人のゾロアスターによって創始された。唐代では長安・洛陽・涼州《りょうしゅう》（武威《ぶい》）・沙州《さしゅう》（敦煌《とんこう》）などに寺院が置かれ、商人として唐を訪れたソグド人やペルシア人に信仰者が多かった。マニ教は三世紀にペルシア人のマニによって創始され、唐前期には中国に伝えられていた。肉食や飲酒をせず、不殺生を教義としており、長安のほか荊州《けいしゅう》・揚州・洪州にも寺廟が置かれて、徐々に民間に広まった。この景教・祆教・マニ教の三夷教が武宗の廃仏により壊滅的な打撃を受けたことは先に述べたが、長安に寺院を持ちながら、いずれも唐に伝来して日も浅く、信者数の少なかったことがその要因であろう。これに対し、根絶を免れたのがイスラム教である。七世紀の初めにアラビア人ムハンマドによって創始されたイスラム教は、上の三教に比べて唐への伝来が遅く、信徒であったペルシアからの使者・商人らによって、南方交易の拠点となった広州・泉州・揚州に伝えられた。

文化芸術

唐代は中国古典詩歌の黄金時代といわれる。唐の初めには王勃《おうぼつ》・楊炯《ようけい》・盧照鄰《ろしょうりん》・駱賓王《らくひんのう》が出て初唐四傑とよばれ、盛唐の時期には孟浩然《もうこうねん》・王維《おうい》・李白・杜甫が時代の空気を詩に詠んだ。中唐期では白居易・元稹《げんしん》・韓愈・劉禹錫《りゅううしゃく》・柳宗元《りゅうそうげん》による新しい詩風が生み出され、晩唐期の李商隠《りしょういん》・杜牧《とぼく》・皮日休《ひじつきゅう》らの詩には荒廃した社会の様子が述べられている。

唐代には新たな文体も誕生する。先秦～漢代には比較的自由な散文（古文）が用いられていたが、魏晋南北朝時代には駢儷文《べんれいぶん》とよばれる韻文が主流となった。駢儷文は声韻のほか対句や典故が要求された上、四字句または六字句で文を構成しなければならなかった。これでは自由な文章表現が制限されるとして、唐後半期に韓愈や柳宗元らを中心に、古文を復活させようとする運動が起こった。

このほか隋唐時代には、伝奇《でんき》とよばれる一種の古典小説が流行し、風諭や任侠、恋愛や政治などを題材とした小説が多く書かれた。元稹の『鶯鶯伝《おうおうでん》』、白行簡《はくこうかん》の『李娃伝《りあでん》』などはその代表的なものである。また仏教の故事や教義を物語にした変文も広く行われるようになり、のちの民間小説や説話文学に大きな影響を与えた。

隋唐絵画の特徴は、それまでの人物画に加え、山水画が多く描かれるようになったことである。隋の展子虔《てんしけん》の『遊《ゆう》春図《しゅんず》』や、唐の閻立本《えんりっぽん》の『歴代帝王図』『太宗歩輦図《たいそうほれんず》』がその代表的なものである。また作品は残されていないものの、盛唐期の呉道玄《ごどうげん》は、人物・山水・仏教絵画に優れ、後世に画聖とよばれた。また隋唐時代には多くの壁画が描かれており、有名人の手による長安や洛陽の仏寺道観の障壁画や門壁画は、当時の小説に記録されているほか、現在は敦煌の千《せん》仏洞《ぶつどう》の壁画にその一端をうかがうことができる。

隋唐時期は中国書法史においても画期とされている。楷書では、初唐に欧陽詢《おうようじゅん》・虞世南《ぐせいなん》・褚遂良《ちょすいりょう》、中唐では顔真卿、晩唐期には柳公権《りゅうこうけん》が出た。また草書では孫過庭《そんかてい》・張旭《ちょうきょく》・懐素《かいそ》らが書体を追究した。唐の行政文書は楷書体を基本とし、碑額《ひがく》や墓誌蓋《ぼしがい》では篆書《てんしょ》も用いられ、また手紙など私的な文書は草書で書かれることが多かった。雕版《ちょうばん》印刷の技術は隋唐初期には出現するが、著作などの大量印刷が行われるようになるのは唐末以後であり、隋唐時代はまだ写本の時代であったといってよい。秘書省という国の役所には楷書手《かいしょしゅ》とよばれる写本専門官が八〇人おり、また民間には雇用されて書写を行う書傭《しょよう》とよばれる多くの人々がいた。

隋唐史学の特徴は、国家による修史館《しゅうしかん》制度が設けられたことと、史評の編纂が行われたことである。唐太宗の時期に史館が設置されて、宰相の監修のもと複数の史官によって、歴代の王朝史が編纂された。完成した『晋書』『梁書』『陳書』『北斉書』『周書』『南史』『北史』『隋書』は、その後の王朝運営の参考とされた。また劉知幾《りゅうちき》は史学評論となる『史通』二〇巻を著した。史官制度の沿革や得失のほか、歴代の史学著作に関する欠点を指摘し、また史学編著に関する自らの意見を述べた内容である。

当時、暦の作成と頒布は国家によって行われており、隋唐朝では太史局がその任務にあたった。周辺諸国は正確な暦を求めて中国に使者を送っていた。唐初は隋の「大業暦《たいぎょうれき》」を用いていたが、六六五年からは李淳風《りじゅんぷう》の「麟徳暦《りんとくれき》」、七二九年には僧の一行が作成した「大衍暦《だいえんれき》」が採用された。開元より以後は、数学の先進国であったインドの暦法の専門家も雇用して、暦の修正が行われた。

医学方面では、隋の名医であった巣元方《そうげんぽう》が『諸病源候論《しょびょうげんこうろん》』を著して、はじめて疾病の分類や要因、診断方法を論じた。また唐初の孫思邈《そんしばく》は『千金要方《せんきんようほう》』『千金翼方《せんきんよくほう》』を著し、五三〇〇種以上の薬材と、八〇〇あまりの処方を整理した。このほか高宗の命により蘇敬《そけい》らが編纂した『新修本草《しんしゅうほんぞう》』もあり、玄宗の時には『外台秘要《げだいひよう》』が王燾《おうとう》によって編纂されている。これらの医薬書は、民間医療のために作成されたものではなかったが、その後の中国医学の継承発展において極めて貴重な研究著作となっている。

主要参考文献

円仁（一九九〇）『入唐求法巡礼行記』深谷憲一訳、中公文庫。

池田温ほか（編）（一九九六）『世界歴史大系　中国史2　三国〜唐』山川出版社。

布目潮渢・栗原益男（一九九七）『隋唐帝国』講談社学術文庫。

植木久行（一九九九）『唐詩の風景』講談社学術文庫。

妹尾達彦（二〇〇〇）『長安の都市計画』講談社メチエ223、講談社。

氣賀澤保規（二〇〇五）『中国の歴史06　絢爛たる世界帝国　隋唐』講談社。

石見清裕（二〇〇三）『唐代の国際関係』世界史リブレット97、山川出版社。

荒川正晴（二〇〇三）『オアシス国家とキャラヴァン交易』世界史リブレット62、山川出版社。

礪波護・武田幸男（二〇〇八）『世界の歴史　隋唐帝国と古代朝鮮』中公文庫。

森部豊（二〇一三）『安禄山――「安史の乱」を起こしたソグド人』世界史リブレット　人18、山川出版社。

森安孝夫（二〇一六）『興亡の世界史　シルクロードと唐帝国』講談社学術文庫。

冨谷至・森田憲司（編）（二〇一六）『概説中国史　上』昭和堂。

コラム 5

科挙

宮崎聖明

科挙は、隋から清末まで行われた官僚登用試験である。

隋代の科挙制度の詳細は不明であるが、唐朝は隋の制度を継承したと思われる。唐代には、経書の知識を問う明経科などの諸科もあったが、詩賦作成などの文学の才能を問う進士科が最も重視されるようになった。都の学校や地方で選抜された進士が尚書省礼部の試験（省試）を受け、合格すると官僚の資格を与えられた。しかし、任官するには吏部での試験（銓試《せんし》）を突破しなければならなかった。銓試では「身言書判」（立ち居振る舞い・言葉遣い・筆遣い・文章力）といった、門閥貴族が備えるべき素養が試験された。このように、唐代の科挙は新進官僚の登龍門であったが、なお貴族の影響が残っていた。

宋代には科挙制度の基礎が固まった。北宋中期以降、科挙は三年に一度実施されるようになり、解試（本籍地での一次試験）・省試に加えて、皇帝主催の殿試が導入された。また、採点の際の不正防止のため答案に書かれた名前部分を封印し（糊名《こめい》）、筆写した副本を用いて採点が行われた（謄録《とうろく》）。このように制度に公平性を備えることで宋代の科挙は官僚登用の主要な手段となり、科挙に合格した士大夫官僚が政治運営の担い手となった。

宋代には諸科は王安石により廃止された。進士科では、経義（経書の大義を問う問題）・詩賦・論（議論文）・策（時事問題などに対する意見文）が組み合わされて判定が行われた。王安石は詩賦をやめて経義を重視する改革を行ったが、のちに詩賦は復活し、南宋には詩賦進士・経義進士を受験生が選択できるようになった（詩賦進士は明代に廃止）。

元朝は当初は科挙を実施しなかった。江南知識人の要請もあり再開されたが、科挙の重要性は低下した。しかし、行省（明代以降の省に相当）で一次試験（郷試）が行われ、また経書の公式解釈に朱子学が採用されるなど、後世に影響を与える改革が行われた。

明代に入ると科挙は学校制度とリンクし、監生・生員（国子監・地方学の学生）であることが受験の条件とされた。しかし彼らの多くは私塾や家庭教師のもとで学んでおり、学校は機能しなかった。郷試の合格者は挙人とよばれ、会試（省試から改称）に落ちても次の回に再受験が可能であった。朱子学の体制教学化に伴い経義の答案はマニュアル化し、「八股文《はっこぶん》」とよばれる文体に基づき美文が作れるかどうかが合否に大きく影響した。

清代の科挙は明代の制度を継承したが、考証学による経義解釈が試験に影響を与えたり、詩が試験内容に復活したりするなどの変化が見られた。清末に至り、列強の進出にさらされるなかで、時局に対応できる人材を登用するために試験内容に改革が試みられたが成果はあがらず、一九〇四年に実施された殿試を最後に、翌年に科挙廃止が決定された。

科挙そのものは試験制度にすぎないが、その存在は中国社会にさまざまな影響を与えた。出版・印刷業が隆盛したひとつの要因は受験市場の拡大であった。科挙に合格して官僚となると、俸給以外にも文人としての原稿料や、「陋《ろう》規《き》」（手数料を名目とした庶民からの搾取）などの副収入が期待できた。高い競争率は大量の不合格者・未合格者を生み、彼ら在野の知識人のなかには私塾の教師や家庭教師という別の形で科挙に関わる者もいた。明清時代には生員・挙人身分は資格化し、彼らおよび地元出身の官僚経験者である「郷紳《きょうしん》」とよばれる人々は地方社会に大きな影響力を及ぼした。また、一族挙げて土地経営などで財産を築き子弟の教育に投資するという戦略的な活動が必要になってきたため、宋代以降には宗族の結合が重視されるようにもなった。科挙は、制度上は万人に受験機会を開くものであったが、実際には経済力という背景を持たない者には越えがたい壁だったのである。

主要参考文献　宮崎市定『科挙――中国の試験地獄』改版（中公文庫、二〇〇三年）、村上哲見『科挙の話――試験制度と文人官僚』（講談社学術文庫、二〇〇〇年）、平田茂樹『科挙と官僚制』（山川出版社、一九九七年）、荒木敏一『宋代科挙制度研究』（東洋史研究会、一九六九年）、何炳棣著、寺田隆信・千種真一訳『科挙と近世中国社会――立身出世の階梯』（平凡社、一九九七年）。

第8章　〈財政国家〉と士大夫官僚
――唐後半期・五代・北宋・南宋

宮崎聖明

この章で学ぶこと

本章は、九～一三世紀、唐後半期から五代十国、宋（北宋・南宋）の歴史を扱う。この時代は、大唐帝国が崩壊し、東部ユーラシア世界全体に大きな変化が生じた時代である。本章ではそのうち、主に中国内地（漢民族が多数派である歴史的な中国）に成立した王朝の歴史を通じて、政治・経済・文化などの諸方面において中国社会にいかなる変化が生じたかを理解することを目的とする。その際に本章がキーワードとするのが「士大夫」と「財政」である。門閥貴族層は唐末五代の混乱の中で消滅し、宋代には科挙に合格した士大夫官僚が政治にあたった。彼らが行った国家運営や、彼らの思想・社会的地位などを理解することが本章の第一のテーマである。また、この時代には、江南開発の進行や海洋貿易の発展など経済面で大きな変化が見られた。こうした経済活動と国家財政との関係を理解することが本章の第二のテーマである。

1　唐の滅亡から北宋の成立へ

安史の乱後の唐朝

唐朝に大きな混乱をもたらした安史《あんし》の乱（七五五～七六三年）は、唐が衰退に向かう契機となっただけでなく、その後の東部ユーラシアの歴史の展開にとっても大きな転換点となった。乱ののち、唐は内陸アジア・北アジアに対する影響力を減退させ、ウイグル・吐蕃《とばん》に対し劣勢を強いられることになった。また、中国内地の支配体制も大きく変容した。辺境防衛のために設けられていた節度使《せつどし》は、安史の乱を契機に内地にも置かれるようになった。彼らが形成した軍閥勢力である藩鎮のなかには、河朔《かさく》三鎮（盧龍《ろりゅう》・成徳《せいとく》・魏博《ぎはく》）のように中央政府の統制が効かないものも多かった。藩鎮には、管轄地域の税収のうち一部を「上供」として中央へ送り、残りを「留使」として自己裁量で用いることが許されていたが、中央政府に従順でない藩鎮はしばしば上供を停止することもあった（図8-1）。こうした勢力の存在により、唐朝の支配は大きく揺らぐこととなったのである。

九世紀初め、憲宗（在位八〇六～八二〇年）の時代にはこうした問題への対策が行われた。ウイグルに対しては絹をおくり関係を維持するとともに、吐蕃とは会盟を結び関係の改善を図った。国内では、禁軍を強化して藩鎮を抑圧するとともに、中央政府に比較的従順な藩鎮が多かった東南からの漕運に依拠して財政を運営した。こうした政策により唐の命脈はかろうじて保たれた。しかし、憲宗が宦官に毒殺され、続いて即位した穆宗《ぼくそう》（在位八二〇～八二四年）の時代には禁軍を掌握した宦官が朝廷人事に介入するなど、宦官の弊害が増大した。また、官僚の間でも科挙出身の牛僧孺《ぎゅうそうじゅ》・李宗閔《りそうびん》と門閥貴族出身の李徳裕との対立が穆宗朝から宣宗朝にかけて繰り広げられる（牛李《ぎゅうり》の党争）など、政治の混乱が続いた。

唐に決定的な打撃を与えたのは江南における反乱であった。財政が悪化した唐は、八世紀に榷塩《かくえん》法（塩の専売）を導入し、その収入に依拠するようになっていた。専売収入を確保するためには私塩（密売塩）を厳しく取り締まる必要がある。これに対して私塩を扱う商人たちは武装して政府の取り締まりに抵抗するようになった。彼らが中心となって起こしたのが黄巣《こうそう》の乱（八七五〜八八四年）である。反乱勢力には失業兵士や流亡農民なども加わり、洛陽を陥落させ長安に入城する勢いを見せたが、朱温が唐に寝返り、また突厥《とっくつ》・沙陀《さだ》族の李克用《りこくよう》が長安を奪回するなどした結果、反乱は平定された。乱の平定に功績のあった朱温は「全忠」の名を賜り、汴州《べんしゅう》（のちの開封《かいほう》）に拠点を置き、周辺の節度使を破って勢力を拡大した。九〇七年、朱全忠は哀帝（在位九〇四〜九〇七年）から禅譲《ぜんじょう》を受け皇帝に即位し、約三〇〇年続いた唐朝は滅亡した。

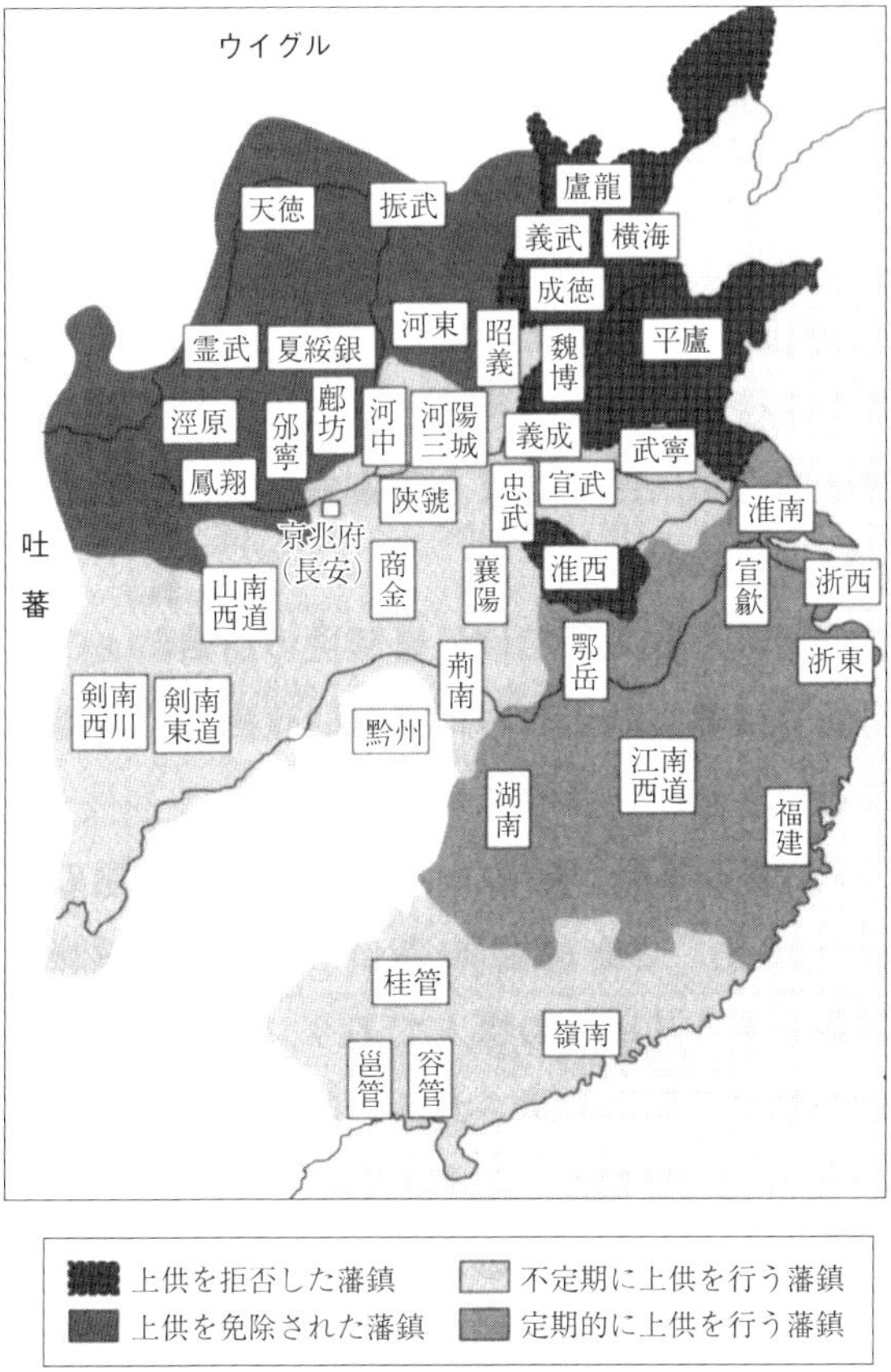

図８−１　９世紀初頭の藩鎮（□内は藩鎮名）
出典：岡本隆司編『中国経済史』名古屋大学出版会，2013年，114頁

五代王朝・契丹と十国の状況

唐の滅亡後、北宋が成立する九六〇年までの時代を、当時存在した諸国家の総称を用いて「五代十国」（図８−２）という。

唐を滅ぼした朱全忠は、みずからの建てた国家を梁と称した。これを後梁《こうりょう》とよぶ。「五代」とは、この後梁から後周《こうしゅう》までの、中原に興った五つの王朝を指す。この朱全忠（後梁・太祖、在位九〇七〜

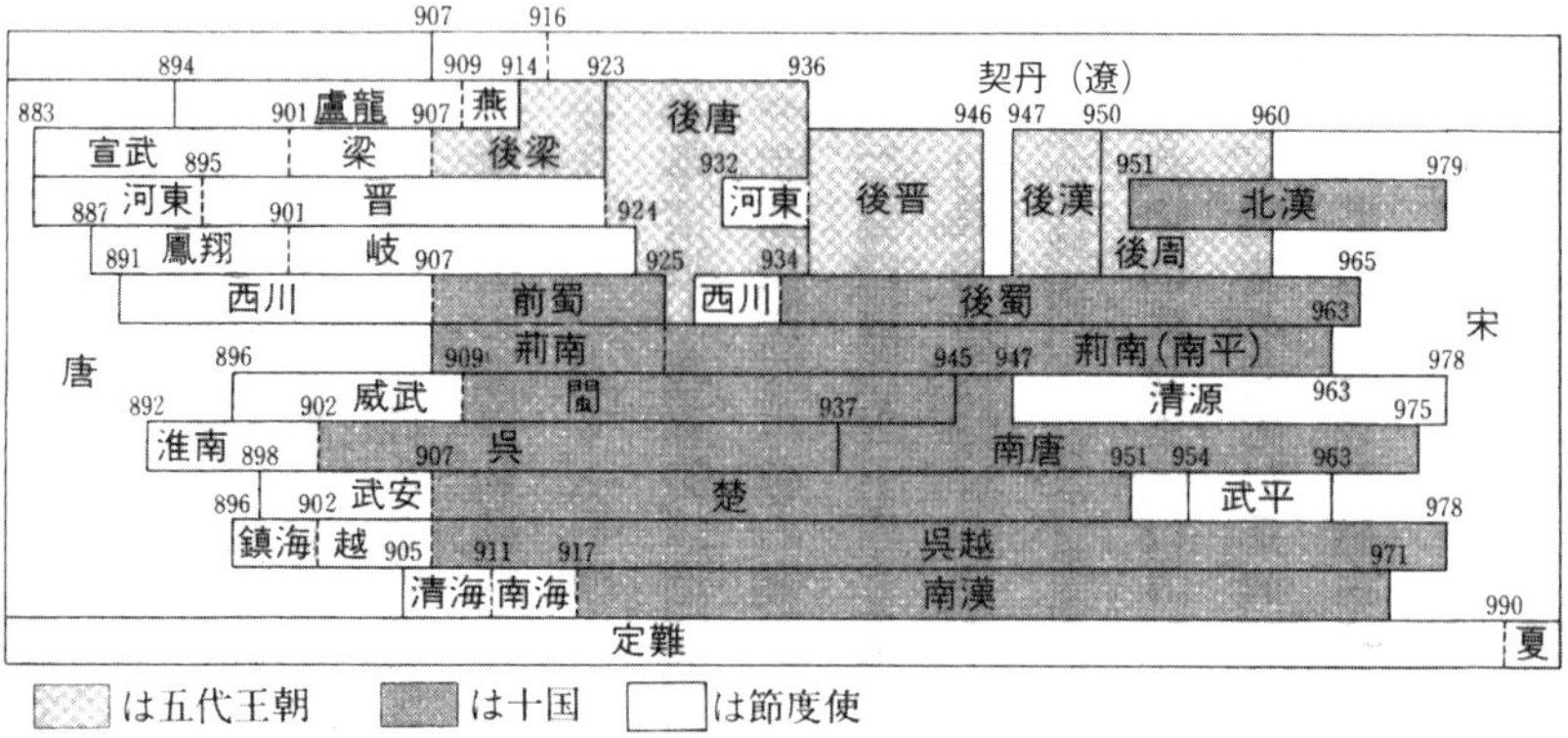

図8－2　五代十国年表

出典：尾形勇・岸本美緒編『新版世界各国史3　中国史』山川出版社，1998年，177頁

九一二年）の動きを受け、すでに実質的には独立状態となっていた各地の勢力はつぎつぎと王号・国号を建てて自立した。そのうち、後梁の最大のライバルであったのは山西の太原に地盤を築いた李克用の晋であった。やがて李克用の後を継いだ李存勗《りそんきょく》は九二三年に国号を「唐」に改め（後唐《こうとう》・荘宗、在位九二三～九二六年）、後梁を滅ぼし華北一帯から四川までを支配下におさめた。ほどなく、李克用の義児であった李嗣源《りしげん》がクーデタを起こすと、これに呼応した将兵に荘宗は殺された。李嗣源（後唐・明宗、在位九二六～九三三年）は五代のなかでも指折りの名君とされ、禁軍を強化し、三《さん》司使《しし》を置いて財政を統轄させるなどの改革を行った。

明宗の死後に皇帝となったのは実子の李従厚であったが、義児の李従珂《りじゅうか》がクーデタを起こし皇帝の位を奪った。李従珂は明宗の娘婿で実力者の石敬瑭《せきけいとう》を排除しようとした。これに対し石敬瑭は、北方の契丹《きったん》と結んで後晋《こうしん》を建国し、後唐を滅ぼした。後晋はその見返りとして燕雲《えんうん》十六州（図8－3）を割譲し、契丹に従属することとなった。しかし石敬瑭（後晋・高祖、在位九三六～九四二年）の死後、後晋ではこの従属関係を解消しようとする動きが起こった。これが契丹の侵攻を招き、後晋は九四六年、契丹により滅ぼされた。

後晋を滅ぼした契丹は中原の直接統治を試みたが失敗に終わり、契丹が引き上げた中原には劉知遠が後漢《こうかん》を建国した。しかし後漢はわずか四年で滅び、九五〇年に郭威《かくい》（後周・太祖、九五〇～九五四年）が後周を建国する。

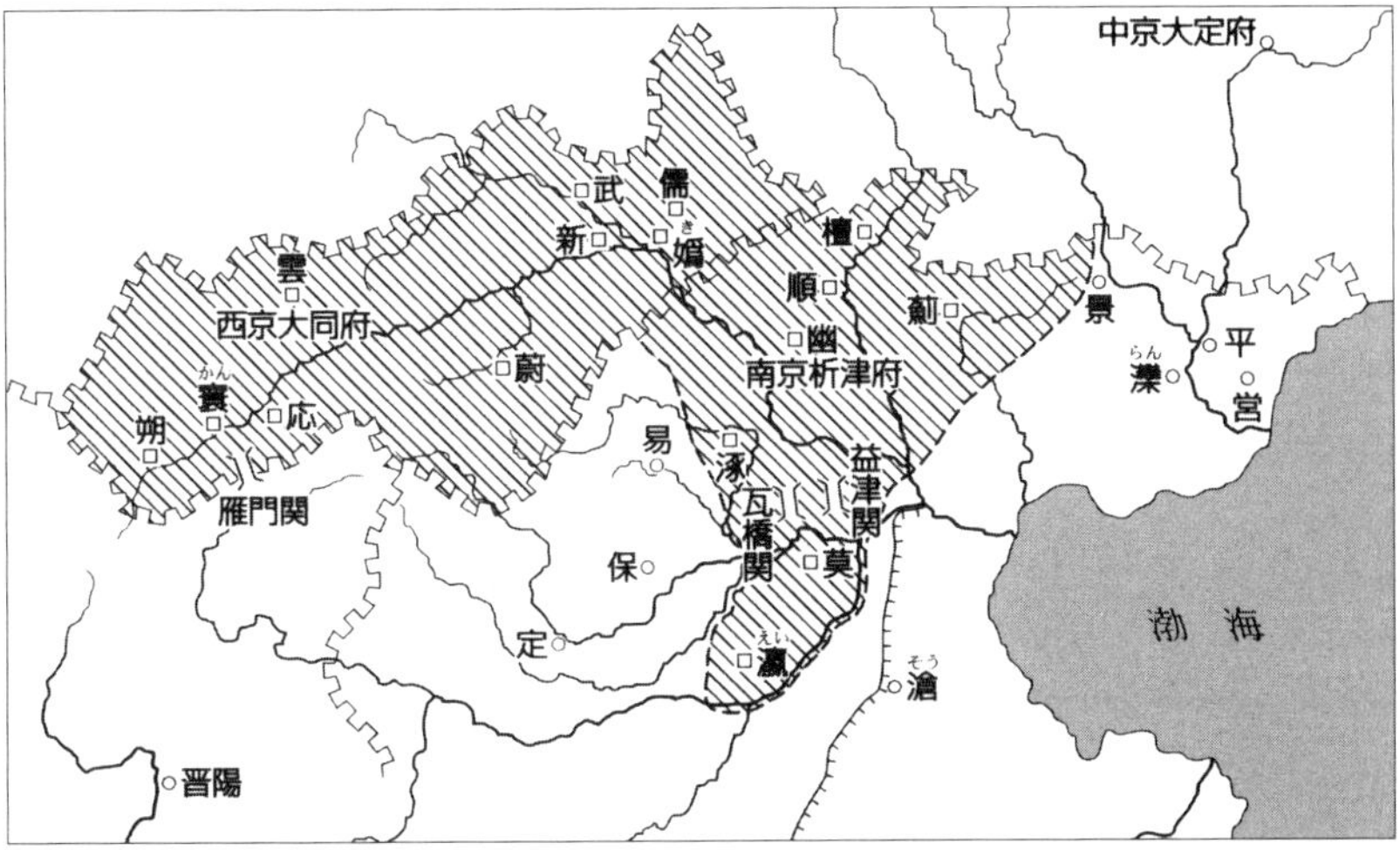

図８－３　燕雲十六州（□が十六州。⊓⊓は明代の長城）
出典：松丸道雄ほか編『世界歴史大系　中国史３　五代～元』山川出版社，1997年，21頁

後漢の残存勢力は太原へ逃れ、契丹と結んで命脈を保った。この勢力を北漢とよぶ。こうして華北では、契丹・北漢の勢力と後周とが対峙することとなった。

戦乱と王朝交代が相次いだ華北とは対照的に華中・華南では、もと唐の節度使であり唐の滅亡後に自立した者たちが地方政権を築いていた。これら諸政権に北漢を加えて「十国」とよぶ。華中・華南諸国家は、華北の五代王朝と比べて長期にわたって政権を維持したが、これは各地が独立したブロックとして自立できるほどの経済力を備えていたためである。そしてその経済力は長期政権のもとでさらに高まることとなった。たとえば南唐の支配下にあった淮南《わいなん》（淮河《わいが》の南、長江の北の地域）では塩の生産が盛んであり、これが南唐の経済力を支えていた。淮南塩はのちに北宋の重要な専売品として財政運営に大きな役割を果たすことになる。また、閩《びん》は東南アジア方面、呉越は高麗や日本との海洋貿易で利益を上げた。比較的平和が続いた十国諸国家では文化の発展も見られた。そのうち呉越の君主・銭弘俶《せんこうしゅく》は熱心な仏教信者で、彼の保護下で盛んとなった仏教は日本にも影響を与えた。

北宋の成立と「澶淵《せんえん》の盟」

五代の最後の王朝である後周は、南方への勢力拡大を図った。

図8－4　「陳橋兵変」の舞台となった陳橋駅（現在）
後周の禁軍司令官であった趙匡胤は，契丹が侵攻してきたとの知らせを受け出陣し，開封近郊の陳橋駅に宿営した。その深夜，将兵たちが趙匡胤こそ皇帝となるべきだと騒ぎ立て，これを受けた趙匡胤は開封へ引き返し，恭帝から禅譲を受けた。これを「陳橋兵変」という。
出典：著者撮影

郭威の養子である柴栄《さいえい》（後周・世宗、在位九五四～九五九年）は帝位につくと南唐から長江以北の地を奪い、先に述べた淮南塩の産地を獲得した。しかし、九五九年に世宗が亡くなり幼い恭帝が即位すると、禁軍の司令官であった趙匡胤《ちょうきょういん》は禁軍の兵士に請われる形をとって、恭帝から禅譲を受けて皇帝に即位し、国号を「宋」とした。これ以降、一一二七年に金に華北を奪われるまでの宋朝を「北宋」という（図8－4）。

建国まもない北宋にとって、中国内地の諸勢力の平定、および北方の契丹・北漢連合勢力との関係が当面の大きな課題であった。初代の皇帝となった趙匡胤（太祖、在位九六〇～九七六年）（図8－5）は、先に南方の諸勢力を平定し、そののちに契丹・北漢に対抗するという方針をとった。これに基づき北宋は南唐などを平定し、太祖の死後に皇帝となった太宗（在位九七六～九九七年）の時代には呉越が北宋に降伏した。さらに九七九年には北漢を滅ぼし、北宋は中国内地の平定を成し遂げた。

しかし北漢を滅ぼしたことで契丹との関係は緊張した。太宗は北漢を滅ぼすとすぐに契丹から燕雲十六州を奪回しようと軍事遠征を行った。燕雲十六州の回復は、「夷狄」の契丹のもとにある領土を「中華」の王朝である北宋が奪い返すという象徴性を持つとともに、軍事上の意義も持っていた。燕雲十六州の北方は山が連なり天然の要害となっており、ここを契丹に押さえられていることは国防上の大きな弱点だったのである。しかし北宋は、九七九年・九八六年の戦いで相次いで敗れ、以後太宗は内政の充実に専念することになる。

一〇〇四年、今度は契丹が北宋領内に侵攻した。これに対し北宋朝廷では南方や四川へ逃れるべきとする議論も起こったが、最終的に真宗（在位九九七～一〇二二）が親征し黄河のほとりの澶州《せんしゅう》で契丹軍を迎え撃つこととなった。一方で北宋は契丹に和平を持ちかけ、交渉の末、両国の間で盟約が結ばれた。これを「澶淵《せんえん》の盟」という。事後交渉の内容も含め最終的に、①両国の境界は現状維持とすること、②双方の君主を「皇帝」とよぶこと、③北宋から契丹に「歳《さい》幣《へい》」（絹二〇万匹・銀一〇万両）をおくること、④国境付近に貿易場を設けることなどが決められた。

　こうして、北に契丹、南に北宋という両国が並立する状況が固まったが、国境の現状維持は北宋にとって燕雲十六州の回復という目標を当分の間は放棄することを意味していた。また、契丹の君主を皇帝と呼ぶことは、天下に君臨する皇帝は唯一無二という中華の建前に反するものである。歳幣の支払いも含めて盟約は北宋に不利な内容であった。しかし、盟約によって両国の関係は安定し、さらに貿易場を通じて交易が活発となった。契丹に渡った歳幣の半分以上が貿易の支払いという形で北宋に戻ってきたという見解もある。この点では盟約は北宋

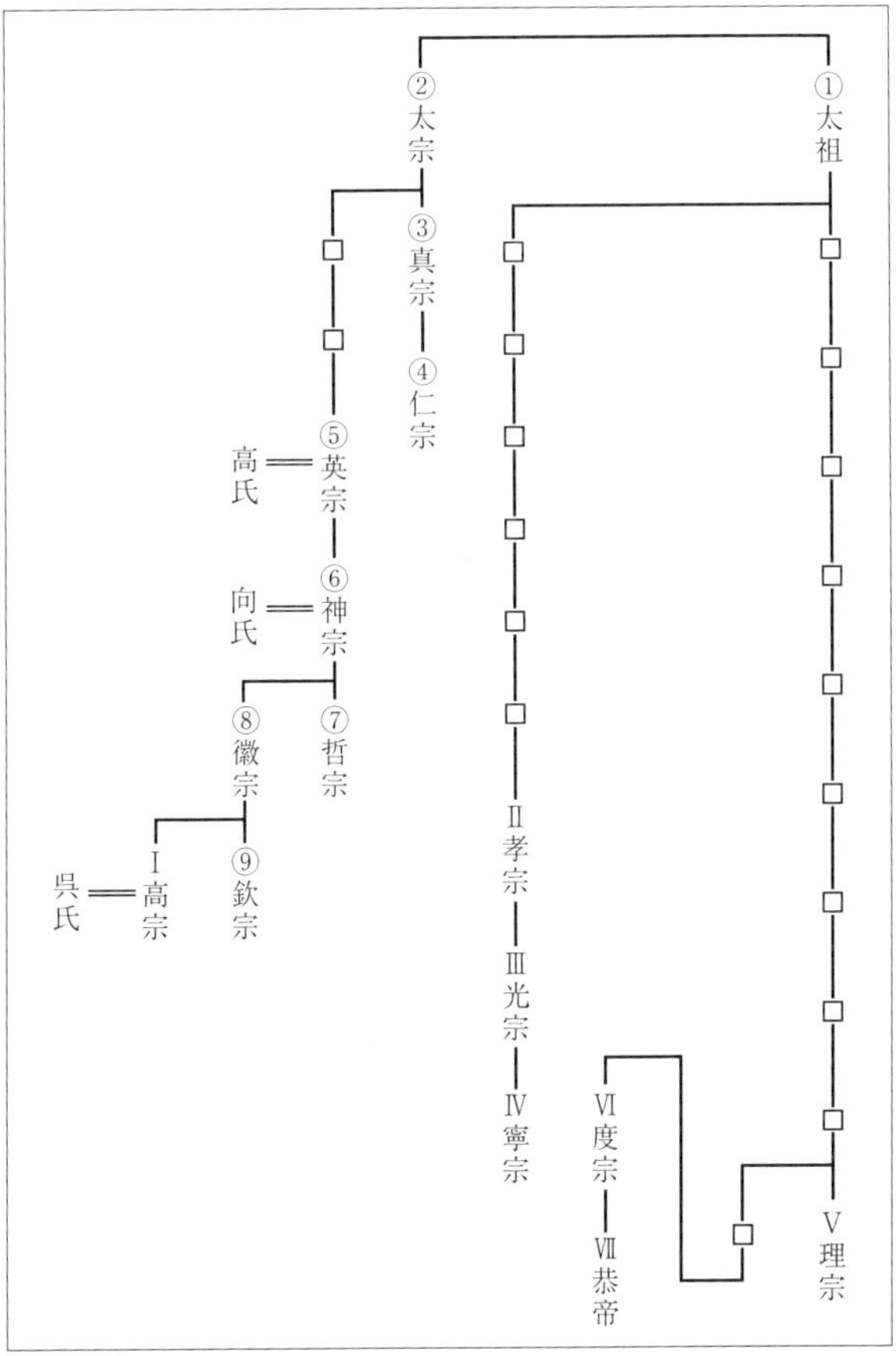

図８－５　宋朝帝室系図

注：○数字は北宋，ローマ数字は南宋。

に実利をもたらしたといえる。澶淵の盟は、軍事力に勝る契丹に対し北宋が経済力という強みを活かして安定的関係を構築しようとしたものともいえ、以後の対西夏・金関係のモデルとなるものであった。

2　北宋の政治と財政

中央集権と官僚制

北宋が契丹との関係を安定させることができた要因として、国内の安定的統治に成功したことがあるのはいうまでもない。ここで、北宋前期の政治・財政について見ていこう。

北宋が中国内地を統一しそれを維持できたのは、藩鎮の抑圧に成功したからである。太祖は、藩鎮の首領である節度使の兵権を奪い、抵抗する藩鎮は武力で制圧し、配下の軍団を禁軍に編入した。そのあとには中央が任命した地方官を派遣し、中央集権化を進めた。

次に中央政府の構造を見ていこう。まず宰相府として中書門下《ちゅうしょもんか》があり、宰相（同中書門下平章事《どうちゅうしょもんかへいしょうじ》）・副宰相（参知政《さんちせい》事《じ》）のポストが置かれた。権力の集中を防止するため、宰相・副宰相は基本的に複数任命された。軍政は枢密院《すうみついん》が担当し、これも長官・副長官は複数置かれた。財政を担当する部局は三司《さんし》（塩鉄・度支《たくし》・戸部）とよばれた。塩鉄・度支の名は、唐中期以降に置かれた使職《ししょく》（令に記載されていない臨時職）の塩鉄使・度支使に由来する。これらの使職が五代から北宋初期にかけてさまざまな改変を経て成立したのが宋朝の三司である。これらの中枢機関に加え、翰林院《かんりんいん》（詔勅起草）、御史台《ぎょしだい》（監察）、審官院《しんかんいん》（高級文官人事）などの機関が置かれたが、北宋前期の中央官制は唐の三省六部《さんしょうりくぶ》のような全体の統一性に欠け、各機関同士の関係も曖昧であった。三司に象徴されるように、唐後期・五代以来の機構・官職を利用するとともに新設のものを付け足すというやり方で構築されたためである。これら個別の機関を皇帝が直接掌握して最終決定権を行使するという体制が北宋前期の政治体制であったが、やがて現実の政策決定過程は宰相が他の機関に対して優位を占める形に変わっていき、たとえば三司は日常の財政運営においても宰相府の主導の下に政策決定を行うようになる。

地方行政については、全国各地に州県制に基づき行政区画が設定された。北宋時代には全国に約三〇〇の州（重要な地方には府）と、その下に約一二〇〇の県が置かれ、長官である知州（知府）・知県以下の官僚が地方行政を担当した。さらに複数の州を束ねる路が置かれた。路は本来は監察区画であったが、やがて行政区画化してゆき、転運使《てんうんし》（一般財政）・提点刑獄《ていてんけいごく》（司法）・提挙常平《ていきょじょうへい》（後述する新法関連）が、州県官の監察と関連業務を担当した。路の中心となる州（府）の知州（知府）は経略安撫使《けいりゃくあんぶし》（軍政）を兼任したが、これも路域を職務の範囲とするものであった。

こうした中央・地方の官職には、おもに科挙によって選抜された官僚がついた。門閥貴族層は唐末五代の戦乱期に壊滅的な打撃を受け消滅していた。彼らに代わる官僚候補生を選抜する手段として活用されたのが科挙である。科挙自体は隋唐時代から行われていたが、太祖・太宗の時代に、合格者の増加、殿試《でんし》の創設など科挙制度にさまざまな改革が施された［コラム5「科挙」参照］。とくに殿試の創設は、合格者に「皇帝の官僚」であるという意識を植え付ける効果をもたらした。科挙に合格して文人官僚となった者を「士大夫《したいふ》」とよぶ。皇帝を頂点として、彼ら士大夫官僚が国家運営の中枢を担うというのが宋朝の政治体制であった。

北宋の財政と軍事

契丹と和平を結んでいたとはいえ、北宋にとって北辺防衛は重要な課題であった。また、のちに述べるように西方では党項（タングート）との関係も問題となり、この方面にも軍隊を配備する必要があった。加えて宋朝は募兵制《ぼへいせい》により兵士を募集・雇用するという方法を取っていたため、兵士に俸給を支払う必要がある。また、人件費がかかるという点では官僚も同じである。これら諸費用を賄うために北宋はどのような財政運営を行ったのであろうか。財政収入と輸送・運用の面を中心に見ていこう。

図8-6　張択端『清明上河図』（北京故宮博物院蔵）（部分）

北宋の首都・開封には水路網がはりめぐらされており，政治の中心であるばかりでなく江南からの物資の集積地という経済的重要性も持つ都市であった。

出典：『中国国交正常化40周年・東京国立博物館140周年特別展　北京故宮博物院200選』2012年，39～40頁

宋朝の財政収入は、おもに税収と、「和糴《わてき》」「和買《わばい》」とよばれる部分とに分かれる。税は「両税《りょうぜい》」「課利《かり》」からなる。両税は土地税で、所有する土地の面積・等級に応じて「夏税《かぜい》」（絹帛）「秋苗《しゅうびょう》」（穀物）を課す。課利は、塩・茶・酒などの専売品から得られる収入や商税（流通税）などを指す。これらの税収で不足する分は民間からの買い上げにより調達する。これが和糴・和買であるが、価格は政府が決める上にしばしば代価の支払いが滞ることがあったため、民衆にとっては実質的な税負担となっていった。

財政収入は、一部が地方における経費として留保されるのを除き原則として中央政府が一括して管理することになっていたが、これを必要な場所に輸送・配分する必要がある。のちに述べるように宋代には長江デルタを中心とする南方の開発が進んだ一方で、中央政府が置かれ多くの官僚がいる首都・開封は華北にあり、また軍隊は北辺・西辺に多く配置されている。よって、大まかに言うと「南から北」という物流が必要となる。その一環として東南六路には六〇〇万石の上供米が割り当てられていた。これら南方の富が大運河によって開封へ運ばれ、官僚の俸給や、北辺・西辺の軍隊の維持にあてられた。大運河と黄河との合流地点近くに位置する開封は、物流の拠点としての役割も期待されて首都に選ばれたのである（図8-6）。

北辺・西辺への軍糧供給のために政府が活用したのが「客商《かくしょう》」とよばれる遠隔地交易に従事する商人であった。客商が辺境に軍糧を納入すると、政府はその支払いを現金（銅銭）で行うほかに、塩鈔《えんしょう》・茶引《ちゃいん》・交引《こういん》などの手形を支

給する。交引は現金と、塩鈔・茶引は専売品である塩・茶と引き替えることができるが、これらの手形には割増金が設定されていたため、客商は納入した軍糧の額以上の価値を持つ現金・専売品を入手できることができた。つまり、利益を供与することによって国家が求める方向に商人の活動を誘導していたのである。このような国家主導の全国的物流を「財政的物流」とよぶ。民間経済の自立的な成長力がいまだに弱い宋代においては、こうした国家による経済への介入・利用が経済発展には不可欠であった。

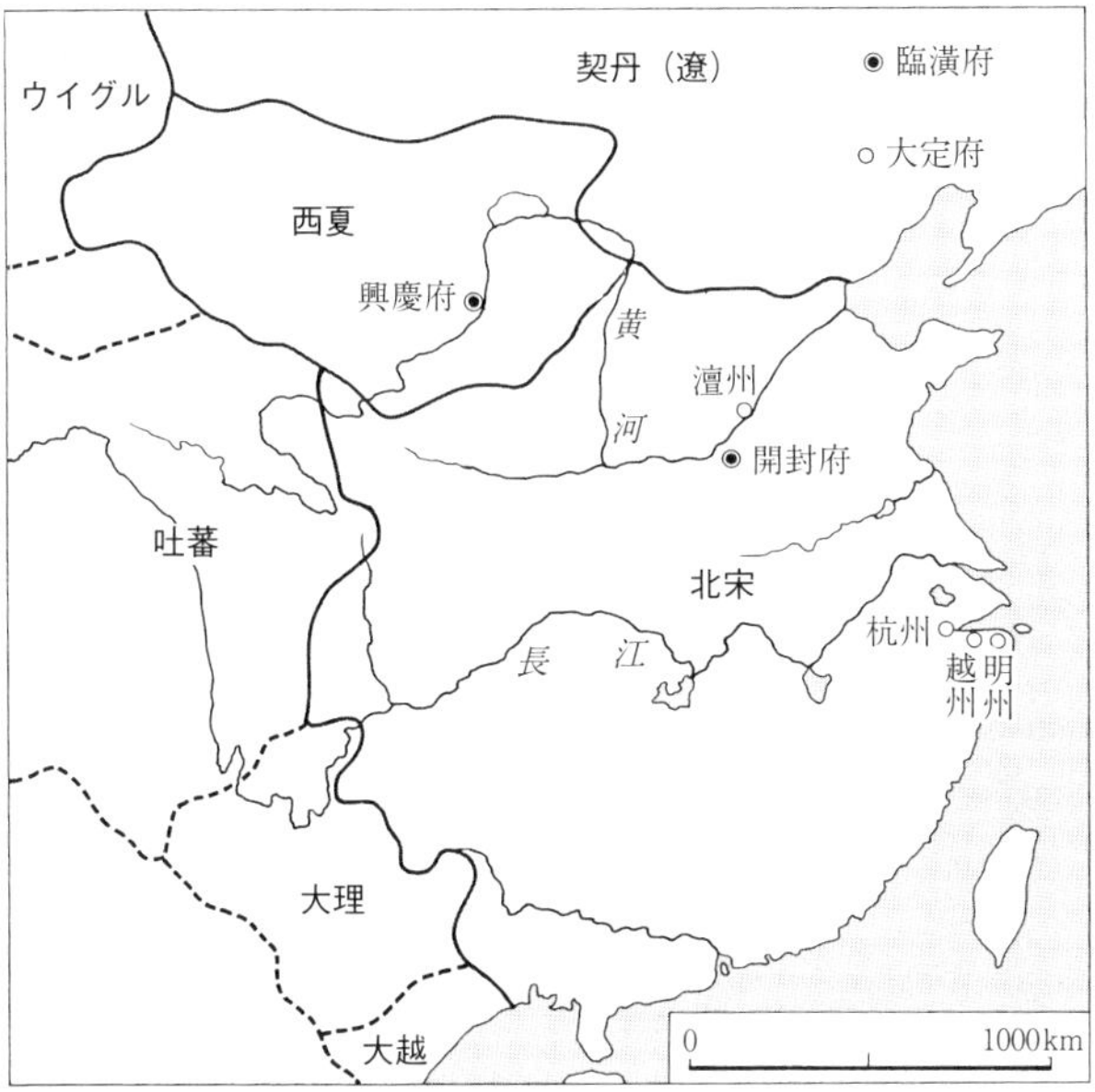

図８－７　北宋時代形勢図（西夏建国後）

出典：尾形勇・岸本美緒編『新版世界各国史３　中国史』山川出版社，1998年，203頁をもとに作成

王安石新法とその後

契丹との和平が成立したのち、真宗朝は安定した時期が続いた。しかし北宋中期、第四代仁宗（在位一〇二二～一〇六三年）の時代になると財政の悪化が大きな問題となった。

財政悪化の要因の一つ目は軍事費の問題である。仁宗朝には西方の党項との関係が悪化し、一〇三八年に李元昊《りげんこう》が帝位に即き国号を大夏（西夏）とすると、北宋・西夏は交戦状態となった。最終的には一〇四四年に「慶暦《けいれき》の和約」が結ばれたが、一連の経緯から北宋は北辺だけでなく西辺にもさらに多くの軍隊を常駐させざるを得なくなり、軍事費が増大した（図８－７）。

もう一つの要因は富裕層（地主）への富の集中である。宋朝は、地方官庁で必要な業務（治安維持・徴税など）に農民を徴発してあたらせていた。この役務を「徭役《ようえき》」というが、当時これは戸等（所有財産に基づく家のランク）に応じ割り当てられていた（差役法《さえきほう》）。しかし、官僚を出した家である官戸には徭役免除の特権があったし、地主の多くは土地を形式的に寺院などに寄進して土地隠しを行い徭役逃れを図っていた。このため徭役の負担は中下層の農民に集中した。負担が集中した中下層農民が没落すれば両税徴収や徭役分配が十分に行われなくなり、財政収入が安定しなくなる。地主層による富の集積に対する規制が必要な状況となっていたのである。

こうした問題に対処するための改革が行われたのが神宗（在位一〇六七～一〇八五年）の治世であった。神宗は王安石を参知政事に任じ、改革を推進させた。王安石が行った一連の改革を「新法《しんぽう》」という。以下にその内容を見ていこう。

まず農業・農村関係として青苗法《せいびょうほう》・募役法《ぼえきほう》がある。青苗法は、国家が小規模経営の農民に金銭を貸し付けるという政策である。小農民は従来、地主・商人から作付けに必要な資金を借り収穫後に返済していたが、その利息は元本の一〇割にも及ぶことがあった。青苗法では、政府が資金を貸し、両税納入時に二～三割の利息を付けて穀物で返済させた。これにより小農民を救済するとともに、利息分の穀物を軍糧に利用することができた。募役法は、先に述べた差役法を改めたもので、徭役を応募制にして就役者に賃金を支払う一方で、賃金の財源として免役銭を、所有財産額に応じて徴収するというものである。免役銭は、従来は免役特権を有していた官戸や寺院に加え、そもそも徭役の対象となっていなかった都市居住民からも徴収され、負担の平準化が図られた。

さらに商業関連の新法として、発運司《はつうんし》という官庁による江南からの物資調達の円滑化を図った均輸法《きんゆほう》、市易務《しえきむ》という官庁が小売商と客商との仲介を行う市易法《しえきほう》などがあげられる。また、三舎法《さんしゃほう》によって学校から直接仕官するルートを設けたり、保甲法《ほこうほう》によって農民を地域の警察業務にあたらせたりするなど、新法は人材育成・登用から治安維持・軍事などにも及んだ。王安石新法は、財政再建だけでなく、それによる富国強兵を目指したものだったということができよう。

新法と直接かかわるものではないが、神宗朝に行われた重要な政策として元豊《げんぽう》官制改革に触れておこう。先に述べたように、北宋前期の官制は臨時職の寄せ集めのような構造であったため、神宗の主導のもとでこれを唐代の三省六部制を基本とした形に改めたのが元豊官制改革である。この改革には、中央政府の構造を整理するという目的のほかに、復古的改革を実現することで王朝の権威を示すという象徴的意味合いもあった。また、改革により宰相は三省の長官を分担して務めることとなったが、そののちさらなる変化を経て、首席宰相に権限が集中する体制となっていく。このことは、のちに述べるように南宋時代に専権宰相が出現する要因の一つともなった。

党争と徽宗の時代

王安石の新法は一定の成果を上げた。しかし一方で、一連の政策により権益を侵害された者たちからは反発の声が上がった。やがて王安石が宰相を退き、神宗が亡くなると、新法反対派（旧法党）が巻き返しを図り、これ以降、北宋後期の政府内部では派閥争いが繰り広げられることとなる。一〇八五年に幼い哲宗が即位し、宣仁《せんじん》太皇太后高氏（英宗の皇后）が垂簾聴政《すいれんちょうせい》を行うと、神宗時代に中央政府を退いていた司馬光・呂公著《りょこうちょ》らが再起用され、旧法党官僚が政権の中枢を担い、多くの新法が見直された。しかし一〇九三年に宣仁太后が亡くなり、哲宗が親政を開始すると今度は新法党官僚が復権し、旧法党官僚は多くが左遷された。続いて一一〇〇年に哲宗が亡くなり、向《しょう》太后（神宗の皇后）の垂簾聴政を経て、徽宗《きそう》（在位一一〇〇～一一二五年）が親政を開始する。いったんは新旧法党の中道路線が模索されたが、最終的に徽宗は父親・神宗の政治を継承するという目標を掲げ、新法党の蔡京《さいけい》を宰相に登用した。一連の政権争いは反対派に対する厳しい弾圧を伴い、蔡京により「元祐党籍碑《げんゆうとうせきひ》」という弾圧リストが作られるに至る。「元祐」とは哲宗朝前半期、旧法党政権時代の元号であるが、リストには新法党に属するものの蔡京と対立していた人物も含まれていた。党派の争いは、政策をめぐる論争というよりも権力獲得そのものが目的となっていたのである。

徽宗は文化活動の保護・育成に熱心であるとともに、みずからもすぐれた書家・画家であった。また、道教に傾倒したことでも知られている。北宋は彼の時代に滅亡へと向かうことになるので、その文芸趣味や政治への無関心が滅亡の主因であるかのようにいわれることが多い。しかし徽宗は、「御筆手詔《ぎょひつしゅしょう》」とよばれる文書を用いてみずからの意志を政治に反映させようとし、蔡京と意見の相違があれば彼を罷免することもあるなど、みずからの主導による政治運営を模索した皇帝であった。

3　南宋史の展開

南宋の成立と対金関係

契丹の支配下にあった女真《じょしん》族は一二世紀に急速に勢力を拡大し、一一一五年、完顔阿骨打《ワンヤンアグダ》が皇帝となり金を建国した。この動きを知った北宋は、金と結ぶことで燕雲十六州を回復しようと考えた。一一二二年、金と北宋は契丹を挟撃することを取り決め、その結果一一二五年に契丹は滅亡した。しかし、国内で反乱が起こっていた北宋は実際にはこの作戦にほとんど関与できなかったばかりか、盟約に取り決められていた以上の領土を獲得しようと画策した。このため両国の関係は悪化し、金軍は大挙南下し開封を陥落させ、太上皇徽宗・皇帝欽宗《きんそう》（在位一一二五～一一二七年）は北方へ連行されて、一一二七年に北宋は滅亡した。

主な皇族や多くの高官も金に捕らえられたが、主要な皇族のなかでただひとり難を逃れていた欽宗の弟・康王趙構（高宗、在位一一二七～一一六二年）が帝位に即いた。これ以降の宋朝を「南宋」とよぶ。しかし、金に対する抵抗は主に各地で結成された義勇軍によるゲリラ活動に依拠しているという状況だった。高宗は、金に反撃を加え撃退すべきであるという主戦論を退け、江南に避難することを選択した。金による追撃をときには海上にまで逃れてかわし、また将校によるクーデタ未遂（明受《めいじゅ》の変）などの危機を乗り越え、最終的に高宗は杭州《こうしゅう》に仮の都を定めた（臨安《りんあん》）。一方金は、北宋の臣下であった劉豫《りゅうよ》を皇帝につけて斉国を建て、華北を間接統治した。

このように南宋政権は、金に追われ南方へ逃れるという形で成立したため、「対金・斉防衛」「南方統治の安定」という二つの課題を抱えていた。そのために必要な軍事力の多くを、南宋政権は当初、岳飛《がくひ》らの軍閥勢力に頼っていた。

よって彼らを優遇する必要があった。また中央政府にも金への反攻を主張する主戦派が多かった。しかし軍閥の強大化は将来の中央集権化にとって妨げともなりうるし、そもそも華北を回復することは南宋の国力からすれば困難であった。現実路線をとる高宗にとっては、当面は軍閥を対金防衛や反乱の平定に利用しつつ、機会をみて金との和平を実現し、国防面での脅威を減らした上で軍閥の力を削減することが必要であった。この課題に取り組んだのが秦檜《しんかい》である。

秦檜は北宋が滅亡した際に金に捕らえられていたが一一三〇年に宋に帰国し、金の現状を報告するとともに高宗に和平論を説き、宰相に抜擢された。いったんは主戦派の反発にあい宰相を辞任するが、一一三七年に金が斉国を廃して華北を直接統治するようになると、金国内でも対南宋関係を融和路線に切り替える動きが出てきた。これを好機と見た高宗は再び秦檜を宰相に任じ金との和平交渉にあたらせ、一一三八年に第一次宋金和議が成立する。しかしこれは金国内で起こった政変により破綻し、両国は交戦状態となる。岳飛らは金軍を撃退して開封にまで迫る勢いを見せたが、あくまで和平論に立つ高宗・秦檜は北進を戒めるとともに、戦争での功績により中央の役職に昇進させることで彼らの兵権を奪った。そして一一四二年には第二次和議を成立させるとともに、兵権剝奪に抵抗していた岳飛を獄死させた。こうして、対金和平と軍閥勢力の排除という二つを高宗・秦檜は成し遂げたのであった。第二次和議

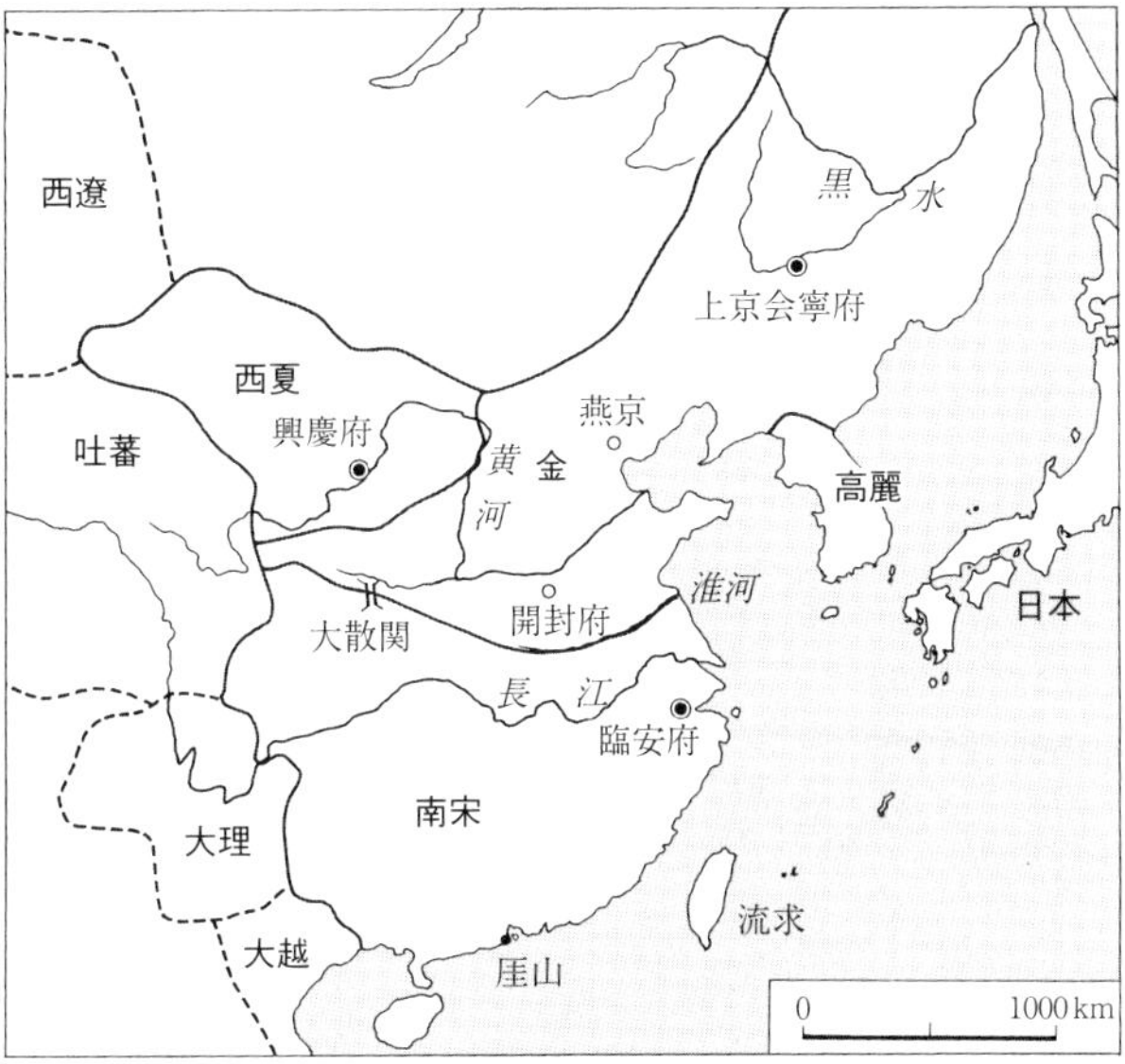

図8-8 南宋時代形勢図

出典：尾形勇・岸本美緒編『新版世界各国史3 中国史』山川出版社，1998年，209頁

では、①両国の境界を淮河－大散関《だいさんかん》ラインに定めること、②南宋皇帝は金皇帝に臣下の礼をとること、③南宋から金に「歳貢《さいこう》」（絹二五万匹・銀二五万両）をおくることなどが決められた（図8－8）。これらの条件は、北宋・契丹間の澶淵の盟を基本としつつ宋側がより不利な立場に置かれたものであった。なお、徽宗は一一三五年にすでに亡くなっており、彼の棺はこの時に南宋に返還された。一方欽宗は存命であったが、皇帝のまま金に捕らわれた彼が帰国すると高宗の皇帝としての正統性に問題が生じるため、返還は要求されなかった。結局彼は南宋に帰国できないまま金の地で亡くなった。

南宋の軍事・財政と江南開発

こうして南宋は、対金関係と軍閥の問題にひとまず解決をつけて国家としての歩みを始めたわけであるが、南宋の置かれた状況は北宋と異なる面があり、それに対応する軍事・財政体制が敷かれた。金との境界は東西に長かったため、各地に軍管区を設定して四大軍（東から順に淮東・淮西・湖広・四川）を駐屯させた。これらの軍隊への物資・軍糧補給を担当したのは総領所《そうりょうじょ》という地方財政機関であった。南宋の首都・臨安は国土の東端にあり、北宋時代の開封のように首都に物資を集積して辺境に配分するという方法には適さない。そこで南宋は四大軍が駐屯する地に総領所を設け、各々の後背地から得られる税収を軍隊維持にあてた。南宋政府は総領所を通じて、宋金和議成立以前には軍閥が握っていた財政権を取り戻したのであった。

宋朝が華北を失いながらも国家を維持できたのは、江南の開発が唐後期から進行していたためであった。とくに重要だったのは浙江《せっこう》の開発である。浙江地方は、銭塘江《せんとうこう》を境に、その東南の浙東《せっとう》には河谷《かこく》平野・扇状地が多く、土地の傾斜を利用した灌漑《かんがい》が容易であったため比較的早くから開発の手が加わっていた。これに対し西北から長江河口南岸にかけての浙西《せっせい》（長江デルタ）には低湿地や湖沼《こしょう》が広がっていた上に、海水の浸入で土壌が塩分を含むなど、農業に適さない土地が多かった。唐後期から宋代にかけて防潮堤の建設や水路の整備により土地の脱塩が進み、やがて「囲田」「圩田《うでん》」

などとよばれる、堤防で囲まれた農地が造成されるようになった。とくに王安石新法の一環として農田水利法《のうでんすいりほう》が行われると新田の開発は加速した。こうして浙西全体の農業生産量は向上し、北宋時代には北辺・西辺の軍糧需要を支え、南宋になると臨安を中心とした首都圏の人口・軍隊を支える穀倉地帯となったのである（図8－9）。ただし、単位面積あたりの収穫量、つまり生産性の面から見るとデルタ地帯の農業は未成熟で、二、三年に一度しか収穫できない土地も多かった。「蘇湖《そこ》熟すれば天下足る」とはまさに仮定の話だったのである。こうした土地は小規模経営には適さず、また先に述べたように開発に大がかりな土木工事が必要なこともあって、デルタ地帯の新田開発・農地経営は大規模地主によって行われる比率が高かった。皇族や高官のなかにはこうした土地経営を展開して富を築く者も多かった。

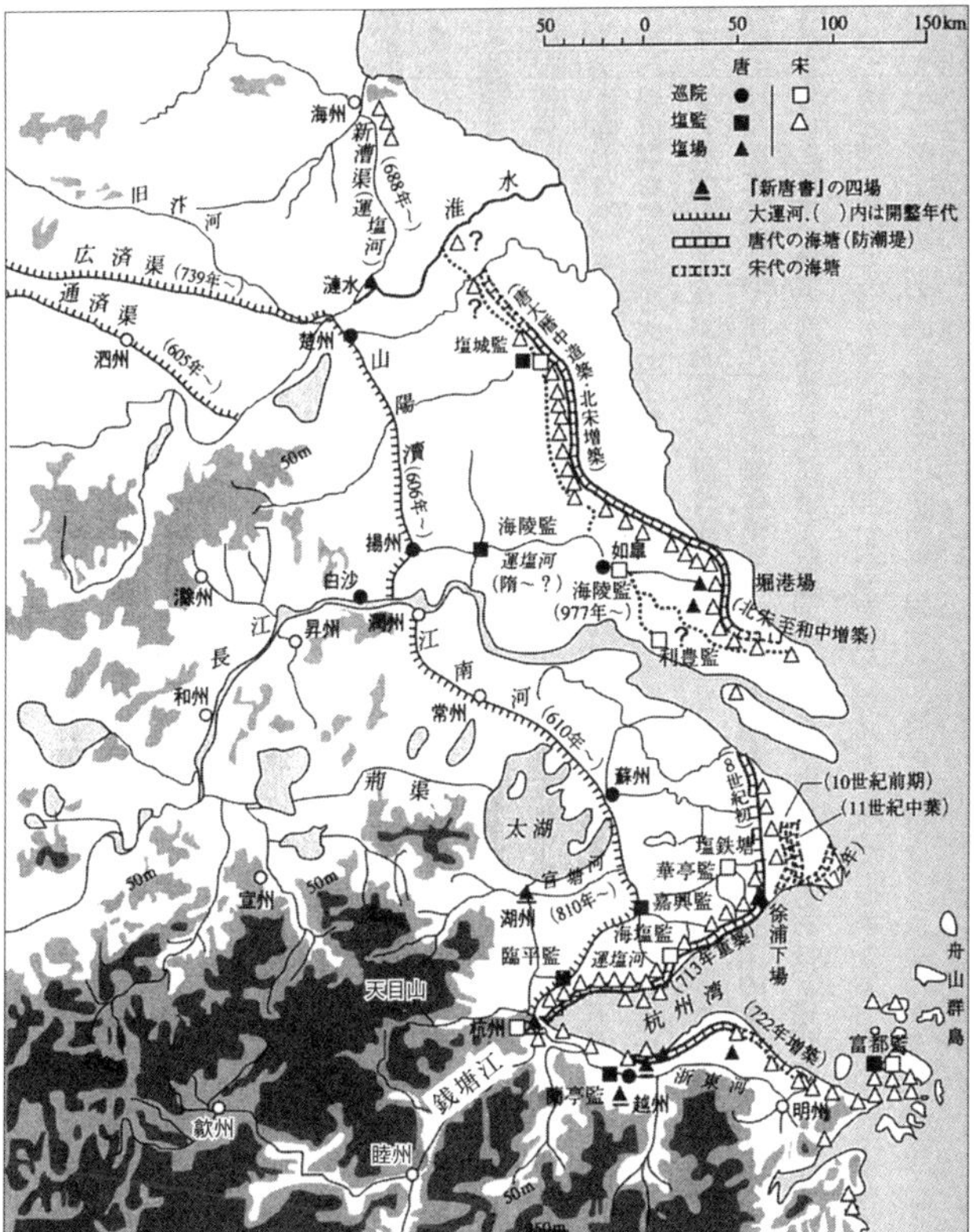

図8－9 江南の地勢と開発

出典：横山紘一ほか編『岩波講座世界歴史9 中華の分裂と再生』岩波書店，1999年，55頁

専権宰相の時代

南宋の政治の特徴として、「専権宰相」とよばれる存在が挙げられる。彼らの政治活動を中心に、

南宋の歴史の展開を追っていこう。

専権宰相の筆頭は秦檜である。宋金和議を成立させた秦檜は、一一五五年に亡くなるまでほとんどの期間、ただ一人の宰相として国政を主導した。彼が専権を確立できたのは、高宗の支持があったことに加え、御史・諫官《かんかん》といった言論を担当するポストを自派で固めて副宰相を弾劾させ、後任にその御史・諫官を任ずる、ということを繰り返し、ライバルの台頭を許さなかった政治手法にもよる。

一方、宋・金の和平は金側の事情〔第9章参照〕で破られた。一一四九年に金の皇帝に即位した海陵王《かいりょうおう》は、一一六一年にみずから軍勢を率いて南宋へ侵攻した。ところが金国内でクーデタが起こり、海陵王自身も陣中で暗殺された。新たに帝位についた金の世宗は南宋に和平を持ちかけた。南宋側では、高宗はすでに一一六二年に皇帝の位を譲っていたが、後継者の孝宗が主戦論に傾くのを抑え、一一六五年に第三次宋金和議を成立させた。

続く孝宗朝は国内の経済も好況で、安定した時代とされる。一方で政治運営の面では変化が見られた。太上皇高宗が宰相人事に介入するのに対し、皇帝孝宗は側近官を用い、みずからの意向を政治に反映させようとした。その結果として秦檜のような専権宰相は現れなかった。一方で彼ら側近官には士大夫官僚とはことなり恩蔭《おんいん》により官僚となった者が多かった。全般的に士大夫官僚が政治の中心となる宋代にあって、孝宗朝以降の時期はやや特殊な時代といえる。

一一八七年、太上皇高宗が亡くなると、孝宗は服喪を終えたのちに一一八九年に光宗に位をゆずった。ところが光宗は行動に問題があり、一一九四年に太上皇孝宗が亡くなった際には葬礼をまともに行えない有様であった。そこで宰相の趙汝愚《ちょうじょぐ》は、太后呉氏（高宗の皇后）の了解を得て光宗を退位させ、寧宗を帝位につけた。この際に呉氏と趙汝愚の連絡役を務めたのが、孝宗朝から側近官の地位にあった韓侂冑《かんたくちゅう》である。彼の母は呉氏の妹であり、加えて娘を寧宗の皇后とすることで外戚として影響力を持ち、やがて趙汝愚とその与党を追い落とし（慶元《けいげん》の党禁）、権力を掌握した。この際に弾圧の対象となった者の多くは、のちに述べる道学派の士大夫官僚たちであった。

しかし太后呉氏・寧宗皇后韓氏が相次いで亡くなると、外戚としての韓侂冑の権力にかげりが見えてきた。折しも北方ではモンゴルが台頭しており、金が対応に苦慮していたことが南宋にも伝わると、韓侂冑は金から中原を奪回することで求心力を取り戻そうと考え、一二〇六年、金への侵攻を開始した（開禧《かいき》用兵）。しかし南宋は敗北し、金側は和平の条件として韓侂冑の首を要求してきた。一二〇七年、韓侂冑は暗殺され、翌年には金・南宋間の和議が結び直された。

韓侂冑亡きあとに権力を握ったのは、彼の暗殺を首謀した史彌遠《しびえん》であった。恩蔭出身者が重視される孝宗朝以来の傾向に対する反発の高まりを受け、史彌遠は慶元の党禁の対象者の名誉回復を行い、道学派を中心とした士大夫官僚の支持を取り付けた。また一二二四年、後継ぎのないまま寧宗が亡くなると、みずから皇族の中から見出していた者を即位させ（理宗）、専権体制を維持した。

モンゴルの南侵と南宋の滅亡

一二三三年、二六年にわたり宰相の地位にあった史彌遠が亡くなった。この時期は、北方でも大きな変化が起こった時期であった。一二三二年、モンゴルは金の汴京（開封）を陥落させ、二年後に金は滅亡した。史彌遠亡きあと親政を開始していた理宗（在位一二二四〜一二六四年）は、道学派官僚の意見を受け、金の滅亡に乗じて中原回復を図った。しかしこれは失敗に終わったばかりかモンゴルとの関係を悪化させるという事態を招いた。一二五八年、モンケ＝カアンによる南宋侵攻が始まると、三方面から攻め込むモンゴル軍のうちクビライが指揮する軍勢は長江中流の鄂州《がくしゅう》に迫った。しかし、四川方面を攻撃していたモンケが突然亡くなるとクビライの軍勢も退却した。この際に賈似道《かじどう》は、退却するモンゴル軍にわずかな損害を与えた（鄂州の役）ことを宋側の大勝利として朝廷に報告し、この功績により宰相の地位を獲得した。彼が南宋最後の専権宰相である。

賈似道は、前線の将軍の不正を摘発し、公田法を実施して浙西の地主層の土地を買い上げそれを小作に出して得た収入を軍糧にあてるなど、強力な主導権のもとで戦時体制を築くことにつとめた。しかし、アリク・ブケとの争いに勝利したクビライがカアンとなると、南宋侵攻が再開された。一二六八年、モンゴル軍は、長江中流に位置する軍事上の要衝である襄陽《じょうよう》に攻撃を加え、一二七三年に陥落させた。続いてモンゴルは水軍を組織し長江沿いに臨安に向けて進軍を開始した。ようやく危機感を募らせた南宋では賈似道みずから出陣したが敗れ、責任を追及された彼は南方へ流罪とされた上に流刑地へ至る途中で殺害された。一二七六年、臨安を包囲された南宋は降伏を申し入れ、恭帝（在位一二七四～一二七六年）以下、皇族・高官はモンゴルに捕らえられた。その後、南方へ逃れた亡命政権も一二七九年に広東の厓山《がいざん》で消滅し、宋朝は三〇〇年あまりの歴史を閉じることとなった。

4　宋代の社会・思想・貿易

地方社会の様相

科挙が本格的に運用されるようになった結果、宋代には読書人（知識人）層が形成された。科挙に合格して官僚となった士大夫は、官僚としての俸給に加え執筆料などさまざまな副収入を得る機会があった。また、先に述べたように彼らには役法上の特権が与えられていた。こうした経済面での優位性を利用し、士大夫の多くは土地経営を行い、築いた資産を子弟教育に投資し、一族からさらに科挙合格者を出して社会的地位を維持することをめざした。つまり、士大夫としての地位を得るには読書人であることに加えてある程度の資産を所有していることも必要であった。このように宋代には、一定程度の資産を持つ階層が科挙合格をめぐって熾烈な競争を繰り広げる、「科挙社会」とよぶべき社会が生み出されたのである。

科挙の競争率は極めて高かった。そのため、合格には多くの年月を要するのが一般的であった。また、読書人の多くは官僚の地位を得ることなく生涯を終えることになる。このような科挙未合格・不合格者を「士人」という。宋代には、官僚は自分の本籍地には赴任できないという原則があったため、地方官は見知らぬ土地に赴任することになる。その際、地方社会の事情に通じているとともに読書人である士人層には、現地の情報源や地方社会の中心的存在としての役割が期待された。知県の心得を記した書では、赴任するとすぐに地方の士人を集め彼らに対し礼儀を尽くすことが必要である、と説かれている。しかし一方で、士人も士大夫同様に刑法・役法上の特権を有しており、それらを利用して地方社会に権勢を築く者があった。南宋時代の判決集である『名公書判清明集』（図8－10）からは、士人や豪民が胥吏《しょり》（庶民出身の事務処理者）と手を結んでわがもの顔にふるまう様や、彼らの処遇に手を焼く地方官、逆に彼らと結んで不正を働く地方官の姿など、地方社会の複雑な構造をうかがい知ることができる。

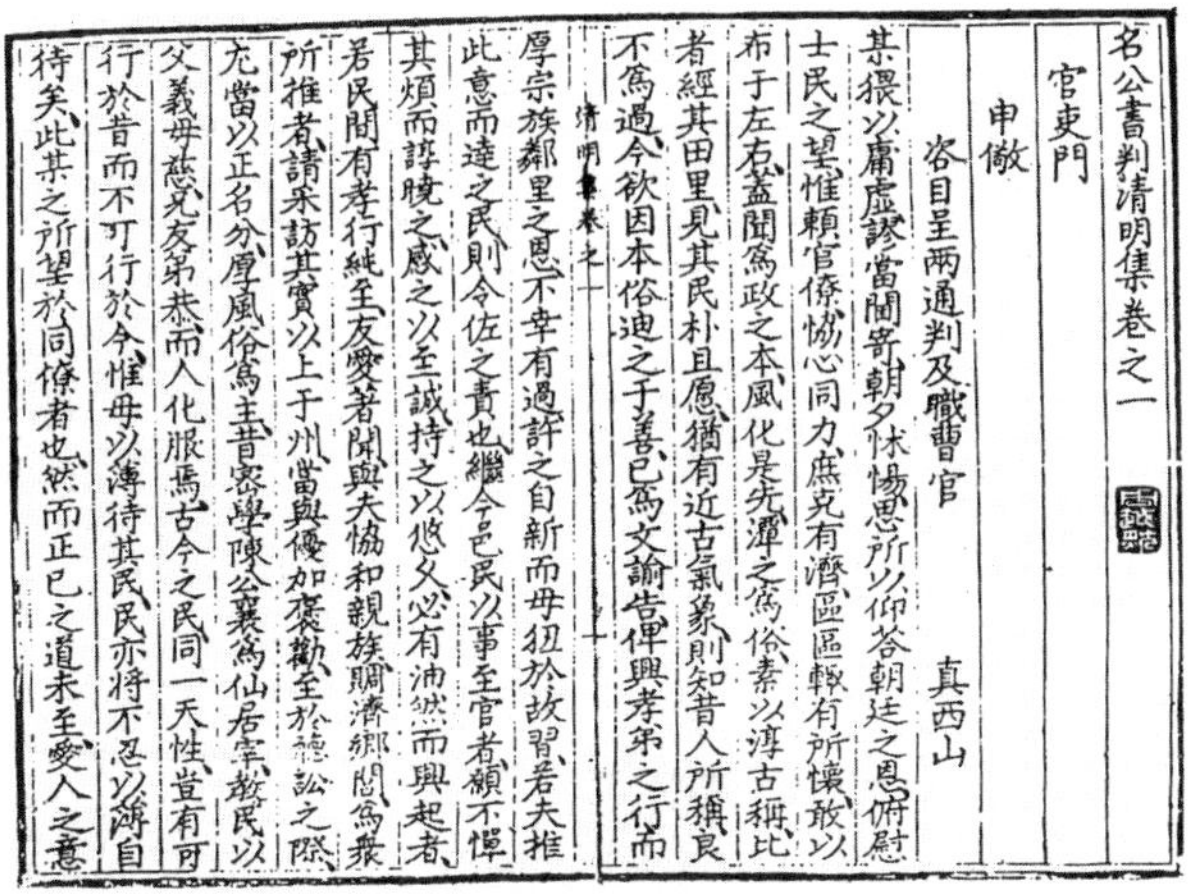
名公書判清明集卷之一
官吏門
申儆
咨目呈兩通判及職曹官　真西山
某猥以庸虛謬當閫寄朝夕怵惕思所以仰荅朝廷之恩俯慰士民之望惟賴官僚協心同力庶克有濟區區輙有所懷敢以布于左右盖聞為政之本風化是先潭之為俗素以淳古稱比者經其田里見其民朴且愿猶有近古氣象則知昔人所稱良不為過今欲因本俗迪之于善已為文諭告俾興孝弟之行而厚宗族鄰里之恩不幸有過許之自新而毋狃於故習若夫推此意而達之民則令佐之責也繼今邑民以事至官者願不憚其煩而諄曉之感之以至誠持之以悠久必有油然而興起者若民間有孝行純至友愛著聞與夫協和親族賙濟鄉閭為衆所推者請采訪其實以上于州當與優加褒勸至於詞訟之際允當以正名分厚風俗為主昔密學陳公襄為仙居宰教民以父義母慈兄友弟恭而人化服焉古今之民同一天性豈有可行於昔而不可行於今惟毋以薄待其民民亦將不忍以薄自待矣此某之所望於同僚者也然而正已之道未至愛人之意

図8－10　明版『名公書判清明集』巻一・官吏門

冒頭には，真徳秀による地方官に対する訓示が収められている。このことは本書が，さまざまな判例から地方官としての行政実務のノウハウを学ぶ参考書としての性格を持っていたことを示している。収録されている判決文には，官僚や士人・胥吏が関係する事件の様子が生々しく記されているとともに，彼らに対処する地方官の苦慮もうかがえる。

朱子学の登場

思想・学問の面で宋代に起こった大きな変化の一つが朱子学の登場であった。宋代に生まれた新しい儒教の諸学派を総称して「宋学」といい、朱子学はそのうち「道学」という流派を朱熹《しゅき》が継承・批判して大成したものである。

道学とは道徳規範や修養を重んじる学問・思想という意味であり、自己修養の重要性を説いたところにその大きな特徴がある。その理論を支えるのが「理気二元論」と「性即理」という概念である。天（自然界）・人（人間界）のあらゆるものは「気」によって形作られるが、その気に法則・秩序を与えているのが「理」であるという。つまり、人が人の形をとるのは理がそうさせているからであり、人にも天と同じ理が備わっているということになる。この人に備わる理を「性」といい、本来の善なる性をよびさませば人間は誰でも聖人になれる、と考えるのが道学の主張である。

この道学の思想を継承し、集大成させたのが朱熹であった。彼の思想は広範にわたるが、その特徴として「修己治人」（自らを修養し他人を教導すること）をあげておこう。朱熹は、『大学《だいがく》』にある「八条目」、すなわち「格物、致知、誠意、正心、修身、斉家、治国、平天下」に注目した。「八条目」は本来は君主の理想的な在り方を述べたものだったが、朱熹は「物に格《いた》る」（万物の理を究明すること）から「身を修める」までの自己修養が、社会・国家を安定させる（「国を治め」「天下を平《たい》らぐ」）という儒者本来の責務につながる前段階であると説いた。つまり、「八条目」を読み替えることで、道学が新たに重視するようになった自己修養と、儒教が従来から備えていた政治思想としての性格とを明確に結びつけたということができる［コラム6「四書五経」参照］。

このような思想が現れてくる背景には、唐代までの三教（儒教・道教・仏教）並立の状況があった。唐朝は皇室が李氏であることから老子（李老君）を始祖とする道教を保護し、また、玄奘三蔵《げんじょうさんぞう》により多くの仏典がもたらされたことで、仏教も鎮護国家のための思想としての理論武装を固めていた。儒教もその経典の一つである『周礼《しゅらい》』の理念が三省六部制に影響を与えるなどしていたとはいえ、三教の中で圧倒的な地位を占めていたわけではなかった。このような状況を「儒教の危機」と考える儒者が徐々に現れたのが宋代であった。儒教が君主に対して統治の方法を説く政治思想であったのに対し、道教・仏教は修行や思索によって自己の修養を目指すものであった。個人の内面に関する教義において他の二教に遅れをとっていると考えた宋代の儒者たちは、二教からの影響をも受ける形で理論を構築していき、これが結実したのが道学だったのである。加えて、道学の浸透には科挙の存在も大きく関係している。科挙によって儒教的教養の習得が官僚の必要条件としてさらに重視されるようになり、道教・仏教の政治における影響力は減退した。また、知識人でありながら官僚になれず、統治に貢献するという儒者本来の責務を果たすことができない士人層にとって、「自己修養は国家の安定につながる」と説く朱子学は、自己の存在を肯定するよりどころともなった。そして、宋代になって革新的進歩をとげた印刷・出版によってその教義を広め、慶元の党禁という危機を乗り越えた朱子学は、理宗の時代に政府公認の思想となり、清代になって考証学が隆盛を見るまでその地位を保ったのである。朱子学は、思想界における唐宋間の変革の産物だったといえよう。

海洋貿易の発展

最後に、朱子学同様に後世に影響を与えたものの一つとして海洋貿易の発展に触れておこう。すでに唐代、八世紀頃にはアラブ・ペルシア系ムスリム商人が中国南部に来航して香辛料や薬物などをもたらしていた。また九世紀以降、朝鮮半島や日本との貿易ルートも新羅商人によって形成された。五代十国期には先に述べたように閩や呉越などが海洋貿易に力を入れ、やがてこの貿易網が宋朝治下において発展していくこととなり、南海交易においては、最初は広州が、続いて泉州が中心的な港として発展した。これらの都市には「蕃坊《ばんぼう》」とよばれる外国人居留地が形成され、ムスリム商人はここを拠点に活動を行った。また、日本の遣唐使の寄港地であった揚州に代わって明州（のちの寧波《ニンポー》）が高麗・日本との貿易の窓口となった。

宋朝は主な貿易港に市舶司《しはくし》という役所を置いて貿易の管理統制を行った。市舶司は海商の出入国管理、輸入品の検査や買い上げ・徴税、輸出禁止品の取り締まりなどを行った。南海貿易においては香薬・象牙・真珠・珊瑚などの熱帯・亜熱帯地方の産品が輸入され、絹織物・陶磁器などが中国から輸出された。香薬は、北宋時代には契丹、南宋時代には金にも転売され、また高麗・日本にももたらされた。このように、宋代の海洋貿易は日本・朝鮮半島から東南アジア・南アジア、果ては西アジアまでを結ぶ形で展開していた。この広大な交易網はのちにモンゴルに継承され、ユーラシア東西にまたがる帝国の維持に活用されていくこととなったのである。

主要参考文献

平田茂樹（一九九七）『科挙と官僚制』山川出版社。

宮澤知之（一九九八）『宋代中国の国家と経済』創文社。

小島毅（二〇〇五）『中国思想と宗教の奔流――宋朝』講談社。

高橋芳郎（二〇〇八）『訳注『名公書判清明集』官吏門・賦役門・文事門』北海道大学出版会。

近藤一成（二〇〇九）『宋代中國科擧社会の研究』汲古書院。

宮崎聖明（二〇一〇）『宋代官僚制度の研究』北海道大学出版会。

岡本隆司（編）（二〇一三）『中国経済史』名古屋大学出版会。

小林義廣（二〇一三）『王安石――北宋の孤高の改革者』山川出版社。

藤本猛（二〇一四）『風流天子と「君主独裁制」――北宋徽宗朝政治史の研究』京都大学学術出版会。

垣内景子（二〇一五）『朱子学入門』ミネルヴァ書房。

コラム

6 四書五経

井ノ口哲也

四書五経という言葉は、儒教の最も重要なテキストである経書の総称として四字熟語のように捉えられている観があるが、四書と五経に分けて捉えるのが正しい（別々の事件や概念がくっ付いて四字熟語のように捉えられている類例として、「焚書坑儒《ふんしょこうじゅ》」や「無為自然」などがある）。成立は、五経のほうが早い。

儒教の経書は、儒教の祖とされる孔子や儒家の産物であると考えられがちであるが、そうではない。『詩経』・『書経』の原形である『詩』・『書』は孔子が現れる前から形成され、『春秋』は孔子の出身地・魯の史官による年代記であり、『易』は本来占いの書であり、礼楽制度は特に喪葬儀礼を中心に夏・殷・周三代の蓄積のもとに文献化されていった。こうした書物を儒家が取り込み、潤色を加えて、自分たちの重要なテキストに仕立て上げていったのである。

この『詩』・『書』・『春秋』・『易』・『礼』・『楽』の組み合わせは、戦国時代後期の出土資料である郭店楚《かくてんそ》墓竹簡《ぼちっかん》の『六徳《りくとく》』とよばれる資料で、一連の文章中に「詩・書」「礼・楽」「易・春秋」と見える例が最も早い。この六つの書物は、両漢交替期にかけて、「六経《りくけい》」もしくは「六芸《りくげい》」という総称でよばれた。

両漢交替期に、経書の総称は、「六経」「六芸」から「五経」へと変わっていった。この時に脱落した一経は『楽』であった。音楽やダンスはリズムを重視し身体による実践が中心となり、文言のみで継承される学問とは性格を異にすることもあって、経書として数え得なくなったのである。

後漢前期の七九年に当時の第一線の儒家たちを集めて挙行された白虎観《びゃっこかん》会議の議論の記録『白虎通義《びゃっこつうぎ》』には五経篇という篇が立てられているが、これは「五経」という語が一書の篇名に初めて用いられた例である。そこには「五経とはどういう意味か。『易』・『尚書』・『詩』・『礼』・『春秋』のことである。」と定義されている。また、『論語』や『孝経』も経書と見なされ、五経にこれらを加えて「孔子七経」（謝承『後漢書』）ともよばれた。その後、注や疏《そ》（経と注についての詳密な解釈）の発達した魏晋南北朝時代を経て、隋代に始まった科挙のために、唐代の六五三年に頒《はん》布《ぷ》された『五経正義』が、五経とその注疏の標準テキストとされた。

一方、四書とは、南宋の朱熹《しゅき》によって集大成された朱子学のテキスト群の総称で、『大学』・『論語』・『孟子』・『中庸』を指す。朱熹はこの順序で四書を学ぶよう指定した。すなわち、途中で挫折しても、四書を学ぶ順序の最初に置かれた『大学』は、朱子学を学ぶ者がみな一度は手にする書となり、士大夫のバイブルとなった。

『孟子』は、儒家の重要なテキストであったものの、『論語』と同様に重視されて経書化したのは南宋のことである。『大学』と『中庸』は、もともと『礼記《らいき》』の一篇であったが、北宋の程顥《ていこう》・程頤《ていい》の兄弟は『論語』・『孟子』を『礼記』の大学篇・中庸篇とともに重視し、それが朱熹に受け継がれて、『孟子』は経書化し、大学篇・中庸篇は『大学』・『中庸』という一書へと昇華した。四書に注釈を施した朱熹の著作は権威ある朱子学のテキストとして、元代以降の東アジアで盛んに学ばれた。

さて、儒家の経書は、唐代の七二八年に成立した『初学《しょがく》記《き》』において、礼文献の三礼《さんらい》と『春秋』の三伝《さんでん》（伝とは解説のこと）を数える九経（『易』・『詩』・『書』・『周礼《しゅらい》』・『儀礼《ぎらい》』・『礼記』・『春秋左氏伝』・『春秋公羊《くよう》伝』・『春秋穀《こく》梁《りょう》伝』）に拡大し、北宋にはこの九経に『論語』・『孝経』・『爾雅《じが》』が加わり、南宋に『孟子』が加わって十三経となり、宋末に刊刻された『十三経注疏《じゅうさんぎょうちゅうそ》』に清代の阮《げん》元《げん》の「校勘記《こうかんき》」を附したテキストが、今日に至るまで、拠るべき最善本とされている。

主要参考文献　吉川幸次郎『支那人の古典とその生活』（岩波書店、一九四四年／『吉川幸次郎全集』第二巻、筑摩書房、一九六八年）、竹内照夫『四書五経　中国思想の形成と展開』（平凡社、一九六五年／『四書五経入門　中国思想の形成と展開』と改題、二〇〇〇年）、福井重雅『漢代儒教の史的研究――儒教の官学化をめぐる定説の再検討』（汲古書院、二〇〇五年）、野間文史『五経入門――中国古典の世界』（研文出版、二〇一四年）。

第9章　ユーラシア世界の「首都」北京——契丹（遼）・金・元

渡辺健哉

この章で学ぶこと

本章では、「契丹《きったん》（遼）・金・元」の歴史を扱う。これらの王朝を創立した民族はもともとモンゴル高原や現在の中国東北部を根拠地とし、いずれも伝統的中華世界からは外敵と見なされてきた存在だった。そうした彼らがどのように中華世界を統治していくのか、その軌跡を追う。その際、現在の中華人民共和国の首都である北京に着目する。遊牧世界と農耕世界との境界に位置する北京は、この時代から歴史の表舞台に躍り出ていく。契丹（遼）・金・元時代における北京の歴史的展開を踏まえた上で、現在に至るまで首都としての地位を保ち続けている理由も考察する。さらにこの時代は、既存の宗教や思想と、外来の宗教とが影響し合い、中国思想史上でも画期となる時代であったため、この点についても注意を払う。

1　北京の環境

北京の位置

東北自動車道をひたすら北上し、岩手県の松尾八幡台《まつおはちまんたい》インターチェンジを過ぎてしばらくすると図9－1の案内標識に目がとまる。「松尾」とは岩手県八幡平市の地名で、盛岡市のやや北に位置する。中華人民共和国の首都である北京と岩手県とが同緯度（北緯四〇度）に位置すると知って、読者はどのように感じるだろうか。

天安門広場から故宮へ

それでは、その北京を訪問してみよう。北京で真っ先に訪れる場所といえば、中心部に位置する天安門広場と故宮博物院に違いない。東西約五〇〇メートル、南北約八八〇メートルに及ぶ広大な天安門広場とそこに集う人々の数に圧倒されながら、天安門をくぐって中に歩を進めると、そこには故宮博物院が広がる。かつて明清時代の王宮として利用された紫禁城は、現在、故宮博物院として多くの観光客で賑わう。故宮は東西約七五〇メートル、南北約九六〇メートルの敷地に、九八〇棟もの建物を有し、とうてい一日では見学しきれない。この故宮を縦断して北門である神武門を抜け出た先には、景山とよばれる山がそびえたつ。息を切らせつつ、高さ四四メートルの景山を登りきって見渡せば、故宮の後景が眼前に広がる。黄金色に輝く屋根瓦の煌めきと、左右均等に整然と配置された建物の美しさに、登山の疲れも忘れて思わず息をのむ。さらにそこからゆっくりと視線を左に転じていってみると、今度は一転して、意匠を凝らした近未来的な高層ビル群に目を奪われる。古色蒼然とした建物と近代的なビルとが同居する空間、これこそが北京の魅力といえよう。この北京が中国史の表舞台にようやく躍り出るのが、本章で述べる「契丹（遼）・金・元」の時代である。

本章で扱う時代と北京

「契丹（遼）・金・元」はモンゴル系の契丹族、ツングース系の女真族、そしてモンゴルが支配者となった王朝で、時期は一〇世紀から一四世紀の半ばまでの、約三五〇年間に相当する。この時代を説明するにあたっては、これまで遊牧・狩猟民族が農耕民族を支配するという図式で描かれがちであった。しかし近年、こうした見方に対して大幅な修正が加えられつつあり、むしろ遊牧民を中心に据えた視点から語られることが多くなってきている。だが、どちらかの強弱関係でこの時代を理解しようとすれば、所詮は同じところに行き着きかねない。北部や西部から中華世界への侵入が繰り返されたとはいえ、裏を返せば、実はこの時代は北の遊牧世界と南の農耕世界とで政権がそれぞれ統治を行ったことにより、混乱が解消され、長い中国史のなかでも珍しく安定が保たれた時代でもあった。したがって、分立した状態を正常なものと捉え直すこともできよう。本章ではこうした視点からこの時代を概観していく。

図9-1　東北自動車道の北緯40度の案内標識
出典：著者撮影

そうした視点に立ちつつ、本章では冒頭で触れた北京を舞台に据えて考えてみる。北京に注目するのは「契丹（遼）の南京《なんけい》」「金の中都」「元の大都」と名称を変更しつつ、のちに一時の中断をはさむとはいえ、現在に至るまで首都であり続けるからである。なぜ北京が現在に至るまで「首都」なのか。本章では、横軸に地理・環境・気候を設定し、縦軸には歴史を設定してこの点を考察してみたい。

加えて宗教・思想にも目配りしていく。この時代になると外来宗教である仏教が広く信仰され、中華世界に広がっていた道教も大きな転換期を迎え、さらにはイスラム教やキリスト教などの西方に由来する宗教の活動も顕著になる。中国国内で発展した宗教・思想と、外来の宗教とが互いに影響を及ぼしあうこの時代は、中国の思想や宗教の面から見ても一つの画期と見なすことができる。

以上のように、北京を舞台に設定し、それぞれの王朝で広まった宗教を軸にして、この時代に切り込んでいくこととしたい。

北京の地理

人間が生活する上で、何を着て、何を食べ、どんなところで寝るかを知ることは、人間、ひいてはその人の属する集団の性格を分析する上でも欠かせない。そのためには地理や環境の理解が求められる。まずは北京の地理と環境について見ていこう。

北京地区は西に太行山脈の北の部分があり、北から東に向かっては燕山山脈の険しい山並みが連なる。また、東は渤海湾を臨み、南は華北大平原が開けている。三方が山に囲まれ、南に向かって平原が大きく口を開けている地形を想像すればよい。

西北部の山々から東に向かう複数の河川は北京市中心部の湖にいったん注ぎ込み、元代に築かれた通恵河とよばれる運河を通じて、東の通州に流れていく。中心部に位置する湖沼地帯は北から積水潭(后海)〜北海〜中海〜南海とよばれ、積水潭には、夏の夕方ともなると、昼間の猛暑を避けて夕涼みにきた市民で、冬になると、野外スケートを楽しむ市民で賑わう。豊潤な水資源の有無は、生態系に関わって、それがただちに人間の居住環境にも影響を及ぼすため、文化の方向性を決定づける要因の一つになる。

北京の気候

北京の夏は暑い。ただし乾燥しているため、いったん日陰に入れば、ひんやりと涼しい。冬になると、一転して北から吹き込む冷気によって厳しい寒さが続き、北京市内の河川や湖はほぼ結氷する。強い風が吹いて黄砂が舞い上がりはするも、春は暖かく過ごしやすい。この時期には北京名物の「柳絮《りゅうじょ》」とよばれる柳の白い綿毛も宙を舞う。凛とした空気と澄み渡った青空がどこまでも広がる秋は「北京秋天」と称され、北京で最も良い季節とされている。

北京の重要性を考える上で環境と並ぶ重要な要素として、地政学的な要地である点は強調しなければならないが、この点は北京の歴史を振り返ってから再び触れることとしよう。

本章の舞台である北京の地理と環境を概観したところで、以下ではその歴史を辿っていく。

2　契丹（遼）の社会と燕京

契丹の歴史

八世紀半ばに発生した安史の乱をトリガーとして、東部ユーラシアは大きな変動期を迎える。九世紀になると遊牧国家ウイグルが崩壊し、空白となったモンゴル高原には新たな勢力が胎動する。

モンゴル高原東部、大興安嶺山脈東側を流れるシラ・ムレン（ムレンは川の意味を表すモンゴル語）上流のステップ地帯では契丹族が遊牧生活を営んでいた。九一六年、契丹八部の一部である迭刺《てつら》部の族長で契丹族を統一した耶律阿保機《やりつあぼき》が皇帝に即位し、契丹国を樹立する。彼が太祖（在位九一六～九二七年）である。太祖はまたたく間にチベット系のタングートやトルコ系の沙陀を討ち、九二六年には渤海を滅ぼしてその地を東丹国とし、長子耶律倍を国王に任ずる。

太祖の次子太宗（在位九二七～九四七年）の時代、契丹は国号を「遼」と称し、九三八年に都を上京臨潢府（現在の内モンゴル自治区巴林左旗）に定めた。

この時期、後唐の晋陽節度使であった石敬塘《せきけいとう》が反旗を翻し、契丹に援助を求めてくる。太宗は要求に応じて援軍を送り、石敬塘は後唐を滅ぼして後晋を打ち立てた。その見返りとして、九三六年に石敬塘が燕雲十六州（現在の河北省と山西省の北部。燕＝燕州は現在の北京、雲＝雲州は現在の大同をそれぞれ指す）を割譲したことにより、契丹は中華世界への足掛かりを手に入れたのである。農耕と遊牧の境界線上に位置するこの地域をめぐり、以後は契丹（遼）と五代の諸王朝、そして宋とのあいだで戦端が開かれていく。

太宗の甥の世宗（在位九四七～九五一年）から穆宗（在位九五一～九六九年）・景宗（在位九六九～九八二年）に至る時代は北方の遊牧派と南方の農耕派との対立が続いたが、聖宗（在位九八二～一〇三一年）がこの両者を融合した。この時代になって、遊牧民と農耕民のそれぞれに対して別箇の方式で統治を行う、いわゆる二重統治体制が確立されたのである。

一〇〇四年、聖宗と北宋の真宗とのあいだで澶淵《せんえん》の盟が結ばれる。これは歳貢として、宋から契丹に対して毎年絹二〇万匹、銀一〇万両を贈るとともに、国境の順守や逃亡者の受け入れ拒否等を定めるものであった。北宋側から見た澶淵の盟の意義は前章で触れられているため、ここでは広くユーラシア東部の視点からこの盟約の意義を見ておきたい。

これまでこの盟約に対しては、「北宋にとって屈辱的なもの」という評価が与えられてきた。だが、そうした見方は一面的といわざるを得ない。まず、前提として、北宋に課せられた絹と銀は、国家財政のなかではそれほど重い負担ではなかった。その上で、契丹にとっては、毎年決まった額の銀収入を得られたことにより、その銀を領域内の他の部族に賜与することで、国家の安定が図られた。契丹国内の安定はただちに北宋との二国間関係の恒久的な安定につながっていく。また同時に契丹にもたらされた銀は国内に滞留しただけではない。北宋との国境沿いには榷場《かくじょう》とよばれる交易場が設けられ、ここを通じた交易により、銀は北宋に還流したとされている。そうした点でも、澶淵の盟の締結は、「北宋にとって屈辱的なもの」というのではなく、盟約を通じて国家間の安定が図られたという点で、中国史上において画期的なものであった。

以後このように盟約を締結することで平和を維持するというやり方が、その後も継承されていく。北方遊牧民族のプレッシャーが高まったといわれるこの時期にこそ、中華世界は安定を得られたのである。

澶淵の盟によって、契丹は安定期に入り、直後の一〇〇七年に中京（内モンゴル自治区赤峰市寧城県）が建設される。これは、この地を根拠地としていた奚《けい》族に対する控制と、盟約締結に伴い宋との間で使節が交わされるようになり、それに対

図9-2　契丹の領域図

出典：荒川慎太郎ほか編『契丹［遼］と一〇～一二世紀の東部ユーラシア』勉誠出版，2013年，14頁

応するために建設されたといわれている。聖宗は中京に滞在することも多く、契丹（遼）の中期から後期にかけての実質的な都として機能する。この聖宗から興宗（在位一〇三一〜一〇五五年）を経て道宗（在位一〇五五〜一一〇一年）に至るまでは比較的安定した時代であった。

一〇四四年、燕雲十六州の割譲によって得た雲州を西京大同府とする。西京は西夏や西南諸部族と対応するための拠点であった（図9-2）。

隋唐時代、中国東北部には靺鞨《まっかつ》とよばれるツングース系の狩猟民族が居住していた。その一部の黒水靺鞨は女真とよばれ、半農半牧を営んでいた。女真族の一部は高句麗滅亡後に渤海国に属していたが、渤海国が契丹によって滅ぼされると、契丹に服属するものと奥地の森林地帯で狩猟生活を営むものとに分かれた。前者を熟女真、後者を生女真とよぶ。生女真は松花江の支流である按出虎水の流域で農耕を行っていた。契丹は彼らの産物のなかでも、狩猟の際に利用する海東青という俊敏なタカをとくに珍重し、貢納を強要した。女真族はこれに激しく反発し、勢力を強めつつあった完顔《ワンヤン》部の阿骨打《アグダ》が部族長になると、契丹に対して挙兵し、宋と挟撃して契丹を滅ぼした。ただし、その一部は西へ移り、西遼と称して存続する。

契丹の社会

契丹は遊牧民と農耕民によって構成された。遊牧と農耕という異質の社会を統治するにあたって、契丹は一元的な支配を行うのではなく、二系統の官制を設置することで国家統治を図った。具体的には、契丹族などの遊牧民に対しては契丹固有の慣習法で北面官に支配させる一方で、燕雲十六州に居住する漢族などの農耕民に対しては唐以来の制度を踏襲して南面官に支配させた。

民衆統治にあたっても、契丹人に対しては部族制を認めつつ、漢族に対しては中央から役人を派遣して統治する州県制が採られた。ただし、このように全く異なる二系統の統治法を並行してはいたものの、時間の経過とともに、徐々に漢族のやりかたに基づく州県制に収斂されていく。

近年になって発掘される契丹人墓の出土品から、彼らの生活の一端がうかがえる。なかでも印象的なものは、棺の置かれた墓室に添えられた色鮮やかな壁画である。そこに描かれる彼らの服装や髪形、馬具、日用品などから、当時の生活様式が想像できよう。

彼らは契丹文字という独自の文字を使用していた。契丹文字には大字と小字の別があり、大字は漢字に似せた疑似漢字である。少しのちに作られた小字は、画数の多い複雑な文字で、複数の構成要素を組み合わせて一文字を作っている。大字も小字も表音・表意の両方を含む文字体系であったと考えられている。

契丹の仏教

契丹では仏教信仰が盛んであった。初期はそれほどではないが、時間の経過とともに仏教信仰が次第に顕著になっていく。たとえば、景宗は長子を文殊奴、次子を普賢奴、四子を薬師奴と名付けた。子供たちの名前からも皇帝の仏教帰依の篤さがうかがえよう。

仏教信仰の最盛期は興宗・道宗・天祚帝（在位一一〇一～一一二五年）の時代である。この時期には、華厳・唯識・密教などの研究が盛んに行われ、その成果の一部は、東は高麗を経て日本へ、西は西ウイグルにもたらされた。

仏教経典の一大集成を『一切経』＝『大蔵経』という。一〇世紀になると、それまでは手で書き写されていた仏典が印刷されるようになる。北宋で彫造された『大蔵経』（『開宝蔵』ともいう）は日本・高麗・西夏などの周辺諸国に賜与されていたが、契丹（遼）に対しては輸出禁止措置が施行されていたため、賜与されなかった。そのため、燕京の弘法寺で国家事業として印刷されたものが『契丹大蔵経』である。近年までその存在は不明であったが、一九七四年になって山西省応県の仏宮寺木塔に安置されていた釈迦如来坐像の胎内からその一部が出現し、実在が確認された。

隋代に起源をもつ北京西南郊の房山の石経（石に刻まれた仏典）は戦乱によって損壊されていたが、澶淵の盟を経て修復され、のちには経典の彫蔵事業が継続された。

この時代の仏教の隆盛を象徴するように、領域内には大小さまざまな仏塔や寺院が建立された。このように仏教文化の痕跡が数多く確認できることから、契丹は「草原の仏教王国」と称して相応しい国家であったといえよう。

契丹の南京

一〇一二年、燕雲十六州の統治を意図して、その中心地である幽州の幽都府が南京析津府と改称された。澶淵の盟が締結されてからは、宋との交通の要衝として、南京の重要性が増すことになる。一〇三六年に至って宮殿と官庁の建設が命じられた。ここまで時間が経過したのは、皇帝の居住する都という意識が希薄であったためであろう。

南京の範囲はほぼ唐の幽州を踏襲したと考えられており、現在の北京の西南部にあたる。『遼史』地理志はその概略を以下のように伝える。周囲は一辺が約四キロ弱の全周約一五キロ、城壁の高さは約九メートル。東の安東・迎春、南の開陽・丹鳳、西の顕西・清晋、北の通天・拱拱の計八門があった。城内は碁盤目状に引かれた街路によって区画が区

図９－３　天寧寺の金剛力士像
出典：著者撮影

切られていた（これを坊制という）。皇帝や皇族の居住する空間である大内は城内の西南隅にあり、元和殿・洪政殿などの宮殿、五花楼・迎月楼などの楼閣が配置された。

南京の内情は彼ら自身の記録が少ないため、不明な点が多い。ただ、北宋からの使者の記録からその一部をうかがうことができる。たとえば、路振『乗軺《よう》録』には「燕京の城内には二六の坊がある。坊には門楼があり、その坊名が大書してある。薊賓・粛慎・盧龍など、唐代以来の坊名である。そこに住民が居住し沿道には数多くの店舗が軒を連ねている。人々はみな漢服を着ているが、契丹・渤海の婦人は胡服を着ている。」とあり、さまざまな民族が雑居する都市の雰囲気をよく伝えている。

現在の北京で契丹時代の面影を伝えるものとして、後世に改修が施されたため、厳密には契丹時代のものと言い切れないが、宣武区広安門外にある天寧寺塔が挙げられる。塼を積み上げた八角一三層の塔で、高さ五七・八メートルの偉容を誇る。初層側面に配された筋骨のたくましい金剛力士像はとりわけ美しい（図９－３）。

3　金の社会と中都

金の歴史

一一一五年、契丹を打ち倒した完顔阿骨打が「大女真金国」を建国する。これが金であり、阿骨打が金の太祖（在位一一一五～一一二三年）である。太祖は宋と協力して契丹を滅ぼす条件として、宋に燕京とその周辺の六州を譲る代わりに、多額の金・絹を得ることになっていた。宋に領土の一部を譲渡することになるものの、金・絹の実利を得るとともに、その他の契丹領を金の領土に組み込もうと図ったわけである。

ところがのちになって、宋は領地の分割に不満を抱き、前線の司令官はしばしば金に対する軍事的挑発を続けていた。他方で度重ねる交渉の場における宋の対応は金の不信感をつのらせ、両者は一触即発の緊張状態に陥っていた。

一一二三年、太祖阿骨打が死去すると、弟の呉乞買《うきつばい》が後を継ぐ。のちの太宗（在位一一二三～一一三五年）である。一一二五年、ついに太宗は宋の都である開封への進撃を開始する。宋の徽宗は欽宗に譲位して時間稼ぎを図ったが、一一二七年に再び開封を攻囲された。太宗は書画・骨董などの美術品や財貨をかき集め、徽宗・欽宗を筆頭とする宗室約五〇〇〇人と臣下約二五〇〇〇人を捕虜として、開封から北方に連れ去っていく（靖康の変）。一方で混乱のさなか欽宗の弟の康王が高宗として即位し、各地を転々としつつ杭州に逃れ、南宋が成立した。

一一四二年九月、次に即位した熙宗（在位一一三五～一一四九年）が南宋との講和を果たす。淮水を南北の国境とし、宋は金に臣礼をとり、歳貢として銀二五万両・絹二五万匹を贈ることになった。国境の確定により、国境線に榷場が設営され、宋と金とはここで交易を行う（紹興の和議）。これも澶淵の盟と同じく、盟約の締結によって、二つの国家間の安定が得られたといえる。こうして淮水を隔てて華北を奪取した金と、江南を領有した南宋によって中華世界が二分されることになった（図9-4）。

熙宗を殺害した海陵王（在位一一四九～一一六一年）は漢化政策をおしすすめていく。その最も顕著な施策が遼の南京＝燕京への遷都である。当初の都である上京（黒竜江省ハルビン市阿城区）は太祖治世下の晩期に建設が計画され、太宗から熙宗の時期にかけて工事が行われ、熙宗の時代に上京会寧府と命名された。この上京にあった宮殿や王室の邸宅をすべて取り壊し、燕京に遷都したのである（後述）。さらに海陵王は、江南の領有を目指し、南宋遠征を企てる。しかしこの南進により、国内の治安が手薄になり、契丹人の叛乱が勃発した。ついには海陵王の急激な漢化政策に反対する女真人勢力がクーデタを起こし、海陵王は遠征の途上で殺害されてしまう。

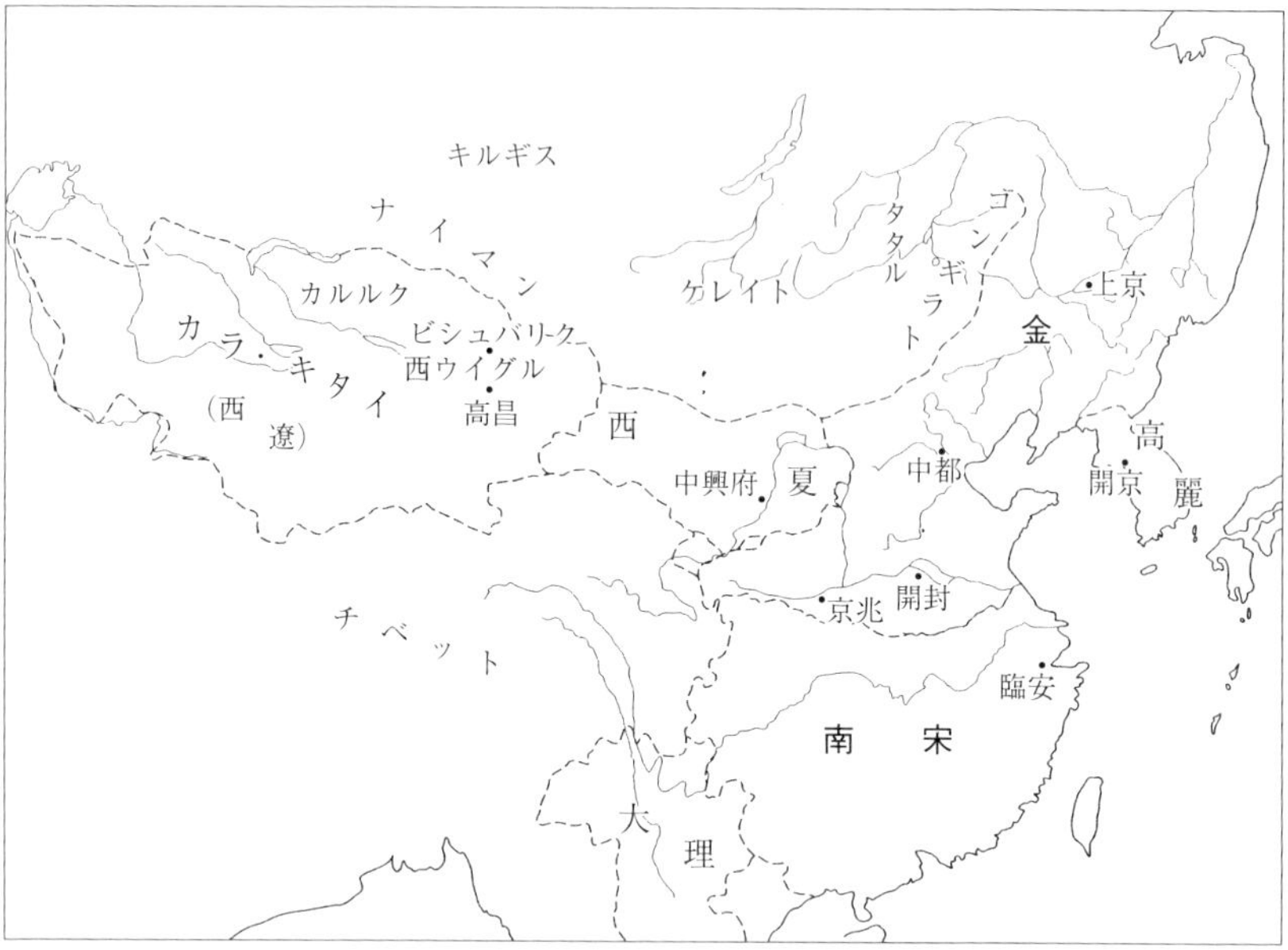

図９－４　金の領域図

出典：荒川慎太郎ほか編『契丹［遼］と一〇～一二世紀の東部ユーラシア』勉誠出版，2013年，18頁

次に即位した世宗（在位一一六一～一一八九年）はその反動から女真の習俗を守ることに努めた。しかし、長く華北に居住した女真人支配層は、かれら固有の素朴な生活を喪失してしまい、漢族の生活に同化していった。世宗の孫の章宗（在位一一八九～一二〇八年）はまた中国文化に心酔し、中国の書籍や書画の収集に熱中する。だが、そうした浪費に加え、軍事費の増大が財政難に拍車をかけ、その対策として紙幣を濫発した結果、インフレーションが引き起こされた。

章宗時代になるとモンゴル高原から遊牧民が侵略を繰り返してきた。これに応じるための軍事費がかさみ、財政難に陥った。契丹が南に目を奪われているスキをついて金が襲いかかったように、金にも同じ運命が待ち受けていたのである。

金の社会

完顔阿骨打は各地の部族を、三〇〇戸を一謀克とし、十謀克を一猛安とする制度に編成した。この単位の長をそれぞれ猛安・謀克という。平時は彼らに屯田を行わせつつ、いざ戦時になると一謀克から一〇〇人、一猛安で一〇〇〇人の兵士を供出させた。こうした制度は戦時には兵農一致が原則であるため機能する。しかし、支配領域が拡大するにつれ、支配した土地を謀克に分与して耕作させると、女真族は自らの手ではなく、漢人に耕作を行わせていくようになる。結果として猛安・謀克制の本来有していた軍事的機能は徐々に喪失していく。

金では女真文字が作られた。漢字と契丹文字を参考にして作られたとされ、契丹文字と同じく大字と小字の別があり、大字が表意、小字が表音と理解されている。漢字・契丹文字に由来する文字、由来不明の文字に加え、表意文字・表音文字が混在する形式となっている。

金の道教

彼らのもともとの信仰は多神崇拝のシャーマニズムであった。とくに「鷹」に対する崇拝は強く、頭部がタカで人間の体を持つ女性が乳児に乳を与える素焼きの像が発掘されている。また仏教も信仰していた。ここでは金代になって大きな転機を迎える道教について触れていこう。

北宋の統治によって安定していた華北地域は、金と南宋との戦場となり、次いでモンゴル等の外敵に直接さらされた上に、北方からの移住者の急激な増加による社会的混乱から、新たな思想を迎え入れる揺籃の地と化していた。こうした社会状況を背景として、金代になって、太一教、真大道教、そして全真教という、新たな道教系の信仰組織が生まれていく。こうした新派に対し、金朝の皇帝は各派の道士を召し、保護を行うなどして、彼らの発展を促した。

王重陽の開いた全真教は、個人の不老長寿を希求するのではなく、禅宗や朱子学の影響を取り込みながら、儒教・仏教・道教のいわゆる三教の調和を説き、自己だけではなく他者の救済もめざした。こうした教義のため全真教は広く受け入れられていくようになり、現在に至るまで、道教の組織の中で一大勢力を誇る。一一八七年に、王重陽の弟子の王処一は世宗に招聘され、中都の天長観で過ごした。翌年には王重陽の弟子である丘処機が天長観に招かれる。彼の名声はとくに高まり、モンゴルの太祖チンギス・カンに招かれ、中都から足かけ五年をかけてチンギスの幕営が置かれていた、現在のアフガニスタンのヒンドゥークシュ山脈の北麓を訪れる。中都に戻った丘処機は天長観を長春宮と改称し、そこで全真教の教勢を大いに拡大した。この長春宮こそ現在の白雲観で、華北最大の道観としていまも多くの人で賑わう。

金の中都

一一二三年、金は燕京を契丹から奪取し、宋に譲渡したが、一一二五年に宋から再び奪いかえして燕京析津府とした。一一五一年三月、海陵王が燕京の拡充と宮城の建設を命じ、翌月には遷都の命令を発する。建設にあたっては、北宋の都である開封に画工を派遣して開封の宮室制度を描かせ、それに基づいて燕京の宮城を建設したという。一一五三年三月、遷都が実行される。これが中都である。これに伴って開封が南京に、中京が北京へとそれぞれ改められた。以後は中都が政治的な中心となる。

中都は燕京を東・南・西に一キロずつ拡張したため、約四キロ四方のほぼ正方形になった。燕京の宮城は西南隅にあったが、中都ではほぼ中心に位置づけられた。正殿は大安殿とよばれ、その後方に仁政殿があった。このように大殿を前後に配置する構造は北宋の在り方に沿ったものであり、元の大都の宮城でも継承されていく。

現在、北京の西南角の鳳凰嘴《ほうおうし》土城《どじょう》址には中都の城壁の一部が残されている。また、西南郊外の豊台区の永定河にかかる盧溝橋は金の一一八九年に創建され、一一九二年に竣工している。現在の盧溝橋の大部分は後代に補修されたものであるが、欄干に残されるさまざまな姿態の獅子のなかに金代の面影を伝えるものがある。

4　元の社会と大都

元の歴史

一二世紀の中頃、モンゴル高原の各地には多くの遊牧民族が割拠していた。そのなかからめきめきと頭角あらわしたテムジンが他の部族を糾合し、一二〇六年にクリルタイと呼ばれる族長会議において君主に推され、カン（遊牧集団の君主）の称号を得て、以後はチンギス・カン（在位一二〇六～一二二七年）と名乗る。

チンギス・カンによってモンゴル諸部族が統一されたのち、彼の子供や孫たちによってイラン・南ロシア・中央アジア・中国など、ユーラシア大陸のほぼ全域が支配された。このモンゴル帝国は、そののち帝位の継承をめぐって分裂を迎える。

遊牧民であるモンゴルは土地ではなく人間を支配の根幹とした。彼らにとっての「国」とは人間集団、すなわち「ウルス」であって、モンゴル帝国とはウルスの連合体として捉えられる。そのため、イランはフレグ＝ウルス、ロシアはジョチ＝ウルス、中央アジアはチャガタイ＝ウルス、中華世界は大元ウルスが統治した（図９－５）。

チンギスから五代目の君主で、カアン（カンの上位にあたるモンゴル帝国の最高君主の称号）にあたるクビライ（在位一二六〇～一二九四年）は一二六〇年に中統という元号を建て、国号を「元」と定め、中華世界の本格的支配に乗り出す。国号の「元」は『易経』の「大哉乾元（大なるかな、乾元）」に由来する。これまでの王朝の国号が主としてその創始者の出身地に基づいていたのに対し、儒教経典に基づく抽象概念を国号に定めたということは、ある地方政権が領域を拡大して中華世界を統一したというのではなく、外部から来た勢力が広大な中華世界を統治したことを意味する。こののち明・清もこの形式を引き継ぐ。

一二七六年、クビライが杭州を攻略し、南宋を実質的に滅ぼしたことで、久々に中華世界が統一された。中国史上初めて北方遊牧民族が江南まで領有した事実は特筆されねばなるまい。

南宋征服に続き、その後も二度にわたる日本遠征（いわゆる「元寇」）、ビルマ、ベトナム、そしてジャワにまで遠征を試みるものの、これらはいずれも失敗に終わった。

近年、長崎県松浦市の鷹島沖の海中から元寇船の船体の一部が発見された。そこからは、船体の背骨といえる竜骨（キール）とその両側に沿う外板材が見つかっている。さらに船体の周辺からはレンガ・陶磁器・すずり・銅銭なども発

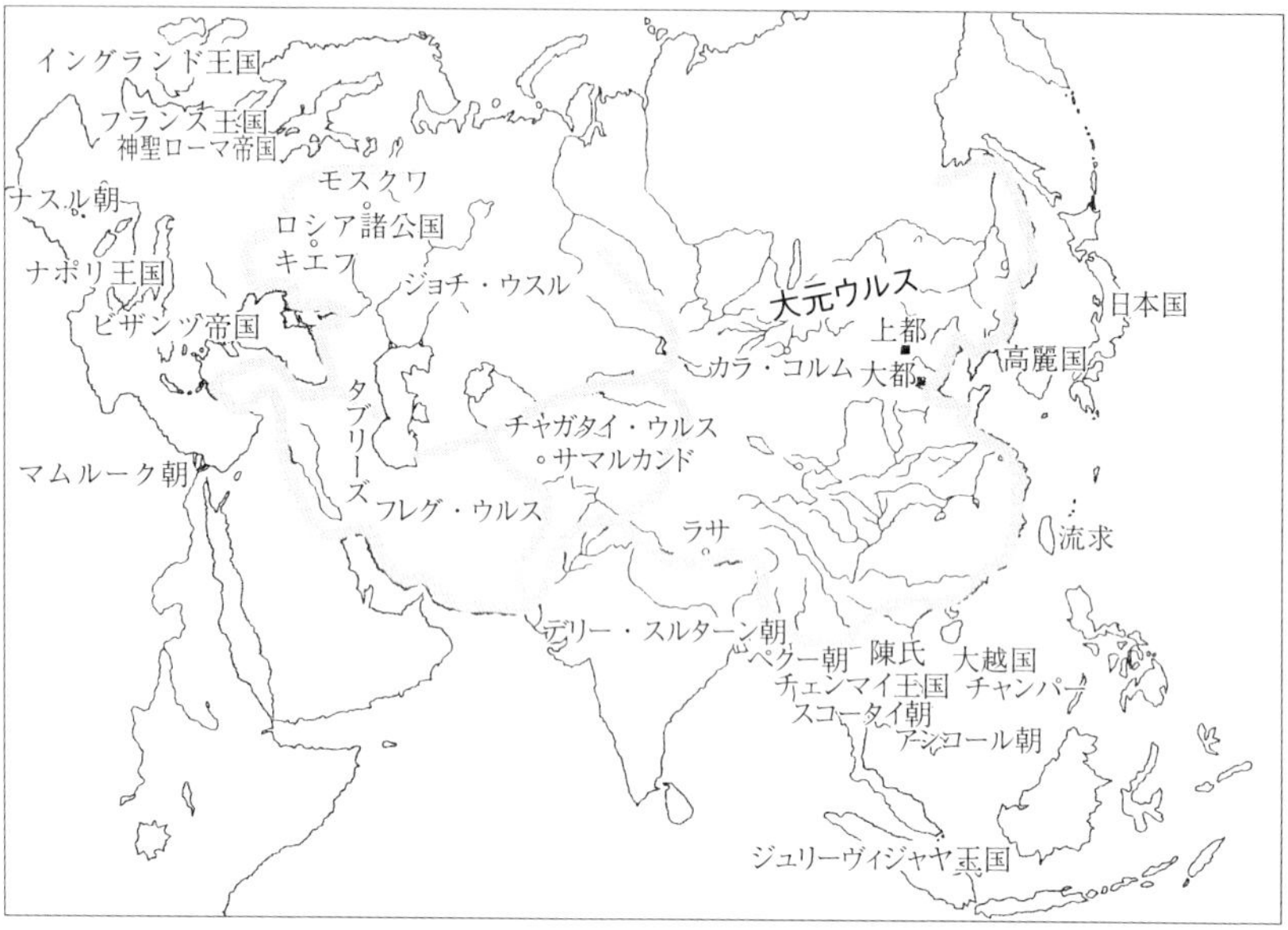

図9-5　元の領域図

出典：杉山正明『中国の歴史08　疾駆する草原の征服者　遼西夏金元』講談社，2005年，348頁

見された。

クビライの時代ののち、帝位をめぐって権力争いが繰り返され、カアンは短期間でめまぐるしく変わった。元代の約一〇〇年のうち、クビライの時代が約三〇年、最後の順帝の時代が約三〇年、その間の二六年の間に八人のカアンが交替したという事実はそのことを端的に物語っていよう。長期にわたる安定した政権運営ができないということは、発生するさまざまな案件に対して弥縫策でしか対応できず、長期的展望に立って設計された制度での国家統治が実現できなかったことを示す。

したがって、政権が国家統治にあたって局面を転換させたといえるのは、仁宗（在位一三一一～一三二〇年）期の科挙の復活と、順帝（在位一三三三～一三七〇年）期のさまざまな施策など限られたものでしかなかった。一般に最後の皇帝である順帝は宮中の権力闘争と民衆叛乱、淫蕩な生活など王朝末期の皇帝にありがちな描かれ方をしてきた。確かに彼自身にそうした一面が存在したのは事実であろう。だがそうした一方で、順帝期には一時中断していた科挙の再開、前王朝の正史の編纂（『宋史』『遼史』『金史』として完成）、黄河をめぐる大改修工事、至正通宝とよばれた新銅銭の鋳造など、重要な施策を次々と実行し、社会の変動に対応しようとはした。ただそうした対策を上回る勢いで、加速度的に社会が激変したのである。なかでも世界的規模で発生した疫病と度重なる災害が社会不安をかきたてた。

一四世紀の初めから、ユーラシア大陸の全域で、干ばつ・飢饉や地震や洪水など異常現象が頻繁に発生した。なかでもペスト（黒死病）はユーラシア大陸全域を破局的な混乱に陥れる。こうした異様な環境に順帝はなすすべもなく、現実から逃避するかのようにチベット仏教に耽溺し、遊興にふけった。こうした社会の混乱をみて、白蓮会を組織していた韓山童が暴動を起こし（紅巾の乱）、これが引き金となって各地で反乱が続発した。混乱に乗じて現れた朱元璋がまたたく間に江南の平定を遂げたのち大都を攻略し、ついに順帝は中華世界を捨ててモンゴル高原へ撤退していったのである。

元の社会

元が中華世界を統治するにあたっては、中央に中書省（行政）・御史台（監察）・枢密院（軍政）を設置し、地方には出先機関ともいえる一三の行中書省を置いた。現在の中華人民共和国の地方行政単位の「河北省」・「浙江省」の「省」はここに由来する。

一時中断していた科挙は、旧南宋領であった江南からの復活の要請に抗しきれず、仁宗の一三一八年にいたって再開される。そののち、一時の中断を挟むものの、元末まで科挙は実施された。元代の科挙は官界における官位の上昇に直結していたわけでは必ずしもない。しかし、それでもなお科挙が行われたという事実は、逆説的とはいえ、近世中国社会における制度としての科挙の強靭性を示しているともいえよう。

科挙の試験内容は、漢人には「経義」「詩賦」「策論」の三場に対し、モンゴル人・色目人に対しては二場が課せられた。このうち、「経義」とよばれた儒教経典である四書（『大学』『中庸』『論語』『孟子』）の解釈問題が、南宋の朱熹の解釈を解答の規範としたことは注目しなければならない。なぜなら、これによって朱子学が体制教学としての地位を獲得

図9-6　飛来峰の金剛手菩薩
出典：著者撮影

し、明清時代に至るまで継承されていくからである。加えて解釈の一元化は、一つ一つの段階を踏んでいけば一定の理解に到達できるという、いわばマニュアル化をもたらした。そのために受験参考書が競って作られ、元代以降の出版物としてその占める割合が多くなっていく。

モンゴル統治の強権を示す例として、かつてはモンゴル人・色目人・漢人・南人の四階級制度が存在し、「モンゴル人第一主義」が強調されてきた。しかし近年の研究の進展により、それはチンギス一族との関係の深度を示すものであったことが指摘されている。

元代は庶民文化が成熟した時代でもあった。印刷術の普及はこれまでの世界を一変させ、図版が多用された書物も含めて、多種多様なジャンルの本が出版された。一例を挙げれば、『三国志』を下敷きに通俗的な物語に改め、上三分の一に挿絵、下三分の二に本文の、上図下文形式による『至治新刊全相三国志平話』は至治年間（一三二一～一三二三年）に生まれた。元雑劇とよばれる歌劇もこの時代に流行し、この台本を元曲という。

元の宗教

元の時代は政府が宗教に寛容であったため、さまざまな宗教勢力が活動した。とくに仏教信仰が盛んだったことは知られるが、なかでもモンゴル宮廷ではチベット仏教が篤く信仰された。クビライはチベット四大宗派の一つサキャ派の第六代教主であるパスパ（八思巴）から戒法を受けたため、一二六〇年に国師としての玉印をパスパに授けた。またパスパはクビライに命じられてモンゴル独自の文字である、パスパ文字を作製した。この功により、帝師に昇進し、以後帝師の地位はパスパの一族やその弟子によって継承される。帝師は元朝の仏教を統括する最高権力者であったため、その権威は絶大なものになった。こうしてチベット仏教が宮廷と強固に結びついた結果、しばしばその特権的地位から横暴なふるまいを行っていく。浙江省杭州市の飛来峰には、クビライの至元年間に造像の始まったチベット仏教の影像がいくつか残されている（図9－6）。

この時代はユーラシア大陸をモンゴルが支配したため、東西交通が活発化し、従来の仏教・道教に加えて、イスラム教・ユダヤ教・ネストリウス派キリスト教などの西方の宗教も広がりをみせた。これに加えて江南ではマニ教も信仰されており、最近になって、日本国内から元代江南で作製されたと推定されるマニ教絵画が複数発見された。

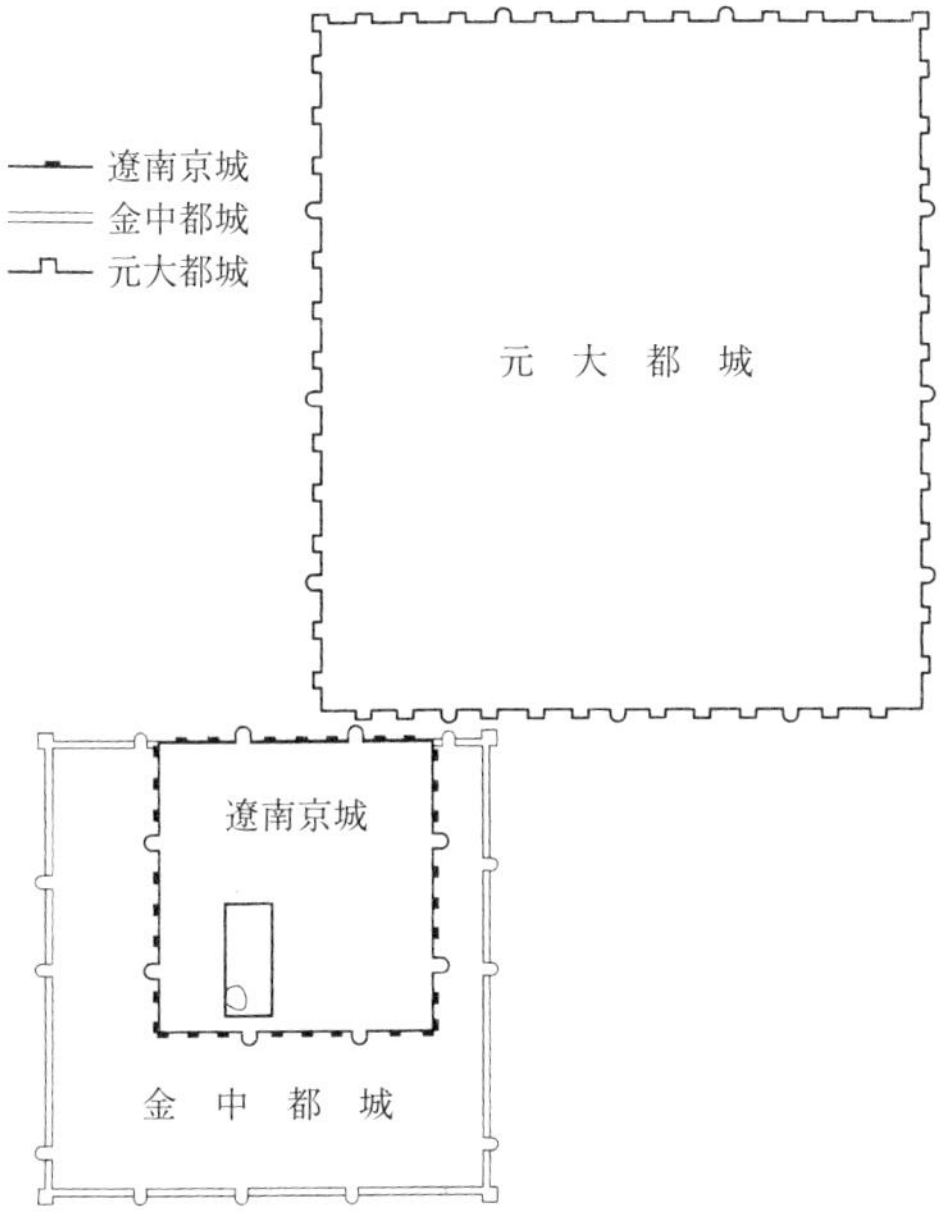

図9－7　遼・金・元における北京の変遷

出典：新宮学編『近世東アジア比較都城史の諸相』白帝社，2014年，141頁

元の大都

契丹（遼）の南京、金の中都の東北に建設されたのが元の大都である（図9－7）。そのため前者は「南城」「旧城」、後者は「北城」「新城」と史料上では区別されるが、城壁で囲まれた二つの空間を広域の大都とみなさなければならない。この大都がその後の明清北京城の雛型となり、現今の北京につながっていく。

大都の建設工事は一二六七年に開始され、一二七三年には宮殿の主要な部分が完成した。翌年正月の朝賀の儀礼はその完成を内外に宣言するものであった。引き続き、他の宮殿の工事とともに内装工事が開始される。一二八五年に旧城から新城への移住規定が公布される。

ひさびさに南北が統一された中華世界の都となった大都にとり、喫緊の課題は、江南の豊富な物資を大都まで安定的に運びこむことにあった。そのため、元朝政府は遠隔地からの商人誘致に腐心する。まず、大都の商税率を通常より低額に設定し、さらに商人の安全を確保するため彼らの保護を各地に命令した。大都に向かう街道に沿って乾燥に強い樹木を街路樹として植えたのも、そうした政策の一環に位置づけられよう。

物流維持のために行った施策のうち、もっとも重要なものは、通恵河の開削工事である。通州と大都を結ぶ五〇キロメートル、高低差三七メートルを克服するために、閘門《こうもん》式の運河を建設し、これにより海から運ばれた物資が水運を通じて直接積水潭にもたらされることを可能にさせた。ただし、通恵河は土砂の堆積がしばしば生じたため、依然として陸路も重要なルートとして利用されたのである。

元代の制度のうち明代で継承されたものは多い。その点を大都＝北京について考えてみよう。まず、なにより大都が北京として明朝の都になったということは、江南からの物流のシステムがそのまま援用されたことを意味する。また、大都と科挙の関係からみても継承されたものは数多い。まず、合格者の名前が刻まれた進士題名碑が置かれた孔子廟の場所は元代に由来するものである。こうしたハードの面だけに止まらない。科挙は都で開催される試験に合わせて、第一段階選抜の郷試を終えていなければならない。つまり、全国規模で統一された日程をこなすという意味において、大都を中心とした「時間支配」が行われたといえる。さらに、最終到達地点である北京に向かうことが成功者を意味したという点においては、いわば科挙をめぐる「巡礼圏」が形成されたともいえるであろう。こうした深層心理は明清時代の人々にも継承されていった。

ところで、これまで述べてきたことから推断して、元朝は徐々に漢民族の文化に同化していったと捉えてしまうかもしれない。しかしそれは一面的理解といわざるをえない。モンゴルは自己の習慣を堅守しながら、中華世界に入り込み、統治を行ったのである。

国都についてみると、元朝の皇帝は常に大都で起居を行っていたわけではない。夏季になると、宮廷ごと大挙してモンゴル高原に造営した上都に向かい、そこを中心として夏場は過ごす。さらに冬季も最大一カ月にわたって、大都の南の漷州《かく》で狩猟などして過ごす。モンゴルは元末まで遊牧民の行動様式を維持し続けたといえる。

現在の北京で元の大都の痕跡を探すのはそれほど困難なことではない。かつて大聖寿万安寺とよばれた妙王寺（通称、白塔寺）にはネパール出身のアニゴの設計になるチベット仏教様式の白塔が建てられている。青空の下に輝く白亜の塔の独特のフォルムはひときわ印象的である（図9－8）。また、北京市の中央部に位置する鼓楼の南には、元代に造られ後世の修復が加わった万寧橋が架けられ、たもとには元代に作製された石獣が静かに水面をうかがっている。

図9－8　妙王寺の白塔
出典：著者撮影

北京が都であり続ける理由

以上、北京を舞台にして契丹（遼）・金・元の歴史を眺めてきた。

この時代を、漢文化の優位性、遊牧民の素朴性といったような、単純な二項対立の構図に落とし込んでしまうと、実像を見えにくくしてしまう。むしろ、《あるもの》と《あるもの》との中間領域に位置する世界が現出したと捉えてみるのがよいかもしれない。ただし、互いに文化的影響を与えつつも、一方で伝統的文化を墨守する姿勢もまた貫かれたのである。

最後に、北京の地政学的な特徴について述べ、冒頭で設定した設問――北京が都であり続ける理由――について考えたい。

すでに述べてきたように、遊牧社会と農耕社会との接点として北京は位置づけられる。これは北京が交通の要衝であったことを意味しよう。北京から西北を望むと、居庸関~張家口を経て内モンゴル~モンゴル高原に至る。一方、北京から東南に向かい、古北口から瀋陽を経て、そこから南下すれば朝鮮半島に、北上すれば松下江・アムール川に達する。つまり、女真の故地である中国東北部から中華世界に向かうルートと、契丹・モンゴルの故地であるモンゴル高原から中華世界に向かうルートとの接点に北京は位置した。交通の要衝とは、詰まるところ、異なる文化圏の交流する空間でもある。モンゴルと中国東北部からの交易品が北京に集まり、そこで中華世界の農耕社会で生産された物資と交易する。こうした背景をもとに、契丹・女真・モンゴルの勢力が活躍するにつれて、中国史上における北京の存在感も徐々に高まっていった。

次の明代になると、はじめは南京が都に選ばれる。第4章でも触れられたように、歴史的にも由緒がある南京は長江沿岸という交通の要衝にして軍事的拠点であるため、都とするにふさわしい都市であった。しかしわずかな時間を経て都は再び北京に回帰する。モンゴルや中国東北部に接した辺境の軍事上の拠点であり、江南からの物流に依存しなければ立ちいかなくなる北京は南京に比べて好条件とはいえまい。しかしそうであっても、モンゴルや中国東北部に対する牽制、すでに構築された北京への物流システム、なによりも南と北が統一されて拡大した「中華世界」などを考慮すれば、再び北京を都にせざるを得なくなった。それはあたかも、一度大きく開け放った扉はなかなか閉じることができないように、いったん拡充した「中華世界」を再び狭い空間に封じ込めておくことがもはや不可能になったからにほかならない。つまり、北京が重要な都市になってから、中国の歴史はこれまでとは異なる次のステージへ踏み出したといえるだろう。本章で述べた地理や環境、そして歴史の複数の要因が絡み合い、次章以降で述べられていくように、北京は現在に至るまで首都として存続し続けているのである。

主要参考文献

杉山正明（一九九五）『モンゴル帝国の興亡（上・下）』講談社現代新書。

林田愼之助（二〇〇五）『北京物語――黄金の甍と朱楼の都』講談社学術文庫。

杉山正明（二〇〇五）『中国の歴史08　疾駆する草原の征服者　遼西夏金元』講談社。

宋代史研究会（編）（二〇〇九）『「宋代中国」の相対化』汲古書院。

杉山正明（二〇一〇）『クビライの挑戦――モンゴルによる世界史の大転回』講談社学術文庫。

文化庁（編）（二〇一二）『発掘された日本列島二〇一二――新発見考古速報』朝日新聞出版。

荒川慎太郎ほか（編）（二〇一三）『契丹［遼］と一〇～一二世紀の東部ユーラシア』勉誠出版。

新宮学（編）（二〇一四）『近世東アジア比較都城史の諸相』白帝社。

藤原崇人（二〇一五）『契丹仏教史の研究』法藏館。

横手裕（二〇一五）『宗教の世界史6　道教の歴史』山川出版社。

冨谷至・森田憲司（編）（二〇一六）『概説中国史（下）』昭和堂。

渡辺健哉（二〇一七）『元大都形成史の研究――首都北京の原型』東北大学出版会。

第10章　伝統中国社会の完成——明・清

小川快之

この章で学ぶこと

現代の中国社会（主に漢民族の社会）を理解する際には、その歴史的背景に深く関係する伝統中国社会について理解することも必要になってくるが、その伝統中国社会は、唐宋変革を経た宋代にその基礎が形作られ、明清時代に完成したといわれている。では、伝統中国社会の社会生活はどのようになっていたのであろうか。その特色はどのようなところにあるのであろうか。明清時代の社会生活に関するさまざまな事象に注目しながら、伝統中国社会における多様な価値観や人々の行動の在り方について、日本や朝鮮半島の状況とも比較しつつ考察することは、異文化理解を深める上でも、参考になることが多いと思われる。

また、中国史は北方民族南下の歴史ともいわれるが、明清時代を考える際にも、北方民族との関係がその歴史的な展開に大きな影響を与えていた。では、その関係とそれが中国社会に与えた影響はどのようなものであったのであろうか。こうした問題について考えることも、伝統中国社会の社会生活について考える上で必要な作業になってくる。本章では、明清時代の歴史を眺めながら、こうした点への理解も深めてみよう。

1　明朝と東アジア世界

明代の政治体制の特色

元代末期には長年の放漫財政や飢饉などにより、社会の不安定化が進み、白蓮教徒が起こした紅巾の乱の勃発をきっかけに、群雄割拠の時代になった。そうしたなかで頭角を現したのが貧農出身の朱元璋（洪武帝、在位一三六八～一三九八年）である。彼は、対抗勢力を倒し、皇帝に即位して、明を建国し（一三六八～一六四四年）、都を南京に置いた。その後、明軍が北進すると元はモンゴル高原に退いた（以後の元の勢力は、一般に北元とよばれる）（図10－1）。

では、このようにして成立した明朝の政治体制とはどのようなものだったのであろうか。宋代には皇帝に権力が集中する君主独裁制の基礎が形作られたが、洪武帝は、さらに皇帝権力・中央集権体制の強化を目指して、元代に中央政府の最高行政機関となっていた中書省とその長官である丞相《じょうしょう》（宰相）の職を廃止して、六部《りくぶ》（中央官庁）を皇帝に直属させた（のちの永楽帝の時代には、内閣大学士が皇帝を補佐する体制が確立した）。一方、地方については、各地方の最高官庁である行中書省を廃止して、布政使司（行政担当）、按察使司（監察・裁判担当）、都指揮使司（軍政担当）の三つの官庁（三司という）が置かれ、地方官の権限が分散されるようにした。

また、宋代には、君主独裁制を支えるシステムとして、科挙が拡充されたが、洪武帝はそれをさらに整備した。明代の科挙では、まず、予備試験である童試（学校試）に合格して、生員（地方官立学校の学生。諸生ともいう）になる必要があった。その後、地方で行われる郷試（合格者を挙人という）、首都で行われる会試を受け、さらに皇帝が自ら行う殿試に合格して初めて、進士（科挙合格者）になることができた。ただ、生員や挙人になるだけでも地域社会においてはエリートとして扱われ、彼らは地域社会のさまざまな活動で重要な役割を果たしていた。

なお、明代には、服装で身分がわかるようになっていた。官服（官僚の服装）にも、官品（官職のランク）による違いがあり、上級は赤色、中級は青色、下級は緑色になっていた。また、官服には、補子という四角形の飾りが背と胸についていて、官品や文官・武官の区別により図柄が違っていた（文官は鳥類、武官は獣類）。

ところで、地域社会に目を向けると、洪武帝の時代には、元代末期の動乱などにより疲弊した農村を再建するために、全国的な人口・土地調査が実施され、賦役黄冊（租税台帳）や魚鱗図冊（土地台帳）が作成された。そして、里甲制によって農民が組織化され、農民たちに徴税事務や治安維持をさせるようにした（一一〇戸を一里とし、里内の各戸に交替で仕事を担当させた）。また、民衆教化のために六諭《りくゆ》（六個条の教訓）が定められた。

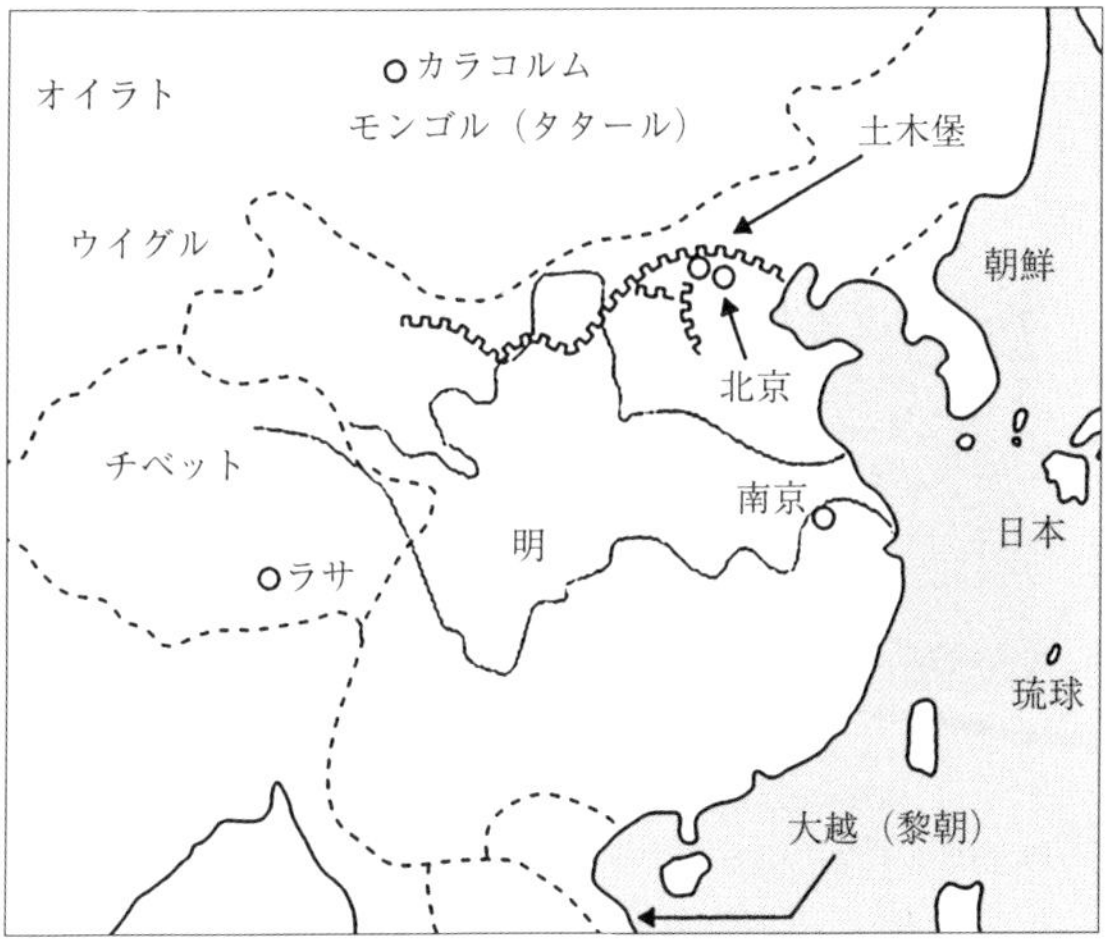

図10－1　明代（15世紀頃）の中国

なお、洪武帝の時代以降、皇帝一代のあいだは一つの元号にする制度（一世一元の制）が定着し、一般に元号で皇帝をよぶことが慣習となっていった。

明朝の対外政策と東アジア世界

宋元時代には民間の海上交易が活発に行われていたが、洪武帝の時代には、東南沿海部で海禁政策（民間の海上交易の禁止）が実施され、政府が管理する朝貢貿易が推進された。また、洪武帝は、北方では自分の息子を各地に配置して王に封じ、対モンゴル（北元）防衛にあたらせた。

しかし、洪武帝の死後、孫の二代建文帝（在位一三九八～一四〇二年）が即位すると、諸王勢力の削減が図られたため、北平（現在の北京）に拠点をおく燕王朱棣《しゅてい》（三代永楽帝、在位一四〇二～一四二四年）が反発して挙兵し（靖難の役）、南京を攻略して皇帝に即位した（建

図10－2　明清時代に歴代皇帝が住んでいた北京の紫禁城
現在は故宮博物院となり，一般に公開されている。
出典：王莉『図説中国文明史9　明　在野の文明』創元社，2006年，17頁

文帝は行方不明となる）。

永楽帝の時代には、都が北京に移され（図10－2）、積極的な対外政策がとられた。永楽帝自ら軍を率いてモンゴル遠征を行い（ただ、モンゴル高原が明の統治下におかれることはなかった）、また、イスラム教徒で宦官の鄭和が率いる艦隊が南海諸国に派遣された。

宋代には周辺諸国との朝貢関係が衰退し、日本とも朝貢関係はなかったが、明は、琉球（現在の沖縄）・朝鮮・日本（室町幕府）・ベトナム（黎朝）とも朝貢関係を結び、各国と朝貢貿易が行われた。

2　「北虜南倭」と「明末清初」

明代中後期の国際情勢

モンゴル高原では、やがて、モンゴル（タタール。韃靼。元朝の後裔）とオイラト（瓦剌）がせめぎあうようになった。一五世紀中頃には、エセン（也先）が率いるオイラトの勢力が強大になり、迎え討とうとした六代正統帝（八代天順帝と同一人物。在位一四三五～一四四九年、復位一四五七～一四六四年）を土木堡《どぼくほ》で捕虜にして（土木の変）、北京を包囲する事件も発生し、以後、明は長城を補修して北方民族の侵攻に備えるなど、対外的に守勢を強いられるようになった。なお、北京の観光名所として有名な八達嶺長城は明末に整備されたものである。

一六世紀中頃になると、アルタン・ハン（俺答汗）が率いるモンゴルの勢力が強大となって明に侵攻するようになり、また、東南沿海部では倭寇（海賊、武装商人団。日本人と漢民族等が混在。とくに王直は一大勢力を築いたことで知られる）の活動が活発になって、明の脅威となった（モンゴルと倭寇のことを北虜南倭という）。その後、明は倭寇を鎮圧したが（モン

ゴルとも和睦した）、海外との民間貿易の流れは止められず、海禁政策は撤廃され、日本や新大陸から銀が大量に流入するようになった。また、貿易での利益を求めて、ポルトガル人がマカオに、オランダ人が台湾に拠点を築いた。なお、台湾は、それまで中国王朝の支配下にはなく、マレー・ポリネシア系の先住民（高山族）が住んでいた。

明代後期の経済状況と社会変動

国際的な商業活動が活発化するなかで、長江下流域（江南デルタ）では輸出品である生糸・綿織物や絹織物の生産が盛んになった。綿織物は松江、絹織物は蘇州がとくに有名である（蘇州は刺繍も盛んであった）（図10－3）。また、江西の景徳鎮などでは陶磁器の生産が盛んになり、赤絵（多色による彩色がある陶磁器）も多く作られた。その一方で、穀倉地帯は長江下流域より湖広（現在の湖北・湖南）に移り、「湖広熟すれば天下足る」との俗諺も生まれた。

産業の発展に伴い、山西商人や徽州商人（新安商人ともいう）などの商人集団の活動も活発化した。山西商人は、山西省出身の商人たちで、金融業などで活躍した。一方、徽州商人は、徽州府（現在の安徽省歙《しょう》県一帯）出身の商人たちで、塩の売買などで活躍した。

図10－3　明代の木綿の糸繰りの光景
出典：宋応星『天工開物』二，衣服

現在も旧徽州府には、徽州商人たちが建てた住宅建築（徽派建築という独特な建築様式で建てられている）が多く残されている。また、彼らの一族の間では多量の古文書（徽州文書といわれる）が保存されていたため、それらの史料を扱った研究（徽学）が現在盛んになっている。なお、明清時代には商人集団の活動拠点として会館や公所とよばれる施設が各地に建てられた。

明代後期には諸税を銀に一本化して納入する一条鞭法が

施行された。さらに、貨幣経済の発展に伴い、都市が発展し、都市に郷紳（地方に住む官僚や官僚資格保持者）などが集まる一方で農村の荒廃や里甲制の崩壊も進んだ。

明末清初の動乱

一四代万暦帝（在位一五七二～一六二〇年）の時代の初期には、首席の内閣大学士の張居正が中央集権的な財政政策を実施して、悪化していた財政が改善した。しかし、張居正の没後、万暦帝は陵墓（定陵。現代になり発掘され、観光名所になっている）の建設などで国庫を浪費した。また、豊臣秀吉軍の侵略（朝鮮側は壬辰《じんしん》・丁酉《ていゆう》倭乱という。文禄・慶長の役）を受けた朝鮮に対する援軍の派遣や各地の反乱への対応などによって軍事費が増加した。

こうして明は再び財政難に陥り、徴税に係る宦官の横暴が目立つようになった。そして、それに反発する顧憲成ら東林党（拠点の江蘇省無錫の東林書院に由来）とよばれる官僚・知識人たちとの抗争が起きて政治が混乱した。

なお、明代初期の宮廷では宦官の職務は限定的で、女官の職務が多かったが、永楽帝の時代以降女官の職務が減少し、かわって宦官の職務が次第に増加し、明代後期には政治にも大きな影響力を及ぼしていた［コラム2「宦官」参照］。

万暦帝の没後、さらに魏忠賢など宦官の専横が激しくなり、民変《みんぺん》（都市の民衆暴動）が頻発した。そうしたなか、重税と飢饉により各地で反乱が起き、一六四四年に貧農出身の李自成が率いる反乱軍が北京を占領し、一七代崇禎《すうてい》帝（在位一六二七～一六四四年）が自害して、明は滅亡した。しかし、明に代わって中国内地を統治することになったのはこの李自成の勢力ではなく、東北地方で女真族（満洲族）が建てた清であった。李自成の勢力はこの清によって滅ぼされた。

満洲族の台頭と清の成立

清はどのようにして中国内地を支配下においたのであろうか。女真族はもともと明の支配を受けていたが、一六一六年にその指導者のヌルハチ（奴児哈赤、太祖、在位一六一六～一六二六年）がハンに即位して、アイシン（満洲語で金の意味。

後金）を建国した。ヌルハチは、八旗といわれる軍事・行政組織を作り、独自の文字（満洲文字）を制定して、国家建設を進め、都を盛京（現在の瀋陽）に置いた。さらに、二代ホンタイジ（皇太極、太宗、在位一六二六～一六四三年）は、内モンゴルを勢力下におき、民族名を女真から満洲（女真族が信仰していた文殊菩薩《マンジュシリ》に由来）に改めた。そして、一六三六年には、支配下の満洲人・漢人・モンゴル人に推戴されて皇帝に即位し、国号を清とした（一六一六～一九一二年）。さらに明と関係があった朝鮮に出兵して、国王（仁祖）を降伏させ（丙子の役）、自らの影響下に入れた。

清による中国内地の統一

李自成軍が明を滅ぼした際には、前線の山海関を守る明の武将の呉三桂が清に降伏したために、清は北京に入ることに成功し、ここに遷都して、以後、中国内地を支配するようになった。こうして清の皇帝は北方民族のハン（君主）であると同時に中国王朝の皇帝という性格も持つようになった。なお、清に降伏した呉三桂ら明の三人の漢人武将はそれぞれ雲南・広東・福建に配置され、藩王とされた（三藩とよばれる）。

図10－4　康熙帝（愛新覚羅玄燁《げんよう》）
彼は儒学や武芸だけではなく西洋の学問にも関心を持っていた。祖母はモンゴル人である。
出典：劉煒『図説中国文明史10 清　文明の極地』創元社，2006年，31頁

しかし、明の滅亡後、南方には依然として明の残存勢力（南明と総称）がおり、武装貿易船団を率いる鄭成功とその一族は、台湾からオランダ人を駆逐してそこを拠点として、清に対抗した（鄭氏台湾とよばれる）。鄭成功（母は日本人、田川氏の娘）は、明朝皇帝の姓を賜ったため、国姓爺《こくせんや》とよばれ（延平郡王にも封じられる）、近松門左衛門の人形浄瑠璃『国性爺合戦』に登場する和藤内は彼がモデルとされる。

その後、南明は最後の永暦帝（永明王、在位一六四六～一六六二年）が呉三桂に捕らえられ、一六六二年に殺されて滅んだが、今度は、三藩を撤廃しようとした清朝に対して、呉三桂らが反乱を起こした（三藩の乱）。しかし、四代康熙帝（在位一六六一～一七二二年、図10-4）が一六八一年に三藩の乱を平定した。

また、康熙帝は海禁政策（遷界令）によって台湾の鄭氏に圧力をかけて、彼らを降伏させ、一六八三年に台湾を領有し、中国内地はすべて清の統治下に置かれた（なお、台湾は、一八九五年の日本による領有まで清朝が統治し、清末には台湾省が置かれた）。そして、康熙帝の時代に清朝全盛期の基礎が確立し、五代雍正帝（在位一七二二～一七三五年）、六代乾隆帝（在位一七三五～一七九五年）の時代に全盛期を迎えた。

3　「大清帝国」の成立

清代の政治体制の特色

清の政治体制は、明の制度をほぼ継承して、儒学を振興し、科挙を実施したが、その一方で、緑営（漢人の軍隊）以外に八旗（満洲・モンゴル・漢で構成）を要地に駐屯させ（駐防八旗という。四川省成都の観光地の寛窄巷子《クァンヂァイシャンズ》も旧駐屯地の一つ）、中央官庁の要職の定員を満・漢同数（満漢併用）にするなど、独自の制度も設けた。

なお、清代の北京は、紫禁城を中心とする内城とその南にある外城という二つの区域からなり（城壁があったが、現在はほとんど壊されている）、内城には主に八旗に属する人々（旗人という）が居住していた。市街地の住宅建築の多くは、中庭を取り囲むように四方に建物が建てられている四合院《しごういん》という建築様式で建てられていた。一方、外城には漢民族の官僚や庶民などが住み、多くの商店が立ち並んでおり、現在も大柵欄《ダァザァラン》一帯には清代からの老舗がある。敦崇の『燕京歳時記』にはこうした清代の北京の年中行事について詳しく書かれている。

雍正帝の時代には、臣下が派閥を作ることが禁止され（朋党の禁）、軍機処（皇帝直属の諮問機関）が設置されるなど、皇帝の独裁的な権力の強化が図られた。なお、清代には各地方に皇帝に直属する総督・巡撫も置かれた。

清朝は、中国の伝統文化を尊重し、知識人を優遇して、『四庫全書』（古今の図書を集めた叢書）、『康熙字典』（字書）、『古今図書集成』（百科事典）などの編纂事業を行った。しかし、その一方で、文字の獄・禁書により反清的な言論の取り締まりも行ない、薙髪令《ていはつれい》を出して漢人男性にも満洲族の髪型である辮髪《べんぱつ》を強制した（長髪にする行為は反清を意味した。図10－5）。なお、周辺諸国との関係について見てみると、清は朝鮮・琉球・ベトナム（阮朝）と朝貢関係を結んでいた（ただし、江戸時代の日本とは朝貢関係はなかった）。

清代の社会経済の展開と政治体制の動揺

台湾領有後、清朝は海禁政策を停止したため、再び海上貿易が盛んになり、生糸・陶磁器・茶などが輸出され、銀が流入した。こうしたなかで、貿易での利益を求めて、福建や広東の人々が、禁令をおかして東南アジアに行くようになった。彼らは南洋華僑のもとになった。また、清朝は、ヨーロッパ船の来航地を広州に限定し、貿易は公行《コホン》とよばれる商人組合が管理するようになった。税制面では、地丁銀制が実施されて簡略化が図られた。

図10－5　辮髪

頭髪を剃り上げ，後頭部の髪だけを残して編んでいた。散髪は床屋で行った。

出典：中川忠英『清俗紀聞』巻之七，冠礼

中国の人口は、宋代から清代までは五〇〇〇万人から一億人くらいであったが、一八世紀の一〇〇年間に、一億数千万人から約三億人へと激増した。その結果、山地開墾が進み、外来のトウモロコシ（玉米《ユウミイ》）やサツマイモ（甘薯《ガンシュ》）など商品作物の栽培が盛んになったが、土地不足は解消できず、農民の貧困化や開墾による環境破壊が進んだ。

一八世紀末、七代嘉慶帝（在位一七九五～一八二〇年）の時代には、四川などの新開地で大規模な白蓮教徒の乱が発生した。しかし、清朝は八旗や緑営だけでは鎮圧できず、郷勇（民間の武装組織）などの力を借りてようやく鎮圧した。以後、清朝の統治体制・財政の弱体化が顕著になっていった。

なお、四川料理に多く使われる香辛料として知られる唐辛子（辣椒《ラージャオ》）はもともと中南米原産であり、明代末期になって中国に入り、現在のように四川料理（四川菜《スーチュアンツァイ》）に広く使われるようになったのは清代になってからである。また、四川料理の代表的な料理である麻婆豆腐《マーボードウフ》は清代末期に考案されたものである。このように、現代のような中国料理が古くからあったわけではないことには注意が必要である［コラム9「食文化」を参照］。

清朝とモンゴル・新疆・チベット

チベット自治区・新疆ウイグル自治区・内モンゴル自治区・青海省を包括した現代中国の領域の原型が形作られたのは、清の乾隆帝の時代である。もともと中国内地とは違った歴史的展開をたどってきたこれらの地域は、清代には、中国内地とは区別され、藩部とよばれていた（図10-6）。藩部では、現地の指導者による自治が認められており、それを清朝の理藩院という官庁が監督する体制をとっていた。では、これらの地域はどのような歴史をたどって清朝の領域・体制に包含されていったのであろうか。

まず、モンゴル（蒙古）についてみてみよう。一七世紀の北方では、オイラトとモンゴルが勢力を得ていたが、やがてモンゴル系のチャハル（察哈爾）はアイシン（清）に服属した。その後、オイラト系のジュンガル（准噶爾）が強大化し、モンゴル高原からチベットにわたる地域を影響下においた。

そのため、モンゴル系のハルハ（喀爾喀）もジュンガルの侵入を避けて清に服属した。しかし、ジュンガルも、一七五八年に乾隆帝によって滅ぼされた。これらの地域は、清朝の支配下では、モンゴル王侯に統治が任されていた。なお、清朝は、南進してきたロシアと、一六八九年にネルチンスク条約を、一七二七年にキャフタ条約を結んで国境を定めた。

つぎに新疆についてみてみよう。現在、新疆にはトルコ系のウイグル族が多く住んでいるが、彼らがこの地域に移住してきたのは九世紀頃である。以後、この地域はトルキスタン（突厥斯坦）とよばれるようになった。その後一〇世紀にこの地でイスラム王朝であるカラ＝ハン朝（黒汗王朝、喀喇汗国）が成立するとイスラム化が進んだ。現在もウイグル族の多くはイスラム教徒であり、新疆には多くのモスク（清真寺）が存在している（なお、イスラム教徒は新疆以外にも多くいる。イスラム教徒用の料理は清真菜《チンヂェンツァイ》とよばれる）。

その後、西遼（カラ・キタイ）など遊牧民族の諸王朝が興亡し、清代の初めには、ジュンガルの勢力下に入っていたが、一七五九年、東トルキスタン全域は清朝の領域に入って、新疆（新しい領土）とよばれるようになった。清朝の統治下では、ウイグル族の有力者であるベグ（伯克）に統治が任されていた。

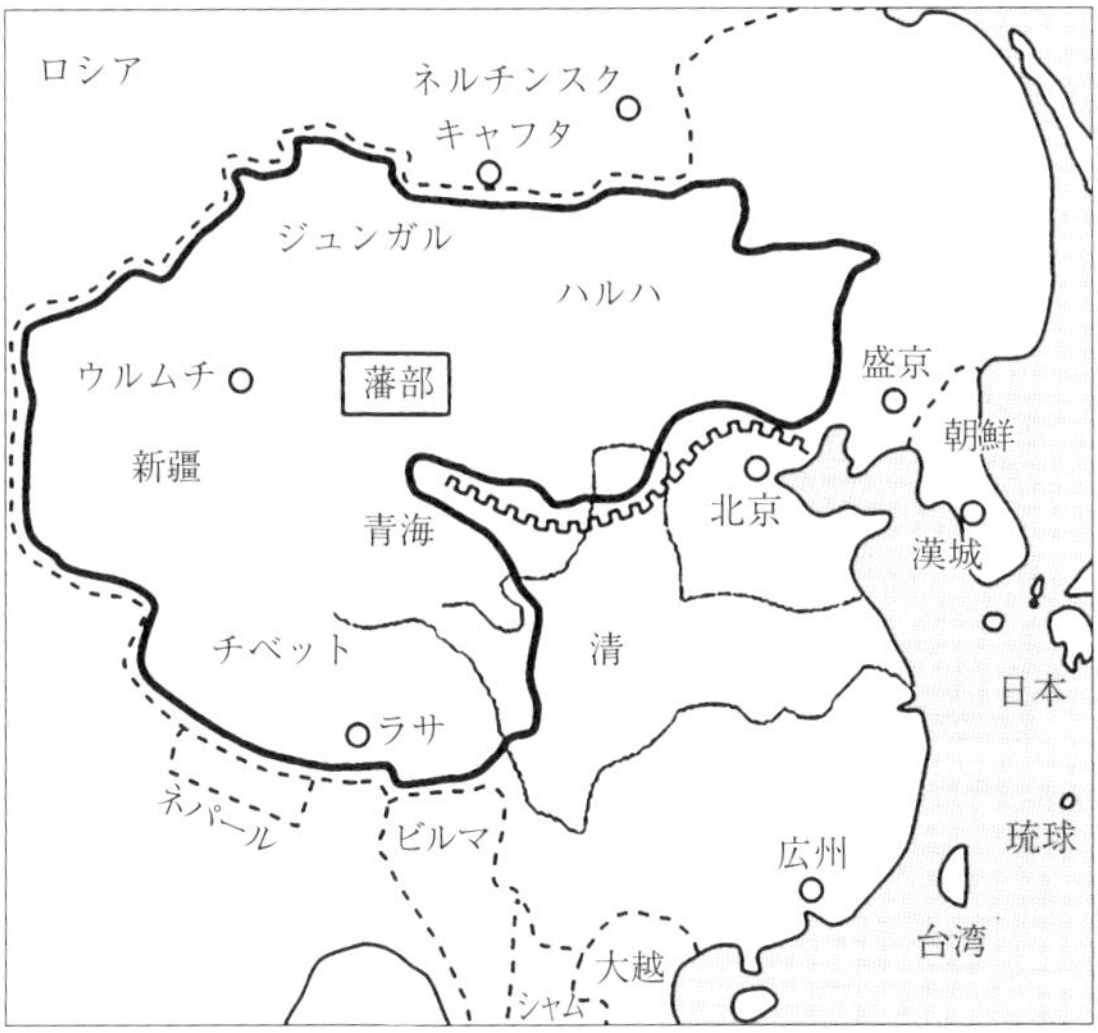

図10－6　清代の中国（18世紀半ば）

最後にチベット（西藏）についてみてみよう。チベットには、チベット族が多く住んでいるが、七世紀頃に彼らによる最初の王朝吐蕃が成立すると、チベット文字（藏文）が作られ、また、インドと中国から仏教が入り、民間信仰と融合して、チベット仏教（喇嘛教。ラマ教）が成立し、独自の発展を遂げた。やがて、チベット仏教の指導者がチベットを統治するようになった。

以後、いくつかの宗派が成立し、元代にはサキャ派（薩迦派）が勢力を持った。パスパ文字を作成したことで知られるパスパ（八思巴）はサキャ派の高僧であった。その後、一四世紀になると、学僧のツォンカパ（宗喀巴）が厳しい戒律でチベット仏教を改革し、以後、その流れをくむゲルク派（黄帽派）が勢力を持つようになった。そして、その指導者である歴代ダライ・ラ

図10－7　歴代ダライ・ラマが住んでいたラサのポタラ宮殿
出典：『詳説世界史　改訂版』山川出版社，2013年，冒頭写真集32

マ（達頼喇嘛、観音菩薩の化身とされ、地位は転生者により継承される）がチベットを統治するようになった（図10－7）。

また、一六世紀中頃にモンゴルのアルタン・ハンがゲルク派の教えを信奉したことにより、モンゴルでもチベット仏教が広まった。チベットでは康熙帝の時代より清の影響力が強まり、一七五一年に清朝はダライ・ラマに正式に統治を委ねた。また、清朝の皇帝は、チベット仏教の保護者ユン（檀家）となって、チベット人・モンゴル人の支持を得ようとした。

4　明清時代の思想と文化

朱子学の発展と陽明学、考証学の出現

儒教は政治体制を支える思想として歴代王朝に重視されたが、その内容には時代的な変化が見られた。宋代には、唐代までの訓詁学とよばれる経典の一字一句の注釈を重視する学問に対する反発から、宇宙万物生成の原理や人間の本性を探求する宋学が出現し、南宋の朱熹《しゅき》（号は晦庵《かいあん》。尊称は朱子）がそれを集大成した（その思想は朱子学といわれる）。

その後、朱子学は南宋五代理宗皇帝の時代に公認され、以後、儒教の正統とされ、日本や朝鮮半島にも大きな影響を与えた。元代にも科挙で重視されたが、明清時代も、その流れを受けて朱子学が官学とされ、科挙はそれに基づいて行われた。しかし、一六世紀初めには、当時の朱子学の在り方を批判する風潮も生まれ、官僚としても活躍した王守仁（号は陽明）は、心即理の考えに到り、ありのままの善良な心にもどって、その心のままに実践を行うこと（知行合一）が必要であると説き、その思想（陽明学）は庶民に広まった。また、清代になると、顧炎武や黄宗羲《こうそうぎ》らが、事実に基づ

く実証的な研究の必要性を説き、儒教の経典の文献学的研究が盛んになった。こうした学問は考証学とよばれ、その後、史学に関する研究で知られる銭大昕《せんたいきん》などが出た。

民間信仰の発展と道教の神々

中国固有の宗教である道教に関しては、宋代以降、民衆文化が発展するなかで民間信仰の影響力が強まり、城隍神《じょうこうしん》（城郭がある都市の鎮守である神。冥界の裁判官ともいわれる）や関聖帝君（三国時代の武将の関羽を神格化した神。関帝廟はこの神を祀る廟のこと）、媽祖《まそ》（天后ともいわれる。航海・漁業の守護神）、文昌帝君（学問の神）などの神々の信仰が盛んになった。明代には、皇帝支配体制を強化する手段として、城隍神の国家制度への組み入れなどが図られた。清朝は、道教をあまり重視してはいなかったが、これらの神々の民間信仰での人気はさらに高まり、清朝も神々に称号を贈っていた。なお、民間信仰で、道教と仏教を分けることは難しく、互いの文化が融合して民間信仰が発展していた。その有り様は現代の台湾などでも知ることができ、たとえば、台北の観光名所としても知られる艋舺《もうこう》龍山寺（清代に創建）では、仏教の観音菩薩と共に媽祖・関聖帝君・文昌帝君が祀られているのを見ることができる。

明清時代には、勧善を目的とする活動が活発に行われ、儒仏道の三教合一の立場から、因果応報や勧善懲悪を説く善書とよばれる道徳書が盛んに出版された。また、清代には、善行を積むことを目的に、善会という結社や善堂とよばれる慈善施設が各地に盛んに作られた。

カトリック宣教師の活躍と科学技術の発展

一六世紀末には、カトリック教会イエズス会の宣教師のマテオ・リッチ（利瑪竇。図10-8）らが科学技術の紹介をしながら布教を行い、ヨーロッパの科学技術に関心を寄せる知識人層にキリスト教が広まった。マテオ・リッチは数学書の漢訳に取り組み、『坤輿《こんよ》万国全図』という世界地図も作成した。なお、南明の皇族にはキリスト教に入信した者が多

図10－8　マテオ・リッチ（左）と徐光啓（右）
明末に官僚として活躍した徐光啓はイエズス会の宣教師と親交を結び，キリスト教に入信していた。
出典：Athanasius Kircher's *China illustrata*. 1667

く、永暦帝の生母の馬太后や皇后、皇太子も洗礼をうけ、クリスチャン・ネームを持っていたとされる。

清代になると、清朝が技術者としてイエズス会宣教師を重用したため、アダム・シャール（湯若望）、フェルビースト（南懐仁）、ブーヴェ（白進）、カスティリオーネ（郎世寧）などが活躍した。

ブーヴェは、中国全図である『皇輿全覧図』の作製に協力し、カスティリオーネは、バロック式の洋館をもつ離宮である円明園の設計に参与した。しかし、イエズス会の中国文化を重んじた布教の仕方がローマ教皇に否定されたため（典礼問題といわれる）、雍正帝の時代にはキリスト教の布教が禁止された。

明清時代の印刷・芸術文化

明代には、木版印刷が活発になり、科挙の参考書、『三国志演義』『水滸伝』『西遊記』『金瓶梅』（以上の四冊を四大奇書という）などの小説、薬物に関する総合書である李時珍の『本草綱目』や農業に関する総合書である徐光啓（図10－8）の『農政全書』、産業技術書である宋応星の『天工開物』などの科学技術書が出版された。それにより、書籍がより多くの人々に読まれるようになった。また、明代中期以降、都市における文化活動が盛んになり、多くの庭園（蘇州の留園や上海の豫園《よえん》など）が造られ、南宗画（文人画）の流れをくむ呉派の活動が活発になり、文徴明や唐寅《いん》、董其昌《とうきしょう》など書画で名をなす知識人も輩出された。清代になると、細密な筆致で上流階級や知識人の生活を描いた曹雪芹・高鶚の

『紅楼夢』や呉敬梓の『儒林外史』などの長編小説も書かれた。また、幽霊や妖狐などの怪異譚について記した蒲松齢の『聊斎志異』も書かれ、この書物は江戸時代の日本に伝わり、明治期の日本の文学界にも影響を与えた。さらに袁枚《ばい》の『随園食単』などの料理書も書かれた。

さらに、芸能面では、清代に、北京で各地の地方演劇が融合して京劇が成立した。中国の伝統演劇（戯曲《シーチウ》）といえば、一般に京劇が連想されるが、その歴史はけっして古くはなく清代中期頃からである。伝統演劇の始まりは宋元時代からで、明末清初の頃には穏やかでなめらかな調べが特徴の崑劇《こんげき》（崑曲、江蘇省崑山が発祥地）が全国的に最も人気を博していた。崑劇は現在も上演されており、ユネスコの無形文化遺産となっている。なお、知識人たちのなかには観賞するだけでなく、元官僚の湯顕祖のように作劇に携わる者もいた。

また、習俗面では、明清時代には、漢民族の女性のあいだで、纏足《てんそく》（親指以外の足指を折り曲げて小さな足を作る習俗）が女性の美を象徴するものとして一大ブームを引き起こした。纏足の美の重点は足そのものよりも、纏足靴（弓鞋《きゅうあい》）に包まれたその外見の美しさにあった。纏足（小足）の女性は上流階級と関連づけられ、結婚では纏足の女性を好む風潮があり、それが流行を助長させていた。なお、満洲族女性が纏足にすることは禁止されていた。

ところで、現代日本で、一般に「伝統中国的なもの」と考えられているもののなかには、もともと漢民族の文化に由来するものではないものもある。辮髪は代表的なものであるが、たとえば、女性の伝統衣装と思われているチャイナ・ドレス（旗袍《チーパオ》）も、もともとは満洲族の女性の服装に由来するものであり、明代の女性の服装（図10－9）とは違いがある。

図10－9　比甲（袖なしのチョッキ）を着た明代の女性の姿
出典：著者作成

清代の社会生活については、江戸時代の寛政年間に長崎奉行の中川忠英《ただてる》が中心となり、『清俗紀聞』という絵図を用いた解説書が編纂されていて、事物が具体的にわかる貴重な史料となっている。

5　伝統中国社会の地域社会

訴訟社会の出現

明清時代に伝統中国社会が完成したといわれるが、その地域社会はどのような特色を持っていたのであろうか。伝統日本社会（ほぼ江戸時代の社会のこと）とはどのような点が違っていたのであろうか。この時代の特徴的な社会現象に注目しながら、その在り方について確認してみよう。

唐宋変革を経た宋代の地域社会では、経済・産業の発展とともに「訴訟社会」的な状況が見られた。さまざまな人々が自己主張をぶつけ合っており、近隣内部や家族内の揉め事、地方行政の不正に関する紛争などに起因する訴訟が多発していた。このような社会風潮は宋代になって顕著に見られるようになり、それを当時の人々は健訟などとよんでいた。前近代中国では、訴訟の処理は地方官の重要な職務であったので、健訟的な風潮が強い状況下で、地方官にとって裁判を上手く処理することが切実な問題となっていた。ただ、地方官庁では、中央政府が派遣する官僚（地方官）は少なく、胥吏《しょり》（現地採用の事務員）が実務を担っていて、彼らが地方官を欺くことも多かった（地方官の裁判にかかわる人間模様については、藍鼎元の『鹿洲公案』などにより知ることができる。地方都市の光景は図10－10参照）。

そのため、地方官の実務の参考書として、官箴書（地方官の執務心得を書いた書物）や裁判関係文書集などが盛んに編纂された。また、民間では「包公案」（宋の官僚包拯《ほうじょう》を主人公とした説話）などの公案小説（裁判説話）が流行した。

こうした書籍の一部は朝鮮半島や日本にも伝わり、江戸時代の裁判説話にも大きな影響を与えた。なお、名裁きで知られる包拯（包公、包青天ともいわれる）は、民間信仰では、閻魔大王（閻羅王）と関連づけられて、神として廟に祀られるようにもなった。また、清代の通俗小説である石玉崑の『三侠五義』には彼の活躍が描かれている。

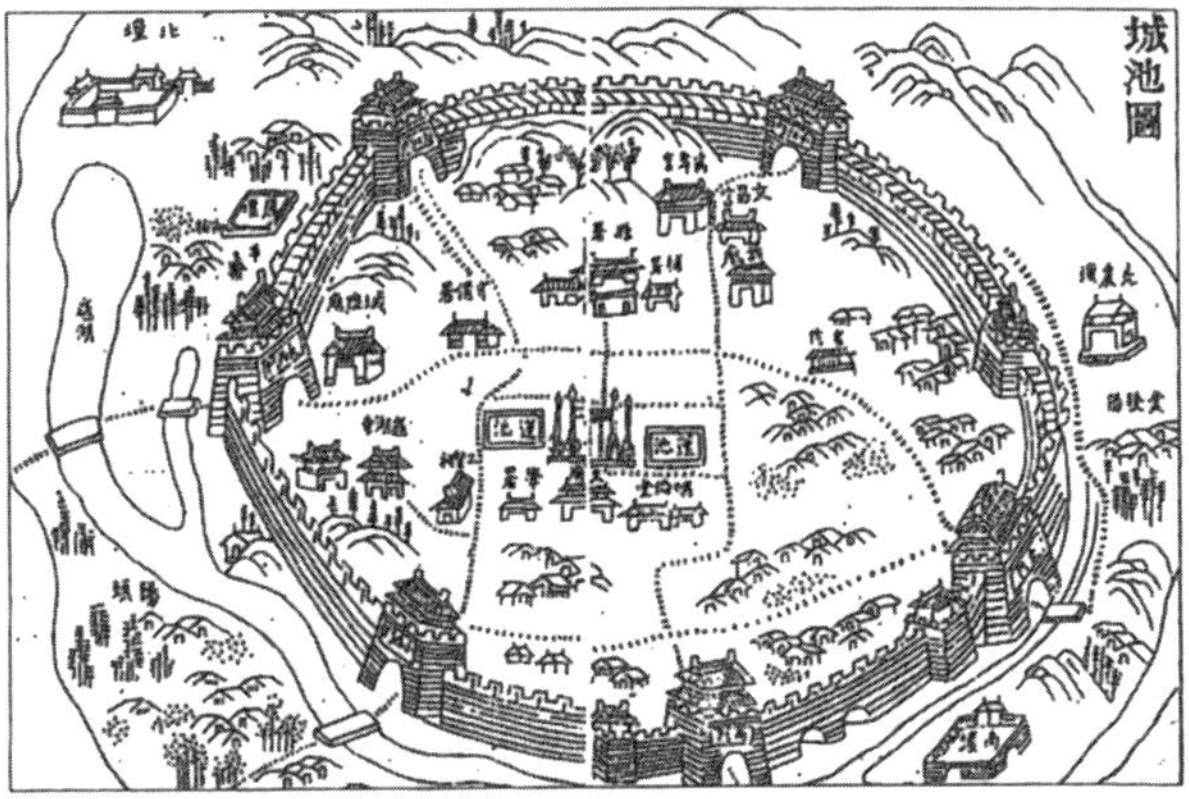

図10－10　清代の一般的な地方都市の光景

県や府の役所がある地方都市は城壁で囲まれていて，県城や府城とよばれた。現代中国語でも城という字は都市を意味する。

出典：光緒『福安県志』巻首，絵図

地域社会の在り方

伝統日本社会（江戸時代）におけるムラ（村）の特徴を見てみると、村人の寄り合いで村人が守るべき村の掟が決められ、名主《なぬし》（関西では庄屋、東北では肝煎という）の指導のもとで、物事が進められ、道路の修理や入会地《いりあいち》（共同の所有地。山野など）・河川の管理などの共同業務が多く、それにより村人の生活が維持されていた。

また、ムラの内部の揉め事は、基本的にムラの内部で処理されることになっており、名主の主導のもと、村の掟に従って処理されていた。このように伝統日本社会のムラは、まとまり（団体性）が強かった。こうしたまとまりが強い地域社会の在り方のことを「村落共同体」ということもある。

それに対して、伝統中国社会における農村は、伝統日本社会に比べ、人々のまとまり（団体性）が乏しかった。伝統中国社会のムラにおける共同業務の多くは、私的に進められるか、有志がやるか、地方政府が行っていた。また、近隣で起きた紛争は、有力者（知識人など）が処理する場合もあったが、必ずしもそれに従う必要はなく、県に訴訟を起こすことも自由であった。

里老人制の成立と崩壊

宋元時代には、健訟的な風潮が広まるなかで、訴訟の処理が政府にとって大きな負担となっていた。そのため、明代初期には、近隣内部の揉め事は近隣内部で処理させようと、里老人制が施行された。これは、里の人々のなかから、人望がある年長者を選んで里老人とし、里内の民事的な紛争の処理や教化にあたらせる制度である。

しかし、この制度は里甲制と共に、明代中期から末期には崩壊してしまい、さらには訴訟で金儲けをする訟師（訴訟ゴロ）が活発に暗躍し、また、訟師秘本（訴訟ハンドブック）が広く流布するようになって、健訟的な風潮はより強まった。そして、そのような状況は清代になっても続いていた。

なお、清代には、道徳教化・相互扶助などを目的に、知識人などが中心となって郷約とよばれる結社（および規約）が盛んに作られ、地域社会の秩序に大きな影響を与えるようになった。

主要参考文献

宮崎市定（一九六三）『科挙――中国の試験地獄』中公新書。

孫伯醇・村松一弥（一九六六）『東洋文庫62　清俗紀聞1・2』平凡社。

宮崎市定（一九六七）『東洋文庫92　鹿洲公案』平凡社。

愛宕松男・寺田隆信（一九九八）『モンゴルと大明帝国』講談社学術文庫。

足立啓二（一九九八）『専制国家史論』柏書房。

岸本美緒・宮嶋博史（一九九八）『世界の歴史12　明清と李朝の時代』中央公論社。

岸本美緒（一九九八）『東アジアの「近世」』世界史リブレット13、山川出版社。

三田村泰助（二〇〇〇）『中国文明の歴史8　明帝国と倭寇』中公文庫。

宮崎市定（二〇〇〇）『中国文明の歴史9　清帝国の繁栄』中公文庫。

増井経夫（二〇〇二）『大清帝国』講談社学術文庫。

上田信（二〇〇五）『中国の歴史09　海と帝国　明清時代』講談社。

岡田英弘ほか（二〇〇六）『紫禁城の栄光』講談社学術文庫。

王莉（二〇〇六）『図説中国文明史9　明　在野の文明』創元社。

劉煒（二〇〇六）『図説中国文明史10　清　文明の極地』創元社。

中島楽章（二〇〇九）『徽州商人と明清中国』世界史リブレット108、山川出版社。
石橋崇雄（二〇一一）『大清帝国への道』講談社学術文庫。

コラム 7

家族と宗族

小川快之

伝統中国社会は、一般的に社会的流動性が高く生存競争が激しい社会であったので、人々はそうした社会の中で生き抜くために生活戦略として、さまざまなネットワーク（人間関係）を作っていた。伝統中国社会は、地域社会としてのまとまりが乏しい反面、人間関係がとても重視される社会であった。明清時代に発達した宗族《そうぞく》（同居家族を超えて作られる父系の血族ネットワーク）もその一つである。

そもそも家族の在り方について見てみると、伝統日本社会では、「家産や家業の基礎をなす社会関係・権利」に基づくイエ（家）というものを重視し、それが父親から長男に受け継がれることになっていた。しかし、伝統中国社会では、そもそも日本でいう「家業」の観念と一体化したイエという概念そのものがなく、財産も均分相続（主に男子のみ。女子には持参財産が与えられる）であるなど、伝統日本社会の家族の在り方とは大きな違いがみられた。

家族（「家《ジア》」）は気（宇宙を活動させる活力）の流れを形成する磁場であるとイメージされ、気が骨を媒介にして父親から息子へと流れる（息子が何人いても気の流れは同じ）と考えられていた。

福建省武夷山市五夫鎮の劉氏の宗祠（劉氏家祠）。宗族のメンバーは定期的に宗祠に集まって祖先祭祀をしていた。

出典：著者撮影

なお、家族の大きさは、大家族同居（累世同居）が理想とされたが、現実には小家族が多かったようである。また、家業という観念も中国にはほとんど存在しておらず、「家」は特定の生業を行う単位ではなかった。

家族の在り方には、その他にも、結婚により姓が変わることはないなど、現代日本とはかなり違う点が多くみられる。また、家族の年中行事にも違いがあり、たとえば、現代日本では、一般に八月中旬（旧暦七月）のお盆に墓参りをするが、伝統中国社会では、四月上旬（旧暦三月）の清《せい》明《めい》節に墓参り（掃墓《サオムウ》）をするのが一般的である。なお、この日には郊外に出て遊ぶ習俗（踏青《タァチン》）がある。

宗族では、世代による秩序が重視され、どの世代のメンバー（族人）なのか名ですぐにわかるように、世代ごとに名に共通の一字、もしくは同じ偏旁《へんぼう》をつける習慣があった（これを輩行字という）。メンバーは宗祠《そうし》（位牌を祀る施設。家祠、祠堂などともいう。図版参照）における祖先祭祀、族譜（系譜など宗族に関する記録。宗譜などともいう）の編纂、宗族の活動を支える族産（宗族の共有財産。共有財産の耕地を義荘《ぎそう》という。一族の富裕な者が財産を寄付した）の設置などを通じて互いの結束を高め、生活上のさまざまな問題に対処していた。また、一族の優秀な子弟を科挙に合格させるために、私塾（義塾や書院といわれる）が設けられることもあった。

徽州商人や海外で活躍する華僑のネットワークでも宗族の果たす役割が大きかった。ただ、宗族は必要に応じて作られてきたものなので、その形成については地域により発達状況に違いがあり、概して北方ではあまり盛んではなく、南方、とくに福建や広東などでは発達していた。また、明代末期には、同姓であれば血縁関係が確実に立証されていなくても系譜をつないでしまう聯宗《れんそう》通譜の風潮もみられた。さらに、福建などでは清代には時に械闘（宗族同士の武力抗争）も起きていた。

なお、宋代以降、福建など南方を中心に、社会問題になった現象として溺女（女児の間引き）がある。その背景には経済的な要因以外に、厚嫁（贅沢な婚礼）に伴う持参財産（粧奩《しょうれん》）の高騰などさまざまな習俗も関連していた。溺女の増加は女子の減少を引き起こすため、結婚に支障が生じ、売妻・典妻（妻を売買・貸借する行為）なども誘発していた。そのため、地方官はたびたび禁止の告示を出し、地味な婚礼を奨励し、また、地方政府や知識人などが、育嬰堂（嬰児救済施設）をつくる動きもみられた。

主要参考文献　上田信『伝統中国――〈盆地〉〈宗族〉にみる明清時代』（講談社選書メチエ、一九九五年）、馮爾康（小林義廣訳）『中国の宗族と祖先祭祀』（風響社、二〇一七年）。

第11章 「富強」をめざして——清末・中華民国・中華人民共和国

小野寺史郎

この章で学ぶこと

二度のアヘン戦争や日清戦争、義和団戦争に敗れて不平等条約を課された清にとって、近代化と「富強」（富国強兵）が最大の課題となった。この課題は辛亥革命後に成立した中華民国にも引き継がれた。五・四運動や五・三〇運動のナショナリズムの高まりのなかで政権を握った中国国民党も、満洲事変で日本の侵略が強まるなか、国内統一と国家建設を進展させた。日中戦争と第二次世界大戦が起こると、連合国の一員となった中華民国の国際的地位は高まり、不平等条約も改正された。しかし戦後の国共内戦に敗れた国民党と中華民国は台湾に逃れ、大陸では中国共産党による中華人民共和国が成立した。東西冷戦の下、中華人民共和国は急進的な社会主義化による「富強」をめざしたが行き詰まり、ソ連やインドとの対立も深まった。そこで中国は西側のアメリカや日本との国交正常化に転じ、文化大革命の終結後は改革開放政策を実施して市場経済を導入した。しかし一方で政治体制の改革を求める動きは天安門事件によって頓挫した。

1　一九世紀の危機と清の統治体制の変容

清をめぐる内外情勢の変容

一八世紀の清の「盛世」の下で急激な人口増加が起こると、耕作条件の悪い山岳部などへ移住する農民が増加した。とくに四川・湖北省境ではそうした困窮する移住民のあいだに世界の終末を説く白蓮教が広まり、反乱が起きた（一七九六〜一八〇四年）。長期化した反乱は清の財政を圧迫した。しかし一方で郷紳となった成功者の側は、団連などの自衛組織を作って反乱の鎮圧に加わり、地域への影響力を強めた。

清は西洋との貿易を広州一港に限定していた。そのためイギリスはマカートニーの使節団を派遣して貿易条件の改善や常駐使節の交換を求めた。しかし乾隆帝（在位一七三五〜一七九五年）は従来の方式の変更を認めず、君主謁見の際の儀礼の違いも摩擦の原因となった。一八世紀後半にはイギリスで紅茶を飲む習慣が定着し、清からの茶の輸入が激増したが、逆にイギリスの主力輸出品だった毛織物は清でほとんど売れなかった。そのため決済手段に用いられた銀がイギリスから清に流出した。そこでイギリスは対抗策としてインド産アヘンの密輸を始めた。

アヘン戦争と南京条約

嘉慶帝（在位一七九六〜一八二〇年）は繰り返しアヘン禁止の命令を発したが、広東・福建省沿岸の住民を介して行われた密輸を取り締まることはできなかった。そのため清のアヘン輸入額は増大し、銀が流出に転じた。銀納制の清では銀価格の高騰は納税者の実質的な負担増を意味したため、社会不安と財政危機が拡大した。政府内では、アヘン貿易を合法化することで密輸を減らすという「弛禁論」と、吸引者を厳罰に処すことでアヘン輸入を根絶するという「厳禁論」のあいだで意見が対立した。一八三九年、道光帝（在位一八二〇〜一八五〇年）は厳禁論に立つ林則徐を広州に派遣し、外国商人からアヘンを没収・廃棄させた。しかしイギリス艦隊が天津に迫って圧力をかけ、沿岸や長江沿いの諸都市を陥落させて南京にも迫ると、清は敗北を認めた。

一八四二年に清英間で結ばれた南京条約は、上海・寧波・福州・廈門《アモイ》・広州の開港と自由貿易の実施、香港の割譲、賠償金の支払いなどを定めた。さらに一八四三年の五口通商章程・虎門寨追加条約で、領事裁判権（治外法権）や清側に不利な片務的最恵国待遇が定められ、関税率も協定で一定に固定された（関税自主権の喪失）。清は一八四四年にはアメリカと望廈条約を、フランスと黄埔条約を結び、同様の権利を認めた。開港場には外国人が行政権を持つ居留地（租界）が設けられた。しかし清側ではこの後も対等な主権国家同士の条約という近代西洋的な外交観への理解が薄く、貿易もイギリスが期待したほどには伸びなかった。

第二次アヘン戦争と天津・北京条約

そこで一八五六年、イギリスは香港船籍の貨物船アロー号が海賊容疑で拿捕された事件を口実に、フランスと遠征軍を組織し、広州を占領して天津に迫った。そのため清は英仏および交渉に加わった米露との天津条約（一八五八年）に調印した。しかし一八五九年、条約批准のため北京に向かう英仏軍と現地の防衛部隊が衝突を起こすと、英仏軍は懲罰として円明園を掠奪・破壊し、ロシアの調停を経て、天津条約を補強する北京条約（一八六〇年）を清と結んだ。これらの条約では天津など一一都市の開港、外国人の内地旅行権、キリスト教の内地布教権、九龍半島南部のイギリスへの割譲などが認められたほか、華僑の海外渡航が合法化され、アヘン貿易も公認された。また公使の北京常駐が規定されたが、これには清の外交を従来の朝貢・冊封から近代西洋式の条約体制へと転換させる意図があった。そのため清は総理各国事務衙門《がもん》を新設し、北京の英米仏露公使館に対応させた。

太平天国と相次ぐ反乱

香港などで宣教師が活動するようになると、その影響を受けた広東省の客家《ハッカ》洪秀全は、イエスの弟を名乗って宗教結社上帝会を組織し、儒教を否定して各地の寺廟を破壊した。上帝会は既存の秩序に不満をもつ客家や移住民に信者を増やして急速に勢力を拡大し、一八五一年には広西省で蜂起して太平天国を樹立し、南京を占領し首都とした。太平天国は「滅満興漢」を謳って辮髪を禁止し、また住民を男女別に厳格に組織化し、女性の纏足を禁止してさまざまな作業に動員するなど、独特な政策を展開した。

同時期に、漢人移住民と摩擦を生じていた貴州省の苗《ミャオ》、雲南省や陝西・甘粛省の回民（トルコ系ムスリム）、安徽省の捻軍などの蜂起も相次いだ。これに対処したのは、郷紳が組織した団練や、曾国藩の湘軍、李鴻章の淮軍といった郷勇だった。諸外国も北京条約締結後に清との関係が改善されると、上海で西洋式装備の常勝軍を組織するなどして反乱の鎮圧に協力した。そのため一八六四年に太平天国は滅亡し、ほかの反乱も一八七〇年頃までにほぼ鎮圧された。しかしこれらの反乱は広範な地域に荒廃をもたらした。

同治中興と洋務の展開

反乱鎮圧後、幼い同治帝（在位一八六一～一八七四年）の実母である西太后と総理衙門大臣の恭親王奕訢《えききん》が実権を握った。そして曾国藩・李鴻章・左宗棠《さそうとう》ら有力な漢人地方官僚が釐金《りきん》（内地関税）に代表される独自の財源と大きな権限を持ち、郷紳層の協力の元に統治する新しい体制で秩序回復が図られた。反乱鎮圧の過程で西洋の兵器の優秀さを認識した地方大官たちは、兵器工場や官督商辦《べん》（官民合営）による紡績工場・汽船会社の設立、電信網の整備などを進め、『万国公法』（国際法の解説書）などの学術書を漢訳出版した。これらの事業は洋務とよばれた。ただ、彼ら漢人官僚は既存の儒教的価値観への志向も強く、西洋の事物の導入に対する反応もさまざまだった。

この時期には、ゴールドラッシュで世界の貴金属流通量が増大したことで貿易も活況を呈した。一八七〇年代以降インド茶・日本生糸との競争が激化したことで、清の主要輸出品は日本・欧州向けの飼料用大豆や原料棉花となった。また、廉価で農村の需要に適合した太糸のインド産機械製綿糸が流入し、それを用いた手織り綿布の生産が増加した。アヘンも国内栽培が増加したため輸入が減少し、アメリカや東南アジアに渡った華僑からの送金も増大した。こうして再び清に流入した銀や増加した関税収入が洋務の財源となった。

東アジア国際秩序の再編

ロシアは、第二次アヘン戦争に乗じて一八五八年に清とアイグン（愛琿）条約を締結し、アムール川（黒龍江）以北の領有を認めさせた。一八六〇年には英仏とのあいだの調停の見返りとして北京条約を締結し、ウスリー川以東の沿海州を獲得し、ウラジオストクに軍港を建設した。さらに、コーカンド・ハン国の将軍ヤークーブ・ベグが新疆に政権を築くと、ロシアはこれに乗じてイリを占領した。しかし清は左宗棠を派遣してヤークーブ・ベグ軍を破り、ロシアとイリ条約（一八八一年）を結んでイリを返還させた。

この時期には日本の台湾出兵（一八七四年）や琉球処分（一八七九年）、清仏戦争（一八八四〜一八八五年）によって、琉球やベトナムといった清の朝貢国が次々と列強の領土や植民地に組み込まれていった。これに対し清は、漢人の移住が進む新疆や台湾に省を設置して支配を強めるとともに、残された朝貢国である朝鮮に対しても従来の「属国自主」を否定して内政への介入を強めた。しかしやはり朝鮮半島への進出を図る日本とのあいだに起きた日清戦争（一八九四〜一八九五年）に敗れた結果、清は下関条約で朝鮮の独立を認めた。ここに朝貢・冊封は消滅し、清も完全に条約体制へと移行することとなった。下関条約はさらに日本への遼東半島・台湾・澎湖諸島の割譲、賠償金二億両の支払いなどを定めたが、露仏独の三国干渉により遼東半島は報償金三〇〇〇万両と引き換えに清に返還された。

2　立憲改革の試みと辛亥革命

戊戌変法

こうしたなかで、東アジア進出の拠点を求めていたドイツが一八九八年に宣教師殺害事件を口実に山東半島の膠州《こうしゅう》湾を租借すると、対抗してロシアは遼東半島の旅順・大連、イギリスは九龍半島（新界）と威海衛、フランスは広州湾を相次いで租借した。列強は日清戦争で財政難に陥った清に借款を提供し、引き換えに租借地周辺の鉄道敷設権・鉱山開発権などを獲得した。一八九八年の米西戦争でフィリピンを獲得したアメリカも中国への関心を強め、門戸開放・機会均等を主張して他国を牽制した。

列強の動きは、清の知識人たちに国土が「瓜分《かぶん》」されるという危機感を抱かせた。またこの時期には新聞・雑誌の刊行が活発化し、こうした知識人や郷紳層が結社を作って言論活動や世論形成を担うようになった。なかでも公羊学者の康有為は、孔子を古代の理想社会の記録者ではなく新たな制度の創案者・改革者と捉える特異な儒教解釈に基づき、弟子の梁啓超らとともに清の体制改革を訴えた。また、元駐日公使館員の黄遵憲が著した『日本国志』が広く読まれ、明治維新が改革のモデルとして注目されるようになった。一八九八年、光緒帝（在位一八七四〜一九〇八年）は康有為らを登用し、科挙や行政制度の改革を開始した。また、人材の育成を目的として京師大学堂（後の北京大学）が設置された。しかし中央主導の性急な改革の試みは地方大官の支持を得られず、康有為の思想も一般的な儒教理解からはかけ離れたもので、郷紳層に受け入れられなかった。結果、西太后が袁世凱に命じてクーデタを起こし、光緒帝を幽閉したことで、変法は短期間で失敗に終わった。

義和団戦争と光緒新政

外交特権を利用するキリスト教会に保護を求める入信者が増加すると、儒教に基づく既存の秩序を奉じる郷紳や民衆とのあいだで紛争が頻発した（教案）。山東省では宗教結社義和団がキリスト教徒を殺害し、教会や鉄道・電信設備を破壊して勢力を拡大した。義和団が北京に迫ると、列強は清に取り締まりを要求して圧力をかけたが、西太后ら保守派はこれに反発し、列強に宣戦布告した。これに対し列強は英仏米独墺伊日露の八カ国連合軍を組織して天津に上陸し、清軍と義和団を破って北京を占領した。一九〇一年に結ばれた北京議定書（辛丑和約）は、清に責任者の処罰を命じ、北京・天津への列強の駐兵を認めさせるとともに、四億五〇〇〇万両という膨大な賠償金を課した。地方大官たちが中央の宣戦布告に従わず独自に列強と講和する事件（東南互保）も起き、清の権威は失墜した。

保守派が力を失ったことで、一九〇〇年代には急進的な改革が試みられた。日本をモデルとした学校教育制度が開始され、一九〇五年には科挙が廃止された。袁世凱の主導下に西洋式の新軍の整備も進められた。一九〇五年には政治制度の視察団が欧米・日本に派遣され、翌年には預備立憲（立憲君主制への移行準備）が宣言された。一九〇八年には大日本帝国憲法に倣った憲法大綱が発布された。しかし増税や中央集権的な施策に地方は反発し、チベットやモンゴルでも、従来の現地ごとの統治様式を否定する近代化政策や漢語教育の実施に対する不満が高まった。

立憲派・革命派と辛亥革命

科挙が廃止されると、従来の科挙受験者の多くが西洋の知識を学ぶため、地理的に近い日本に留学した。戊戌変法失敗後に日本に亡命した梁啓超も『清議報《せいぎほう》』や『新民叢報』といった雑誌を刊行し、日本語訳された書物を通じて西洋の学術を急速に吸収・紹介し、華僑や留学生に近代的な国民形成と立憲君主制樹立の必要性を訴えた。これに対し、清の打倒と共和制国家の樹立を目指す孫文ら革命派は一九〇五年に東京で中国同盟会を結成し、『民報』を刊行して梁啓超ら立憲派と激しい論争を繰り広げた。革命派は当時最新の学説だった進化論や人種学に基づき、満洲人を排除した漢人国家の建設を主張した。立憲派はこれに反対し、清の現行領土を維持するには、漢・満・蒙（モンゴル人）・回・蔵（チベット人）などを一つにしなければならないとした。

光緒新政期には郷紳層を中心にナショナリズムが高まり、アメリカの排華移民法に反対する米製品ボイコット運動（一九〇五年）や、鉄道・鉱山など列強の在華利権を買い戻そうとする運動が展開された。一九〇九年、政府が各省に諮問機関の諮議局を開設すると、郷紳層がその議員となって地方自治と国会の早期開設を訴えた。しかし、漢人の台頭に危機感をもった清政府は、一九一一年の内閣制度新設に際し、閣僚の大半に満洲人・皇族を任命した。また同時に、民間の鉄道を一括国有化して、優良路線の利益を内陸などの不採算路線の運営に回し、新規路線の敷設には外資も導入するという方針を発表した。鉄道利権回収運動を主導してきた地方の漢人官僚や郷紳はこれに反発し、諮議局を中心に激しい反対運動が起きた。とくに四川省では運動に対する弾圧を機に暴動が発生し、さらに武昌で革命派の影響を受けた新軍が蜂起すると、清を見限った各省は次々と独立を宣言した。革命派と立憲派郷紳層の連合の下、独立各省は一九一二年一月に南京で孫文を臨時大総統（大統領）に選出し、中華民国臨時政府を組織した。清は立憲君主制の即時全面採

(一)以一民族爲一國民。 凡民族必被同一之感。蒙其同一之知覺。既相親比以謀生活矣。其生活之最大者爲政治上之生活。故富於政治能力之民族。莫不守形造民族的國家之主義。此之主義名**民族主義**。蓋民族的國家其特質有二。一曰平等。自有人類。即有戰爭。戰勝民族。對於戰敗民族。牛馬畜之。不齒人類。古之希臘。所征服者。悉以爲奴隸。是其例也。若一民族則所比肩者皆兄弟也。是爲天然之平等。二曰自由。非我族類。其心必異。戰勝民族對於戰敗民族。必束縛壓抑之。不聊其生而死其心。以求必逞。若一民族。則艱難締造。同瘁心力。故自由之分配必均。以是之故。民族主義。爲人性所固有。即或民族中更變亂。爲強所弱。四五分裂。不能自存。而民族主義。淬而愈厲。困苦百折。卒達其目的而後已。舉例以言。羅馬帝國瓦解後。民族主義代世界主義而興。英吉利之亨利八世。及大僧正威爾些之事業。法蘭西之路易十一世之事業。大僧正里些流之事業。及亨利四世之事業。皆貫徹此主義者也。十九世紀之初。日耳曼民族分屬聯邦。無統一之觀念。遭法蘭西蹂躪。憬然思變。實行民族主義。卒合二十五聯邦而成德意志帝國。意太利民族自帝國破滅

民報　三

図11－1　『民報』第1号（1905年11月）
「民族主義」が強調されている。

図11－2　袁世凱
出典：万仁元主編『袁世凱与北洋軍閥』商務印書館（香港），1994年

用を宣言するとともに、袁世凱に革命の鎮圧を命じた。しかしイギリスの調停で袁世凱と臨時政府のあいだに交渉がもたれた結果、皇室の身分を保障する優待条件と引き換えに宣統帝（溥儀。在位一九〇八～一九一二年）が退位し、袁世凱が中華民国の第二代臨時大総統に就任することで事態の収拾が図られ、ここに清の統治は終焉を迎えた。

3 中華民国北京政府期の政治と社会

中華民国の成立

中華民国は清と列強とのあいだで結ばれた条約を継承し、列強も中華民国を承認した。革命派も従来の排満の主張を撤回し、「五族共和」のスローガンを掲げて清の領土の継承を正当化した。辛亥革命に際しては、外モンゴルのハルハ地方を中心とするボグド・ハーン政権が清からの独立を宣言し、チベットでも一九一三年にダライ・ラマ一三世が独立を主張する布告を発したが、中華民国はこれを認めず、以後両地域の地位が国境を接するロシア・イギリス（インド）とのあいだで懸案となった。外モンゴルは後にソ連の援助の下に独立し、一九二四年にモンゴル人民共和国を樹立した（現在のモンゴル国）。

一九一二年末から翌年にかけて国会選挙が行われ、中国同盟会を中心に結成された国民党が第一党となった。しかし革命派の主導で作られた中華民国臨時約法（暫定憲法）は国会の権限を過度に強めたため、その制約を嫌った袁世凱は国民党指導者宋教仁を暗殺し、ついで起きた国民党の武力蜂起も鎮圧した。正式に大総統に就任した袁世凱は、国会の機能を停止し、大総統に大きな権限を与える新約法を公布して自らの地位を固めるとともに、英仏独露日からの善後借款を財源に、法律の整備や新通貨の発行、地方の権限縮小といった中央集権的な近代化政策を推進した。

図11－3　中華民国（1919年頃）

第一次世界大戦と中国

一九一四年に第一次世界大戦が始まると、中国は中立を宣言したが、日本は日英同盟を根拠にドイツに宣戦し、山東半島のドイツ租借地や鉄道を占領した。日本は翌一九一五年、中華民国に対し、山東省ドイツ利権の日本への譲渡、日露戦争（一九〇四～一九〇五年）で得た関東州（旅順・大連）や南満洲鉄道を含む東三省権益の返還期限延長など、二一カ条の要求を行い、袁世凱政権の抵抗を押し切って多くの部分を認めさせた。中国の世論はこれに反発し、日本と袁世凱に対する批判が高まった。袁世凱は自らの皇帝即位という手段で再び政権を固めようとしたが、むしろ国内外からのいっそうの反発を招き、失敗に終わった。そのため中国ではこれ以後、中央政府の権威が低下し、地方の軍事指導者たちがそれぞれに支配地域の近代化を図りつつ、互いに抗争を繰り広げることになった。

袁が一九一六年に病死し、安徽派の軍事指導者段祺瑞が西原借款など日本の援助を得て中央政府を握ると、中華民国は一九一七年、協商国の要請に応じてドイツとオーストリアに宣戦し、両国の在華利権を回収した。

また第一次世界大戦中には欧州製品の杜絶によって中国でも綿紡績などの軽工業が発展し、民族資本の企業や都市労働者が増加した。

一九一八年に第一次世界大戦が終わると、中華民国も戦勝国としてパリ講和会議（一九一九年）に参加した。中国代表団はアメリカ大統領ウィルソンの掲げた民族自決主義への期待から、二一カ条の要求の取り消しや不平等条約の改正を訴えた。しかし、ヴェルサイユ条約（対独講和条約）で山東半島の旧ドイツ利権が日本へ譲渡されることが報じられると、失望した北京の学生たちが抗議のデモを行い、さらに「親日派」と見なされた外務官僚を襲撃する事件が起き、上海などでは労働者のストライキも発生した（五・四運動）。最終的に中国政府はヴェルサイユ条約の調印を拒否したが、サン・ジェルマン条約（対墺講和条約）に調印することで新設の国際連盟の加盟国となり、国際的地位の向上を図った。また、段祺瑞の安徽派を破って政権を握った曹錕・呉佩孚ら直隷派は親英米路線を取り、ワシントン会議を経て九カ国条約や山東半島利権の中国返還を定めた条約を締結した（一九二二年）。

多様な思想の展開

一九一五年、陳独秀らは『青年雑誌』（翌年『新青年』と改題）を創刊し、「サイエンスとデモクラシー」をスローガンに中国の文化的刷新を訴えた。『新青年』には気鋭の論者が集い、アメリカに留学した胡適は白話文を提唱して「文学改良」を訴え、魯迅は小説「狂人日記」で既存の儒教道徳を厳しく批判した［第12章を参照］。儒教的な家族制度が批判の対象となり、自由恋愛や一夫一婦制が男女のあるべき姿として主張された。陳独秀や胡適は北京大学の教授に招聘され、彼らの議論は学生など若い知識人たちに大きな影響を及ぼした。

一九一七年にロシア革命が起こると、『新青年』はマルクス主義を中国に紹介し、一九二一年にはロシア共産党を中心とするコミンテルン（国際共産主義組織）の指導の下、陳独秀らによって中国共産党が結成された。しかし胡適らは英米的なリベラリズムの重要性を主張し、マルクス主義派と論争を展開した。また、第一次世界大戦の惨禍から西洋の優位性への疑念も生じ、梁漱溟のように東西文明の比較から、中国の伝統文化を再評価する論者も現れた。

4　国民革命と南京国民政府の時代

国民革命

孫文は一九一九年に中国国民党を組織し、一九二三年にはソ連との提携を表明して、北京の中央政府に対抗する政権を広州に組織した。国民党は一九二四年に改組を行い、共産党員の個人資格での入党を認めた（国共合作）。国民党と共産党はソ連の援助を得て勢力を拡大した。また蔣介石を校長とする黄埔陸軍軍官学校が設けられ、党軍が組織された。一方、北京では直隷派が張作霖（奉天派）と段祺瑞の連合軍に敗れ、日本の援助を得た張が実権を握った。しかし政治的混乱によって北京政府の権威と統治能力はいっそう低下した。

一九二五年には、上海で租界警察がデモに発砲した事件をきっかけに、国民党と共産党の指導による大規模な反英ボイコット・ストライキが展開された（五・三〇運動）。孫文の死後、国民党は広州に国民政府を組織し、蔣介石を総司令とする国民革命軍が北京政府の打倒と中国統一をめざし北伐を開始した。全国的な農民運動・労働運動の高まりを背景に北伐は順調に進行したが、党内の政治的対立も次第に激化した。一九二七年に国民政府が武漢に移転すると、汪兆銘ら国民党左派と共産党が主導権を握ったが、急進化した国民革命軍が漢口・九江の英租界を実力で回収し、また南京では領事館や外国人を襲撃する事件も起きたため、英米などの武力介入を招いた。これに対し、蔣介石は上海クーデタを起こして共産党を弾圧し、南京国民政府を樹立して武漢政府と対峙した。最終的には、財政難に苦しむ武漢政府も共産党を排除して南京政府に合流したことで、北伐が再開された。ソ連との国交は断絶したが、蔣介石は排外行動を禁じることで英米との関係を改善し、一九二八年六月には北京に入城して北伐の完了を宣言した。

満洲事変

北伐が進むと、日本は自らが利権を持つ東三省に影響が及ぶのを防ぐため、一九二七年から一九二八年にかけて三度の山東出兵を行い、国民革命軍との間に軍事衝突を生じた（済南事件）。この事件は、それまでイギリスを主要な敵と見なしていた中国ナショナリズムが、日本を対象としたものへと変わる転換点となった。また、日本の関東軍（関東州・満鉄の守備部隊）は、次第に独自路線を強める張作霖に替わる政権の樹立を図り、北京から本拠地の奉天に撤退する張の列車を爆破して殺害した。しかし張作霖の子の張学良は国民政府へと合流したため、むしろ中国の統一を促す結果に終わった。

一九三一年、関東軍は奉天郊外の柳条湖で南満洲鉄道の線路を爆破し、それを中国軍の犯行と主張して軍事行動を起こし、東三省のほぼ全域を占領した。そして翌一九三二年、清の最後の皇帝である溥儀を執政として擁立し、満洲国の建国を宣言した（一九三四年に溥儀が皇帝に即位し、国名も満洲帝国と変更）。一九三二年には上海でも日本軍と国民党軍の大規模な軍事衝突が起きた（第一次上海事変）。国民政府から提訴を受けた国際連盟はリットン調査団を派遣した。調査団の報告に基づき一九三三年に国連総会が満洲国の不承認を決議すると、日本は国際連盟を脱退した。日本は熱河を占領した後に停戦に応じ、塘沽《タンクー》停戦協定を結んで満洲国の領域を固定化した。

図11－4　蔣介石（1926年）

出典：万仁元主編『孫中山与国民革命』商務印書館（香港），1994年

蔣介石と国民政府

蔣介石は日本との即時全面戦争を避け、国内反対勢力の制圧と国家建設を優先する方針を取った（安内攘外）。共産党軍は国共分裂

後、各地で国民政府に対する武装蜂起を試みたが、いずれも失敗に終わった。毛沢東らの残存部隊は江西省の山岳部に根拠地を築き、一九三一年に瑞金を首都とする中華ソヴィエト共和国を樹立した。しかし一九三四年には国民党軍の包囲の前に再び敗退し、長い逃亡を経て、陝西省延安で根拠地の再建を図ることになった（後に「長征」とよばれる）。この途上で開かれた遵義会議は、毛沢東の党内権力確立の重要な一歩となった。

蔣介石は国民党内の対立派閥や地方軍事指導者との内戦にも勝利し、指導者としての地位の確立と国内統一を進めた。国民政府は各国との交渉により関税自主権の回復に成功した。さらに英米の援助を得て、法幣とよばれる統一貨幣と管理通貨制を導入し、国民経済の統一を図った（幣制改革）。専門知識を持つ技術官僚層が形成され、新たに組織された全国経済委員会や資源委員会の下で工業建設や資源開発が進められた。また、社会生活の改善と近代的国民の創出をめざす新生活運動が推進された。孫文の三民主義が指導理念とされ、それに反する言論の取り締まりや弾圧がなされる一方、一党独裁から憲政への移行についても議論がなされ、一九三六年には憲法草案（五五憲草）が公布された。一九三〇年代には産業の発展に伴い、上海や天津といった大都市を中心にサラリーマンや商店主などホワイトカラーの中間層が形成され、百貨店や映画館といった消費文化も繁栄を見せた。

5　日中戦争と国共内戦

日中戦争

一九三五年に日本軍が河北・チャハル省を国民政府から切り離して冀東防共自治政府を組織すると、北京ではこれに反対する学生のデモが起き（一二・九運動）、翌一九三六年には上海で全国各界救国連合会が組織された。コミンテルンの方針転換に伴い、モスクワの中国共産党代表団も八・一宣言を発して抗日民族統一戦線の結成を訴えた。こうしたなか、陝西省の共産党根拠地を包囲していた張学良が、督戦に訪れた蔣介石を監禁して内戦の停止と一致抗日を迫る事件が起き、蔣介石もこの要求を受け入れた（西安事件）。

一九三七年、北京郊外の盧溝橋で夜間演習中の日本軍に対する発砲があった事件をきっかけに、日本軍が北京・天津への全面攻撃を開始した。日本軍は上海にも上陸し、双方宣戦布告のないまま全面戦争が始まった。共産党の軍と根拠地が国民政府に編入される形で第二次国共合作が成立した。国民党軍は上海に主力部隊を投入して激しく抵抗したが敗れ、日本軍は国民政府の首都南京を陥落させた。南京戦の過程では日本軍による捕虜や民間人に対する殺害や暴行・掠奪行為が発生した（南京事件）。

日本軍は沿岸や長江沿いの主要都市と鉄道をことごとく占領したが、国民政府は内陸の重慶に遷都して抵抗を続けたため、戦線は膠着した。ドイツを仲介とした講和交渉が行われたものの妥結に至らず、日本は重慶国民政府との交渉を打ち切った。日本は重慶を脱出した汪兆銘を首班とする南京国民政府など、対日協力政権を組織して占領地を統治させた。

重慶国民政府の下では、憲政の実施は延期されたが、諮問機関である国民参政会が設置され、中国民主同盟などさまざまな中間党派も含む抗戦体制の構築が図られた。大学や工場も内陸への移転が図られた。しかし戦争が長期化すると、深刻な物不足とインフレ、農村からの兵士や食料の徴発によって、社会不安や国民党の一党独裁に対する批判も次第に高まった。一方、共産党は日本軍の支配の及ばない華北・華中の農村部に根拠地を築いて勢力を拡大したが、これに対し日本軍は農村自体の破壊を含む徹底した掃討作戦を実施した。

一九四一年に日本が英米に宣戦すると、中国は英米とともに日本に宣戦布告し、日中戦争は第二次世界大戦の一部となった。中華民国は連合国の一員となり、一九四三年には英米と新条約を締結して清末以来の治外法権の撤廃に成功した。同年には蔣介石がチャーチル・ローズヴェルトとのカイロ会談に臨み、日清戦争以来失った領土や利権の回復を認められた。しかし、一九四五年のヤルタ会談では中国不在のまま米英ソによってソ連の在華利権の維持が決定された。

図11－5　延安の毛沢東（中央）・周恩来（左）ら（1937年）

出典：ジョナサン・スペンス，アンピン・チン編『フォトドキュメント　中国の世紀』大月書店，1998年

中華人民共和国の成立

一九四五年九月、日本が連合国に降伏して戦争が終結した。中華民国は新たに設立された国際連合の安全保障理事会常任理事国となり、五大国の一つとなった。国民党と共産党の間で停戦協定（双十協定）が結ばれ、一九四六年には中間党派も含む連立政権の樹立が合意された。

しかし旧満洲国地域の接収などをめぐって国共の対立は深まり、再び全面内戦が始まった。国民党は一九四七年に中華民国憲法を公布し、共産党や多くの中間党派がボイコットするなかで国会選挙を実施した。しかし、アメリカ製品の流入が国内産業の復興を妨げたことや、経済政策の失敗が急激なインフレを招いたことから、社会には反米感情と、国民党政権に対する不満が高まった。批判的な知識人に対する弾圧も、逆に社会からの反発を増すことになった。共産党はソ連の援助を得るとともに、国民党政権に対する社会の不満を吸収して、内戦に勝利した。また、地主や戦争中の対日協力者の土地を没収して貧しい農民に分配した（土地改革）。共産党は当面は社会主義ではなく諸階級の連合による「新民主主義」「人民民主主義」をめざすとして中間党派の支持も得、一九四九年に北京で人民政治協商会議を開催して、毛沢東を主席、周恩来を総理とする中華人民共和国を成立させた。中華人民共和国はソ連の合意の下、戦中に成立した内モンゴルや新疆の政権を解消・吸収し、一九五一年にはチベットにも軍を進駐させた。ただし香港はイギリスの植民地として残され、イギリスは一九五〇年に中華人民共和国を承認した。香港には大陸から逃れた多くの人や富が流れ込み、経済発展の基礎となった。

日本の敗戦後に中華民国の領土となった台湾では、大陸から派遣された政府機関が台湾住民の政治参加を認めず、またインフレの波及や社会秩序の混乱に対しても不満が高まり、一九四七年に大規模な蜂起が起きた（二・二八事件）。国民党はこれに対して徹底した弾圧を行い、一九四九年には台湾に戒厳令が敷かれた。国民党は共産党に敗れて台湾以外の支配地域をほぼ失ったが、政府を台北に移転して中華民国を存続させた。東西冷戦の下、アメリカや日本などの西側諸国は台湾の中華民国を、ソ連などの東側諸国は中華人民共和国をそれぞれ承認したため、どちらを中国を代表する政権として承認するかという問題が生じた。

6 社会主義時代の中国

中国社会主義の展開

中華人民共和国は一九五〇年に中ソ友好同盟相互援助条約を締結し、朝鮮戦争（一九五〇～一九五三年）によって東アジアの冷戦体制が確立する中、新民主主義を放棄し、ソ連をモデルとした急進的な社会主義化に向けて方針を転換した。一九五〇年の反革命鎮圧運動により、反政府活動の可能性のある民間の武装組織などが掃討された。一九五一年に始まる三反・五反運動では、汚職や浪費の嫌疑をかけられた多くの技術官僚や企業経営者が大衆運動によって糾弾された。また、一九五六年には「百花斉放、百家争鳴」を掲げて自由な討論を呼びかけたが、共産党に対する不満が噴出したことから、翌一九五七年には反右派闘争を展開し、批判的な言論を行ったとして多くの知識人や技術官僚を弾圧した。企業の国営化と農業の集団化が急速に進められ、ソ連の援助によって第一次五カ年計画（一九五三～一九五七年）も開始された。

しかし、一九五六年にソ連の指導者フルシチョフがスターリン時代の個人崇拝を批判し、西側との平和共存路線に転じると、あくまで対米対決を主張する毛沢東はこれに反発し、中ソ関係は悪化に向かった。ソ連と異なる社会主義を模索した毛沢東は、一九五八年に鉄鋼や農業生産の過大な成長目標を人民公社（農民の生活を一括管理する集団農場）と民衆動員によって達成するという大躍進政策を実施した。しかし大規模な民衆動員は技術不足のために増産に繋がらず、むしろ極端に偏った資源配分によって経済は壊滅的な打撃を受け、自然災害も重なって膨大な餓死者を出した。毛沢東は国家主席を退き、後任の劉少奇の下で部分的な市場経済の復活や、西欧・日本との関係改善による投資の受け入れが始まった（調整政策）。一九六四年には中国とフランスの間に国交が樹立された。

しかし、これに反発する毛沢東は権力の奪還を図り、一九六六年に江青ら文革派の指導の下、プロレタリア文化大革命を開始した。全国の学校で紅衛兵が組織され、劉少奇や鄧小平ら党内多数派は「資本主義の道を歩む実権派」と非難され、排除された。急進化した紅衛兵は、封建的、資本主義的と見なされたものを徹底的に破壊し、権威的と見なされた知識人や党幹部を迫害した。この背景には、経済の低迷の下で失業状態にあった戦後生まれの若者世代の不満があった。この結果、死傷者や文化財の被害は膨大な規模に上り、劉少奇も獄中で病死した。紅衛兵内でも派閥抗争や武力衝突が繰り返された。社会の混乱は極まり、経済も再び打撃を受けた。最終的には軍が介入し、農民から学ぶという名目で学生を大規模に農村へ送る（下放）ことで秩序を回復した。国防部長の林彪が毛沢東の後継者に指名されたが、その林も間もなく失脚した。

中国をめぐる国際関係とその変容

チベットでは、中国政府の社会的・経済的圧力が強まるなか、大規模な蜂起が起きた。蜂起は武力で鎮圧され、ダライ・ラマ一四世は一九五九年にインドに亡命してチベット臨時政府を組織した。これは中印関係の悪化を招き、一九六二年には国境をめぐる大規模な軍事衝突も起きた。

中ソ対立もさらに深刻化し、一九六〇年にはソ連が中国に対する科学技術援助を打ち切り、すべての技術者を引き揚げた。このため、中国は独力での核兵器開発を開始し、一九六四年には核実験を実施した。中ソ対立は一九六三年には公開論争に発展し、一九六九年には中ソ国境の各地で武力衝突も発生した。

中国は当初東南アジア諸地域の共産主義勢力を支援したため、現地の反共的な民族主義政権との関係は停滞した。しかし一九五四年には各国政府との相互不可侵・内政不干渉・平和共存などを謳った平和五原則を表明し、一九五五年にインドネシアのバンドンで開かれた第一回アジア・アフリカ会議でも支持を集めた。しかし一九六〇年代にはマレーシアやインドネシアの反華人政策、ベトナム戦争で北ベトナムを支持する中国と南ベトナムに近い各国の立場の相違などにより、東南アジアとの外交関係も行き詰まった。ただ、新たに独立したアフリカ諸国に対しては、積極的に援助を行って国交の樹立を図った。

図11－6 黒龍江省長李範五の髪を切る紅衛兵（1966年）
出典：ジョナサン・スペンス，アンピン・チン編『フォトドキュメント 中国の世紀』大月書店，1998年

中国は国際的な孤立の打開策を、対米接近に求めた。ベトナム戦争で苦境に立たされていたアメリカもこれに応じた。一九七一年には国連総会が中華人民共和国の代表権を認めた。翌一九七二年にアメリカ大統領ニクソンが訪中し、同年に日本の田中角栄首相も訪中して日中の国交も正常化した。田中と周恩来によって日中共同声明が発表され、日本は戦争を通じて中国国民に損害を与えたことへの反省を表明し、中国は賠償の請求を放棄した。このため台湾の中華民国は国連の代表権を失い、日本との正式な国交も断絶した。一方で中国とベトナムの関係は悪化し、一九七九年には中越戦争が起きた。

改革開放下の中国

一九七六年に周恩来と毛沢東が死亡すると、江青ら「四人組」が逮捕され、文化大革命が終結した。新たに党主席となった華国鋒は、かつて周恩来が唱えた農業・工業・国防・科学技術の「四つの現代化」を再提起し、ついで実権を握った鄧小平の下で脱文革路線が推進された。一九七八年には日中平和友好条約が結ばれ、日本の対中ODAが開始された。改革開放政策が開始され、鄧の指導の下、胡耀邦や趙紫陽によって、人民公社の解体、生産請負制の導入、国営企業の独立採算化、外国資本・技術の導入など、徐々に対外開放と市場経済の導入が進められた。さらにゴルバチョフがソ連共産党書記長に就任すると、中ソ関係も改善に向かった。

しかし一方で政治体制の改革は進まず、貧富の格差の拡大やインフレ、官僚の腐敗などに対する社会の不満が高まった。一九八九年には、民主化運動を擁護したとして失脚させられた胡耀邦の追悼集会から、学生や市民の大規模なデモが起きた。彼らは北京の天安門広場で集会を行って政府に民主化を要求したが、武力で弾圧された（六・四天安門事件）。運動の指導者だった学生や知識人は海外に亡命し、やはり運動に同情的だった趙紫陽ら共産党内の改革派も失脚したため、政治改革の動きは挫折に終わった。

主要参考文献

久保亨・土田哲夫・高田幸男・井上久士（二〇〇八）『現代中国の歴史――両岸三地一〇〇年のあゆみ』東京大学出版会。

石川禎浩（二〇一〇）『シリーズ中国近現代史③革命とナショナリズム　一九二五～一九四五』岩波書店。

川島真（二〇一〇）『シリーズ中国近現代史②近代国家への模索　一八九四～一九二五』岩波書店。

吉澤誠一郎（二〇一〇）『シリーズ中国近現代史①清朝と近代世界　一九世紀』岩波書店。

久保亨（二〇一一）『シリーズ中国近現代史④社会主義への挑戦　一九四五～一九七一』岩波書店。

吉澤誠一郎（編著）（二〇一三）『歴史からみる中国』放送大学教育振興会。

高原明生・前田宏子（二〇一四）『シリーズ中国近現代史⑤開発主義の時代へ　一九七二～二〇一四』岩波書店。

コラム

8　華僑・華人

森平崇文

「華僑・華人」とは中国大陸、台湾、香港、マカオ以外の国や地域に暮らす中国系の人々を指す。華僑と華人は国籍によって区別され、中国籍を有するものが「華僑」、居住国など中国以外の国籍を有するものが「華人」と定義される。さらにその華僑・華人の二世や三世を指して「華裔」という呼称もある。現在、華裔を含む華僑・華人は世界に六〇〇〇万人いるとされ、世界各地のチャイナタウンがその拠点となっている。

中国人の海外移住の歴史は古く、漢代にまで遡る。しかし一八六〇～一九四一年の八〇年間で約一〇〇〇万人の中国人が海外に渡り、一九世紀末に「華僑」という語も生まれたように、人数が急増してその存在が注目を集めるようになったのは二〇世紀前後の時期である。この時期に大量の中国人が海外移民となったのは、国内で戦乱や飢饉が続いて失業者が増えたことと、受け入れる東南アジアや北米を中心にして経済成長に伴い大量の労働力需要が生じたためである。

渡航先として最も多いのが東南アジアである。現在、華僑・華人の約八割が東南アジアに居住している。国別ではインドネシアやタイは七〇〇万人を超えてとくに多い。一方、海を渡る中国人が多い地域は現在の福建、広東、海南といった中国でも南端に位置する沿海の三省である。第一世代の華僑・華人たちは困窮した単身の男性がほとんどで、彼らは出稼ぎを目的に主に陸路ではなく海路で海外に渡っていった。

渡航先で第一世代の華僑・華人が従事した仕事はさまざまである。何の技術も持たないものは、東南アジアであれば錫鉱山やゴム園で働き、北米であればカルフォルニアの金鉱開発や大陸横断鉄道の建設といった肉体労働に従事した。また「三把刀《サンバダオ》」とよばれる、刃物を使用する料理人、理髪師、仕立屋（裁縫師）の職業に従事するものも多かった。世界各地に散らばった中国人たちは中国国内と同様に同業、同郷、同族ごとに互助団体である「幇《バン》」を組織し、経済活動のみならず冠婚葬祭や子弟の教育、中国の習俗伝承などで協力し合った。経済的に成功を収めたものの中には出稼ぎの目的が達成した後も帰国せずに現地に残留するものも現れ、二〇世紀中期にはシンガポールやマレーシアのように華僑・華人が現地の社会で指導的地位を占め、中

神戸のチャイナタウン「南京町」で開催されている春節祭

出典：筆者撮影。

国語が公用語の一つとなる国も出現した。

　異郷に暮らす華僑・華人たちの多くは祖国の動向にも強い関心を寄せ、世界の中国系の人々を結ぶ「華僑・華人ネットワーク」を駆使して祖国の発展に多いに貢献した。一九世紀末、清朝から追われる身となった改革派政治家の梁啓超が日本に亡命した際、横浜の華僑・華人たちの支援を受けて言論活動を続けることができた。「中国革命の父」とも称される革命家孫文は自らもハワイに移住した経験を持つ華僑・華人の一人であったが、日本をはじめ世界各地に在住する華僑・華人の物的人的援助や庇護のもとで活動を続け、ついに清朝を倒して中華民国の臨時大総統に就任した。孫文の有名な「大アジア主義」講演が行われたのも、華僑・華人の多い神戸であった。さらに一九七八年に中国で始められた改革開放政策では海外からの投資を盛んに呼びかけた。一九九〇年代以降の中国の高度経済成長を支えたものの一つに各地の華僑・華人による投資があった。

　改革開放政策以降、中国政府は国民の海外渡航に対する規制を緩和した。出稼ぎや留学を目的に中国人の出国ブームが起き、その一部は海外に定着した。彼ら中華人民共和国の下で成長し、一九七八年以降に海外に移住した中国人を「新華僑」とよび、それ以前に海外に渡った「老華僑」と区別している。二世や三世が中心で現地への同化が進む老華僑に対し、新華僑の方は中国アイデンティティが強い特徴がある。

　日本には横浜、神戸、長崎の各都市にチャイナタウンがあり、いずれも都市の重要な観光資源となっている。また神戸には世界的にも数少ない華僑博物館である「神戸華僑歴史博物館」が開設されている。

主要参考文献　斯波義信『華僑』（岩波新書、一九九五年）、山下清海『新・中華街　世界各地で〈華人社会〉は変貌する』（講談社選書メチエ、二〇一六年）。

第12章　多様化する文学、漂泊する作家たち——中国と台湾をめぐる現代文学の歩み

小笠原　淳

この章で学ぶこと

文学作品には、その時代の社会現象や事件、市井の人の肉声が収められている。そのような文学は、時代を映す鏡となり、時代の代弁者となり得る。そもそも中国文学は古くから政治や社会との結び付きが緊密で、各時代の世相を強く反映させてきた。中国現代文学を切り拓いた魯迅の創作もまた、そうした性質を持つものである。

本章では、魯迅が参加した一九一七年の文学革命から二〇一五年までのおよそ一〇〇年の中国と台湾をめぐる現代文学の歩みを、代表的な作家と文学作品を中心に、映画にも触れながら概説していく。このおおまかな流れのなかから、二〇世紀の中国と台湾において、現代文学がどのように始まり、どのように展開していったのかを学んでほしい。

紙幅の都合上、本章では中国と台湾に限って見ていくことになるが、中国語文学にはいま、華語語系文学《サイノフォン》という考え方があり、豊かな中国語文学の世界が台湾海峡を挟んだ二地域以外にも広がっている。たとえば近年世界的な活躍を見せているSF作家、ケン・リュウ（劉宇昆）などの中国系英語作家の創作も広義にはサイノフォンの範疇に収まるものであろう。中国文学が中国と台湾に限るものではないことも、頭の片隅に留めながら学んでもらえれば幸いである。

1　文学革命から新中国建国まで

文言と白話について

中国文学は、最古の詩集『詩経』から数えて今日に至るまで、三〇〇〇年を超える時間的スケールをもつ。この中国悠久の歴史のなかで、「文学」とは常に国を治めるために欠くことのできない重要なものと考えられてきた。儒教の経典を読み、詩を吟じ、歴史を書き記す。また、官僚登用制度の科挙において、儒教の経書や詩作の能力が問われたことからも理解されるように、中国文学は古くから政治と緊密な関係にあった。これらの書物は、すべて格式の高い書面語「文言」で書かれている。ちょうど日本の高校で学ぶ漢詩や漢文を想像するとよいだろう。この「文言」が太古から二〇世紀初期までのあいだ、文学の場において「正統」の地位を占めていた。一方、話し言葉をもとに庶民に解る言葉で書かれた「白話」の小説は、宋代の盛り場で行われた講談に起源をもち、明代から清代にかけて「章回小説」とよばれる多くの通俗小説を生んだ。『三国志演義』『西遊記』『水滸伝』『金瓶梅』『紅楼夢』といった今日でも広く愛読されている物語がこれである。

だが白話による創作は、文言を正統とする文学観からは一段低いものと見なされ続けてきた。清朝末期になると、ジャーナリズムの成長を背景に白話の新聞が発刊され、白話で書かれた通俗小説や政治小説が流行し、また西洋の近代小説が盛んに翻訳されるなど、社会の近代化にしたがって文言と白話の関係にも変化が生じていたが、依然として文言こそが文学の正統であり、文学の言葉であることに変わりはなかった。

文学革命と魯迅の小説

中華民国初期の一九一七年に起こった文学革命は、こうした文言を正統とする伝統的な価値観に異議を唱え、中国に現代文学を誕生させたエポックメーキングな出来事であった。その発端となったのは、陳独秀《ちんどくしゅう》主宰の雑誌『新青年』である。辛亥革命（一九一一年）に失望した新興の知識人たちは、「デモクラシー」と「サイエンス」をスローガンに掲げる『新青年』の執筆に参加し、数千年来の儒教道徳を痛烈に批判し、新しい文化の樹立を訴えたのである。これが一九一九年の五四運動にまで繋がっていく新文化運動であり、その中心となったのが国語と文字の改革運動である文学革命であった。

文学革命の口火を切ったのは米国でデューイに学んだ胡適である。胡適《こてき》は米国から『新青年』に寄せた論文「文学改良芻議」（一九一七年）で、古人の摸倣を止めて俗字や俗語を使うよう呼びかけた。白話で内容のあることを書こうという胡適の呼びかけによって、白話の提唱が本格化していくことになる。白話の提唱は文体改革という形式の問題だけにとどまるものではなく、それは儒教や科挙など文言によって支えられてきた中国の伝統的価値体系への抵抗と批判でもあったのである。日本留学から帰国していた魯迅《ろじん》は、胡適らの文学革命の理論面の働きかけに賛同し、白話で書かれた初めての現代小説『狂人日記』（一九一八年）を『新青年』に発表した。

図12－1　魯迅（1933年上海）
出典：『魯迅全集』第12巻，人民文学出版社，1981年

魯迅は『狂人日記』で、被害妄想患者の独白という斬新なスタイルを試みている。主人公の「狂人」が一人称の白話で独白するというスタイルは、儒学を至上とする伝統的な知識人と文言に対するきわめて大きな挑戦だったといえるだろう。「狂人」は初め自分も今に食われるかもしれないという被害者意識を持ち、それから次第に自分も人を食ったことがあるかもしれないという加害者意識を覚えるようになっていく。そしてついに、「四千年の食人の歴史をもつおれ」という独白に見られるように、「食人」の歴史のなかで生きてきた自己存在を自覚するようになるのである。

このように、魯迅は「狂人」の内的な気付きを通して中国の家族制度が「食人」の伝統に貫かれていることを暴き出し、数千年来の儒学伝統との決別を表明した。まさにここから中国現代文学の歩みが始まったのである。

魯迅はその後も『孔乙己《コンイージィ》』（一九一九年）、『故郷』（一九二一年）、『阿Q正伝』（一九二一～一九二二年）などの傑作を次々に世に問い、文学革命を実践して、中国現代文学の基礎を築いていく。

『孔乙己』は、中国農村社会の底辺で生きる没落読書人「孔乙己」の姿を、酒屋の小僧の目を通して相対化した好短編である。『故郷』は、日本の中学の国語の教科書に採用されており、日本で最も親しまれている魯迅作品の一つである。魯迅を思わせる主人公の「私」は、二〇年ぶりに帰郷し、故郷のわびしい風景に寂しさを募らせる。とくに「私」を落胆させたのは、幼友達である「閏土《ルントゥ》」と自分とのあいだに、階級の違いによる深い溝ができていたことだった。だが、「私」は自分の甥と「閏土」の息子が互いに心を通わせ始めているのを知ると、未来に対する微かな希望を抱くのである。

『阿Q正伝』は魯迅の唯一の中編小説で、中国現代文学史に燦然と輝く名作である。物語の舞台は辛亥革命期の中国の農村「未荘」。主人公の「阿Q」は、未荘の土地廟に寝泊まりする日雇い農民である。本名さえもはっきりしないこの男は「阿Q」とよばれ、村人たちに揶揄われて敗北しても、精神的には勝利する「精神勝利法」を身につけていた。「阿Q」は「精神勝利法」を使っても自尊心の均衡が保てないとなると、無抵抗の若い尼さんを見つけて憂さ晴らしをするといった体たらく振りなのである。魯迅は「阿Q」という社会の最下層に位置する小人物を通して、当時の中国社会の隅々にまで蔓延していた日和見主義や奴隷根性を暴き、「阿Q」の死を通して辛亥革命の本質を問い質している。これら初期の小説はすべて魯迅初の小説集『吶喊』（一九二三年）に収められた。

『彷徨』（一九二七年）は、五四退潮期における魯迅の孤独な精神が投影された魯迅第二の小説集である。所収の『酒楼にて』（一九二四年）、『孤独者』（一九二五年）、『傷逝』（一九二五年）には、革命の進まない現実に対する失望によって五四運動の情熱や輝きを失い、肉体と精神の彷徨を始めた知識人の孤独な姿が静謐な筆調で描きこまれている。

作家グループの形成と郁達夫《いくたっぷ》

五四新文化運動の流れのなかで、一九二一年には初めての作家集団・文学研究会が、魯迅の実弟である周作人《しゅうさくじん》や茅盾《ぼうじゅん》らによって組織された。文学研究会は『小説月報』を機関誌とし、同誌を母体として多くの新進の作家や文学作品が生み出されていった。一方、その時期日本へ留学していた郭沫若《かくまつじゃく》や郁達夫らによって、もう一つの作家グループ、創造社が結成された。創造社は「芸術のための芸術」を主張し、写実主義的な創作傾向にあった文学研究会に対抗的な立場をとった。

郁達夫の初の小説集『沈淪』（一九二一年）は、当時の知識人青年の間で人気を博し、大きな影響力をもった作品である。表題作の『沈淪』は、第八高等学校（名古屋大学の前身）時代の郁自身をモデルにした自伝的小説で、若い中国人留学生の性の悩みを赤裸々に告白し、半植民地化した祖国中国の民族的悲哀を、「早く豊かになってくれ！強くなってくれ！」という悲痛な叫びで表現している。退廃的で、感傷的な知識人青年を描くのを得意とした郁達夫の作風は、日本の私小説の影響を強く受けているが、その筆致には中国人留学生の民族的な劣等感が間断なく浮かび上がる。

図12－2　漫画家・豊子愷の描いた阿Q像

出典：『注音　阿Q正伝』光生館，1964年

帰国後は、『春風沈酔の夜』（一九二三年）や『ささやかな供えもの』（一九二四年）などの短編小説で、自身の分身を孤独な主人公に仕立てて、資本家に搾取され貧困にあえぐ煙草工場の女工や、自分の車を手に入れるという夢叶わず、ついに哀れな死に至る最下層の人力車夫など、階層化した社会で生きる弱者を描き、彼らを救えず傍観することしかできない知識人青年の無力感を吐露している。

女性作家、丁玲と蕭紅の登場

丁玲《ていれい》は中国現代文学を代表する女性作家である。初期の代表作『莎菲《ソフィー》女士の日記』（一九二八年）は『小説月報』に掲載され、この作品によって丁玲は新女性として脚光を浴び、人気作家としての歩みを始めた。肺を病み北京のアパートに閉じこもって暮らす孤独な若い女性莎菲は、自身を恋い慕う青年葦弟の武骨な愛情表現に物足りなさを感じ、かえって美しい外見の華僑の青年凌吉士に強く惹かれていく。莎菲は凌吉士の低俗な内面を嫌うが、その外見に対する欲情を抑えきれずに終に彼の接吻を受け入れる。だがそれがなされた瞬間、莎菲の欲望と幻想は雲散霧消し、彼女はふたたび自尊心を取り戻す。『莎菲』は、中国新女性の主体的で奔放な恋愛観が女性の内面から描きだされた、初めての現代小説だといえるだろう。丁玲は一九三〇年代には共産党の支配区である「解放区」に入って、共産党政権下で抗日や土地改革をテーマに執筆を続けた。

図12－3　蕭紅（1940年香港）

出典：『蕭紅　中国現代作家選集』三聯書店香港，1982年

蕭紅《しょうこう》もまた、この時代を代表する女性作家である。中国北方の黒龍江省ハルビン近郊の古都、呼蘭の旧家に生まれ、父親の反対を押して女子中学で学んだ。家父長制に支えられた封建的な結婚「包辦《バオバン》婚姻」（親同士の取り決めによる結婚）から逃れて家を出て北京へ向かうが、婚約者に引き戻され、ハルビンの旅館で同居を始めるもすぐに破綻した。この間に満洲事変が起こり、ハルビンが陥落して、「満洲国」が成立している。その後ハルビンの新聞社『国際協報』を通して後の夫の蕭軍《しょうぐん》を含む多くの若い左翼作家たちと出会い、作家としての道を歩み始めることになる。

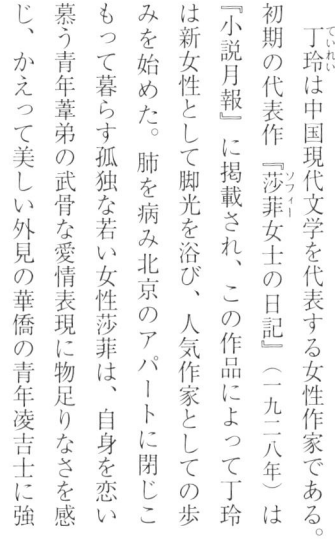

『生死場』（一九三五年）は魯迅の協力のもとに出版された蕭紅の出世作で、「満洲国」成立下での中国東北の村の変容と、村人たちの民族的抵抗が描かれた「抗日文学」である。「抗日」という大義の影に隠されてはいるが、蕭紅がここで自身の体験をもとに男性に虐げられる女性の日常的な「屈辱」を描いていることも見逃してはならない。また、『手』（一九三六年）や『橋』（一九三六年）といった作品は、弱い立場にある人間への憐れみが感じられる人情味のある佳作である。

もともと病弱だったが、一九四〇年に作家端木蕻良《たんぼくこうりょう》と共に香港に移った後、病状が悪化して三一歳の若さで没した。日本軍に占領された故郷東北への望郷の念を、自伝風に書き記した長編『呼蘭河の物語』（一九四〇年）は晩年の代表作の一つ。蕭紅や蕭軍、端木蕻良のように「満洲国」の成立によって故郷を失い、南へ流浪しながら抗日や望郷をテーマに文学創作を行った作家たちを総じて「東北作家（群）」とよぶ。二〇一四年には、香港の映画監督・許鞍華（アン・ホイ）が蕭紅の伝記映画『黄金時代』を製作し話題をよんだ。

一九三〇〜一九四〇年代の文学空間

一九三〇年代は左翼作家連盟（左連）が中国文学の主潮流となった。左連の中心人物となったのは、魯迅と茅盾である。この時代における中国リアリズム小説の代表作、茅盾の長編小説『子夜』（一九三三年）は、一九三〇年代の混乱した上海を舞台に、買弁資本家による締めつけやストライキなどの労働運動によって破産に追い込まれていく、一民族資本家の運命を描いたものである。

巴金《はきん》は、四川成都の伝統的な大家族の盛衰を描いた、『家』（一九三三年）、『春』（一九三八年）、『秋』（一九四〇年）の激流三部作を発表した。官僚地主の旧家出身である自身の生い立ちにその題材を求めた長編『家』は、五四運動の洗礼を受けた青年覚慧が封建的な旧家の家法に抗って、大家族を脱出する姿が描かれている。

北京の満洲族家庭に生まれた老舎《ろうしゃ》の代表作に、『駱駝の祥子《シャンズ》』（一九三六年）がある。農村から上京し、北京で車を引

図12－4　延安文芸座談会での集合写真（1列目中央が毛沢東）
出典：『図説中国二〇世紀文学』白帝社，2003年，93頁

くようになった人力車夫の「祥子」が、自分の車を持つという夢に破れて堕落していくという当時の典型的庶民像が、洒脱な北京語によって活写される。老舎は北京語によって北京庶民の人間模様を生き生きと描写し、現代社会の矛盾をあぶり出す手法を得意とした。

一九四〇年代は日本軍の中国侵略が全面化したことで文学活動は「国統区」（国民党支配区）、「解放区」、「淪陥区」（日本占領区）に分化し、それぞれの政治状況に応じた展開を見せるようになっていった。「国統区」のなかでも比較的自由だった昆明の西南連合大学では、『辺城』（一九三四年）で知られる、苗族の血を引く作家、沈従文《しんじゅうぶん》や詩人の聞一多《ぶんいった》らが活動した。

毛沢東《もうたくとう》が革命根拠地延安の文芸座談会で行った、いわゆる「文芸講話」（一九四二年）は、「解放区」の文芸政策の方向性を決定づけ、中華人民共和国成立以後は文芸面の金科玉条になるなど、それ以後の中国文芸全般にきわめて大きな影響力を及ぼした。

この講話のなかで毛沢東は、文芸は人民に、とりわけ労働者・農民・兵士に奉仕すべきものでなければならないと説いて、文学者たちに積極的な思想改造を求めたのである。それからは、「文芸講話」に忠実に創作された文芸を「人民文学」とよび、政治的に重く見るようになっていった。趙樹理《ちょうじゅり》の『小二黒《シャオアルヘイ》の結婚』（一九四三年）や延安で上演された新歌劇『白毛女』（一九四五年）などがそのシンボルとされた。

「淪陥区」の上海で活躍した女性作家に張愛玲《ちょうあいれい》がいる。張愛玲は清末の政治家・李鴻章《りこうしょう》の曾外孫にあたる名家の出身で、太平洋戦争後に発表した『沈香屑――第一炉香』（一九四三年）、『傾城《けいせい》の恋』（一九四三年）などの小説で一躍人気作家となった。新中国が成立すると香港に脱出し、反共小説（共産党を批判する内容の小説）を執筆、故郷との決別を表明し、その後渡米した。張愛玲の書の熱狂的な愛読者を「張迷《ジャンミィ》」（張の熱狂的なファン）とよぶなど、中国文化圏における人気は今なお根強い。

2　新中国の成立から文化大革命期の空白

反右派闘争と青年作家の運命

一九四九年一〇月、中華人民共和国が建国されると文学は体制化され、作家たちは単一の全国的な作家組織に組み込まれていった。これは中国のすべての作家が共産党の文芸政策、すなわち「文芸講話」の呪縛から逃れられないことを意味し、作家たちは否応なく度重なる粛清キャンペーンに晒されることになったのである。映画「武訓伝」批判（一九五一年）、胡適批判（一九五四年）、胡風批判（一九五五年）、「百花斉放・百家争鳴」（一九五六年）、反右派闘争（一九五七年）、大躍進政策（一九五八年）、そしてプロレタリア文化大革命（一九六六～一九七六年、以下「文革」と略称）と、相次ぐ政治運動と批判キャンペーンによって作家たちは萎縮し、主体的に創作することが困難になっていく。

共産党が一九五六年に提唱した「百花斉放・百家争鳴」スローガンは、建国直後からの粛清で沈黙した知識人に対して、芸術創作と論争の自由を約束するものだった。これを受けて文芸界には自由な雰囲気が満ちわたり、一時全国的に創作と言論活動が活発化した。建国後に創作を始めて文壇の寵児となっていた青年作家の王蒙《おうもう》は『組織部に新しく来た青年』（一九五六年）を、劉賓雁《りゅうひんがん》は『本報内部消息』（一九五六年）を、李国文《りこくぶん》は『改選』（一九五七年）を書いて党内の官僚主義を批判し、その内部矛盾をあぶりだした。こうした百花斉放期の創作は党や社会主義への批判を含んでいたため、共産党は方針を急転換して「右派」に対する粛清運動である反右派闘争を発動、学生や若手作家を含む多数の知識人に「右派分子」のレッテルを貼り、労働改造へ送り込んだ。反右派で失脚した青年作家の多くは、文革が終結して完全に「右派」が取り除かれて名誉回復を得る一九七八年頃まで、およそ二〇年以上にわたり筆を奪われてしまう。

図12－5　王蒙（1965年下放先の新疆イリ）
出典：王蒙『王蒙自伝 第一部半生多事』花城出版，2006年

このように、建国後一七年間の中国文学は、右と左に揺れ動く相次ぐ方針転換と毛沢東の「文芸講話」に縛られ、次第に模範的な共産主義的人物を肯定することが主目的となっていったのである。文革に入るとその傾向が一層際立って、労働者・農民・兵士の英雄人物を突出させることが求められるようになり、「革命模範劇」とよばれる八つのプロパガンダ演劇と浩然《こうぜん》の『金光大道』（一九七二、一九七四年）などごく一部の体制内の作品を除いて中国文学は空白の状態に陥った。

第五世代の映画に見る文革期の狂乱

今日、毛沢東が大躍進の失敗によって失われた権力の奪還のために発動したと考えられている文革では、「走資派」（資本主義の道を歩む実権派）の打倒が掲げられ、多くの知識人が迫害された。文芸界も真っ先に攻撃の対象となり、ほとんどの作家が厳しい批判に晒され、老舎や趙樹理に至っては文革が直接の原因となり命を落としている。

そろいの人民服を身にまとい、腕には赤い腕章をつけ、小さな赤い『毛沢東語録』を掲げた若い「紅衛兵」たちが大挙して、大字報（壁新聞）や毛主席のスローガンが張り巡らされた街を練り歩き、知識人や芸術家たちをつるし上げて公開非難していく。

こうした文革初期の狂乱は、一九九〇年代以降に製作された映画のなかで再現された。代表的な作品に、陳凱歌《ちんがいか》監督の『さらば、わが愛――覇王別姫』（一九九三年）や張芸謀《ちょうげいぼう》監督の『活きる』（一九九四年）などが挙げられよう。また、田壮壮《でんそうそう》監督は映画『青い凧』（一九九三年）のなかで、一九五七年の整風運動と反右派闘争、大躍進、そして文革に至る度重なる政治運動に翻弄される家族の姿を、三人の夫に嫁ぐ母樹娟を見つめる息子大雨の成長に寄り添いながら、重々しく描きだしている。

この三人の監督は文革後に北京電影学院に入学した同期生で、「第五世代」とよばれ、一九八〇年代半ばから文学作品に題材を求めて映画作品を製作し、国際的にも脚光を浴びた。それに続く第六世代の監督には賈樟柯《かしょうか》がいる。賈は映画『プラットホーム』（二〇〇〇年）で、文革終結直後から一九九〇年代に至る中国社会の変貌と混沌的様相を、地方の小都市に生きる若者たちの無為な日常を通して写実的に表現している。

3　多様化する文学と漂泊する作家たち

新時期文学と作家たち

一九七六年九月に毛沢東が死去し、一〇月には文革の推進派だった江青《こうせい》ら「四人組」が逮捕されて文革は終結した。共産党は翌年一九七七年八月に文革の終結を正式に宣言し、文革後の中国社会を「新時期」と位置づけた。もともと政治と緊密な関係にある文学界はこれに応えて、文革以後の文学を「新時期文学」と称するようになる。毛沢東亡き後、一九七八年には鄧小平《とうしょうへい》が党の主導権を握り、国内体制を改革し、対外的には開放する、改革・開放路線へと舵を切った。

文革後、まず現れたのは「傷痕文学」とよばれる小説群である。「傷痕文学」とは、文革（とくに四人組）が人々に残した傷痕とその弊害を若者の視点から告発したもので、劉心武《りゅうしんぶ》の短編『クラス主任』（一九七七年）と盧新華《ろしんか》の『傷痕』（一九七八年）がその先駆けとなった。

文革だけを叙事の対象にするのではなく、反右派や大躍進政策まで遡って建国後の歴史を批判的に顧みた「反思文学」とよばれる潮流もほぼ同時期に生まれた。その代表作の一つ、茹志鵑《じょしけん》の『ちぐはぐな物語』（一九七九年）は、二人の老党員の革命に対する態度と立場が、時代の変化に従って大きくすれ違っていく様を、国共内戦時の情熱と大躍進時の失望を対比させながら、フラッシュバックや夢などの手法を用いて綴った作品である。老党員の一人、老寿の「今の革命は以前のような真剣勝負ではなく、幹部と民衆の付き合いも以前ほど真心のこもった関係ではなくなった……これは誰のための革命なのか」という独白は、生産増大のために虚偽の報告を重ねる大躍進政策に対する痛烈な批判として読み取れよう。

文革後期から一九八〇年代に初めにかけて、北島《ほくとう》、芒克《ぼうこく》、舒婷《じょてい》、顧城《こじょう》などの青年詩人によって形成された「朦朧詩《もうろうし》」とよばれる新詩の潮流もまた、特筆すべき文学現象である。「朦朧詩」とは主に一九七八年末の民主化運動「北京の春」の期間において、北島や芒克らが創刊した地下文学雑誌『今天《ジンティエン》』（一九七八年創刊、一九八〇年停刊処分）の同人たちが書いた新詩を指す。北島はその詩「回答」（一九七八年）のなかで、「世界よ、君に教えてやる。ぼくは——信——じ——ない！　たとえ君の足元に千人の挑戦者が倒れていても、ぼくは千一人目になる」と詠い、過去への決別と未来への挑戦を高らかに宣言している。

先述した王蒙は、六〇年代初めに新疆の田舎に下放（知識人が農村へ下り、労働に従事し思想改造すること）した後、文革が終結するとふたたび北京へ戻り、約一六年ぶりに執筆を再開した。新時期における王蒙の作品の特徴とされるのが、『夜の眼』（一九七九年）を皮切りに、『春の声』（一九八〇年）、『海の夢』（一九八〇年）、『蝴蝶』（一九八〇年）と次々に発表された「意識の流れ」小説群である。王蒙は、建国後に革命に身を投じてきた老党員の生き様をテーマにこの時期の創作に取り組んだ。度重なる政治運動に翻弄される彼らの孤独や葛藤を掘り下げ、英雄伝とは違う形でその人生遍歴を捉え直すためには、どうしても個の内面に光を当て、心の動きを観察する必要があったのである。王蒙が用いた連想や独白の手法は、開放後に堰を切ったように流れ込んできた欧米のモダニズム文学と理論の枠組みで捉えられ、モダニズムの「意識の流れ小説」を学習した成果と見なされた。しかし当時、王蒙は西側の意識の流れ小説の読書経験がなく、彼はむしろ中ソの蜜月期に自身も大いに親しんだソヴィエト文学のなかから心理描写の表現手法を学んだものと考えられる。

一九八九年にフランスに亡命し国籍を取得、二〇〇〇年にノーベル文学賞を受賞した高行健《こうこうけん》は、新時期になって文壇に登場してきた遅咲きの作家である。文革中から海外文学に親しんでいた高行健は、新時期に入るとモダニズム文学の技巧を理論的に紹介した『現代小説技巧初探』（一九八一年）を出版、当時の文壇にモダニズムをめぐる論争を引き起こした。その後は、ベケットやイヨネスコに影響を受けた不条理劇『絶対信号』（一九八二年）、『バス停』（一九八三年）や実験小説を発表し、自らモダニズム理論の実践を行っていくが、一九八三年には『バス停』が党の保守派が起こした「精神汚染を取り除く運動」で有害な演劇だと批判され、それ以後厳しい立場に追い込まれていく。

多様化する同時代の小説

「傷痕文学」に端を発した新時期の小説は、「反思文学」「意識流」「改革文学」「モダニズム文学」「ルーツ文学」などきわめて多様な文学のテーマおよびスタイルに枝分かれしつつ、かつてない豊かな広がりを見せていく。それは文学革命に次いで二度目となる、文学の新生だったといえるだろう。

作家の構成から見れば、一九五〇年代に反右派で失脚し、八〇年代に復活して文壇の主流に返り咲いた王蒙や劉賓雁、李国文、張賢亮《ちょうけんりょう》らベテラン作家と、韓少功《かんしょうこう》、史鉄生《してつせい》、賈平凹《かへいおう》、王安憶《おうあんおく》のように文革中に青春期を送った知識青年（知青）作家に大別できる。後者は「知青」が農村へ下放した時の経験や、改革・開放初期における失業青年の苦悩などを好んでテーマとした。韓少功や賈平凹は、「郷土」の伝統や神話に自身のルーツを探求していく「ルーツ文学」の旗手として知られる。

これらに加えて、残雪《ざんせつ》、莫言《ばくげん》、余華《よか》、蘇童《そどう》などの個性豊かな新進作家たちも雨後の筍のように登場し、とくに一九八〇年代中盤から中国の小説は多様化し、質量ともに百花斉放の時代を迎えた。この頃から一九五〇、六〇年代生まれの作家たちが文学界の主潮流を形づくり始めた。この作家群は、民族のアイデンティティや新しい社会、歴史、郷土などから、それぞれが独自のテーマを見いだして、カフカ、ガルシア・マルケス、フォークナー、シンガー、川端康成、三島由紀夫などの海外文学のエッセンスを吸収しながら、ダイナミックな想像力を駆使して新たな中国の物語を創り上げていったのである。

残雪、莫言、余華、蘇童の小説世界

カフカの影響を受けた残雪は、建国以来絶えず政治運動に晒されてきた庶民の不条理を、悪夢のような奇怪な物語に収めていく。その超現実的な情景と世界観は、初期の代表作『山の上の小屋』（一九八五年）でもいかんなく発揮されている。互いの腹を探り合いながら暮らす家族、常に他者に監視され妄想に苦しむ主人公など、残雪の叙事からは文革中の信頼の崩壊した人間関係が想起されるのである。

二〇一二年に中国作家として初めてノーベル文学賞を受賞した莫言は、今日の中国文学を代表する作家の一人である。山東省高密県の農民の出身である莫言は、魔術的リアリズムとよばれる、幻想と現実を融合させたイメージ豊かな語りを用いて、中国農村社会の深部や農民の土着的な姿を浮き彫りにした。莫言が描く中国農民の形象は、一七年文学が模範としてきた共産党イデオロギーに従順な農民像とは一線を画し、本来の野性味を露わにしている。その初期の代表作『赤い高粱』（一九八六年）は、民国期の東北の農村を舞台に、土匪の余占鰲と酒蔵の男に嫁いだ戴鳳蓮の男女愛と、余が率いるゲリラ武装集団が日本軍に立ち向かう民間の抗日戦をテーマに、自由奔放に筆を走らせた魔術的な力作である。同作は、張芸謀監督によって『紅いコーリャン』（一九八七年）として映画化され、ベルリン国際映画祭の最優秀賞を受賞した。

浙江省杭州生まれの余華は、一九八〇年代後半に実験的な叙事スタイルで文壇に登場した作家で、蘇童、格非《かくひ》らとともに「先鋒派」とよばれた。余華は一九九〇年代に入ると「オーソドックスな叙事スタイル」に転換して、中編『活《い》きる』（一九九二年）を書き上げた。国共内戦、大躍進政策、大躍進の失敗が引き起こした大飢饉、そして文革に至る激動の中国農村を舞台とし、博打により財産を失った地主の息子徐福貴が歴史の不条理に翻弄されながらも、家族を守りな

がら必死に活《い》き続けようともがく姿を、抒情とユーモア溢れる文体で描き出している。同作もまた張芸謀監督による映画化の成功と相まって人口に膾炙し、今日では中国現代文学の経典の一つとなっている。

　蘇州出身の蘇童は、江南の旧社会の屈折した家族史を、優雅で細やかな言葉で綴る。歴史の流れを「家族」という視線から掘り下げていく蘇童の作風は、「新歴史小説」ともよばれた。流浪と逃亡を繰り返す一族の栄華と衰退を、実験的な叙事で描いた『一九三四年の逃亡』（一九八七年）が注目され、その後、民国初期の新女性と封建的な大家族の相克を描いた『妻妾成群』（一九八九年）を発表して、一躍人気作家となった。『妻妾成群』のテーマは、大地主陳家に第四夫人として嫁ぐことになった新女性・頌蓮の抵抗と葛藤である。この作品もまた張芸謀監督によって、『紅夢』（一九九一年）として映画化された。映画では頌蓮の抵抗と葛藤が弱められているが、鮮やかな赤の色彩を主体にした映像美が観客に鮮烈な印象を与える。妾部屋に灯される赤い「灯籠」が四人の妾の運命の象徴として作用しているのである。総じて言えば、一九八〇年代の文学の一つの特徴として、テクストと映画による二重の表現と受容があったことが指摘できるだろう。

六四天安門事件と漂泊する作家たち

　一九七八年から党の主導権を握った鄧小平によって、対外的な開放政策が進められていったが、依然として共産党の独裁体制は強固だった。こうした状況下で、一九八九年春には学生と市民らが民主化運動を起こし、六月四日には遂に「六四天安門事件」が引き起こされた。この事件は、天安門広場を占拠して民主化要求のデモ行動を展開した学生や市民らを、鄧小平が主導する人民解放軍が武力で弾圧したものである。多くの犠牲者を出したこの「血の日曜日事件」を機に、運動に参加した民主派の作家たちが漂泊し始めた。劉賓雁は、党の弾圧を批判してアメリカに亡命、高行健は六四天安門事件を題材にした戯曲『逃亡』（一九八九年）を批判的な態度で書いて、フランスに亡命した。詩人・北島は二〇年もの間、欧米各国を漂泊しながら詩作を続けた。また、民主化運動の指導者の一人として指名手配された作家・鄭《てい》義《ぎ》は、国内に潜伏した後、アメリカに亡命、共産党独裁体制に対する告発書『中国の地の底で』（一九九三年）を海外出版し、個人的な抵抗を見せた。

　また、海外へ亡命した作家・芸術家・活動家など二〇人の中国人亡命者の現在を追ったドキュメンタリー映画『亡命』（翰光監督、二〇一〇年）には、高行健や鄭義らも出演し、流亡者の運命と祖国への懐郷の思いを語っている。

　事件によって亡命や移民を余儀なくされた文学者たちは、パリとニューヨークを拠点として活動し、中国作家たちによる「エミグラント文学」が形成されていった。

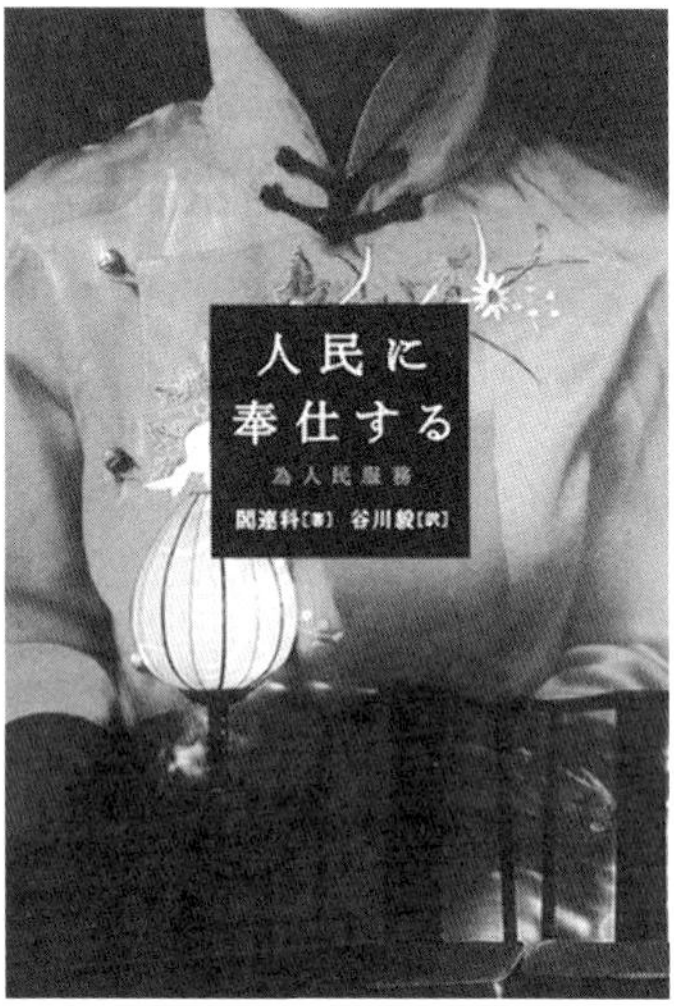

図12－6　閻連科『人民に奉仕する』文藝春秋，2006年

　中国国内において六四天安門事件を語ることは、今なおタブーとされる。しかし第六世代の監督・婁燁《ロウイエ》は、『天安門、恋人たち』（二〇〇六年）のなかで、天安門事件が引き金となって国内外を彷徨い始める恋人たちを描いてこのタブーに挑戦した。天安門事件のリーダーの一人だった民主活動家で、ノーベル平和賞の受賞者でもある劉暁波《りゅうぎょうは》や、前衛芸術家の艾未未《がいみみ》（アイ・ウェイウェイ）など、粛清されることをも恐れず、言論統制を乗り越えて忌憚のない民主化要求の訴えや、芸術表現による体制批判を続けてきた民主派の文化人の存在も忘れてはならない。

閻連科《えんれんか》と余秀華《よしゅうか》――農村の不条理な現実

　閻連科は、一九八〇年代後半より頭角を現し、現在、国際的に最も注目されている中国作家の一人である。河南中原の寒村で生まれ育ち、高校中退後は肉体労働に従事、文革が終結すると人民解放軍に入隊して小説の創作を始めた。二〇〇五年に発表した『人民に奉仕する』は、過激な性描写と毛沢東に対する侮辱的な内容によって当局の発禁処分を受けている。小説の内容は、毛沢東の代表的なスローガン「人民に奉仕する」を忠実に実践してきた革命軍人の呉大旺が雑役班長という身分にありながら、師団長の妻劉蓮に惹かれていき、ついに一線を越えて抜き差しならない情欲関係に溺れていくというもの。当局が問題視したと考えられるのは性描写よりもむしろ、二人が情事に耽るなかで、互いの愛情を確かめる手段として毛沢東主席の銅像や肖像画を次々に破壊していくという場面である。愛情と政治思想が天秤にかけられた場合、建国以来の政治イデオロギーに依れば、政治思想が愛情を越えなければならないのだが、ここでは愛情がそれを乗り越え、毛沢東崇拝に対する懐疑が露わになっているのである。このことが、共産党のタブーを大きく打ち破るエクリチュールとなったのだといえよう。また、河南省の売血エイズ村の悲劇を、閻独自の神秘的な小説言語で織り成した長編『丁庄の夢』（二〇〇六年）も大いに注目を集めたが、やはり国内での発禁処分は免れなかった。

余秀華は、二〇一五年に彗星のように現れた異端の女性詩人である。余は中国湖北省の農村で生活する農民婦人で、脳性麻痺による重い障がいがある。二〇一五年の冬、余秀華が書いた一編の詩「中国を横切ってあなたを寝にゆく」が、中国版ライン「微信《ウェイシン》」で配信されると、すぐに反響を呼んで大量転送され、余秀華の名は一夜にして全中国に知れわたった。余秀華の詩には、障がい、愛情のない結婚、貧困、家庭内暴力、農民工、都市と農村の格差など、現代中国の農村で女性が直面している苛酷で不条理な現実が纏いついており、その詩は混沌とした時代を代弁する女性の声として共鳴を呼び、広く受容されたのである。

4　台湾文学概説

日本統治期台湾の日本語文学

本節では、日本統治期台湾の文学と戦後の台湾文学および映画のおおまかな流れを見ていきたい。一言で「台湾文学」といっても、その様相はきわめて複雑である。日清戦争後、清から日本に割譲された台湾は、一八九五年から一九四五年までの五一年間、日本に植民地として統治された。日本統治下の台湾において、台湾本土作家たちが直面したのは、何語で書くのか、あるいは、何語で書かなければならないのか、という植民地文学特有の問題である。日本統治期初期には中国語の文言が用いられることも多かったが、一九二〇年代には中国の新文化運動の啓発を受け、台湾における白話文の提唱と創作が張我軍《ちょうがぐん》や頼和《らいわ》らを中心に行われた。これら新興の知識人による一連の文学運動を台湾新文学運動とよぶ。とくに頼和は、「中国現代文学の父」魯迅との対比のなかで、「台湾新文学の父」とよばれ、高い評価を得ている。

一九三〇年代には、日本が台湾を統治して以来、同化政策のために一貫して普及に力を注いできた日本語教育が成熟期を迎え、日本語の優れた筆力を持つ台湾人作家が現れ始めた。先鞭をつけたのがプロレタリア作家・楊逵《ようき》である。楊逵は、貧困と戦い、労働運動に目覚めた自身の日本留学経験を題材に、『新聞配達夫』（一九三四年）を書いた。同作が東京の『文学評論』に入選すると、台湾人で初めて日本文壇に進出した作家として、台湾人作家のリーダーとなっていく。しかし楊逵の生涯は、国家権力との戦いの連続で、一九四九年には「和平宣言」を起草したことで国民党政府に逮捕され、一二年間の懲役判決を受けて作家生命を奪われてしまう。

一九三七年の日中戦争勃発後、日本は極端な同化政策である皇民化運動を推し進めた。皇民化運動によって台湾固有の文化風俗が抑圧され、日常から積極的に日本語を使うことが求められるようになる。こうした動きのなかで、新聞の中国語欄は廃止されていき、太平洋戦争が終結する一九四五年まで日本語がほとんど唯一の創作言語となった。

一九四一年から一九四三年までのあいだ、台湾文壇は、西川満《にしかわみつる》が主導し、濱田隼雄《はまだはやお》ら在台日本人作家が参加した文芸誌『文芸台湾』と、張文環《ちょうぶんかん》や呂赫若《ろかくじゃく》ら台湾人作家が中心となって立ち上げた文芸誌『台湾文学』とに二分された。一般的にこの二誌は、日本人作家の台湾エキゾチシズムと台湾人作家の台湾リアリズムの二元対立として捉えられる。

女性作家がきわめて少なかった日本統治期の台湾の文壇において、熊本出身の坂口䙥子《さかぐちれいこ》と台湾の楊千鶴《ようちづる》の活躍は特筆すべきものがある。坂口は一九四〇年代の台中で、楊逵ら台湾人作家に交じって『台湾文学』の同人として活躍した。

図 12－7　坂口䙥子（右二），台湾北斗尋常小学校教師時代（1938年）

出典：坂口拓史氏提供

図 12－8　楊逵

出典：『台湾文学館の魅力――その多彩な世界展覧図説』国立台湾文学館，2008年

坂口はリアリズム小説『鄭一家』（一九四一年）を書き、女性的な低い目線から、皇民化を押しつけられた台湾人のアイデンティティの揺らぎを直感的に捉えて表現した。また『時計草』（一九四三年）では、当時タブーだった霧社事件に触れて、当局から削除処分を受けている。霧社事件とは、一九三〇年一〇月に台湾山地の霧社で勃発した、台湾原住民（「原住民」は台湾の先住民族の公式名称）セデック族（高山族）の対日武装蜂起と、日本軍のセデック族に対する大規模な鎮圧行動を指す。坂口は引き揚げ後も、台湾山地への強い執着を見せ、霧社事件や山地原住民の居住地「蕃地」をテーマに精力的に小説を執筆した。このことから坂口は戦後、「蕃地作家」とよばれた。

坂口以外にも日本統治期の台湾山地を題材にした日本語文学は少なくない。戦中の作家では、佐藤春夫、中村地平や真杉静枝らがおり、戦後は津島佑子が長編『あまりに野蛮な』（二〇〇八年）を著して、台湾山地における統治者男性の原住民女性に対する性的暴力の記憶を呼び覚ましている。

楊千鶴は台北高等女学校で学んだ、台湾で最初の女性記者である。楊は寡作だが、卓越した日本語で綴られた『花咲く季節』（一九四二年）は、「女学校を卒業することの寂しさと、結婚／出産へと追われることへの漠然とした違和感を、等身大で書き表した初めての台湾小説」であり一読の価値がある。日本統治は、楊のように日本語でしか書けない台湾作家を生み、そのことは後に作家たちを苦しめることになった。

祖国復帰後の停滞とモダニズム文学の開花

一九四五年、日本の降伏により太平洋戦争が終結すると、台湾は中華民国政府に接収され、祖国復帰する。「光復」である。当初、台湾の住民、いわゆる「本省人」は進駐してきた国民党を大いに歓迎した。しかし国民党の本省人軽視や汚職、物価の高騰などの問題が表面化するにつれて本省人の国民党に対する反感は高まり、一九四七年二月二八日には本省人と外省人（この時代以降に大陸から台湾へ渡って来た中国人）の武力抗争「二・二八事件」が勃発する。国民党は軍隊で本省人を弾圧し、数万人が命を落としたといわれている。

図12－9　白先勇の『孽子』が連載された『現代文学復刊』

一九四九年、大陸で共産党との内戦に敗れた蔣介石率いる国民党は大挙して台湾島へ撤退し、台湾に戒厳令を敷いて独裁統治体制を確立していった。国民党は北京語を国語と定め、日本語の使用を全面的に禁止したので、日本統治期に活躍した台湾人日本語作家は創作言語を奪われ沈黙を余儀なくされた。また楊逵のように、粛清によって作家生命を奪われた作家も多くいた。台湾人作家たちは、統治者が変わるたびに母語ではない言葉を半ば押し付けられ、それを高度に学び取った後、またすぐに奪われてしまうという、獲取と喪失のジレンマに苦しまなければならなかったのである。彼らもまた言葉を喪失した文学領域の漂泊者だったといえよう。

一九五〇年代の文壇の中心は国民党の御用作家で占められ、反共文学が喧伝された。一九六〇年になると白先勇《はくせんゆう》や王《おう》文興《ぶんこう》、陳若曦《ちんじゃくき》ら台湾大学外文系の学生が「破壊的建設工作」を旗印に掲げて、『現代文学』を創刊する。彼らは、カフカ、マン、カミュなど多くの欧米文学作品を翻訳する一方、自らも実験的な創作活動を展開し、台湾モダニズム文学の流れを興した。

白先勇は国民党の将軍白崇禧《はくすうき》を父に持ち、戦後に故郷の広西から台湾に渡った外省人第一世代である。一九七一年に出版された小説集『台北人』（一九七一年）では、台北で暮らす外省人の大陸へのノスタルジアとアイデンティティの喪失がそのテーマを形成している。また一九八〇年代を代表する長編『孽子《げっし》』（一九八七年）では、大都市台北を彷徨う孤独な青年たちの姿を、彼らが拠り所とする「王国」、すなわち台北のゲイコミュニティと共に浮かび上がらせて、一九九〇年代の台湾セクシュアル・マイノリティ文学の扉を開いた。

台湾を代表する郷土作家・黄春明《こうしゅんめい》も一九六〇年代に本格的な創作を開始した。黄春明はモダニズムの高踏的な叙事から距離を置き、台湾社会の急激な発展に取り残され、社会の底辺で貧困にあえぐ台湾人庶民の運命を温かいまなざしで描いた。『海を見つめる日』（一九六七年）、『坊やの人形』（一九六八年）、『林檎の味』（一九七二年）など黄春明文学の多くは、一九八〇年代に「台湾ニューシネマ」の監督によって映画化されて、二度受容されることで郷土文学の価値を高めていった。

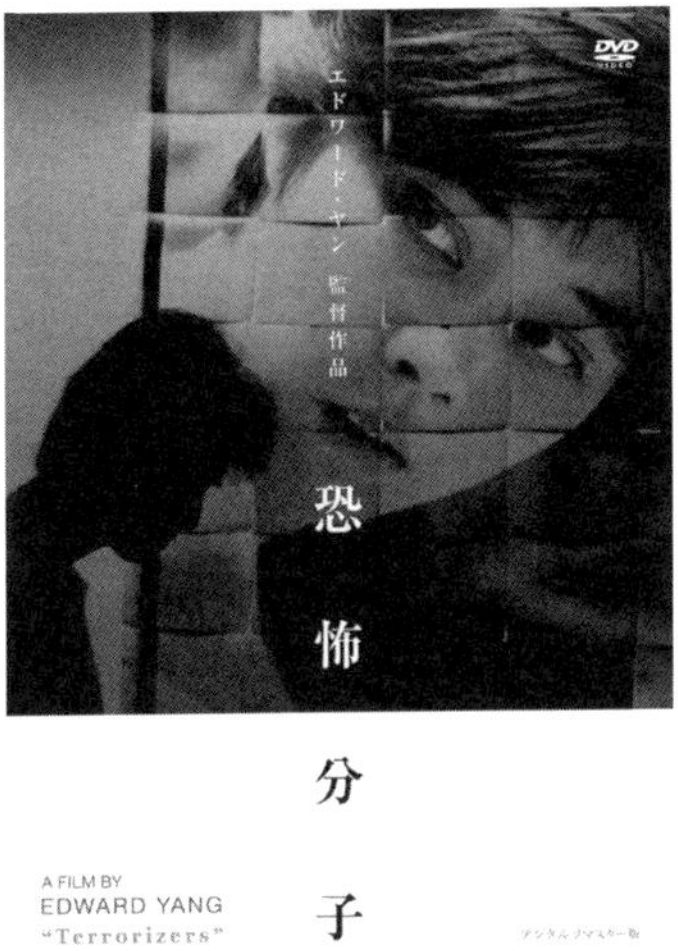

図12－10　エドワード・ヤン『恐怖分子』（1986年）

台湾ニューシネマとポスト・ニューシネマ

一九八〇年代に入って起きた、侯孝賢《こうこうけん》、楊徳昌《ようとくしょう》（エドワード・ヤン）、王童《おうどう》ら新世代の映画監督による芸術映画運動「台湾ニューシネマ」の動きも看過できない。ニューシネマの監督は、それまでの台湾映画の常套的な枠組みを突破し、台湾の歴史を回想し、社会の現実と向き合う新たな道を選択した。

客家《はっか》系外省人である自身の少年時代を回想した侯孝賢監督の『童年往事――時の流れ』（一九八五年）、二・二八事件を初めて扱ってタブーを破った『悲情城市』（一九八九年）、急速に発展する都市台北の歪な人間関係を、鮮烈な映像美で表現したエドワード・ヤンの『恐怖分子』（一九八六年）、日本の植民統治によって虐げられながらも雑草のように逞しく生きる善良な台湾農民の姿をコミカルに描いた王童の『村と爆弾』（一九八七年）などがその代表作である。一九九〇年代以降はニューシネマの監督に加えて、アン・リーや蔡明亮《さいめいりょう》、魏徳聖《ぎとくせい》など、ポスト・ニューシネマの監督が活躍を見せている。

魏徳聖が二〇〇八年に公開した『海角七号——君想う、国境の南』は、台湾映画史上、最高の興行収入を記録した。映画を貫くのはコミカルで軽快なタッチの恋愛劇だが、日本統治期の記憶と現代の台日関係を交錯、対置させることで、観客に植民／被植民の関係を再考する一つの契機を与えている。魏徳聖は二〇一一年には、霧社事件を題材に長編『セデック・バレ』を完成させて、台湾および原住民の負った深い傷痕をセデック族の英雄物語として語り直し、台湾アイデンティティの視点から日本側の歴史書に依らない新たな歴史解釈を観客に提示している。

主要参考文献

〈中国文学〉

丸山昇・伊藤虎丸・新村徹（編）（一九八五）『中国現代文学事典』東京堂出版。

興膳宏（編）（一九九一）『中国文学を学ぶ人のために』世界思想社。

中国文芸研究会（編）（二〇〇三）『図説中国二〇世紀文学』白帝社。

平石淑子（二〇〇八）『蕭紅研究——その生涯と作品世界』汲古書院。

藤井省三（二〇一一）『中国語圏文学史』東京大学出版会。

〈台湾文学〉

葉石濤（二〇〇〇）『台湾文学史』中島利郎・澤井律之訳、研文出版。

陳芳明（二〇一五）『台湾新文学史　上・下』（下村作次郎・野間信幸・三木直大・垂水千恵・池上貞子訳）東方書店。

コラム 9

食文化

井ノ口哲也

人口に膾炙《かいしゃ》した「民以食為天《ミンイーシーウェイティエン》（民は食を以て天と為す）」という成語が表すように、中国人は日々の生活において、「食べること」を何よりも重視してきた。たとえば、五行説に対応した五穀（稲・麦・豆・黍・稗）や五味（酸・苦・甘・辛・鹹）を体質に合わせてバランスよく取り入れた料理を食べることで体調をととのえて病気の治癒・予防に努めたり、臓器を刺激して食欲増進・健康維持を図る考え方も、「食べること」を基本としている（医食同源）。

人は食べる時、手づかみか道具を使う。中国で最も原初的な食べ方は手づかみであったことが、殷代の青銅器銘文から知られている。箸の使用への転換は、春秋・戦国時代における生活レヴェルの向上を背景とする食生活の多様化が大きな理由であるとされている。具体的には、食品の味・温度・食感・香りを楽しむのに、箸が用いられた。箸の使用は、東アジア地域一帯に伝播して定着し、今日でも各地域の食文化の形成に寄与し続けている。

中国料理は、大きく三つの点で宋代を画期とする。一つ目は調味料であり、唐代までは豆豉《トウチ》が中心であったのが、宋代以降は醤《ジャン》が中心となった。味つけに欠かせない香辛料も数多く発達して、ヨーロッパの人々の東方世界への関心をくすぐり、高値で取り引きされた。二つ目は調理法であり、火で加熱する料理の種類が拡大し、調理用語の漢字が新たに増えたのも、宋代になってからである。現在でも中国人は、火の通った料理を食べ、冷めた料理や生食《なま》を避ける。厨房の竈の神が、火の通った料理を食べる中国人に最も人気のある神であることも、そのことを物語っていよう（とはいえ、中国古代では細かく切り分けた生肉〔膾《なます》〕・生魚〔鱠《なます》〕

羊肉を特徴とする西北料理の宴席
出典：著者撮影

も食べられていた）。二つ目は、宋代に椅子と卓《テーブル》の生活が定着し、複数人で食卓を囲み料理を取り分ける食べ方ができるようになったことである。現在、食卓は、一般家庭では長卓や方卓を用いることが多く、餐庁《レストラン》では円卓がよく使われている。食事に欠かせないお茶を飲む習慣が一般化するのも宋代であり、日用品の陶磁器（黒磁・白磁・青磁）も盛んに作られた。

民国期までは、客人を招くフォーマルな宴席では、主人と客人とのあいだで、着席の座順や料理を食べる順番等を含む、客人の出迎えから見送りまでのさまざまな儀礼が、主人の面子を立てる形で、比較的厳格に行われていた。宴席では、料理とともに酒が振る舞われ、大勢でもしくは一対一で乾杯が繰り返される。こうした宴席の目的は、主人と客人との人間関係の開始・強化・維持にあった。今日では、宴席儀礼はかなりの程度省略され、座順やドレスコードをさほど気にしなくてよい機会も多く見受けられる。

中国では、広大な国土ゆえに、たとえば、中国四大料理とされる魯菜《ルーツァイ》（山東料理）・蘇菜《スーツァイ》（上海料理）・川菜《チュアンツァイ》（四川料理）・粤菜《ユエツァイ》（広東料理）といった地方色漂う食文化が各地で展開され、とりわけ粤菜については山海の食材が豊富な土地柄から「食は広州に在り」とまでいわれる。そして、贅の限りを尽くした料理の極めつきは、清代に宮中の宴席料理として登場した満漢全席であり、北方・南方各五四品、計一〇八品を、二日間で四回に分けて味わったという。近年、中国料理は、改革開放後に流入した外国（の食）文化に刺激を受けたり、外国では各国に点在するチャイナタウンを拠点として現地人の習慣や味の好みに応じて柔軟に変化してきており、国際化が進んでいる。

主要参考文献　張競『中華料理の文化史』（筑摩書房、一九九七年）、『アジア遊学　第21号　特集　食の風景――宴の演出と造形』（勉誠出版、二〇〇〇年）、太田昌子『箸の源流を探る――中国古代における箸使用習俗の成立』（汲古書院、二〇〇一年）、西澤治彦『中国食事文化の研究　食をめぐる家族と社会の歴史人類学』（風響社、二〇〇九年）。

第13章　現代中国案内——変貌する家族・生活・メディア

森平崇文

この章で学ぶこと

二〇一〇年、中国は名目GDPで日本を抜き、アメリカに次ぐ世界第二位の経済大国となった。それを反映して、日本を訪れる中国人観光客も急激に増え、二〇一五年には中国からの訪問者数が韓国、台湾を抜いて世界の国や地域のなかで最も多い約五〇〇万人に達した。中国人観光客の旺盛な購買力は「爆買い」と称されて、日本のメディアでも一時期頻繁に取り上げられた。

世界経済を大きく左右するようになった現在の中国は、一九七八年に「改革開放政策」を採択したことから始まる。一九七八年に一四八二億ドルにすぎなかった中国のGDPが、二〇一五年には一〇兆ドルを超えるという経済成長を遂げたのは、まさにこの「改革開放政策」のおかげである。ここでいう「改革」とは経済体制の改革を、「開放」とは海外資本を呼び込む対外開放を指している。この経済体制の変革と対外開放は経済の分野だけでなく、国際政治における中国の地位、メディアの役割、人々のライフスタイルや意識、家族関係など、さまざまな分野に変革をもたらした。

この章では一九七八年以降の中国の変貌の過程を、家族・生活・メディアの各視点から紹介する。

1 「一人っ子政策」の時代

一人っ子政策の始動

一九七六年九月九日、中国の最高指導者であった毛沢東が死去し、同年一〇月には一〇年以上の長きにわたった政治動乱「文化大革命」が終結した。ここに一つの時代が終わりを告げたのである。一九七八年一二月に開催された中国共産党の第一一期中央委員会第三回全体会議（一一期三中全会）において文化大革命は否定され、党の路線の革命から経済建設への転換が決定し、ここに「改革開放政策」が始まることになった。

一九八〇年、香港への玄関口に位置する深圳市など広東省内の四都市に「経済特区」が設けられ、以後、対外開放の最前線と市場経済の実験室の役割を担うことになった。一九八二年には農業を疲弊させてきた組織「人民公社」が解体され、個別農家が経営を丸ごと請け負う「農業経営請負制」が導入される。同年には鄧小平を最高指導者とする政治指導体制が確立され、「経済体制改革に関する決定」が採択された。さらに一九八四年には外国の資本と技術の導入を目的に、大連、天津、青島、上海、広州など一二の沿海都市に「経済技術開発区」が設置され、都市においても「改革開放政策」が本格化していった。

「一人っ子政策」（中国語では「計画出産政策」）は「改革開放政策」開始直後の一九七九年に始まり、中国が世界第二位の経済大国になった直後の二〇一五年に廃止された人口抑制政策である。その名の通り、一組の夫婦に子供一人を提唱している。本節では、この「一人っ子政策」が高度経済成長下で導入されたことによって発生した、中国の家、家族、家庭をめぐる問題について紹介する。

「一人っ子政策」導入の背景には、中華人民共和国成立以降の急激な人口増加がある。一九五〇年、婚姻の自由を提唱した「婚姻法」の制定を契機に結婚ブームが起こり、一九六〇年代にはベビーブームが到来した。最高指導者毛沢東が多産を奨励したことも関係し、中華人民共和国が成立した一九四九年に五億四〇〇〇万人であった中国の人口は「一人っ子政策」が始まった一九七九年には九億七〇〇〇万人を超えており、三〇年間で約一・七倍になった。一九六〇年代生まれのベビーブーマーが結婚・出産期を迎える前に人口抑制を始めないと、食料や資源の配分などにおいて社会が人口を支えきれず、「改革開放政策」の障害にもなりかねないという危機感が「一人っ子政策」誕生の背景にあった。

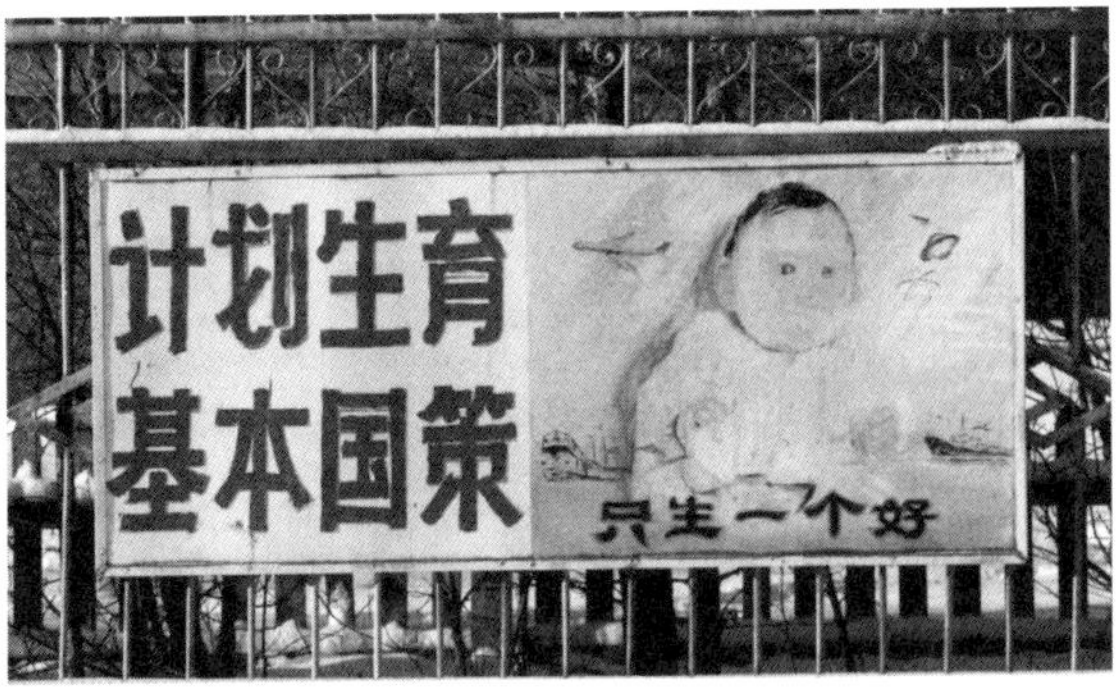

図13－1　一人っ子政策を呼びかける看板
出典：http://sucai.redocn.com/jianzhu_4503542.html（参照 2018.11.1）

具体的に「一人っ子政策」は晩婚の奨励と賞罰制度の導入というやり方で実施された。一九八〇年の婚姻法改正で結婚年齢は男性が二二歳以上、女性は二〇歳以上と規定された。これは世界的にも非常に高い法定婚姻年齢である。結婚が遅くなればそれだけ出産も遅くなり、生涯に出産する子供の数も少なくなるという考えである。一方の賞罰制度とは、一人しか生まないと宣言した夫婦に対し奨励金や子供の医療費、学費補助の支給と住宅の優遇配分などを行う一方、第二子を出産した夫婦には賃金カット、罰金の徴収などが課されることを指している。罰金の金額は全国統一ではないが、多い所では年収の四倍から六倍という地域もあった。

しかし、「一人っ子政策」は全国一律に厳格に実施されたわけではなく、また時期によってその対応には違いが見られる。中国には総人口の一割弱を占める五五の少数民族がいるが、少数民族は「一人っ子政策」の対象外であった。さらに総人口の九割を占める漢族でも都市と農村では対応が異なり、農村の場合、第一子が女児だと四年など一定の間隔をおいて第二子の出産が許可された。農村で第一子が女児の場合に第二子出産が認められたのは、都市に比べ男性の労働力を必要とし、また男子の後継ぎを望む因習が強く残っており、厳格に実施すれば女児間引きなどの弊害が生じるなどの事情があったからである。実際に農村では第二子、第三子が戸籍に入らずヤミの子供「黒孩子《ヘイハイズ》」となる問題が発生している。このように「黒孩子」のような存在を生み出し、また人工妊娠中絶の増加などといった問題で国際的に非難された「一人っ子政策」であるが、人口抑制に効果があったことは確かである。一九八三年以降、出生率は持続的に低下し、二〇一〇年には日本を下回る一・一八%まで下がった。

一人っ子世代を待ち受けていたもの

では「一人っ子政策」の下で生まれた一人っ子世代はどのような環境の下で成長していったのであろうか。多くの一人っ子世代は子供時代、「小皇帝」とよばれた。兄弟姉妹のいない彼らは両親に父方と母方の祖父母を加えた六人の愛を独占し、まるで小さな皇帝のように振る舞うことができるからである。

しかし、大学進学あたりから彼らを取り巻く環境が厳しくなっていく。一九四九年の中華人民共和国成立以降、大学生の学費は国家に必要な優秀な人材を育成するという理由で国の費用で支出し、その代わりに卒業後の進路は国の計画に従って配属が決められてきた。それが一九八九年に国の財政負担軽減のため学費の徴収が決まり、一九九五年には大学生から一律に授業料を徴収するよう制度が改められる。それに連動して一九九六年には国が大卒者の就職先を決める制度もなくなった。その一方で、一九九八年には国営企業の大リストラが断行されて二〇〇〇万人以上がレイオフの対象となるなど、一部の家庭の経済状況は苦しくなってきた。中国では二一世紀を直前にして、大学生の環境に大きな変化が生じたのである。

さらに政府は一九九九年より大学進学率の上昇を目標に掲げて大学の大衆化を推進した。前年比で一九九九年は四七%、二〇〇〇年は二五%、二〇〇一年は一七%、二〇〇二年が一〇%と大学入学者を増やしていった。その結果、二一世紀に入ると大卒者は激増して就職の競争も激しさを増すことになる。とくにリーマンショックのあった二〇〇八年以降、中国では就職氷河期を迎え、首都北京の郊外には大学卒業後もアルバイトをしながら就職活動を続けてルームシェアをして暮らす、「蟻族」と称される若者たちの生態が社会で注目されるようになった。高い学費を払い大学を卒業しても就職の保証はなくなったのである。

就職の次には結婚が待っている。二一世紀に入るとマンションと自家用車を持っていることが都市に暮らす男性にとって結婚の必須条件となった。とくに重要なのがマンションである（中国の大都市では一戸建てよりマンションの方が一般的）。中華人民共和国成立以降、住宅は低い家賃で貸与されてきたが、一九九八年に住宅政策の大転換が実施されて住んでいる公有住宅などを買い取らせるか、マンションなど商品住宅の取得を勧める「持ち家制度」が導入された。つまり住宅はおよそ五〇年ぶりに自分で購入しなくてはならないものになったのである。一方で各自治体が財源確保のため開発業者に土地の使用権を売り、開発業者がそこに建設したマンションを競って購入するようになると、中国に空前の不動産バブルが起こった。マンションが投機の対象となり価格が高騰するなかで一人っ子世代はマンションを購入しなければならず、それができなければ結婚できないという状況になったのである。

一人っ子世代は大学進学、就職、マンション購入、結婚に際しそれ以前の世代が直面してこなかった厳しい現実に直面することになった。しかしそれでも大都市でマンションや自家用車を購入し結婚できた人は一人っ子世代より上の世代も含めて「小資《プチブル》」とよばれ、彼らは消費生活を謳歌し、中間層を形成していった。なかでも一九八〇年代生まれは「八〇後《バーリンホウ》」、一九九〇年代生まれは「九〇後《ジウリンホウ》」とよばれ、貧しい中国をよく知らない新しい世代として上の世代からは煙たがられる一方で、消費社

図13－2　住宅ローンに苦しむ人たちを描いた六六の小説『蝸牛』（邦題『上海，かたつむりの家』）は2009年にドラマ化され話題を呼んだ

出典：https://search.yahoo.co.jp/image/search?p=%E8%9C%97%E5%B1%85+%E5%B0%8F%E8%AF%B4+%E5%9B%BE%E7%89%87&aq=-1&ai=OuGnNg_5TkOzb4aKJ5LHFA&ts=1810&ei=UTF-8&fr=top_ga1_sa#mode%3Ddetail%26index%3D12%26st%3D0

会を牽引する存在となっていった。ただし二〇〇一年に離婚手続きが簡素化されて離婚率が上昇し、二〇一二年にはついに離婚率が婚姻率を上回るなど、家族関係はより不安定さを増した。そこにまた親の介護という新しい問題が待ち受けていた。

高齢化社会の到来と一人っ子政策の終焉

兄弟姉妹のいない一人っ子世代は一組の夫婦で四人の親の介護を担わねばならない。加えて二一世紀に入ると、中国では医療費の高騰と病院の混雑という新たな問題が出てくる。大病院と地域の診療所の格差が大きく、大病院に患者が集中するためである。そこに高齢化社会が到来した。二〇一三年の段階で中国の高齢者は総人口の約一五％を占めるようになった。二〇四〇年には現役世代二人で一人の老人を支える超高齢化社会に突入すると予測されている。一人っ子世代は遠くない将来に自分たちの親の介護に加えて、現役世代として高齢化社会を支えるという重い負担を背負う事態が待ち構えているのである。

超高齢化社会の到来を目前にひかえ、政府は二〇一三年一二月、二〇一四年より条件つきで第二子まで認める緩和策を発表した。そしてその二年後の二〇一五年一二月には、二〇一六年より「一人っ子政策」を廃止し、第二子出産を提唱するように法律が改正された。三六年も続いた「一人っ子政策」は大きな反対もなく廃止となり、第二子までは自由に出産できるようになったのである。

「一人っ子政策」の誕生から終焉までの三六年間で、中国の「家」をめぐる環境は大きく変わった。進学、就職、結婚、離婚、住居の購入、親の介護などで選択の幅が広がる一方、自己負担や自己責任の割合も大きくなった。中国が計画経済時期の平均的に貧しかった時代から、その人の能力、環境、人間関係などによって生活環境に大きな差が出てくる時代になったのである。

2　孔子の復活と知の大衆化

孔子と二〇世紀中国

孔子は儒教の創始者で中国文明を代表する聖人である。孔子を祀る孔子廟（文廟）は中国のみならず、日本（東京の湯島聖堂など）や韓国、ベトナムなどにもあり、東アジアで古来広く尊崇の対象とされてきた。孔子の言行や弟子との問答を収録した『論語』は東アジアで最も広く知られた書物といえる。

しかしこの二〇〇〇年以上続いた中国における孔子の絶対的地位は二〇世紀に入ると揺らぎ始める。中華民国（一九一二～一九四九年）成立直後の一九一〇年代後半に起こった新文化運動では、封建家族制度とそれを支える儒教道徳が激しい批判の対象となり、その矛先は孔子にも向けられるようになった。新文化運動の精神を一部引き継いだ中国共産党が率いる中華人民共和国においても、孔子は封建道徳の祖として批判的に評価されてきた。文化大革命期には各地の孔子や儒教関連の文物が破壊され、一九七三年には毛沢東の後継者でありながら国外逃亡を図り墜落死した林彪《りんぴょう》を孔子と併せて批判する「批林批孔運動」が展開された。

文化大革命が終結した一九八〇年代以降、孔子の教育者としての再評価や孔子生誕の地である山東省曲阜の関連施設を観光資源として利用するなど、一部で孔子評価に好転が見られるようになった。そして二一世紀に入り、政府とメディアの両方で孔子は中国文明を象徴するアイコンとしての地位に再び返り咲くことになる。本節では二一世紀以降の孔子復活の経緯を、政治レベルと民間レベルの両面からそれぞれ紹介していく。

政府主導による孔子復権

「孔子学院」は中国政府が海外の大学などの教育機関と提携して中国語および中国文化の教育と宣伝、中国との友好

図 13－3　中国国家博物館に設置された孔子像

出典：http://treasure.chinese.cn/article/2011-01/12/content_217033.htm（参照 2018.11.1）

促進を目的に二〇〇四年に設立された。ドイツの「ゲーテ・インスティチュート（Geothe Institut）」やイギリスの「イギリス文化振興会（British Council）」がそのモデルといわれている。孔子学院は政府の機関である「国家漢語国際推広領導小組弁公室」（国家中国語国際推進指導小組事務室）の管轄下にあり、その本部は首都の北京市にある。

孔子学院は中国国内の大学と世界各地の大学が提携して学内に設置されるというのが特徴で、二〇一六年現在で世界一三四カ国に五〇〇校、日本では一四校の私立大学内に設置されている。孔子学院の小中高版として「孔子課堂」もあり、こちらは世界七二カ国に一〇〇〇校、日本にも八校設置されている。

ただ孔子学院も孔子課堂も孔子の名が冠してあるが儒教を教える機関ではない。あくまでも中国語と中国文化の教育宣伝機関である。そのような公的機関に孔子の名を用いるということは、中国政府が公式に孔子を中国文明の象徴であると認めたことを意味している。

政治レベルでの孔子再興はこれに止まらない。毎年九月二八日は孔子生誕を祝うイベントが東アジアの各地で開催されている。孔子学院開設から一年後の二〇〇五年の九月二八日、中華人民共和国成立後初めて政府主導で孔子の生誕祭が開催された。式典には共産党の幹部も出席し、その様子はテレビを通じて全国に報じられた。

さらに二〇一〇年一月には香港の映画スターであるチョウ・ユンファが孔子を演じた映画『孔子』が公開された。この映画で製作に名を連ねる韓三平《ハンサンピン》は、中華人民共和国建国六〇年を記念したプロパガンダ映画『建国大業』（二〇〇九年）の総監督も務めた中国映画界の指導者であるため、映画『孔子』も政府の孔子再興をバックアップする国策映画という印象を強く与えた。

加えて二〇一一年一月一一日、北京天安門広場の東側に位置する中国国家博物館に高さ一〇メートル近い巨大な孔子像が設置された。その周囲には国会議事堂に相当する人民大会堂のほか、人民英雄記念碑、毛沢東の廟である毛主席紀念堂など共産党や政府のモニュメントが林立しており、その一角に孔子像が設置されたということは孔子が政治レベルにおいて完全に復活し聖人の地位に返り咲いたことを視角的に証明している。

メディアにおける古典ブーム

一方、メディアでも孔子が再び注目を集めるようになる。きっかけは二〇〇六年に中国最大のテレビ局「ＣＣＴＶ」（中央電視台）の教養番組『百家講壇』で『論語』が取り上げられたことである。講師は北京師範大学教授の女性学者于《う》丹《たん》で、全七回に分けて論じられた内容は『于丹《論語》心得』というタイトルで出版された。その発行部数は六〇〇万部を超え、二〇〇六年の中国国内のノンフィクション部門で最も売れた書籍となった。

図13－4　書籍化された『于丹《論語》心得』

ではこの于丹が論じた孔子と『論語』のどのあたりが好評だったのであろうか。于丹は『論語』や儒教の専門家ではない。所属は北京師範大学芸術・メディア学院で、中国文化とメディアが専門である。于丹は『論語』の内容を最初から最後まで順番に解説する、あるいは新しい解釈を加えるのではなく、視聴者が『論語』からライフスタイルや人間関係に活用できる部分を選び、孔子と弟子たちの問答の様子をアニメーションで再現するなどして視覚的にもわかりやすく紹介した。つまり古典である『論語』から現実の社会生活に役立てる情報を提供しようという姿勢が視聴者に歓迎されたのである。于丹は『論語』の大成功を受け、翌年の二〇〇七年には同じ『百家講壇』においてやはり古典である『荘子』を一〇回に分けて解説、さらに同年にはCCTVの別の番組『文化訪談録』で古典的戯曲『牡丹亭還魂記』を解説するなど、メディアにおける古典作品の解説というジャンルで時の人になった。

『百家講壇』という番組からは于丹だけでなく多くの人気講師が輩出された。二〇〇一年に始まった同番組は当初著名文化人や特定の分野の権威による講演を放映するだけであった。それが低視聴率を打開するため、二〇〇四年よりアニメーションやテロップを活用するなどわかりやすく伝える改革を行い人気番組となっていったのである。代表的人気講師として、二〇〇四年の「清朝皇帝伝」の講師・閻崇年（北京市社会科学院研究員——当時、以下同）、二〇〇五年の『三国志演義』の講師・易中天（厦門大学教授）、二〇〇六年の『論語』と二〇〇七年の『荘子』の講師・于丹、二〇〇七年の『史記』の講師・王立群（河南大学教授）らが挙げられる。人気講師の講義は放送後に出版され、二〇〇七年の作家長者番付では于丹が二位、易中天が三位と『百家講壇』の人気講師が上位を占めた。『百家講壇』と人気講師の社会的影響力の高さがうかがえる。

二〇〇四〜二〇〇七年までの人気講師はいずれも『史記』や『三国志演義』など中国の古典に関する人文学の専門家である。しかも清華大学や北京大学といった超名門大学の権威ではなく番組を通じて全国区の有名人となった点で共通している。多くの視聴者が中国の古典に対して関心が高く、しかも講師には知名度よりわかりやすい解説を求めていることがわかる。二一世紀に入り経済成長の下で生活に余裕の出てきた一部の中国人たちが自らのルーツである中国の古典に対して関心を強め、メディア側もそれらの層に短時間でわかりやすく解説するような番組を提供して人気講師や人気書籍が出てくるようになったのである。『百家講壇』の人気は知の大衆化の到来を象徴している。

都市中間層と漫才ブーム

二一世紀以降の中国における古典ブームは『論語』や『荘子』などの哲学書や『史記』などの歴史書に止まらない。伝統芸能である漫才（相声《シアンシュオン》）も再び脚光を浴びるようになった。そのきっかけは北京でのライブ公演で人気を博していた漫才師・郭徳鋼を二〇〇五年末にメディアが取り上げるようになったことである。

郭徳鋼は中国のなかでもとくに芸能の盛んな天津に生まれ、一九八二年にわずか九歳で芸界入りした。そして一九九

図13－5　漫才団体「徳雲社」の同人たち（中央は郭徳鋼）

出典：http://blog.renren.com/share/226216241/2977651870（参照 2016.9.5）

六年には漫才のインディーズ団体「徳雲社」を結成し、北京にある演芸場「天橋茶楽園」で漫才公演を始める。一九四九年の中華人民共和国成立以降、多くの漫才師は著名漫才師に弟子入りし、テレビ・ラジオ局などの専属となるか、軍隊、鉄道、消防などの公的機関に所属してきた。その活躍の場も一九八〇年代以降はラジオやテレビなどが中心であった。それに対し郭徳鋼は大きな組織に所属せず、若くして自ら団体を立ち上げ、いわば場末の演芸場で芸を磨く道を選んだのである。このような郭徳鋼のスタイルは中華人民共和国以前の芸人の在り方を踏襲するものであった。

郭徳鋼の伝統的スタイルは服装にも表れている。一九八〇年代以降、漫才師の衣装はスーツが主流であった。それに対し郭徳鋼はあえて伝統的な衣装で舞台に立った。また演目も新作だけでなく伝統的なものを好んでかけた。郭徳鋼は現代ではあまり見かけなくなった、伝統的な漫才のスタイルと演目をあえて復活させ、それに現代的センスを加えたことで人気を呼んだのである。その後、郭徳鋼自身は全国区の人気者となり映画やテレビなど主要なメディアに活動の場を移したが、郭徳鋼の切り拓いた伝統的漫才の復活は北京

のみならず天津など北方の各地にまで飛び火し、漫才のライブ公演が活発になった。郭徳鋼が率いる「徳雲社」には北京大学卒の高学歴漫才師も所属するなど、現在でも北京を中心に漫才のライブ公演を盛り上げている。

二〇〇四〜二〇〇七年にかけ政府が孔子学院を設立し、テレビでは中国の古典を解説した『百家講壇』から人気講師が生まれ、北京では郭徳鋼による伝統的なスタイルの漫才ライブ公演が注目された。ほぼ同時期に官民を問わず、都市部を中心とした中国社会が中国の伝統的なものに関心を向けるようになったのである。その背景にあるのは中国人の経済的、精神的自信と余裕である。二〇世紀を通じて中国は国家の近代化と富強を実現するため過去を振り返らず、ときに伝統を否定してきた。二一世紀に入り、先進国並みの生活が送れるようになった一部の大都市に暮らす人たちには自らのルーツである中国の伝統的文化に触れる余裕が生じ、またそれらを誇りに思うようになったのである。この古典、伝統への回帰は古典や伝統を消費するだけで一過性のものとして終わってしまう可能性が高いが、社会の安定を象徴する現象ともいえる。中国政府が孔子や儒教を再興させたのにもやはり社会の安定性を維持するために利用する意図があることは否定できない。

3 オーディション番組流行の背景

中国におけるテレビ改革

中国のメディアというと政府の宣伝を行うプロパガンダであるという印象が強い。中国最大のテレビ局ＣＣＴＶで毎日一九時から全国ネットで放映されている三〇分のニュース番組『新聞聯播』を視聴しているとやはりその印象は拭えない。メディアを管轄する国の機関として「国家広播電影電視総局（国家ラジオ・映画・テレビ総局）」があり、その上には中国共産党中央宣伝部が厳しい目を光らせていることも確かである。「国境なき記者団」が発表する報道の自由度ランキングでも中国は一八〇カ国の中で一七六位と最下位に近い順位である（二〇一六年、日本は七二位）。

しかし、その国のメディアへの統制が厳しいということと国民のメディア・リテラシー（批判・分析能力）が低いことは決してイコールではない。また、体制に批判的な、あるいは社会の矛盾に鋭く切り込むメディア人がいないということでもない。二〇一三年に元CCTVの女性キャスター柴静が中国の大気汚染問題を独自に調査し制作したドキュメンタリー『穹頂之下《Under the Dome》』がネットで公開されると、海外だけでなく中国国内でも大きな反響が寄せられた。多くの中国人は大手メディアが発信するプロパガンダ的情報を鵜呑みにすることなく自分で関連情報を収集してその裏を読むことに長けており、また果敢に社会問題を告発するメディア人も決して少なくないのである。本節ではメディアと視聴者との関係を近年流行しているオーディション番組を例に紹介していく。

図13－6　中国の大気汚染問題を告発するドキュメンタリー『穹頂之下』とキャスターの柴静

出典：http://www.ejinsight.com/20150309-power-struggle-in-the-name-of-pollution-fight/（参照 2018.11.1）

中国でテレビの普及が本格的に始まりメディアに君臨するようになったのは一九九〇年に入ってからである。一九九九年にはCCTVのほか、省、自治区、直轄市レベルのテレビ局が衛星放送を開始し、各地のテレビ局が全国放送するようになる。中国の各家庭のテレビでチャンネルが多いのはこのためである。

まずテレビドラマでは一九九〇年に室内劇のメロドラマ『渇望』、一九九一年に喜劇色の強い『編輯部的故事』とオリジナルドラマが相次いで大ヒットした。これにより一九八〇年代までの日本などの海外ドラマの放映や、『西遊記』『紅楼夢』『四世同堂』といった古典的名作のドラマ化とは異なる、現代をオリジナルの脚本で描くという路線が始まった。さらに一九九三年には中国におけるシチュエーション・コメディのさきがけとなる『我愛我家』、一九九九年には台湾の人気メロドラマ作家・瓊瑤の青春時代劇『還珠格格』といった、現在まで再放送が続いている作品の放映が始まるなど中国テレビドラマ史において大きな転換点となった。

一九九〇年代が画期となったのはテレビドラマだけに止まらない。ニュース番組も大きく変化した。一九九三年五月一日、CCTVで朝の大型ニュース番組『東方時空』が始まる。同番組は現在では一般的となった早朝のニュース番組の先駆けとなった。政府の発する情報をただ視聴者に伝達するのではなく、視聴者である庶民の目線で庶民のことを報じるをモットーに掲げた点で中国のニュース番組を大きく変革させた。同番組からはニュースを読み上げるだけのアナウンサーではなく、自らの視点でニュースを論評するキャスターが生まれ、白岩松や水均益などCCTVを代表するキャスターを輩出した。さらに同番組のスタッフを中心に一つのテーマを掘り下げて報道する『焦点訪談』（一九九四年〜）や『新聞調査』（一九九六年〜）、『社会記録』（二〇〇三〜二〇〇八年）が生まれ、対談番組『面対面』（二〇〇三年〜）も制作された。これらの番組のほとんどが放送時間を変えながら現在も放送されており、一九九〇年代から二〇〇〇年代初頭にCCTVで始まったニュース番組の画期性がわかる。これらの番組に共通するのは視聴者の目線を重視しているという点である。メディアが政府の独占ではなく、多くの視聴者に開放されていった。そしてこの視聴者にメディアを開放する流れは、二一世紀以降のオーディション番組の隆盛によって完成したといえる。

オーディション番組『超級女声』

中国におけるオーディション番組の隆盛は二〇〇五年に湖南衛星テレビ制作の『超級女声《Super Girls》』が爆発的な人気を呼び、社会現象になったことに始まる。この番組を制作した湖南衛星テレビは『快楽大本営』（一九九七年〜）や『天天向上』（二〇〇八年〜）など現在でも高視聴率を誇る人気バラエティ番組を放映しており、バラエティ番組の分野においては中国でも定評がある。同局はアメリカの人気オーディション番組『American Idol』（二〇〇二年〜）の中国版として、まず二〇〇三年に男性のみの『超級男声』を制作した。翌二〇〇四年には女性のみの『超級女声』を制作、当初は男女を

図13－7　2005年『超級女声』で優勝した李宇春

出典：http://tupian.baike.com/a0_32_54_01300534072337134276548663302_jpg.html&prd=so_tupian（参照2018.11.1）

一年交替に制作する予定であった。ところが二〇〇四年の女性版の応募者が八万人に達し好評であったため二〇〇五年も女性版を制作することになった。この二〇〇五年の応募者は一五万人と前年からほぼ倍増し、本選の後半七週は視聴率も同時間帯で全国トップになった。

『超級女声』のオーディション方法は『American Idol』と同様に歌唱力を基準として容姿は問わない。審査員による審査のほかに視聴者のメール投票が採用された点も『American Idol』を踏襲している。二〇〇五年には長沙（湖南省）、成都（四川省）、杭州（浙江省）、広州（広東省）、鄭州（河南省）の各都市で予選を行った。そこで選ばれた上位三名が湖南衛星テレビのある長沙において本選に出場した。二〇〇五年の本選で優勝した李宇春は予選の成都でも二位の四倍近い二万票以上を獲得し、本選では三五〇万票を超えた。本選で準優勝であった周筆暢も三二〇万票に達しており、上位二名の得票は三位以下を倍以上引き離す圧倒的人気であった。この二名ともに中性的な容姿で「かわいい」というよりは「かっこいい」点に人気があった点も注目に値する。三位であった張靚《ちょうせい》潁《えい》を含め、二〇〇五年の上位三名は番組終了後プロデビューを果たし、魅力的なアーティストとして活動を続けている。

『超級女声』はさまざまな点で中国メディアに衝撃を与えた。まず番組制作の側面からである。二〇〇五年の『超級女声』のスポンサーは内モンゴルにある業界大手の乳製品企業「蒙牛《モンニウ》」一社であった。番組のロゴには同社の製品「酸酸乳」が使われ、番組内でも同製品がMCによって連呼された。その結果、同番組の全国的人気に伴いスポンサーであった「蒙牛」の収益も前年比で三倍となった。その後、各地のテレビ局で制作されたオーディション番組の多くがやはり一社提供であったのも、『超級女声』の成功をうけたものである。『超級女声』ではさらにメール投票を導入したことで通信会社にも大きな利益をもたらし、その一部はテレビ局にも還流されることとなった。そして湖南衛星テレビでは二〇〇五年の番組が終了した直後から三カ月近くかけ出場者たちによる全国一二都市を巡るコンサートを開催し番組のブランド運営を任せていた「上海天娯公司」に彼女たちのマネジメント業務を任せた。『超級女声』から派生した経済効果は日本円で数百億円に達するといわれており、同番組は一つオーディション番組を当てればどれほどの経済効果がテレビ局にもたらされるのかというビジネスモデルを全国各地のテレビ局およびメディア関係者、経済界に示すことになった。

　次にアイドルの側面からである。『超級女声』から人気アイドルが生まれる以前、中国で人気のアイドルというとその多くは香港、台湾、韓国からやってきたアイドルであった。彼ら・彼女らはすでに中国に進出する以前にプロのアイドルとして完成されていた。中国国内にも人気アーティストはいたが、彼ら・彼女らは年齢的にアイドルの範囲を超えていた。『超級女声』では応募資格に年齢制限を設けなかったため、一〇〜二〇代前半までの学生の応募が殺到した。二〇〇五年の本選出場者はいずれも一九八〇年代生まれで二〇歳前後の学生である。地方に暮らす無名の学生が数カ月間オーディション番組に出演し続けることで超人気アイドルになったのである。『超級女声』はアイドルの低年齢化を促し、視聴者に番組を通じてアイドルが誕生していく楽しさを教え、また自分もアイドルになれるかもしれないという夢を与えることとなった。『超級女声』以降は中国国内でもアイドルが誕生していくことになった。

　三つ目に社会現象の側面から『超級女声』を考えていく。この番組からは実に多くの新語が生まれた。たとえば「PK」（player killing の略）である。本来ゲームの世界の用語であったが、番組内で使用されると相手を打ち負かすという意味で日常的に使われるようになった。またファンを表す「粉絲《フェンスー》」も同様である。二〇〇五年優勝の李宇春ファンは「玉米《ユーミー》」、準優勝の周筆暢ファンは「筆親《ビーチン》」とそれぞれ名乗り、ネットを中心にファン同士で盛り上がり、ときに誹謗中傷を含む論戦を繰り広げた。二〇〇五年一一月に北京オリンピックまで一〇〇〇日のカウントダウンとオリンピックのマスコットを公表する式典が北京で開催されたが、そこには『超級女声』の本選を終えたばかりの李宇春をはじめとする五名がゲストとして招かれ、その様子は全国に放送された。それは『超級女声』がまさに世代を超えて全国的社会現象となったことを象徴する瞬間であった。

しかし『超級女声』の人気が社会現象となったことで風当たりも強まることとなった。まず省レベルのテレビ局である湖南衛星テレビが湖南省以外の地域で予選を行うことに対し、各地のテレビ局から反発が寄せられた。また応募資格に年齢制限がないことも批判の対象となり、二〇〇六年版では一八歳以上と規定された。メールによる投票に対しても同時期に起こった反日デモにおけるメールによる動員と結びつけられて危険視する声が上がった。その結果、さまざまな自己規制を強いられた二〇〇六年版は前年ほど盛り上がらず、『超級女声』はこの年で番組を終了させた。メディアを管理する「国家広播電影電視総局」は二〇〇七年九月に一つのオーディションを二カ月以上実施しない、省レベルのテレビ局は一九時半～二二時半までの時間帯にオーディション番組を放映してはいけないなどの通達を出し、オーディション番組に対し規制をかけた。

オーディション番組人気の背景

しかしオーディション番組はさまざまな規制や反発を受けながらも各地のテレビ局によって制作され続けている。上海の東方衛星テレビはイギリスの Britain's Got Talent の中国版である『中国達人秀《China's Got Talent》』（二〇一〇～二〇一四年）において年齢や性別を問わず一芸を、『笑傲江湖』（二〇一四年～）ではプロアマを問わずお笑いをそれぞれを競わせるオーディション番組を成功させている。浙江省の浙江衛星テレビではオランダの人気歌唱オーディション番組 The Voice の中国版『中国好声音《The Voice of China》』（二〇一二年～）や出場者の夢をかなえる『中国夢想秀』（二〇一一～二〇一五年）などの人気オーディション番組を制作している。北京衛星テレビではスピーチを競うオーディション番組『我是演説家《I am Speaker》』（二〇一四年～）を放送している。

図13－8　人気オーディション番組の1つ『中国好声音』
（現『中国新歌声』）

出典：http://news.xinhuanet.com/photo/2012-07/28/c_123485188.htm
（参照 2016.8.20）

オーディション番組は中国のみならず世界各地で人気があるが、世界各地の人気オーディション番組の中国版を次々と制作し、オーディション番組のるつぼと化している中国の状況は明らかに特殊である。この状況をどのように理解すればよいのであろうか。オーディション番組は中国人視聴者にテレビは見るものであると同時に出演するものであるという意識を植えつけた。一九九〇年代にＣＣＴＶではじまった視聴者の視点からの番組制作という路線は、ついに二一世紀に入りオーディション番組における視聴者参加にたどり着いたわけである。

そしてその視聴者にも新しい層が生まれる。オーディション番組の主たる視聴者は一九八〇年代生まれと一九九〇年代生まれであるが、彼らはメディアの仕掛けるやらせや価値観の押しつけにとくに敏感である。ＳＮＳを駆使して情報を分析し発信することに長けた彼らにとって、オーディション番組はまさにメディアからの仕掛けや押しつけを排除しつつ自分の意見を表明して楽しむことができるコンテンツといえるであろう。二〇〇五年の『超級女声』の放送から一〇年以上が経過してなおオーディション番組の人気が衰えないのも、オーディション番組が視聴者にとって投票や応援、ＳＮＳでの情報発信を通じて番組に参画し、将来の人気者をメディアの手あかのつかない状態から応援できるからではないだろうか。

4　抗日ドラマの現在

抗日ドラマの位置づけとその現状

抗日ドラマとは主に日中戦争時期（一九三七〜一九四五年）に日本軍と戦う中国共産党およびその協力者たちの活躍を描くテレビドラマのことである。ここでの日本人と日本軍は完全に敵役であり、ときにその凶悪さが誇張され、戯画化されて登場する。これはドラマに限るものではなく、中国国内では日中戦争当時から演劇、小説、連環画（中国式漫画）、映画などさまざまなメディアによって題材とされてきた。

実は、日本との戦争は中国で最も新しい戦争ではない。日中戦争以後も中国は一九五〇年に朝鮮戦争でアメリカや韓国と戦い、一九七九年の中越戦争ではベトナムと戦っている。しかし朝鮮戦争や中越戦争を題材としたドラマはほとんどなく、日中戦争に集中している。もちろん日本との戦争は他国との戦争と比較にならないほどの被害を中国全体が受けた点も抗日ドラマが制作され続けている大きな理由の一つであろう。しかし日中戦争がその後のどの戦争よりも重要なのは、それが中国共産党の支配の正統性に直結するからである。中国共産党の支配の正統性は、中国共産党が日中戦争で日本軍に打ち勝ち、その後中国国民党に勝利して新しい中国を建設したことを根拠としている。日中戦争を題材とする抗日ドラマは中国共産党による勝利とその支配の正統性を視聴者に記憶させ、再確認させる役割を担っているのである。

まず二一世紀以降の抗日ドラマの現状について紹介する。テレビガイド誌に掲載された二〇一五年一月のある一日の放映数を見てみると、再放送を含めて五九のチャンネルで二一の抗日ドラマを放映していた。時間帯は早朝から深夜までさまざまである。つまり一日のうち、どこかのチャンネルで抗日ドラマを、時間帯によっては複数のドラマを放映していることになる。

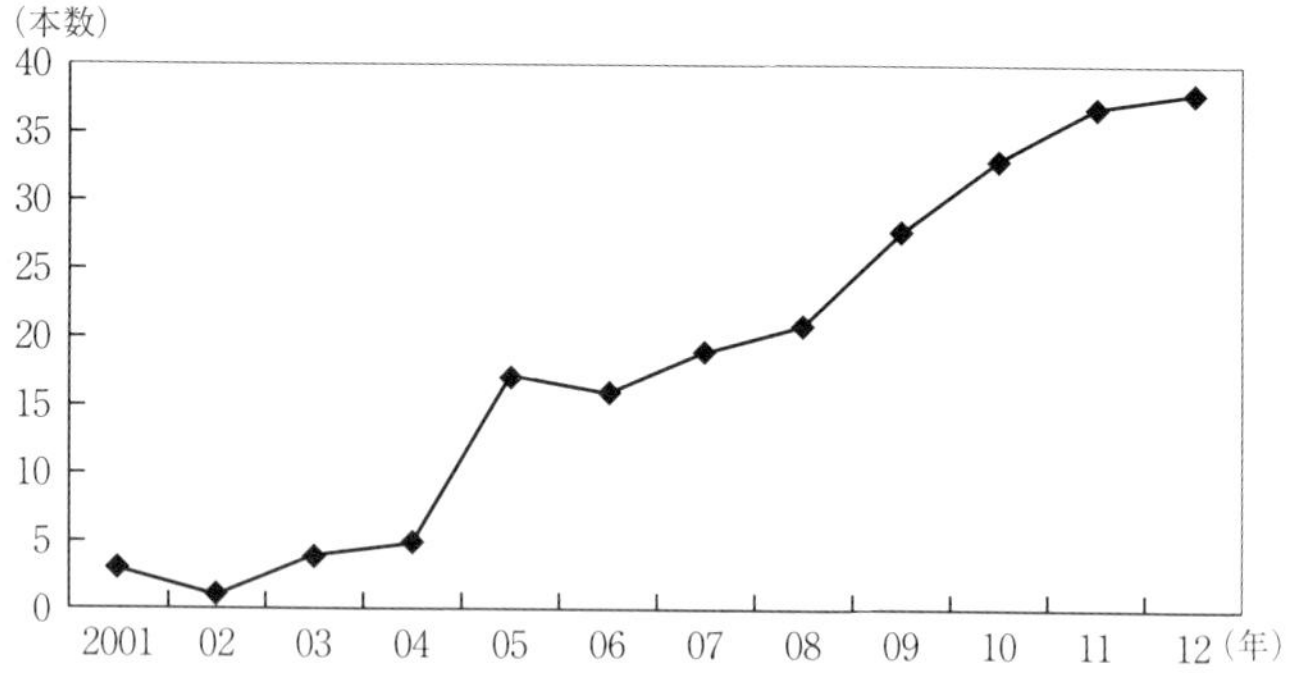

図13－9　抗日ドラマ年間制作本数の推移（2001～2012年）

出典：『抗日戦争題材影視劇生産与消費調査研究』中国文聯出版社，2014年，67～80頁をもとに著者作成

次に図13－9である。これは二〇〇一～二〇一二年までに中国国内で制作された抗日ドラマの本数の年ごとの推移を表したものである。これによれば二〇〇四年までは年平均で五作品以内と少なく、二〇〇五年に急激に増加し、以後減少することなく増え続けていることがわかる。二〇〇五年の急増はこの年が日中戦争終結六〇年にあたるメモリアル・イヤーであったことが大きく関係している。では二〇〇九年以降の激増をどのように説明すればよいのであろうか。二〇一二年の制作本数は激増した二〇〇五年の二倍以上となっている。もし抗日ドラマの制作本数と日中関係が正比例の関係にあるのならば二〇〇五年以降、日中関係は年々悪化していくことになるが、実際は一進一退でそれは事実に反する。一方で日中戦争を扱った抗日映画は二〇〇三～二〇一二年まで年間五作品を超えることはなく、二〇〇九年以降はむしろ減少傾向にある。つまりドラマだけ抗日ものが増え続けているわけである。これは明らかに政治的文脈とは別の要因が考えられる。中国における二〇〇五年以降の抗日ドラマの激増は、同時期に日本と戦った中国国民党が長く統治してきた台湾やアメリカでも、あるいは対日感情が中国並みによくないとされる韓国でも見られない現象である。

中国のテレビドラマ制作事情

中国のテレビドラマは主として民間の制作会社によって制作され、テレビ局はその放映権を買ってきた。二〇〇三年八月、「国家広播電影電視総局」が八つの民間制作会社に初めて甲種テレビ制作許可証を発行することで、民間制作会社はより自由にテレビドラマを制作できるようになった。しかしその一方で、「国家広播電影電視総局」は二〇〇四年に「警察・事件もの」ドラマのゴールデン・タイムでの放映に対する規制、二〇〇六年には韓流ドラマと時代劇ドラマの放映本数の制限、二〇〇七年には八カ月間、政府の路線を反映した「主旋律」ドラマを放映するよう通達、二〇一〇年には日中戦争や国共内戦時期のスパイ・ドラマを三カ月放映禁止など、特定のジャンルのドラマが過熱するたびにそれに水を差す規制を行ってきた。民間制作会社は主にテレビ局に放映権を売ることで制作費を賄っている。それが突然上からの通達によってドラマが放映できなくなれば、スポンサーであるテレビ局を困らせ、自らの首を絞めることになる。つまり二一世紀以降、抗日ドラマの本数が激増したのには、中国共産党の支配の正統性を是認させる抗日ドラマの場合、規制をほとんど受けることなく制作できるという制作側の事情が関係しているのである。

図13－10　新しい抗日ドラマの代表作『亮剣』
中央は主人公の李雲龍（リーユインローン）
出典：http://www.dianliwenmi.com/postimg_1319660.html（参照2016.7.30）

抗日ドラマの多様化

二〇〇五年以降の抗日ドラマの激増は制作事情だけではない。これまでとは異なる新しいタイプの抗日ドラマが誕生し、幅広い年齢層がそれぞれの立場から楽しめるようになったこともあげられる。『歴史的天空』（二〇〇四年）、『亮剣』（二〇〇五年）、『我的団長我的団』（二〇〇九年）、『我的兄弟叫順溜《シュンリウ》』（二〇〇九年）、『民兵葛二蛋《グァーアルダン》』（二〇一二年）などでの主人公は、これまでの「高大《ガオダー》全《チュエン》」式（全身全霊で革命に身を捧げる）英雄で優等生的スーパーマンではなく、野性的で人間味にあふれている。彼らははじめから共産主義を信奉する前衛ではなく、庶民や学生の立場から個人的なきっかけで参戦し、その過程で人間的に成長していく。彼らの所属する部隊もこれまでの超人的ヒーローに率いられ、指揮系統のはっきりした組織というより、個性的な仲間たちの集まる軍団として設定され、物語も困難に立ち向かうチームワークや友情がメインとなっている。つまりステレオタイプではない主人公や物語が抗日ドラマのなかで誕生したのである。

また敵役である日本兵も一部に変化が見られるようになった。ドラマや映画を問わず、抗日ものに出てくる日本兵は背が低くてちょび髭を生やし、「バカヤロー」を連発するのがステレオタイプとなっている。今でも多くの抗日ドラマではこのステレオタイプの日本兵を中国人俳優が怪しい日本語を使って演じている。ドラマのなかの日本兵はその他大勢の端役にすぎず、キャラクター設定も雑であった。それがたとえば『雪豹』（二〇一〇年）では、主人公のドイツ留学時代の親友でありながら戦場で敵味方に分かれて戦うことになる日本兵・竹下俊が登場する。天津を舞台にした『鋒《フォン》刃《レン》』（二〇一五年）に出てくる特務機関のトップ武田大佐も主人公の一人の日本留学時代の親友で、残忍でありながら中国語を流暢に話して中国文化にも造詣の深い中国通という個性的なキャラクターであった。つまりドラマのなかで敵役でありながら主役級の重要なキャラクターとして日本兵が登場するようになったのである。さらに日本人俳優が日本兵を演じる作品も増加し、矢野浩二、三浦研一、渋谷天馬、塚越博隆などの俳優は多くの抗日ドラマに出演してときに主役級で出演することもある。二一世紀以降の抗日ドラマでは、日本兵を粗暴という感情しか表さないステレオタイプな端役としてではなく、人物像を深く掘り下げて重要なキャストとしてそれぞれ個性的に描く作品も少なくない。

抗日神劇・雷劇

二〇一〇年前後より抗日ドラマに「神劇・雷劇」とよばれる新しいジャンルが登場する。それらは時代考証を無視した設定や非現実的な戦闘方法が横行するため、これまでの抗日ドラマと異なり、SNSを中心に炎上、批判の対象となった。代表作に、『抗日奇侠』（二〇一〇年）、『永不磨滅的番号《永遠に消えぬ番号》』（二〇一一年）、『箭在弦上《構えた弓矢》』（二〇一二年）、『孤島飛鷹』（二〇一二年）、『向着炮火前進《砲火に向かって進め》』（二〇一二年）、『一個鬼子都不留《一人の日本兵も残すな》』（二〇一三年）などがある。これらに共通しているのは、素手や弓矢といった武器で圧倒的多数の日本軍をなぎ倒したり、地上から手榴弾を投げて上空の戦闘機を爆撃したりという荒唐無稽な戦闘シーンと、共産党軍がハーレーやタンブラーのような乗り物で登場するといった歴史的事実に反する設定、そして出演者やスタッフの一部に香港や台湾出身者が多いことである。雷劇の「雷」とは雷に打たれるほど驚くという新語である。

このような抗日ドラマが誕生した背景には、抗日ドラマの規制の緩さがある。抗日ドラマの枠内であればそれまで規制の対象となってきた刑事ドラマ、時代劇やスパイ・ドラマ的要素を入れて制作することができるのである。「神劇・雷劇」でとくに批判の対象となる荒唐無稽な戦闘シーンは実は中国のアクション時代劇でよく見られるもので、香港や台湾の制作スタッフの得意ジャンルでもある。とすれば、「神劇・雷劇」の出演者やスタッフの一部に香港や台湾出身者がいるのも納得がいく。「神劇・雷劇」はさまざまなドラマのジャンルを規制する一方で、抗日ドラマに対しては放任してきた電波行政のまさに「鬼っ子」ともいえる。

図13－11　抗日神劇・雷劇のさきがけ『抗日奇侠』
出典：http://ent.ifeng.com/tv/news/toutiao/detail_2013_05/07/25025849_0.shtml（参照 2016.8.10）

では「神劇・雷劇」の登場は日本や日中関係にとって悪い影響を与えるのかといえば必ずしもそう断言できない。「神劇・雷劇」はむしろ抗日ドラマをそれまでの中国共産党の支配の正統性を記憶させる絶対的な役割から解放し、抗日ドラマであっても視聴者がＳＮＳなどで炎上させ、ネタとして楽しめるコンテンツに変えた。「神劇・雷劇」の出現によって多くの視聴者は、抗日ドラマを純然たる歴史の再現としてではなく、フィクションとして受け入れるようになったのである。ただし抗日ドラマが毎日のように放送されている中国の現状は、戦後七〇年以上が経過しすでに日中戦争を過去の歴史として認識している日本人と、テレビから日中戦争のシーンが絶えず流れて過去のものとなってい

図13－12　「萌え」を特集した『知日』第27巻, 2015年2月の表紙

ない中国人とのあいだにある、戦争をめぐる認識の溝をさらに深める大きな要因となっている点も否定できない。

一方で二〇一一年からは日本を多角的に深く紹介するムック本『知日』が創刊され、また訪日旅行者も激増して自分の目を通して日本を理解しようとする層も確実に増えている。これに呼応する形で日本においてもメディア報道を鵜呑みにするのではなく、中国の現状に関心を持ち、同世代の中国人の考え方を知ろうとする意識が強まることが求められる。

主要参考文献

渡辺浩平『変わる中国　変わるメディア』講談社現代新書、二〇〇八年。
本田善彦『中国転換期の対話　オピニオンリーダー24人が語る』岩波書店、二〇一三年。
阿古智子『貧者を喰らう国　中国格差社会からの警告』新潮選書、二〇一四年。

中国史略年表

津田資久編

西暦	中国史の主な出来事
前一五五〇年頃	殷王朝の成立
前一〇四〇年頃	周（西周）王朝の成立。
前七七〇年	周室の東遷（東周）。春秋時代が始まる。
前七二二年	『春秋』の記述が始まる。
前四七九年	孔子死去。
前四五三年	韓・魏・趙の三氏が智氏を滅ぼし、晋を分割。戦国時代が始まる。
前四〇三年	周王が韓・魏・趙を諸侯として承認。
前三五九年	秦の商鞅の変法が始まる。
前三二五年	秦が王を称す。
前三一八年	韓など六国が匈奴と組んで秦を攻める。
前三一六年	秦が巴蜀を征服。

西暦	世界史の主な動き
前一五六七年	エジプト新王国が成立。
前七五三年頃	ローマの建国。
前四九二年	ペルシア戦争が始まる。
前四三一年	ペロポネソス戦争が始まる。
前三三四年	アレクサンドロス大王による東方遠征が開始される。
前三一七年	マウリヤ朝が成立。

前三〇七年	趙の武霊王が胡服騎射を採用。
前二八八年	秦・斉が互いに「西帝」・「東帝」を称す。
前二五六年	秦が周王室を滅ぼす。
前二二一年	秦が天下を統一。秦王政が皇帝を称す（始皇帝）。
前二一九年	始皇帝が泰山で封禅を行う。
前二一五年	蒙恬が匈奴を討伐し、オルドス地方から駆逐。
前二一三年	焚書令が下される。
前二一二年	坑儒が行われる。
前二〇九年	陳勝・呉広の乱が起こる。匈奴で冒頓単于が即位。
前二〇六年	秦が滅亡し、西楚覇王の項羽が主導する体制が発足。
前二〇二年	垓下の戦いで項羽が漢中王の劉邦に敗れ、滅亡。劉邦が皇帝に即位し（高祖）、漢（前漢）王朝が成立。
前二〇〇年	白登山の戦いで漢が匈奴に敗れる。
前一五四年	呉楚七国の乱が起こる。
前一三三年	武帝による対匈奴戦争が始まる。
前一一九年	匈奴がゴビ砂漠の北に後退する。
前一一一年	武帝が南越を滅ぼす。
前一一〇年	武帝が閩越を滅ぼす。
前一〇九年	武帝が滇を服属させる。
前一〇八年	武帝が衛氏朝鮮を滅ぼす。

前二七二年	ローマがイタリア半島統一。
前二四七年	パルティアが成立
前二一八年	ローマとカルタゴの間で第二回ポエニ戦争（ハンニバル戦争）が始まる。
前二〇二年	ザマの戦いでローマがカルタゴを破る。
前一四六年	カルタゴが滅亡し、ローマが西地中海の覇権を握る。

前一〇六年	全国を一三州に分け、刺史を設置。
前九八年	司馬遷が李陵の禍に遭い、宮刑に処せられる。
前八一年	塩鉄会議が開かれる。
前五七年頃	匈奴で五人の単于が並び立ち、その後、東西に分裂。
前五一年	東匈奴の呼韓邪単于が漢に来朝して臣と称す。石渠閣会議が開かれる。
前三三年	王昭君が東匈奴の呼韓邪単于に嫁ぐ。
紀元後九年	王莽が禅譲により皇帝に即位して新を建国。前漢滅亡。
一八年	赤眉の乱が起こる。
二三年	反乱軍によって王莽が滅ぼされる。
二五年	劉秀が皇帝に即位し（光武帝）、後漢王朝が成立。
三六年	光武帝が天下を統一。
四八年	東匈奴が南北に分裂し、南匈奴が後漢に朝貢する。
五〇年	後漢が南匈奴の雲中への居住を認める。
五六年	光武帝が泰山で封禅を行う。
七九年	白虎観会議が開かれる。
九一年	北匈奴が後漢に敗れ、西方に移動。
一五六年	鮮卑の檀石槐がモンゴル高原を統一。
一六六年	第一次党錮の禁が行われる。
一六九年	第二次党錮の禁が行われる。
一八四年	黄巾の乱が起こる。
二〇八年	赤壁の戦いで曹操が劉備・孫権の連合軍に敗れる。

前三七年頃	高句麗が成立。
前二七年	ローマの帝政が始まる。
五七年	倭の奴国が後漢に遣使。
九六年	ローマの五賢帝時代が始まる。
一六六年	大秦王安敦の使者が後漢に至る。

二二〇年	華北の魏王曹丕が禅譲により皇帝に即位し（文帝）、曹魏王朝が成立。後漢滅亡。
二二一年	四川の漢中王劉備が皇帝を称し（昭烈帝）、蜀漢王朝が成立。
二二二年	江南の呉王孫権が曹魏から自立。事実上の孫呉王朝の成立。
二二九年	呉王孫権が皇帝を称す（大皇帝）。
二六三年	曹魏が蜀漢を滅ぼす。
二六五年	晋王司馬炎が禅譲により皇帝に即位し（武帝）、晋（西晋）王朝が成立。曹魏滅亡。
二八〇年	西晋が孫呉を滅ぼし、天下を統一。
二九〇年	八王の乱が始まる。
三〇四年	五胡十六国時代が始まる。
三一六年	南匈奴の建国した漢が西晋を滅ぼす。
三一七年	琅邪王司馬睿が江南で晋王を称す。事実上の東晋王朝の成立。
三一八年	晋王司馬睿が皇帝を称す（元帝）。
三七六年	氐族の前秦が華北を統一。
三八三年	淝水の戦いで前秦が東晋に大敗し、前秦は瓦解。華北が再分裂する。
三八六年	鮮卑の拓跋珪が代王となり、ついで魏王と改める。事実上

二二四年	ササン朝が成立し、パルティアが滅亡。
二三九年	倭王卑弥呼が曹魏に遣使。
三一三年	ミラノ勅令が発布される。
三四三年	百済が成立。
三五六年	新羅が成立。
三七五年	ゲルマン人の大移動が始まる。
三八〇年	キリスト教がローマの国教となる。

	の北魏王朝の成立（北朝の始まり）。
三九八年	北魏の拓跋珪が平城に遷都し、皇帝を称す（道武帝）。
四二〇年	宋王劉裕が禅譲により皇帝に即位し（武帝）、劉宋王朝が成立（南朝の始まり）。東晋滅亡。
四三九年	北魏が華北を統一。
四四五年	北魏の太武帝により仏教弾圧が行われる。
四七九年	斉王蕭道成が禅譲により皇帝に即位し（高帝）、南斉王朝が成立。劉宋滅亡。
四九三年	北魏の孝文帝が洛陽に遷都する。
五〇二年	梁王蕭衍が禅譲により皇帝に即位し（武帝）、梁王朝が成立。南斉滅亡。
五二三年	北魏で六鎮の乱が起こる。
五三四年	北魏が東西に分裂。
五四八年	南北朝を巻き込む侯景の乱が起こり、江南社会が荒廃する。
五五〇年	斉王高洋が禅譲により皇帝に即位し（文宣帝）、北斉王朝が成立。東魏滅亡。
五五七年	周公宇文覚が禅譲により天王に即位し（孝閔帝）、北周王朝が成立。西魏滅亡。陳王陳霸先が禅譲により皇帝に即位し（武帝）、陳王朝が成立。梁滅亡。
五五九年	北周で天王を改め皇帝と称す。
五七四年	北周の武帝により仏教弾圧が行われる。

三九五年	ローマ帝国が東西に分裂。
四二七年	高句麗が平壌に遷都。
四七六年	西ローマ帝国滅亡。
四七八年	倭王武が劉宋に遣使。
五五二年	突厥が成立。

五七七年	北周が北斉を滅ぼし、華北を統一。
五八一年	隋王楊堅が禅譲により皇帝に即位し（文帝）、隋王朝が成立。北周滅亡。
五八九年	隋が陳を滅ぼし、天下を統一。
五九八年	科挙が創設される。
六一二年	煬帝による高句麗遠征が始まる。
六一八年	江南で煬帝が暗殺される。唐王李淵が禅譲により即位し（高祖）、唐王朝が成立。隋滅亡。
六二六年	玄武門の変で皇太子らを暗殺した、秦王李世民が即位する（太宗）。
六二八年	太宗が天下を統一。
六九〇年	高宗の皇后であった則天武后（武照）が皇帝に即位し、武周王朝が成立。唐が一時滅亡。
七〇五年	則天武后が皇太子李顕（中宗）に譲位したことにより、唐が復興する。
七一〇年	韋皇后が中宗を毒殺。李隆基（玄宗）が韋皇后を殺害し、中宗の弟である父の李旦（睿宗）を即位させる。
七一二年	睿宗から譲位され玄宗が即位。

五八三年	突厥が東西に分裂。
六一〇年頃	イスラーム教が成立。
六二二年	ヒジュラ（聖遷）が行われる。
六二九年以降	吐蕃がチベットを統一。
六四二年	イスラーム軍がササン朝を滅ぼす。
六六〇年	唐・新羅が百済を滅ぼす。
六六一年	ウマイヤ朝が成立。
六六八年	唐が高句麗を滅ぼす。
六七六年	新羅が朝鮮半島を統一。
六九八年	震国（渤海）が成立。

七五五年	安史の乱が起こる。
七八〇年	両税法が施行される。
八四〇年	憲宗により仏教弾圧が行われる。
八七五年	黄巣の乱が起こる。
九〇七年	梁王朱全忠が禅譲により皇帝に即位し（太祖）、後梁が成立（五代十国の始まり）。唐滅亡。
九一六年	契丹族の耶律阿保機が皇帝を称し（太祖）、契丹国が成立。
九二三年	沙陀族の晋王李存勗が皇帝を称し（荘宗）、後唐が成立。後唐が後梁を滅ぼす。
九三六年	契丹の後援を受け反乱を起こした石敬瑭（高祖）が後唐を滅ぼし、後晋を建国し、燕雲十六州を契丹に割譲。
九四六年	契丹が後晋を滅ぼし、国号を遼と改め、華北の直接統治を図るが断念。
九四七年	劉知遠が皇帝を称し（高祖）、後漢を建国。
九五〇年	郭威が自立して後漢滅亡。
九五一年	郭威が皇帝に即位し（太祖）、後周が成立。劉知遠の弟である劉崇が北漢を建国。

七三八年	南詔が成立。
七四四年	ウイグルが成立。
七五〇年	ウマイヤ朝に代わってアッバース朝が成立。
七五一年	タラス河畔の戦いでアッバース軍が唐軍を破る。
八〇〇年	フランク王国のカールがローマ皇帝の帝冠を戴く。
八四三年	フランク王国が三分割される。
九一八年	高麗が成立。
九三六年	高麗が朝鮮半島を統一。
九三七年	大理が成立。
九三九年	北ベトナムの呉朝が中国から自立。

九五五年	後周の世宗により仏教弾圧が行われる。
九六〇年	趙匡胤が禅譲により皇帝に即位し（太祖）、宋（北宋）王朝が成立。後周滅亡。
九七三年	科挙に殿試を導入。
九七九年	北宋が北漢を滅ぼし、中国内地を統一。
一〇〇四年	遼と北宋のあいだに澶淵の盟が結ばれる。
一〇三八年	党項族の李元昊が自立して西夏を建国し、北宋との戦争が始まる。
一〇四四年	北宋と西夏のあいだに慶暦の和議が成る。
一〇六九年	王安石による新法の実施が開始される。
一一一五年	女真族の完顔阿骨打が遼から自立して金を建国。
一一二五年	金が遼を滅ぼす。
一一二七年	金が北宋を滅ぼす（靖康の変）。欽宗の弟である康王趙構が皇帝を称し（高宗）、宋王朝を復興（南宋）。
一一四二年	金と南宋のあいだに紹興の和議が結ばれる。
一二〇六年	モンゴル族のテムジンがクリルタイで君主に推され、チンギス・カンと称し、モンゴル国が成立。
一二二七年	モンゴルが西夏を滅ぼす。
一二三四年	モンゴルが金を滅ぼす。

九六二年	神聖ローマ帝国が成立。
一〇〇九年	李朝大越国が成立。
一〇三八年	セルジューク朝が成立。
一〇九六年	第一回十字軍がセルジューク朝に出征。
一一八九年	第三回十字軍がアイユーブ朝に出征。
一一九二年	鎌倉幕府が名実共に成立。
一二〇四年	第四回十字軍がビザンツ帝国の首都を占領。
一二〇六年	デリー＝スルタン朝が成立。

一二七一年	クビライ（世祖）が国号を大元とする。
一二七六年	モンゴルが南宋の都・臨安を無血攻略。実質的な南宋の崩壊。
一二七九年	厓山の戦いで南宋が完全に滅亡。元が中国を統一。
一三一四年	科挙が再開される。
一三五一年	紅巾の乱が起こる。
一三六八年	南京で朱元璋が皇帝を称し（太祖洪武帝）、明王朝が成立。元の順帝が大都を放棄し、モンゴル高原に後退（北元）。
一三九九年	靖難の役が起こる。
一四〇二年	洪武帝の子である燕王朱棣が甥の建文帝を倒して皇帝に即位（成祖永楽帝）。
一四二一年	南京から北京へ遷都。
一四四九年	英宗正統帝がオイラトのエセンに捕まる（土木の変）。
一五七二年	張居正の改革が始まる。

一二四三年	ジョチ＝ウルスが成立。
一二五八年	モンゴルがアッバース朝を滅ぼす。フレグ＝ウルスが成立。
一二九九年	オスマン帝国が成立。
一三三七年	英仏百年戦争が始まる。
一三七〇年	ティムール朝が成立。
一三九二年	朝鮮王朝が成立。
一四五三年	オスマン帝国がビザンツ帝国を滅ぼす。
一四九二年	コロンブスがアメリカに到達。
一五一七年	宗教改革が始まる。

一六一六年	満洲族のヌルハチ（太祖）が自立し、アイシン国を建国（後金）。
一六三六年	後金のホンタイジが皇帝を称し（太宗）、国号を清と改める。
一六四四年	李自成の反乱軍が北京を攻略して、明滅亡。李自成を破った清が中国内地に進出して北京に遷都。この年以後、江南以南で明の皇族諸王が皇帝を称して清に抵抗（南明諸政権）。
一六六一年	鄭成功がオランダから台湾を奪取（鄭氏台湾）。
一六六二年	ビルマに逃れた南明の永暦帝が清に殺害され、南明滅亡。
一六七三年	三藩の乱が起こる。
一六八三年	鄭氏台湾が清に降伏。
一六八九年	清とロシアがネルチンスク条約を締結。
一七二七年	清とロシアがキャフタ条約を締結。
一七九六年	白蓮教徒の乱が起こる。

一五九二年	豊臣秀吉による朝鮮戦役が始まる。
一六〇三年	江戸幕府が成立。
一六一三年	ロマノフ朝ロシア帝国が成立。
一六一八年	ドイツ三十年戦争が始まる。
一六四八年	ウェストファリア条約が結ばれる。
一七七五年	アメリカ独立戦争が始まる。
一七八三年	アメリカ合衆国が独立。
一七八九年	フランス革命が始まる。
一八〇二年	阮朝がベトナムを統一。
一八〇四年	ナポレオンがフランス皇帝に即

一八四〇年	清とイギリスのあいだにアヘン戦争が勃発。
一八四二年	南京条約を締結。
一八五一年	太平天国の乱が起こる。
一八五六年	清とイギリス・フランスのあいだに第二次アヘン戦争（アロー号戦争）が勃発。
一八五八年	天津条約、アイグン条約を締結。
一八六〇年	天津条約を補強する北京条約を締結。
一八八一年	イリ条約を締結。
一八八四年	清仏戦争が勃発。
一八九四年	日清戦争が勃発。
一八九八年	戊戌の政変が起こる。
一九〇〇年	義和団事件（北清事変）が起こる。
一九〇五年	科挙が廃止される。
一九一一年	辛亥革命が起こる。
一九一二年	中華民国が成立。清の宣統帝が退位し、清滅亡。
一九一五年	日本が対華二十一カ条の要求を行う。

	位。
一八五七年	インドでシパーヒーの反乱が起こる。
一八六八年	明治維新が起こる。
一八七一年	ドイツ帝国が成立。
一九〇四年	日露戦争が勃発。
一九一〇年	日本による韓国併合が行われる。
一九一四年	第一次世界大戦が勃発。
一九一七年	ロシア革命が始まる。

一九一九年	五四運動が起こる。孫文が中国国民党を組織。
一九二一年	中国共産党が結成される。
一九二四年	第一次国共合作が行われる。
一九二七年	国民党の蔣介石が上海クーデタを起こして共産党を弾圧し、南京国民政府を樹立。共産党の毛沢東が江西省の井岡山に拠点を築く。
一九三一年	柳条湖事件を契機に日本軍が東三省を占領（満洲事変）。毛沢東が江西省の瑞金に中華ソヴィエト共和国を樹立。
一九三二年	満洲国が建国される。
一九三四年	国民政府軍に追われ、共産党が大西遷（長征）を始める。
一九三六年	西安事件が起こる。
一九三七年	盧溝橋事件を契機に日中戦争が勃発。第二次国共合作が行われる。国民政府は南京から重慶に遷都。南京事件が起きる。
一九四六年	国共内戦が始まる。
一九四九年	中華人民共和国が成立。内戦に敗れた国民政府は台湾に移る。

一九一九年	ヴェルサイユ条約が結ばれる。
一九二二年	ソヴィエト社会主義共和国連邦が成立。
一九二九年	世界大恐慌が起こる。
一九三三年	ドイツでナチス政権が成立。
一九三九年	第二次世界大戦が始まる。
一九四一年	独ソ戦争、太平洋戦争が始まる。
一九四五年	ドイツ、日本が連合国に無条件降伏。国際連合が成立。
一九四六年	インドシナ戦争が始まる。
一九四八年	第一次中東戦争が始まる。
一九五〇年	朝鮮戦争が勃発。

一九五七年	反右派闘争が開始される。
一九五八年	大躍進政策を実施。
一九六二年	中印軍事衝突が起きる。
一九六六年	プロレタリア文化大革命が開始される。
一九六九年	中ソ軍事衝突が起きる。
一九七一年	国連の代表権が台湾の中華民国から中華人民共和国に移る。
一九七八年	鄧小平による改革開放政策が開始される。
一九七九年	中越戦争が勃発。
一九八九年	天安門事件が起こる。

一九六二年	キューバ危機が起きる。
一九六五年	ベトナム戦争が始まる。
一九七六年	ベトナムが統一される。
一九八九年	ベルリンの壁崩壊。米ソ冷戦の終結。

《編著者紹介》

津　田　資　久（つだ・ともひさ）
1971年　札幌市生まれ。
2003年　北海道大学大学院文学研究科博士課程修了。博士（文学）（北海道大学）。
現　在　国士舘大学文学部専任講師。
主　著　『漢文講読テキスト　三国志』（共著）白帝社，2008年。
「蜀漢楊戯《季漢輔臣賛》考」『中国中古史研究』5号，2015年，ほか。

井ノ口哲也（いのくち・てつや）
1971年　神戸市生まれ。
2006年　東京大学大学院人文社会系研究科博士課程修了。博士（文学）（東京大学）。
現　在　東京学芸大学教育学部准教授。
主　著　『入門　中国思想史』勁草書房，2012年。
『後漢経学研究序説』勉誠出版，2015年，ほか。

教養の中国史

2018年8月20日　初版第1刷発行
2018年12月25日　初版第2刷発行

〈検印省略〉

定価はカバーに
表示しています

編著者　津　田　資　久
　　　　井ノ口　哲　也
発行者　杉　田　啓　三
印刷者　坂　本　喜　杏

発行所　株式会社　ミネルヴァ書房
607-8494　京都市山科区日ノ岡堤谷町1
電話代表　(075)581-5191
振替口座　01020-0-8076

冨山房インターナショナル・清水製本

ISBN 978-4-623-08031-1
Printed in Japan

執筆者紹介（所属，執筆分担，執筆順，＊印は編著者）

＊津《つ》田《だ》資《とも》久《ひさ》（国士舘大学文学部専任講師，はじめに・序章・第４章・コラム１・コラム３・中国史略年表）

＊井《い》ノ《の》口《くち》哲《てつ》也《や》（東京学芸大学教育学部准教授，はじめに・序章・第３章・コラム２・コラム６・コラム９）

渡《わた》邉《なべ》英《ひで》幸《ゆき》（愛知教育大学教育学部准教授，第１章）

水《みず》間《ま》大《だい》輔《すけ》（中央学院大学法学部准教授，第２章）

松《まつ》下《した》憲《けん》一《いち》（愛知学院大学文学部教授，第５章・コラム４）

森《もり》田《た》美《み》樹《き》（Georgetown-IDP Postdoctoral Research Affiliate，第６章）

江《え》川《がわ》式《しき》部《ぶ》（明治大学商学部兼任講師，第７章）

宮《みや》崎《ざき》聖《とし》明《あき》（北海道大学大学院文学研究科専門研究員，第８章・コラム５）

渡《わた》辺《なべ》健《けん》哉《や》（東北大学大学院文学研究科専門研究員，第９章）

小《お》川《がわ》快《よし》之《ゆき》（国士舘大学文学部特任教授，東洋文庫研究員，第10章・コラム７）

小《お》野《の》寺《でら》史《し》郎《ろう》（埼玉大学大学院人文社会科学研究科准教授，第11章）

小《お》笠《がさ》原《わら》淳《じゅん》（熊本学園大学外国語学部准教授，第12章）

森《もり》平《だいら》崇《たか》文《ふみ》（神戸学院大学グローバル・コミュニケーション学部准教授，第13章・コラム８）

人名索引

あ 行

か　行

さ　行

た 行

ま　行

や　行

ら・わ行

書名索引

あ 行

か 行

さ　行

た　行

な　行

は　行

ま　行

や・ら・わ行